M

Media Leaders Forum
(5th Series)

传媒领袖
大讲堂（第五辑）

谢耘耕 徐浩然 主编

社会科学文献出版社
SOCIAL SCIENCES ACADEMIC PRESS (CHINA)

上海交通大学远东书院书系编委会

"中国传媒领袖大讲堂"组委会

顾 问 委 员 会	马德秀　张　杰　印　杰
组 委 会 主 任	黄　震　束金龙
组委会副主任	谢耘耕　杜朝辉
组 委 会 委 员	郑成良　胡　昊　蒋　宏　刘　康　蒋锡培
	徐浩然　高存功

"中国传媒领袖大讲堂"秘书处

项 目 统 筹	张立强　张燕青
会 务 统 筹	荆　喆　张新苗　杨慧芳
嘉 宾 统 筹	乔　睿　陈　玮　李　静　张旭阳　于倩倩
新 闻 统 筹	刘　怡　秦　静
宣 传 统 筹	宋欢迎　秦煜人
现 场 统 筹	王瑶瑶　程雨姣　李天霓

延揽八方传媒精英 惠泽天下传媒学子
——写在"中国传媒领袖大讲堂"
成功举办五周年之际

"中国传媒领袖大讲堂"是上海市学位委员会主办、上海交通大学人文艺术研究院远东书院和研究生院共同承办的面向海内外传媒学子的公益性"暑期学校",创办于 2010 年,至今已经成功举办了五届。经过五年的悉心培育和精心筹办,"中国传媒领袖大讲堂"获得了圆满的成功,不仅得到中国记协、上海市教委、上海交通大学领导、演讲嘉宾、参会学员的充分肯定,而且受到社会各界人士的广泛关注和高度赞誉,现在已经成为一个享誉海内外传媒界的知名品牌学术园地,被誉为"传媒学子向往的殿堂,传媒领袖必争的舞台"。作为"中国传媒领袖大讲堂"暑期学校项目的主要负责人,回首过往的五年,我感慨良多,借此机会谈谈我们创办"中国传媒领袖大讲堂"的初衷、理念、目标,以志纪念。

一 创新人才培育模式,促进知识经验有效融通

创新是一个国家进步的灵魂,人才是实现创新"最宝贵的资源",要使中国传媒业的竞争力、影响力得到有效提升,乃至于整体面貌得到根本改观,必须大力培育一批又一批优秀的传媒人才。但目前我国新闻传播教育的实际情况不太尽如人意:一方面,尽管有 1000 余所专业院校、20 多万本科生、4 万多研究生,但真正能助推新闻传媒业向前迈进的专业人才相当稀少，以致不少媒体单位都发出"一将难求"的哀叹；另一方面，新闻传播专业毕业的学生很难在媒体找到合适的工作岗位，曾经的"传媒梦"终于都成了明日黄花。之所以会出现这样的结果，主要原因是新闻传播教育长期存在背离实践的"弊病"：新闻传播院校的多数老师，或者缺乏媒体从业经验，或者脱离业界多年，往往停留于照本宣科，结果他们培养出来的新闻传媒学子对传媒业界运作的真实状况相当隔膜。

因此，在社会发展日新月异的时代，颠覆固有的思维模式、变革因袭的体制范式、创新新闻传播专业人才培育模式、促进知识经验有效融通就显得尤为重要。我们创办"中国传媒领袖大讲堂"的初衷，就是希望开创一种崭新的传媒人才培育模式，竭力聚合海内外优质传媒资源，让那些追逐传媒梦想的学子能够从学界巨擘、业界巨子身上汲取思想智慧和精神力量。例如，在"中国传媒领袖大讲堂"上，传媒学子可以与传媒领军人物、知名专家学者进行面对面的互动交流，更好地把握新闻传媒业运作的真实需求，有方向、有重点地形塑自身。

二 创建新型学习园地，共享优质传媒教育资源

眼界决定思路，思路决定出路。尽管今天信息传播相当便捷和迅速，但由于地缘差异、等级差异，许多偏远地区的或者非重点的新闻传播院校很难有机会接触、享有海内外高品质的教育资源，这在很大程度上导致了新闻传播教育的不公平。为了促进传媒教育的公平发展，这五年在筹办"中国传媒领袖大讲堂"时，我们始终践行着共享的理念，采用"暑期学校"这种开放性、研究型、综合效应良好的教学模式，创设一个新型的传媒学习园地，同来自全国各地的传媒学子广泛共享海内外最优质的传媒教育资源。

自 2010 年 11 月"中国传媒领袖大讲堂"被上海市学位委员会办公室列入"上海市研究生教育创新计划"项目以来，我们每年都力邀海内外 50 多位传媒领袖来为全国各地的传媒学子授业解惑。这五年莅临"中国传媒领袖大讲堂"的嘉宾，既有政府官员、学界泰斗，也有传媒领袖、企业精英，这些传媒领袖不仅带来了前沿传媒资讯和最新研究动向，同时还与广大传媒学子真挚分享他们的从业经验、人生感悟，帮助传媒学子开阔眼界、增长才干。

三 凝聚多方力量，打造新闻传播学人才培养高地

在当今这样一个瞬息万变的时代，传媒学子除了应当掌握传媒业运作的基本流程和法则外，还必须积极跳出时空的拘囿，努力跨越思想的藩篱，勇敢捕捉潮流的动向。我们创办"中国传媒领袖大讲堂"的根本目标，就是力图搭建一方平台，让思想可以追赶未来。为了实现这一目标，我们最大限度地凝聚多方（高校、媒体、政府、企业）力量，着力打造面向全球的新闻传播学人才培养高地，在培育优质传媒人才方面发挥引领和示范作用：一方面，尽最大努力聚合海内外最优质的传媒教育资源，让来自全国各地的传媒学子真切感知传媒学界、业界领军人物的思想智慧、精神风采；另一方面，注重以问题为导向展开协同创新研究，即预先厘定一些传媒界的重点和热点问题，引导传媒学子同专家学者有针对性地进行深入交流。经过五年的持续努力，"中国传媒领袖大讲堂"已经成功超越时空、思维种种有形无形的限制，成长为一个高品质的开放性、研究型人才培养高地。

筚路蓝缕五春秋，回首缤纷花满路。从 2010 年创办至今，"中国传媒领袖大讲堂"获得了圆满的成功：近 200 位传媒大家从世界各地来到"中国传媒领袖大讲堂"，传道授业、解惑析疑；1600 名传媒学子从全国各地汇聚到"中国传媒领袖大讲堂"，开拓视野、提升境界。桃李不言，下自成蹊。我们将一以贯之地坚持实现筹办"中国传媒领袖大讲堂"的初衷、理念、目标，并在积极汲取前四届"中国传媒领袖大讲堂"筹办经验的基础上，努力凝聚更多的力量、铸就更多的辉煌、演绎更多的精彩！

"中国传媒领袖大讲堂"项目负责人

上海交通大学人文艺术研究院副院长

谢耘耕

2015 年 4 月 1 日

目　录

新闻宣传·舆论引导

004 坚持"以人民为中心"的工作导向 …………………………… 翟惠生

019 结合中国现实和历史环境谈新闻传播………………………… 尹韵公

032 新媒体时代舆论表达和舆论引导的新格局…………………… 童　兵

新兴媒体·传播变局

051 移动互联时代媒体变革的十大趋势…………………………… 陆小华

071 全球新媒体发展的动向和态势探析…………………………… 严三九

084 移动互联网的今天和明天…………………………………… 官建文

098 OTT TV 与传统电视的竞合发展 …………………………… 刘幼琍

110 交叉替代，融合超越——媒体创新与变革的动力来源……… 谢海光

传统媒体·改革突围

123 传统媒体转型的十个方向性思考……………………………… 孟　波

135 财经媒体的变与不变…………………………………………… 秦　朔

149 精神制造与现代文化市场体系——以上海实践为例………… 何建华

163 变革与坚守——关于传统媒体与新兴媒体融合发展的几点思考

………………………………………………………… 陈保平

176 媒体融合的现状与发展态势…………………………………… 杨驰原

传媒创新

189 文化领域的创新………………………………………………… 滕俊杰

201 品牌的密码……………………………………………………… 徐浩然

212 《新闻晨报》转型之道：更上海、更民生、更观点 ……… 秦　川

224 新媒体时代纸媒的创新探索 …………………………………… 赵　红

235 内容、创意、移动互联——户外媒体的新未来 …………… 聂辰晟

246 从《市民与社会》看市民社会的成长 ……………………… 秦　畅

学术前沿·智慧火光

263 从大数据到数据新闻 ……………………………………………… 祝建华

278 中国的软实力追求：迫切性、障碍与不可调和的矛盾 ……… 赵月枝

293 全球化与信息社会的文化传播 ……………………………… 王　宁

304 当前我国新闻学研究的现状与特点 ………………………… 郑保卫

321 "传播时代"的传播学研究与发展趋势 …………………… 洪浚浩

343 提升中国传媒国际竞争力的路径与策略 …………………… 李本乾

360 21 世纪新闻教育的共性与个性 …………………………… 郝晓鸣

373 民意调查的方法、要素和品质 ……………………………… 张荣显

383 自动化行为与隐性社会传播 ………………………………… 葛　岩

395 香港传媒生态——发展与功能 ……………………………… 王　伟

传媒经历·成长分享

408 成长的声音无处不在——给传媒学生的寄语 ………………… 张　坤

421 做有深度的新闻人 …………………………………………… 刘庆生

432 传媒人的自我修养 …………………………………………… 杨　晖

446 **附一："中国传媒领袖大讲堂"成长历程**

452 **附二："中国传媒领袖大讲堂"学员寄语**

传媒领袖大讲堂

新闻宣传·舆论引导

坚持"以人民为中心"的工作导向

时　间：2014 年 7 月 6 日

地　点：上海交通大学闵行校区陈瑞球楼 100 号

主讲人：翟惠生

翟惠生

翟惠生，中华全国新闻工作者协会党组书记，专职常务副主席，书记处书记，第十一届、十二届全国政协委员，党的十七大、十八大代表和新闻中心主任，高级记者。曾获第六届"韬奋奖"，个人采写的新闻作品有 60 余件获中国新闻奖等国家级和部委级奖励，曾任《光明日报》科学部记者、国内政治部主任、副总编辑。在多年的工作中先后从事科技、经济、政治领域的新闻报道，在新闻的大局意识与基层意识的结合上进行了有效的探索。

翟惠生：今天我想先听听大家有什么问题，你有什么想不明白的，有什么需要问的，先问问我，激烈的、有代沟的、有碰撞的都无所谓，我就需要两个字——真实，因为真实是新闻的生命。我回答你们的问题就是我今天要讲的内容，这才叫"以人民为中心"的工作导向。

嘉宾：老师您好，我想问两个问题。第一个问题，您在前一段时间接受光明网采访谈的话题是"多媒体时代如何发挥主流媒体的影响力"，当时您谈到做好一个记者必须要有多方面的积累，那您认为作为一个记者主要应该积累哪方面的能力跟涵养？第二个问题稍微尖锐一点，在 2014 年 6 月的时候国家发布了一个新法规，禁止记者私自展开批评报道，我想问您对此是怎么看的？

翟惠生：我认为做一个记者，积累是最重要的。毛泽东说过，美国的预言家把和平演变的希望寄托在中国共产党的第三代或第四代身上，美国预言家的预言能实现吗？我们希望它实现不了，但是它是一个历史现实，我们必须警惕。现在的总书记习近平同志，严格地说，我觉得他是中国共产党的第二代。他的父亲是习仲勋同志，习仲勋是老一辈革命家。邓小平是二代领导核心，江泽民是三代领导核心，包括胡锦涛，这个是按照中央的划分，如果按照年龄划分则是第二代。第三代是谁？就是习近平的孩子这一辈，包括你们。列宁说"忘掉过去就意味着背叛"，所以，我们的历史不能忘。什么叫历史？就是一个事情的来龙去脉。年轻人的血是热的，这是你们最大的优势。你们最大的劣势是什么？就是与历史是隔断的。这个历史，你们不要就想到中国古代史、中国近代史和中国现代史，那是纯粹的历史概念，我指的历史是一个事物的来龙去脉。如果你了解了，你就可以做一个记者，这是最基本的积累。任何一个事情，不会脱离历史的轨道，历史的车轮也永远向前，不会向后，这是规律。毛泽东说过，世界上的事物是复杂的，是由各方面的因素决定的，因此，我们的脑子得复杂一点。他说的"我们"指的是谁？指的是我们共产党员。而做记者，本身就是和执政党密不可分的。如果说你不在中国，到国外去，你如果当记者从事新闻传播行业，你也和那个国家的执政党密不可分。因为在世界各国，新闻是政治性很强的业务工作，也是业务性很强的政治工作。真正的大记者，无一不是和重大的政治事件连在一起的，要不然他成不了这么大的名。美国报道"水门事件"的记者不也是吗？因为它是牵一发而动全身的新闻事件。人们说："狗咬人不是新闻，人咬狗才是新闻。"我说不完全对，狗咬人得看咬了谁，咬了我不是新闻，咬了奥巴马就是新闻。提起名人不要只想到演艺圈，那固然是，最大的名人是政治家，是永远被历史所记录的。因为他影响一个时代，必须要记录，这段历史是不能隔断的。所以我们说，作为一个记者，一定要积累历史。

当然，我让你现在全面地积累历史很难，但是你要从事什么方面的报道你就要积累什么方面的经验。我举两个例子。第一个关于经济报道。现在经济怎么样？大家感觉钱不好挣，经济速度好像在放缓，经济结构在调整。2014 年，李克强同志讲，要坚决保证实现 GDP 7.5% 的增长速度。我们从事经济报道的，要向老百姓说明现在 7.5% 是一个什么样的概念，我们调结构对国计民生有什么样的作用。但是这方面的报道太弱了，缺少能够让大家弄明白的报道。你们心中对经济的疑问，在媒体上找得到答案吗？没有。为什么？一个重要原因就是现在经济报道记者不知道中国经济发展的来龙去脉，他也不愿意去知道，也没下这个功夫，这就是最大的问题。20 世纪 90 年代中期，当时开全国"两会"，政府提出来我们发展的经济目标是 6%，全国上下欢欣鼓舞，GDP 发展速度达到 6% 了。当时《人民日报》经济部的一位大记者艾丰写了篇文章，发在《人民日报》一版，题目叫作《6% 说明了什么》，分了三个小标题。大家看了以后很解渴，明白原来 6% 意味着什么。现在 7.5%，反而高兴不起来了，比 6% 还多了 1.5%，怎么高兴不起来了呢？不就是因为中间经历了一个百分之九点几或者十点几又回到这了吗？我们为什么没有人去写一篇从 1995 年的 6% 到 2014 年的 7.5% 之类的文章？从 6% 到 7.5%，这是一个概念，我们今天经济又发生了些什么？十八大报告里面讲了，要坚持走中国特色社会主义道路，这是我们的旗帜，也是我们的道路。什么叫中国特色社会主义道路？经济发展就得沿着这条道路走，从第一个坚持人民主体地位，到最后第八个坚持党的领导，为什么要用"坚持"，没用别的词？一方面，表明我们的态度，我们就要这么做；另一方面，就意味着现在当中有问题，我们要用"坚持"跨过这道坎。就这两层意思，所以社会主义道路就这么走。为什么道路最重要？于丹春节给北京电视台做了一期节目《说文嚼字》。她说这个"道"，"首"在上、"走之"在下，道路是脚走的，靠脑袋支配。她顺便说了什么叫"看"，上边一个手，底下一个目，手搭凉棚，这就是中国字的奥秘。中国悠久传统文化里面道理太多了，只是我们没有理解而已。"八个坚持"就是我们中国特色社会主义道路的核心内涵，这是最大的政治，如果政治概念讲的正和你心里想的一样，你自然而然也就记下来了，这就是积累。所以，记者首先就是要讲求政治积累和政策积累，同时必须要有文化积累。

我们是文化人、大知识分子，但是有知识不一定有文化。知识和文化是两回事，知识是专业的，文化是综合的。杨振宁是物理学家，但富有诗人的情怀、艺术的感觉。前些时候，他和莫言有一个对话，他问莫言："如果爱迪生活到今天，他感到最惊奇的是什么？"杨振宁问出这话来，就说明他不仅是一个物理学家。莫言回答也挺好，莫言是学文科的，也挺有理科的脑子，他说他感到最惊奇的是手机。杨振宁说："我搞物理的，都没有想到手机的出现改变了世界。"大家相互之间思想的交锋就是文化的积淀,特别是学文学的或者学新闻学的,一定要知道事情的来龙去脉,不能说外行话。现在很多记者没文化,让人笑话,就是他不重视文化的积累。我举个最简单的例子,比如说,有一个报纸发一篇表扬稿说一个好人好事:在出租车上有一个人把一块玉落在后备厢里了,玉很大很值钱,得几千万元,出租车师傅给送回来了,这个人很感谢出租车师傅。但是记者写了什么呢?他写的是丢了一块和田羊脂白玉,和田羊脂白玉是和田玉,和田玉里边羊脂白玉是上等的白玉,非常值钱。当时这么写,很多人说这记者没文化。搁在后备厢里的是一块玉料,外边会有皮的,你看不见里面有多白,更看不见它是不是能达到羊脂的程度。玉是不是羊脂白玉,只有专家鉴定才能知道,不能这么下结论,这就是没文化。现在,大家对艺术品收藏都很感兴趣,全民收藏是好事,盛世收藏,说明我们社会也是盛世。字画最为先,但是你看看哪儿都是齐白石的画、张大千的画。我们要问问有多少幅齐白石的画、多少幅张大千的画是真的。齐白石是人民的画家,这是周恩来说的。但是现在出现的这些画,内行说,三个齐白石捆在一块儿活到今天也画不出来这么多画。现在遍地都是,能不是假的吗?同学们如果知道历史,就会做出清晰的判断。这里面大多数都是假的,都是赝品。看起来事小,其实是很大的事。因为,传播文化,传播得对,是传播真善美;传播得不对,叫惑众,叫骗人。比如一个拍卖公司,去了1000人,它骗的是这1000个人,但是经媒体炒作,看到媒体报道的人都信以为真,那就惑众了。这种文化的积淀、文化的积累,是必不可少的,所以这些是对记者最基本的要求。总书记让我们宣传社会主义核心价值观,三句话,24个字。第一是国家层面,第二是社会层面,第三是个人层面。它的来源在哪儿?中国优秀传统文化。习近平同志在山东视察时去了孔庙,意味着什么?我们要寻根,要寻找文化的根,寻找文化的底蕴。总书记的做法已经表明了我们的态度,所以现在社会主义核心价值观的宣传报道很不够,为什么?老说概念,没有故事,要多讲故事。让于丹出来讲讲道路的"道"意味着什么,这就叫故事。为什么中央电视台弄一个汉字大赛都受到上面表扬,因为他们在想方设法用现在最低级的方式来传播传统文化，这就不错了。我们现在都用电脑，把汉字都丢了。记者的任务是传播，不是传达。传达是秘书的事，那叫一字一句一标点都不能走样。传播不是，差一个字，他就是要传一种东西，不是要给它换型，要把党的意识和党的原则变成老百姓的所思、所想、所需。我们很多记者，口口声声说坚持以人民为中心的工作导向，做到了吗？你不做转化，怎么叫以人民为中心呢？同学们，你们要有"智"，在学校培养。写稿不能用人家传来的电子版，你可以在电脑上写，但是要有自己的思想，有自己的思维，有自己的语言，有自己的分析。

写新闻稿是先写稿子还是先想题目？必须先想题目，这是大记者所为。有了题目，甚至小标题都想好了，再去写稿，感觉是不一样的。记者去采访，题目什么时候形成？在采访的过程当中脑子里面就要凝练，就要琢磨，脑子要反应快，把题目凝练出来。这就是一种训练，是基本功。题目精彩了，创作的愿望是非常强烈的。题目不想好就盲目写是不行的。我们在社会主义核心价值观、社会主义文化的传播上有很大的空间和余地，我们要把丢失的东西、遗忘的东西重新拾起。什么叫新闻？当下发生的就是新闻，有些史海功臣对当今有特殊意义的同样是新闻，北京电视台的一档节目《档案》，收视率非常高，讲的是老事，对新人来说它就是新闻。刚才说的这些就是记者的基本积累。

还有一种积累是新闻规律的积累。同学们必须在学校就养成。采访一个新闻是什么规律？九个字的诀窍：到现场、问各方、善研判。同学们一定要掌握诀窍，老师教你们也要教诀窍。"到现场"就是任何发生的新闻你必须到现场接触当事者，必须要到现场看，只听不行。现在，记者最大的毛病就是不到现场，除了电视台的报道需要出画面必须到现场以外，没有几个到现场的，一个电话、一个电子邮件就解决问题了。这样的记者很不负责任，为什么不到现场？刘奇葆同志到《光明日报》去视察，两次都说到一定要加强文艺批评。票房高不代表电影真好，要看想不想看第二遍。有多少文艺评论？没有。现在说谁是明星，谁是大腕，那都是荧屏星、荧屏腕，媒体星、媒体腕，是媒体给炒起来的。明星和大腕只有一个标准——市场标准。明星的市场标准是什么？票房，这也是诀窍。正常演出能不能卖出票钱，而且靠他卖的票养活他自己和他的一班人，这就是明星和大腕的唯一标准。我说了"到现场"，还要"问各方"。不问各方是绝对不行的。什么叫各方？正方、反方、第三方都要问。不管是表扬报道还是批评报道，我们都要这样去做。不这样做的话不客观。记者出现毛病往往是自己主观愿望特别强，他就照他的想法只采访符合自己意愿的这一方，而不采访别人。一个罪犯在法庭上还有申诉的时间和申诉的机会，难道一篇稿子都不让被采访方说话吗？还要"善研判"，是在问各方以后要脑子复杂一点，看一看这问题究竟应该怎么说。这就是采访的九字秘诀，离开这九字秘诀，准会出问题，准会出偏差。老老实实地按照这九字秘诀做了，你的报道是客观公正的。所以，你们在学校要养成这种习惯，"到现场、问各方、善研判"。不要怕累，新闻是拿脚跑出来的，你问的人越多，你的积累就越多，你的脑子就越丰富，你可能得到的信息有正方的、反方的，相互的碰撞越多，你可能思考得越复杂，就能练就一个复杂的脑子。我们搞新闻传播的，不能因为年纪轻就允许自己脑子简单。如果不干新闻这行，可以简单，活得越简单，人生越幸福；人越复杂，活得越痛苦。但是你干了新闻就必须复杂，因为你肩负着对社会传播的这份使命和责任。你不复杂，社会就会复杂，那就麻烦了，我们是让社会更简单一些，通过我们的传播而不是传达让社会由复杂变得简单，可是我们要从简单变得复杂。

再说说舆论监督。新闻报道无论什么形态，都跑不出三大武器或者说三类报道。第一个叫作典型宣传，第二个叫作热点引导，第三个叫作舆论监督。数学上讲两个点确定一条直线，三个点确定一个平面。典型宣传、热点引导、舆论监督，国外报道也跑不出去这个圈。这里不讲典型宣传和热点引导，我们说说舆论监督。舆论监督是不允许跨行业、跨地区搞的。这是早已有的，不是现在的。因为广东说了，别的媒体跑我们这来净来挑刺。河南讲了，广东媒体跑河南来干什么，先管好自己。这不是媒体的问题，地方之间确实有差异，要是跨行业、跨地区的话，这个事就比较复杂。有一句话是这次新加的，"批评报道要经过领导同意才可进行"。为什么？现在舆论监督不是不让搞，关键是现在出偏得厉害。中央电视台舆论监督做得是最多的，"3·15"晚会全都是批评报道，没有一个是正面的，可是中央电视台在这个方面受批评最少，受指责最少，为什么？一位年轻记者跟我说："我们肩上担着一条扁担，扁担的一头拴的是对事物的认知，另外一头是对认知的传播，我们新闻中心的人就是要每天讨论对事物的认知。换句话说，我对我的报道，首先要开会，大家集体动脑，分析怎么判断、认识这个事，这样才不至于使肩上的扁担滑落。"这段话说得很深刻。还有一句话："舆论监督要想不出偏，就要想办法从批评报道中挖掘正能量。"这是个诀窍。也就是说批评报道不是传递负能量，而是传递正能量。为什么有很多报纸或者广电媒体，一到批评报道就被领导批评，就被社会指责？就是因为传递的不是正能量，而是负能量。正因为这样的例子太多了，所以企业、各个地方说起批评报道，对媒体都是咬牙切齿。舆论监督也是一种引导，现在出偏，出在哪儿了？出在了四个方面。

第一个问题是就想跟政府唱反调。这样的媒体为数不是很多，但是挺有影响。只要是出了车祸，车好一点儿，这样的媒体准把车牌子放在标题里，宝马、奔驰撞了谁，要是个桑塔纳撞了绝不写，这不是不断煽动仇官、仇富、仇警等情绪吗？之前发生了一起北京市郊区查酒后驾车的事件，一个交通协管查了一辆黑车，黑车司机下车就跑，天黑，交管追了十几米就没再追。结果这人还往前跑，掉河里淹死了，但协管没看见这个事。于是这家媒体就把此事报道了，而且标题为《交管见死不救》。交管就想去说明事实，总编不见，值班总编也不知去向。协管反映不管怎样，媒体得听自己的陈述，但媒体不听。不是唱反调是什么呢？

第二个问题是偏激、抢眼球。所有环保项目的报道、药品食品的报道，出现了很多问题。中药在香港某一地方下架，说它含有某一毒性物质，被当作社会新闻报道。同仁堂的老总找我说："记者为什么不采访我？他有科学常识吗？所有的中药都含毒，凡药三分毒，这是常规，药不是食品，是治病的。在治病的十天或者半个月内，治病是最重要的，药含毒但对人体不一定造成伤害。"媒体没有把这道理给讲明白。再说垃圾焚烧，垃圾焚烧厂建在谁家旁边都不乐意，这是可以理解的。但是，垃圾焚烧中焚烧的是什么？是用现代化的办法处理现代垃圾。现代垃圾是什么？跟过去的菜叶子和炉灰不一样，主要是两种物质，一是废旧电器制品，二是废旧塑料制品，两个都是重污染。过去传统垃圾的处理方法是埋，现在垃圾怎么埋，没地方埋，那样占的地方就永远不能用了，因为是严重污染。所以发达国家真正处理垃圾的现代化方法就是焚烧。焚烧只有一个问题——污染，什么污染？说是大气污染太笼统。什么气？就是烟里面冒出来一种物质叫二噁英，二噁英达到一定的量才对人体有伤害，一般的量没有问题。环保企业首先应该担起社会责任，但对环保设备的投入相当于企业的利润，一般企业承受不了，我们现在强调只要它担负起来了就可以。但媒体不去采访企业，也不进企业，村民一告状就开始报道，把科学问题炒成了社会问题。本来是科普的事，现在全变成了社会事件。说霸王洗发水含致癌物质，所有洗涤用品都含有这种东西，不含有这种东西是不能去污的。那含多少可以致癌？致癌这两个字不能轻易落笔，是有量化标准的，所以做报道不要偏激和抢眼球。

第三个问题是低俗、媚俗。我带了一份小报纸，我得念念，排除我作假之嫌，炒王菲和李亚鹏离婚的事，"9月13日晚上11点40分，从乌鲁木齐飞往北京的航班落地，数百家媒体围堵机场到达口"。媒体夜里11点多去等王菲，那么多该报道的不去做，专门搞这个，有意义吗？"20分钟后，王菲从门口出来了，躲避记者的照相，坐上了一辆车，两辆车一块走了。在路上，有媒体逼停了王菲所乘坐的车。"不是警察和执法人员，凭什么逼停人家的车？这种报纸在报摊上卖得特别火，怎么没有一个网民提出这个疑问？"坐在车内的王菲并没有躲避记者的镜头，只是低头一动不动，细看一下，她眼眶发红含泪，似乎有哭过。"你们说这个新闻对吗？先说"似乎有哭过"，这是什么词？这不是对大众文字上的误导吗？中央人民广播电台原来播第一部宪法的时候，周恩来提了一个要求：不许错一个字。"眼眶发红"，怎么看见的？"隔着车窗"，夜里12点了，坐了

4 个小时飞机，我们可以用基本常识判断，谁晚上坐飞机眼睛都会发红。记者看得见吗？"我们应该去传播正能量"，这是习近平总书记的话，所以他很了解情况。习近平"8·19"讲话里专门讲到这个问题，说我们要善于传播正能量。现在的豪华晚会被制止了，那叫艺术吗？就是用现代的手段去包装几个主持人和明星大腕。艺术要讲究内容大于形式，形式是为内容服务的，而不是形式大于内容，这是艺术的本质。

第四个问题就是利益交换。利益交换就是借着批评报道问人要钱，我们现在称其为新闻敲诈，这也不在少数。因为我们的媒体大都是自收自支的事业单位。什么叫自收自支？就是不能吃纳税人的钱，自己挣钱自己花，《人民日报》就是自收自支的事业单位。挣得多发得就多，跟公务员单位不一样，公务员是吃纳税人的钱，国家发多少就是多少，事业单位有一定自主权。但是现在的媒体没钱，特别是一些小媒体和新网站。媒体挣钱正规渠道就三条：第一是广告，第二是发行，第三是适当的活动，和企业有合作。广告人家都和中央电视台做，发行那是挣卖报纸的钱，没有发行量就没有钱。但是报社又不能解散，所以就搞一些活动。但是现在企业高调做人、高调做事的越来越少，都躲着媒体。所以只有一招，那就是批评人家，引起人家重视，以此作为交换的筹码。有的记者专门到高速公路上去，看到哪里不平就写异端性的推测报道，说这个工程是层层转包，然后把报道给工程领导看，领导看后吓坏了，二人就谈条件。有的媒体给企业排了队，食品企业、药品企业最容易出问题，今年抓不到，明年继续抓。在这种心态下，舆论监督能有正能量吗？所以鉴于这种情况，我们要求批评报道要和领导商量，要领导批准。领导讨论同意后报道出来的保险系数要大一些，这并不是不让报。如果我们脑子都有传递正能量的概念，相关部门就不会再嘱咐你了。新闻监督是新闻必不可少的一大武器，但前提是，我们要用好它。

嘉宾： 老师，您好。我的第一个问题和您刚刚说的相关。我们国家特别是在宣传方面，正能量的传递是不够的，特别是一些大一点的媒体，比如，《湖南新闻联播》提到"李克强来到了湖南大学"，所有的稿件都是新闻通稿，只带了摄影记者和编辑，没有文字记者。这种新闻通稿的形式是不是制约了整个行业的发展？而且，我们对领导人的采访或者政治宣传都不是第一手资料，不能做到面对面的交流，记者也不能代表群众进行交流，您怎么看这个问题？我的第二个问题是，您认为在媒介融合的时代，如何克服眼前转型的困难？

翟惠生：从事新闻传播一定要知道基本的规律和要求。

第一个问题，通稿在全世界都有，是世界的通稿，不是中国的通稿。任何国家的政要，他的活动采访都是有限制的，所有国家都是这样的。如果是在北京活动，那就是新华社、中央电视台、《人民日报》报道，有时都不去，只要一个通稿和影像就可以了。如果是在地方，到哪个地方就让其省台、省报报道，不是所有的记者都能采访政要的。所以，通稿是被限定在一定范围之内的，对一定级别的政要的报道是必须要通稿的，但这并不束缚政要闪烁出的火花。比如，现在习近平同志、李克强同志的报道基本都是网络先发，然后新华社才发稿，这就是为了扩大通稿的范围。其实，没有指令在现场采访，同样可以发出好新闻。2013 年获得"中国新闻奖"的一等奖作品，说的是"七常委出行不封路"，这不是新华社发的，不是《人民日报》发的，也不是央视发的，而是《长江日报》发的。《长江日报》是湖北的一个市级党报，这篇稿子是习近平在国家博物馆参观《复兴之路》展览，第一次说"中国梦"，十八大闭幕后半个多月发的。中央领导没有让新华社、央视发这个稿子，这个信息是十八大宣讲报告团到湖北省，从一个报告团成员口中讲出来的：一般从中南海出来 5 分钟就到了，结果 8 分钟还没到，后来发现是没封路的缘故。《长江日报》以高度的政治敏感捕捉这条新闻，采访了各方，除了这个报告团成员以外，还核实了很多，发出了 500 字，所有的报纸媒体都转载了。有时候我们的领导让指定媒体发特写，就是把故事细节反映得更充实一些，用直接引语。现在的通稿是一定程度、一定范围的，它不代表束缚了新闻的火花，这是世界通行的一种做法。国际上的事情也是指定记者去采访，包括世界杯。如果指望每一个老百姓都和政要对话，那是行不通的，包括美国总统竞选接触的面也是有限的。如果我们有志向，我们将来要跻身主流媒体,跻身中央电视台中央组的记者之列,那你就能去采访了,中央电视台中央组的记者都忙不过来。总书记、总理出来都是有要求的,为了更全面地报道,一般都是几个组同时去报道。

第二个问题,新媒体的发展是必然的,这个现象一点不奇怪。过去皇上问过刘墉,你看大清江山还能到什么时候?刘墉说,什么时候灯头朝下,大清江山才能完。他没有想到,爱迪生后来发明了电灯,灯头全朝下了,大清江山也确实完了。因为大清江山拒绝新技术,闭关锁国。互联网也一样,这是一场技术革命,任何技术革命都会给人类带来革命性的变化。我们现在广泛应用互联网,智能手机用户在我们国家是最多的。央视做了一个统计,现在我国有6亿多人在用智能手机,智能手机就是一个小互联网。爱迪生要是活到今天,他最想不到的是什么?是手机。互联网给我们带来了方便,同时也给我们带来了挑战。中央已经认识到这个问题了,要么我们驾驭,要么我们被它所颠覆。我们现在"按闸门""装刹车",都是为了互联网的安全运行,抵制国外服务器对我们的侵犯,同时也净化网络空间。网络空间是人人都可以发言的,每个人都可以发表不同的看法,所以我们要有像阳光一样的引导。比如说,有人认为东莞的"扫黄打黑"过分,但是这些都是没有道德底线的事情。我们的传统媒体在这个过程中要做到两个字——融合,就是要用主流声音影响网络空间。网络主要任务是传播,但缺少内容;我们是内容为王,要借助网络来传播我们的东西。所以,主流媒体通过融合还要继续成为主流。如果你看到了自己的优势就不会看不到希望,而且我们是很有优势的,我们是内容为王。网络媒体的内容多是从传统媒体转载而来的,其采访权是很小的,新闻网站有采访权,剩下的都没有。在新加坡,一个商业网站传播三条新闻就不叫商业网站,而是新闻网站。新闻网站有自己的规矩,我们的新浪、搜狐都是商业网站,但是它们的新闻占了很大部分,其实商业空间很大,但是它们没有去做。这些都是一些必然出现的问题,但随着时间的推移,这些问题都是可以解决的。我们国家现在成立了网新办,制定了很多改革措施。我们要看到自己"内容为王"的优势,因为你是记者,有采访权。

但我们很多人把采访权丢掉了，有的连现场都不去。一个新的技术革命来临的时候，压力是必然的，但是我们必须分清自己的优势在哪儿，将压力变为一种发力的优势，让网络传播为我所用，而不是让网络传播牵着我们的鼻子走。我建议你们去央视、《人民日报》看一看，看看他们的记者在怎样工作，尤其是夜班的工作，你会获得几何倍数的正能量。2014年中国记协要发掘好记者，讲好故事，发出好声音，很多事情令我感动，甚至流泪。为了采访地下人工授精，中央电视台的一名女记者自愿报名，一直到躺在一个小旅馆的手术台上，见到了医生，问了几句话以后才假装上厕所，打车逃走。她拿着一手资料做出了节目，这样的记者是伟大的。一个记者采访屠宰加工厂注水和病死的猪牛羊情况，下意识地动了一下包，旁边拿着刀的工人准备去报告领导，尽管只有60米的距离，他们还是压着心里的紧张情绪装着大模大样地走出来。这样的记者深深地热爱自己的事业，新闻这么干才有希望。互联网没什么可怕的，它就是一种工具，我们一定要利用它、掌握它，要让它为我所用。这就是媒体的气魄和胆量。现在最大的网还是人民网、新华网，没什么可怕的，有些问题自然会解决的。

嘉宾：老师，您好。我了解到您是物理专业出身，您是如何选择走上记者这个行业，又是什么让您坚持这么久？现在新闻传播专业的学生毕业后不一定会选择这个专业，也有人会在媒体工作几年以后转行，您怎么看待这个问题？

翟惠生：这个问题分两个方面来回答。我们那个时代不是互联网时代，也不是多项选择时代，但我确实喜欢新闻，我觉得记者很伟大，在报纸上写稿署名是很牛的一件事，就因为这样一个朴素的想法，就干了新闻。最开始是跑科技报道。当时我连消息都不会写，都没有学过。导语、5W等都不知道，也不知道消息和通讯的区别，是在实践当中练出来的。所以，新闻是一门实践性很强的学科，没有实践就没有新闻。学的概念就像公式一样，和解题是有距离的，必须多写，在熟的过程当中就开窍了。演员在台上有三个阶段，第一个叫喊戏阶段，第二个叫唱戏阶段，第三个叫说戏阶段。喊戏阶段靠嗓子，大演员对此有意见，戏也不是都靠喊出来的，应该有一种美感。第二个阶段就是会唱，就是会比较了，在比较中才会产生美，在错落有致中才能产生美。说戏阶段就已经进入"自由王国"了，台上的我和台下是一样的，已经潇洒自如了。记者同样如此，第一个阶段叫喊稿，第二个阶段叫唱稿，第三个阶段叫说稿。任何事情想不明白就写不明白、就说不明白。

今天有很多记者跳槽了，这很自然，因为今天干新闻是在体制内，体制就有笼子和篱笆，你要服从规矩。现在的人生选择是多种多样的，想当官就不追求发财，想发财就不能当官。如果选择新闻这支队伍，一定要想明白再进来，没想明白就进来，你就会觉得很别扭，就会感到纠结。这句话是习近平同志说的。我觉得这句话说得非常实在，不过我觉得同学们可以多在媒体待段时间，现在媒体也很难进，也没有那么多的媒体，所以现在的市场也需要改革。而且，理论与实践的差距是很大的，在实践中运用理论是一种功夫，需要练，不是靠课堂就能解决的。搞新闻不仅要从有围墙的大学毕业，还要从没有围墙的大学毕业，那就是社会大学。因为新闻是一种社会学，天天和陌生人打交道，要明白为人处世的道理。采访中最重要的是平视，这就要看你有没有平视的心态和思维，跟任何人对话都平视，不卑不亢。比如说我们采访莫言，莫言不愿意接受采访。你看过我几本书？你了解我吗？这话说得太对了，关键是我们。所以要当专业型的记者，要有分工，跑农业、工业、电子都是有分工的。必须记住，政治是管一切的。所以我建议你们多在媒体工作。等你们去了公司，知道市场和企业的衔接点在哪里，和新闻的衔接点在哪里，工作才能干好。要知道自己的目标是什么，干什么岗位没关系，但是它传播的本质是一样的，必须把握。

嘉宾：老师您好，媒体是党的喉舌。美国等都批评中国的媒体没有人权，你怎么看待这个问题？

翟惠生：这个问题其实牵扯到自由度问题。从一方面来说，我们国家的记者自由度太大了。中国企业的代表说，美国的记者想写他们的负面报道，记者调查了半年时间，写好了稿子，传给企业，请企业挑毛病。"请您 72 小时给我答复，您可以说明理由，要不就是默认了。"我们的记者很多根本就不给采访对象确认，而且存在断章取义的现象。但是，从另外一方面来说，该使劲的地方又使不上劲。典型报道是新闻的第一要素，何为典型？就是某人干了某事。现在这个时代最需要典型了，北京广播电台开办了一个用公益广告时间寻找身边榜样的活动，都是小人物，但都是榜样。现在这样的记者太少了，主动挖掘典型的很少。如中央宣传的杨善洲，一个老干部绿化荒山后将其交给政府。2013 年习近平同志在讲话中说，现在我们的一些干部中搞特权的、违规占用公家车辆的、违规占有多套住房的、为子女升官发财奔走的、以权枉法的不乏其人。如果在升学、考公务员、上项目、晋级、涨工资、出国甚至上台演出的问题上都要靠关系、找门道，就会严重损害社会的公平正义。杨善洲的事迹，群众之所以信服，就是因为在一般人看来，他做的事都不近人情，但就是这样的干部才有口碑，他就是一个社会正义的化身。可是，我们有哪一个宣传报道从杨善洲的事迹回答老百姓的关切了？老百姓所关心的升学、找工作、考公务员、买房子、晋级的问题都没有。把老百姓的关切用杨善洲的做法回答上来，才叫"以人民为中心"的工作导向。我们一说"以人民为中心"就是批评报道，是不对的，这只是一部分，还应该关心老百姓关心的问题。老百姓呼唤的是公平正义，现在少的就是公平正义。杨善洲做了很多公平正义的事情，我们为什么不从这个角度切入去回答，去直面老百姓的问题呢？咱们的一些记者太自由了，这比起美国的记者差远了，人家的批评报道都是全面真实的一手材料，原封不动给传过去。自由度是我们可以掌握的，该放开的时候拿不出东西来，让你收紧的时候你又抱怨，那是没有理解新闻的本质和内涵。你只有理解这个内涵，才能找到"自由王国"的感觉、内在气质自然流露的感觉，这种感觉就是人生价值的体现。

结合中国现实和历史环境谈新闻传播

时　间：2014 年 7 月 14 日下午
地　点：上海交通大学闵行校区陈瑞球楼 100 号
主讲人：尹韵公

尹韵公

　　尹韵公，中国社会科学院中国特色社会主义研究中心主任。主要学术专长为新闻史研究，现从事新闻学研究工作。1988 年毕业于中国人民大学，获博士学位。1989 年 1 月至 1997 年 10 月在国务院研究室工作，历任主任科员、副处长、处长、副司长。1997 年 10 月在中国社会科学院工作，历任中国社会科学院新闻所副所长、所长、党委副书记。

尹韵公：新闻是事实的记录者，也是历史的记录者，我们每天报道新闻实际上是在记录历史。新闻是历史的草稿。将来写历史的人基本上都是从新闻报道中把历史整理出来，把主要的内容整理出来的。学新闻的人都知道中国古代的邸报，中国的邸报实际上后来成为历史记录的主要依据。我的博士论文写的是明代新闻史，我查过《明实录》，它基本上是把明代的邸报挨着时间串起来，把枝枝蔓蔓剪掉，就成了真正的历史记录。回过头来，我们自己写的新闻实际上就是明天的历史记录。

中国自1840年鸦片战争以来，经历的变化之大，规模之大，程度之深，都是历史上少有的。我估计只有春秋时期、战国时期、魏晋时期可以与之相媲美。正是因为有了这么深远的历史背景，剧烈的社会历史变迁，我们今天的生活、发出的声音才如此精彩，差异如此巨大，各有各的说法，各有各的观点。这正好也为在座的同学做判断提供了各种各样的依据和评价参考。你可以同意这些观点，也可以看看其他的观点，你自己形成什么样的观点和看法对大家来说也是非常重要的。

研究中国的新闻，在中国做新闻和其他理论研究，和做中国特色社会主义理论研究一样，都离不开中国的国情，离不开我们民族的历史文化。现在我们国家的理论界总是在讲我们是中国特色社会主义。但有的外国人不这么认为，比如法国的一个专家对我说我们是中国特色的资本主义。他有他的看法，我们和他们讨论，互相都会有不同的认识。这种不同的认识是出于他对中国的不了解。西方人对中国的认识差异很大，当然他们努力在向我们靠拢，但这种差异很大程度上和文化背景有关。我们经常说不同的文化、不同的文明要交流、交融、交锋，这种话是没错的，这是一个真理，但是有些是可以交流的，有些是不可复制的。就是说你可以知道它、了解它，但是你不可以学到它。

同学们都知道，我们中国有一个很重要的观念，那就是统一。分裂在中华民族的基因上是不允许的，中国人很重视领土完整和国家统一。但欧洲对这件事看得很淡，分裂了，不在一起过就不在一起过，分成不同的国家不就完了。所以，他们对统一的认识跟中国人不一样。中国人看得很重，而他们看得很轻，这就是欧洲国家和中国的差异。所以，南斯拉夫遇到科索沃危机，南斯拉夫马上解体，形成了好几个国家。欧洲人觉得这很正常，中国人觉得把一个国家分成好几个国家怎么得了。中国从明清以来唯一的一次分裂就是日本人把中国的一部分建立了"满洲国"。抗战胜利以后，我们把"满洲国"取消了，中华民族又重新统一。类似这样的思想观念，我们跟欧洲国家、跟西方的意识形态还是有差异的，有时候差异相当大，大到水火不容的地步，但是这也不妨碍我们向他们学习、他们向我们学习。

历史上欧洲也向我们学习过，后来欧洲强大了，中国开始向欧洲学习。所以在我们了解、从事新闻这个职业之后，我们有两个基本点，就是对中国国情的了解，还有是对中国传统历史文化的了解，这是两个最重要的基本点。无论是我们搞新闻报道还是研究传媒，都离不开这两个基本点，这是我讲的第一个问题。

第二个问题是，在报道新闻的时候，我们作为记者有时候是没有意识的。当时我们可能确实做了客观报道，但是过了几年之后，你再回过头去会很惊讶，甚至你会问自己，难道历史真的是这样吗？比方说，前不久我偶然在电视上看到一个镜头：50 年代末 60 年代初，一些苏联专家要回国，中国好多单位就组织欢送苏联专家，请他们吃饭和跳舞，最后锣鼓喧天，一路鲜花地把他们送上火车和飞机。这就是我们当时的报道，也是我们当时把它记录下来的。但是过了几十年，或者说过一百年、两百年甚至几百年，后人可能都会发出疑问。因为他们都知道，当时中苏两国上层已经出现了很大分歧，吵得不可开交。这就是说，上面发生的事情和下面发生的事情是两种完全不同的历史记录。后人可能要说，那我们应该相信哪个？下面锣鼓喧天欢送苏联专家不是挺好的吗？那为什么说两国的上层吵得不可开交，恨不得打架？

但是我可以说，这就是真实的历史，它就是如此反差巨大地被记载了下来，我们的记者也是这样报道了历史的真实的。但是过去，新闻的真实不等于真实的新闻。新闻的真实是苏联专家回国，我们锣鼓喧天地送他们，兴高采烈甚至搞不好还痛哭流涕、热泪盈眶，这是新闻的真实。但它是真实的新闻吗？恐怕不一定。因为真实的新闻背后是中苏两党的破裂。有时候新闻的真实不等于真实的新闻。很多同学都说自己是报道客观事实，但是报道客观事实是报道新闻的真实吗？那可不一定。我希望同学们认真对待历史的记录，因为我们本身是历史新闻的报道者，也是历史的记录者，我们是以双重的身份来从事我们的工作的。那么我们一定要有一个正确的认识来看待我们的职业。这是我要讲的第二个问题。

第三个问题是，我要给大家讲一个书本上可能没有讲过的事。我们叫"传媒大讲堂"，传媒过去是跟新闻挂上钩的，但是现在它不仅跟新闻挂上钩，还跟信息挂上钩。新闻肯定是信息，但信息肯定不等于新闻，信息要变成新闻要经过加工。比如美联社在全世界都驻有记者，记者每天发回来的信息量是120万字，但是美联社经过筛选之后，真正变成新闻产品的只有10万字，其他110万字都不能成为新闻，只能成为一种内部信息，因为任何一种新闻机构都会有自己的选择。新闻既是一种客观事物的反映，也是人们主观性选择的结果。如果说新闻不经过选择，那是假话。世界上无论哪个国家的新闻媒体，它所报道出来的事情都是经过选择的。要是说没经过选择，这个机构一定是说假话。所以，现在我们所说的，当然是在有互联网以后，新闻和信息的界限越来越模糊。

但是我们会提出一个问题：在没有现代事业，即没有报纸、广播、期刊之前，人们的生活又是怎么度过的？实际上，在我看来，人类作为一种高级动物，跟世界上所有的动物都一样，有信息交流、信息传递和信息摘取的能力。信息传播不是人类独有的，也不是人类独享的。几乎所有的动物都会传递信息。狼群不用说了，狮子更不用说了，它们都是群居动物，群居动物对信息的需求很强。猫为什么要发春？猫发春就是它需要爱情，它发出的就是这个信息。它需要找对象，需要生育，所以它发春了，发春就是它的信息传递。出去遛狗的时候，狗要撒尿，这也是一种信息传递，说明这是它的地盘。像狮子、猎豹、猎狗，所有的熊之类，它们都会通过撒尿，当然也可能通过叫声，来传递信息。狼可能有几十种不同的叫声，代表不同的信息传递，表达各种不同的意思，所以它会划分自己的势力范围，它会有声音武器，还会有化学武器。有同学说，不会叫的怎么办呢？蚂蚁和蛇不会叫，那它们怎么表达呢？蛇很简单，母蛇会分泌一种荷尔蒙，它分泌出这种荷尔蒙，公蛇就会来找。蛇不会叫，但它有自己独特的信息传递方式。后来人们发现，不光动物能够传递信息，植物也能。植物的信息传递很有意思。比方说，长颈鹿很喜欢吃高大树木上的叶子，但是它吃多了树不长了怎么办？树也很会保护自己，一旦长颈鹿吃多了以后，树的叶子会整个发出一种臭味，长颈鹿忍耐不住这种味道就被赶跑了。它发出的信息是：你赶紧走吧，不要再吃了。所以长颈鹿总是在一棵树上吃不了多久就换地方了。实际上是那个味道太难闻了，它只好到另一棵树上去。所以植物也会有信息传递。

人作为高级动物很有意思。人跟猪的基因相似度与跟类人猿相似度就差那么一点，但差异很大，就那么一点基因的不一样，人类就成为地球的主宰，而其他动物都不可能成为主宰。人类最伟大的发明是什么？今天讲信息、讲新闻，是因为我们发明了文字。在文字没有发明以前，无论是中国人的祖先还是外国人的祖先，都是很软弱的，在自然面前是没有多少力量的。但是自从发明了文字，我们可以把前人的经验保存下来。《格萨尔王》在中国为什么有内陆版本、有西藏版本，因为《格萨尔王》诞生的时候还没有发明文字。怎么办呢？这是一部英雄史诗，又是一个鼓励民族的深沉动力，只好找一个记忆力最好的年轻人，让一个长者每天教他背几句，教他把这首长诗背下来。可是每个人背下来的也是有差距的，所以会出现蒙古的、西藏的《格萨尔王》。都是《格萨尔王》，但实际上有细节的区别，那是因为在人们的口口相传中必然会出现信息的失真。

但是人类发明了文字，它基本上可以保证信息的不失真，这对没有文字来说是一个非常大的进步。不是说有了文字就可以百分之百保真。有了文字，我们前人的绝大部分经验才可以总结、积累、有所创新，才创造了人类今天的辉煌、科技的辉煌，才可以上天入地。如果没有前人的文字发明，哪有今天的互联网？我们可以说今天的互联网是个伟大的发明，但是就它的意义来讲，还是比不上文字的发明。

人类的文明史实际上就是从有文字记载以来才开始。在这以前，我们都是野蛮史，不是文明史。所以有时候，我建议同学们到中国或者国外的一些地方去看一看。比如说阴山，里面有很多岩画很有意思。那时候还没有文字出现，人们就通过画一些符号来表达意思。俄国有个作家曾经记载了俄罗斯的一个故事，说发现河边渡口的一块岩石上画了一条鱼，大家都不知道这个画什么意思，为什么画到这个地方，它能说明什么问题，只知道这是他们的祖先留下来的。那么祖先为什么要在这画条鱼？后来有个村民说，是不是暗指这里的鱼很丰富。于是他们就去打捞，果不其然，这条河的鱼很丰富。那个时候没有发明文字，人们就通过一些暗指、一些符号来进行信息传递，可以把一些信息传给后人。现在有些少数民族，没有自己的文字，他们记人、记事，都是用刀刻在一个木板上，来个官员就刻一种特殊的符号，来了另一种人就刻另一种符号。所以文字的发明在信息传播史上是一个最伟大的创造。

中国传说是仓颉造字，所以中国人把仓颉看得非常神圣，把造字看成一种惊天动地的大事业。然后开始把仓颉这个人神化，说他有三只眼睛。

所有的民族都这么干，如果某人有一个伟大的发明创造，一定要神化这个人，而神化这个人反映了这个事情的伟大。各个民族的文字不一样，好多都是拼音文字，只有中国的汉字是表意文字。但是就语言而言，中国汉字的信息量是世界上所有其他语言都无法比拟的。我们的汉字每个字所承载的信息量都超过了其他民族。不要小看我们中国的汉字，从新闻学和信息传播学来讲，它是一个不得了的载体。

发明了文字还要解决信息材料（即传播材料）的问题。比方说，同学们看的都是互联网，我站在这里说话后排的同学都能听到，是因为我们的传播媒介发生了变化。古代没有怎么办？最早的记载材料是龟骨，甲骨文写起来很麻烦。正是因为写起来很麻烦，所以那个年代的人写的东西都很美。哪像我们现在，拿 A4 纸拿笔一划就写出来了，所以现在的垃圾产品才那么多。

那个时候没有那么多信息材料，大家都很珍惜文字。所以《论语》才会永远读不尽、说不够、解释不完，各有各的解释。《道德经》不到 6000 字，对我们来说是本天书，永远把它注不尽，就是因为那时候没有纸张，只有简帛、竹板、木头，写字非常困难。书写材料限制了我们的发挥，但是一旦发挥在上面的都是精品。章太炎说过，非魏晋以前的文章不看。因为魏晋以前纸张还没有完全发明出来，那个时候的人们都惜字如金，非常注意遣词造句，每一个字都要包含丰富的信息量。

现在的传播材料和那时的传播材料是不可比拟的。说到传播材料，大家都知道有个大致的发明过程。我们从甲骨文找到了竹简，到了魏晋南北朝，终于开始了纸张的大面积普及。大家都知道是蔡伦造纸，现代发现，在西汉就有了纸张。但是最早的纸张不是用来写字的，就像最早的汽油也不是用来当动力的。当时的动力是柴油，没有汽油动力机，只有柴油动力机。当时的汽油发明出来是作为清洁品的。现代的很多人都用汽油做清洁，脏了东西把汽油倒上去一擦可以擦得很干净。后来报上登了，有个人使用汽油作为清洁品的时候不小心发生爆炸。奔驰的发明人看到这条消息以后非常高兴，马上跑去找这家人问是怎么回事，最后他发现，汽油居然可以作为动力，所以他开始埋头研究汽油动力机，最后研制成功了。

最早的纸也是这样，它是作为一种辅助用品。新疆出土的文物中，在两个文物之间夹了一层纸防止它们碰坏。我们用毛笔试了一下，那种纸根本不能用来书写，墨汁一沾上去就会迅速散开，根本成形不了。蔡伦的伟大之处在于他解决了纸的书写问题。后来的工匠们开始不断地发明创造。纸最早也是奢侈品，不像现在是个日常用品。我们常说"洛阳纸贵"，用来形容那个人文章写得非常好。这是个误传。我查过，西晋时期纸张还没有普及，只有权贵人家才可以用纸，一般老百姓根本用不起，所以"洛阳纸贵"是在权贵人家，并不是在普通人家。

当时记载纸的原材料很难配齐，必须改变原材料。中国人确实聪明，彻底解决了纸张问题，找到了更好的替代品，才使纸张在东晋由奢侈品变为日常消费品。在当时来说，这应该是一个高科技产品，中国政府肯定是要封锁，是有知识产权的，用现在的话来说是不允许出口的。中国当时对几个东西封锁得很厉害，一个是纸张，一个是蚕丝，所有的海关是不准带蚕丝出国的，我们的造纸工匠也是不轻易出国的。唐朝跟阿拉伯世界发生了一次战争，阿拉伯军队俘获的一批中国的工匠中有造纸工匠，造纸技术才慢慢通过丝绸之路传到了中亚、西亚，然后传到了欧洲。

我不知道同学们了解不了解过去的一些信息保密制度。同学们个个都有电脑，你们一定要保护自己的个人信息，一定要有防火墙，设置自己的密码，这就是我们个人的信息保密。

没有电脑之前怎么办呢？纸张时代怎么办呢？那个时候我们就是通过书信，在书信里面贴邮票。贴邮票怕别人撕，就制定《中华人民共和国邮政法》。很多国家都有这样的法律，谁要是撕毁了别人的信，就是违法行为，要被抓起来判刑。我们是通过信的密封和法律来保护所有人的信息。

在纸张以前，信息的载体是竹简，就是简和木板，还有帛。大量使用的竹简和木头，包括官员给秦始皇的奏折也是刻在木头、竹简上。当时也有密折和家书，在湖北云梦发现了一批秦简，就是秦朝士兵的竹简，上面写着士兵写给他们在陕西的亲人的信。我们发现了两封这样的信，一个有

100 多字，一个有 200 多字，这两封家书都是找家里要钱、要衣服，这是可以理解的。因为当时不是国防军，不像现在我们国家和其他国家的军队是国防军，属于常备军，服装都是由国家提供，到了军队以后，就会给你发一身从里到外的服装。那个时候都是自己买，大概是写信的人在前线穿的衣服破了必须换，才向家里要钱和布料。

可是有个问题，所有的官员，无论是现在还是过去，都有下级向上级报告的制度。下级和上级的报告有时候是需要保密的，那么在古代使用竹简的时候，信息保密是怎么做的？中国人发明了一种封泥，有时候也叫泥封，就是当把报告、信件、密奏写在木板、竹简上以后，把竹简卷起来打结，然后用一种特殊的泥土把它封起来，盖章。如果你要看，就必须把封泥敲碎。秦始皇是个工作狂，他每天看的竹简如果用重量来衡量的话大概是一石。《史记》上面记载的是一石，大概是 100 斤到 150 斤，所以他旁边总是一大堆封泥，总是不停地找人敲。可惜这个伟大的发明居然失传了，没人去研究，没人去做更多的探讨。

不只中国人有这样的发明。比方说，我们现在经常看好莱坞的一些战争片，美国大兵的脖子上总是戴着一个不锈钢的牌子，上面写着他的名字、住址、血型。血型主要是用于救护。那个牌子是烧不掉的，哪怕那个士兵的头被打烂了，只要有钢牌在，就知道他叫什么名字。美国人对这个钢牌看得很重，找不到牌就说失踪，找到了，再宣布他阵亡。我们国家也有。"文化大革命"的时候实行军衔制，一颗红星头上戴，革命的红旗挂两边，领章的背后写的就是这个战士的血型、籍贯。血型是一定要的，如果这个战士在战场上受了伤，要知道他是 O 型血、B 型血还是 AB 型血。所有国家现在都这么做。实际上这也是一种军人的信息制度，不管是血型还是籍贯，都是军人的信息，是保密信息，也属于个人信息。

古代的军人有没有？我从曹植的《白马篇》里查到了。在诗的最后他说，"名编壮士籍，不得中顾私。捐躯赴国难，视死忽如归"。"名编壮士籍"是什么意思？就是说每个士兵身上都要戴一个木牌，大概是 1 尺 2 寸的一个木牌，那个木牌上面就刻着这个士兵的名字，什么地方人。肯定没有血型，因为我们当时没有外科手术，没有做到这一点，也做不到这一点，做到也只是少量的。有华佗这样的人，但是华佗这样的人也太少，战地救护还做不到。

非常有意思的是，赵薇演《花木兰》的时候有个场景，就是她把那个木牌洗干净晒，几百个木牌在那挂着。那个木牌就是壮士籍，就相当于现在无论是中国还是美国，每个士兵身上戴的个人标志。在中国古代，类似这样的东西还是很多的。《木兰辞》开始就有一句话，很多同学应该都背过，"唧唧复唧唧，木兰当户织，不闻机杼声，惟闻女叹息，问女何所思，问女何所忆，子亦无所思，子亦无所忆"。关键是后面几句话，"昨夜见军帖，可汗大点兵，军书十二卷，卷卷有爷名"。"昨夜见军帖，可汗大点兵"就说明已经发生了军事战乱，所以可汗大点兵，通知到家家户户，说明当时木兰所在的国家，军事信息传递是相当迅速的，然后是"军书十二卷，卷卷有爷名"，大概是花木兰他们家已经被传递了很多次，卷卷都有她父亲的名字。

所以从古代诗歌中，我们可以发现一些古代的信息传播和传播机制也不是那个时候才有，大家可以去看看明清的小说，唐宋时候也有很多。中国有两本伟大的著作，一个是《红楼梦》，一个是《金瓶梅》，里边都有信息传递甚至是新闻报道的东西。西门庆也要看邸报，有一次听说涉及他了，他赶紧花了10两银子到县衙把那个邸报抄出来。《红楼梦》更不用说了，贾政经常问他手下，"督下有何消息？"非常注意打探。包括"三言""二拍"里也有很多当时的信息传递的片段描写。

杭州在南宋时期，是拥有百万人口的大城市。在一个百万人口的大城市没有电话、没有手机，信息怎么传递？三年一大考，中了状元，信息只能从北京、南京传出来，所以在明清两代有专门一个职业来传递这个信息，叫"喜虫儿"。为什么叫"喜虫儿"？就是专门报告录取消息的。放榜的时候人就蹲在那儿，哪个人一中就赶紧冲过去向那个人报喜，如果那个人家住在外地，就马不停蹄到他家去报喜，那家一定要给报喜的第一个人一份可观的赏金。晚去的人肯定少，早去的人肯定多。所以，在南宋的时候已经有了这个专门的职业，就是"报信"。

中国的这些事情细讲起来还是比较多的，我也不可能讲得很细，只是把和现在大家的生活联系比较紧的讲了一些。讲这些还因为中国的国情和外国不同，历史文化传统也不同。他们说现代报纸产生于西方，这句话在一定意义上是没有错的。但是中国有自己的信息传递方式，我们走了另外一条道路，这种方式是西方国家没有的。法国有个学者写了一本书叫《停滞的帝国》，里面写了晚清时候的邮政系统。我们国家的统治者真是了不起，秦朝的时候就修了第一条"高速公路"，然后边境到哪里，驿路就修到哪里。有了驿递，我们中华民族的疆土才形成了今天的规模，才形成了我说的"统一"的概念，这和驿递的大规模建成和完善是分不开的。

当时法国学者比较多，他们认为驿递的规模和传输速度超过了工业革命时的法国和英国。他这个结论我认为是比较可信的。我研究过曹雪芹的祖父曹寅。曹寅得了痢疾，实在治不好只能向康熙求救，向他要金鸡纳霜。康熙用八百里加急送到扬州，还给了他一封信，里面把使用方法写得很细。但还是晚了，因为曹寅告诉得晚了。但这是大规模的驿递使信息得到及时传递很好的例证。除了中国，其他国家都没有像中国这种大规模的驿递传递系统。

中国内部的邸报也是其他国家所没有的。我们现在学新闻史，应该说有个错误的记载，说我们现在的报纸是德国古登堡发明了活字印刷后才诞生的。活字印刷，韩国跟我们争谁先发明的。我随一个政府代表团到联合国参加会议，无意中到了一层楼，各个国家都送自己最好的东西去展览，韩国展示的就是活字印刷，当时看得我很生气。这是中国人发明的，怎么说是韩国人发明的。

中国人发明的是泥活字，韩国人发明的是铜活字。铜活字是用金属烧活字，中国的泥活字不能大批量生产。我仔细研究过泥活字，温度一高成瓷，温度低成陶，成瓷染色染不上，成陶容易碎。韩国人发明了铜活字，但是铜有时候也会变形。德国人聪明在哪？德国人发明了铝合金活字，所以实际上所有的印刷术都是从铝合金开始的。古登堡无非就是受了中国人的启发发明了铝合金活字。材料上他是做了巨大创新，但是在思路上没有超出中国人的框架。当时有些观念还是以西方人为中心，什么重大发明都源于西方，中国当时又积贫积弱，没有时间去跟他们争论。生存吃饭问题还没有解决，哪有时间和他们讨论这些。现在中国人饭吃饱了，遇到的是发展问题，有时间跟他们讨论一下发明权的问题。

我们看新闻史，无论是中国新闻史还是世界新闻史，我读书时就感觉基本上还是西方中心论，现在这个感觉更加明显了。所以我刚开始跟大家说，我要讲一点我们新闻史书上没有的东西，就是这个原因。通过介绍这个东西使大家看到我们中国新闻传播走了一条跟西方完全不同的道路。当然，中国在学习的过程中也开始吸收别的国家的东西。所以，当时在晚清的时候大家都说西方国家的东西好。我们这个民族一旦失败以后就开始反思自己哪些不如西方国家。找到新闻传播上，就是西方有现代报纸而我们中国没有，所以西方比我们进步。

梁启超还专门写了一篇文章谈西方和中国的不同。他认为中国有官报系统，比如邸报，只是他认为我们这条路和西方的不一样。我们的邸报系统基本上是官报，它和西方那种面向社会放开的民众报纸是不一样的。但是中国古代知识分子是一个庞大的群体，因为我们有科举，历朝历代培养了几十万的知识分子，大家都看邸报，看当时的官报。

进入现代社会之后我们开始向西方学习，借鉴他们的经验和技术改造我们自己的东西，但是在改造当中不要忘了我们曾经给世界留下了什么。实际上报纸从西方传进来之后，我们的报纸无论是在国民党执政还是共产党执政时期，和西方国家还是不一样的。民族基因这个东西，看不见、摸不着，但它会通过各种方式表现出来。我希望同学们在看待中国新闻传媒事业的时候，一定要用更加历史、更加实际的眼光来看待中国的传媒以及我们未来的走向，而且我们把历史和现实结合起来的思考更有意义。

最后，我要给大家讲的仍然是跟新闻史有关的事情。信息传播技术革命是最伟大的革命。从中国来讲，第一次伟大的革命应该是文字的发明，之后我们发明了造纸术和印刷术，这也是革命性的变化。我觉得还应该加上竹简。竹简在传播材料上也是一次伟大的革命，一直到公元 7 世纪左右纸张才真正登上了历史舞台。但是在这之前长达 1000 年左右的时间，信息都是靠竹简在社会上流通。曹操为了奖励官员往往都是给他一卷纸作为特殊的奖赏，所以竹简是一个伟大的发明。印刷术和纸张也是伟大的发明。还有广播。跟广播相关的应该说是电视、电子系统，到现在是互联网，大体上信息传输技术上就是这样一个线索。

我认为互联网就像纸张和印刷术一样，它改变了人们的思维方式和行为方式，也改变了中国。没有纸张和印刷术的发明，中国出不了科举制，因为没有技术保证。

报纸肯定要退出历史舞台，但至于什么时候退出，退出以后会是一个什么样的地位，是彻底退出、半退出还是保留很少的一部分，这个不好说。但是有一点可以肯定，互联网技术的发展不可限量。我们前几年有博客，这两年有微博，现在又有微信，再过几年还会有什么？不知道。技术的发展是无限的，所以互联网会不断发展。有幸的是，我们生活在信息传输革命的伟大过程当中，可以享受革命的成果，我们在座的有些人可能会成为这个领域的创新者。现在我们正在利用各种技术，利用它的功能创造出更多功能来。

新媒体时代舆论表达和舆论引导的新格局

时　间：2014 年 7 月 10 日

地　点：上海交通大学闵行校区光彪楼 1 楼多功能厅

主讲人：童兵

童兵

　　童兵，复旦大学新闻学院教授、博士生导师、新闻传播学博士后流动站站长、新闻学院学术委员会主任。香港树仁学院当代中国研究中心顾问，美中传媒交流研究中心理事。1991 年 1 月被国务院学位委员会和国家教委表彰为"做出突出贡献的中国博士学位获得者"。2000 年 10 月被聘为国家教育部人文社会科学重点研究基地中国人民大学新闻与社会发展研究中心主任。2003 年 6 月被国务院学位委员会聘为第五届学科评议组成员，担任新闻传播学学科评议组召集人。2003 年 8 月获国务院学位委员会指导全国百篇优秀博士论文奖。

童兵：今天我大致讲四个问题。第一个问题是媒介生态。新媒体来到这个世界上，新媒体技术为越来越多的中国人所喜欢，给我们的媒介生活带来了极大的变化，所以我们现在的媒介生活是一种新的格局。

所谓媒介生态，学界有两种理解。一种理解就是由媒体构建的人类的生存环境，也就是人们所处的信息环境。媒介能够为我们勾画很多新的生存条件，比如最新的一轮世界杯，巴西被德国队羞辱了——1∶7，我们大使馆立即发出通知，这两天在巴西要多小心。这说明我们外交部保护侨民、保护中国当代游民的意识很强。这靠什么？靠新媒体。新媒体可以构建一种生态——我们生活的环境。

另外一种理解，就是媒体自身生存发展的空间和条件，也就是媒介生产、流通、消费所处的环境。对从事媒体行业的人来说，非常倾向于这一种认知。如果你们在上海要待一段时间的话，就会体会到上海的媒介生态其实不太好。我前一个礼拜参加上海社科院内部的一个研讨会，参会的6个教授，大家几乎是一致的看法：改革开放以来，上海没有出过一部好电影、没有出过一部好话剧、没有出过一部好的长篇小说。上海——中国第一大城市，约2400万人口，这么大的经济总量却出不了好的东西。上海媒介的生存环境很差，在媒体很难工作，管得太严、太多，言论和出版自由不充分，作家不敢放手去写，电影家不敢放手去拍，这是上海的问题。但是，上海也是有能量的城市，是一个英雄城市，也是一个人才辈出的城市。100多年以来，1840年第一次鸦片战争以后，五口通商，做得最好的就是上海，厦门、宁波等根本比不上上海。中国共产党第一次党代会、第二次党代会都是在上海召开的，上海若不是一个英雄城市，共产党为什么要选择这里？1925年发生"五卅运动"，最早走上公开抗拒帝国主义政治斗争舞台的是上海。但几十年下来，上海的形象如何了？各地对上海的评价不是说是"大上海"，而是"小上海"，上海小女人、小男人，上海小里小气。怎么会对上海有这样一个印象？上海需要自我检讨。上海的媒介环境不好，上海的报纸走不出上海去。你听说过上海哪一份报纸在全国畅销吗？有吗？没有。还不如"文化大革命"以前《文汇报》《新民晚报》在全国的发行量大，现在谁看上海的报纸？上海人都看《南方周末》。这难道不是事实吗？所以媒介生存的环境不好。

第二个是我们要着重讨论的问题：观察问题的角度和视角。新媒体时代媒介生态发生了极大变化，看问题可以有各种角度，建议大家从两个角度来看这些变化。

一个是从参与者的层面。大家都在参与，每个人都有手机，这就是移动互联网。你们都在参与，所谓人人都是记者、人人都是总编辑、人人都是出版社、人人都是编辑部，也就是说你们每个人都是老大，愿意怎么发、怎么写、怎么评论、怎么批评甚至怎么吹捧都可以，每个人都可以决定编辑分寸。从这样的角度来看，我们媒介生态大概有五个方面的变化。

第一个变化，民众直接参与新闻信息的传播活动，传播主体平民化、草根化、业余化、非专业化。我们在座的大概有一部分不是学新闻传播专业的，就全国老百姓来说，学新闻的更少，从全世界的层面来说，微乎其微，但是每个人都在利用这种传播手段。所以，我们今天的传播主体平民化。第二个变化，传播内容的多样性和公共性。今天，移动互联网上什么都有，比如说最近反腐声势越来越大。传播内容的多样化、公共性使得新媒体格外有魅力。第三个变化，渠道多样化、低成本化、远离把关人。谁来把关？把不了，因为把关就很大程度剥夺人的通信自由、新闻自由。所以，没有把关人、远离把关人是新媒体给我们媒介生态带来的新的变化。什么都可以把关，唯独新媒体把不了关，尤其是微博，微博有定位跟踪技术，技术上有这种可能性，但与社会的必要性是两码事。如果计算机、手机都要设那么多的电子警察当把关人，肯定成本太高，用不起。第四个变化，传播过程的交互性和强时效性。一个人在发信息，对方就可以提问题，你就要去回答人家的问题，所以信息的发布和信息的接收是同一个人；对方也是这样，所以可以交替变化，身份是多样的。因为这样它的效果也很好，时效性很强，几乎是第一时间就可以传达到全世界。这种情况下，个人的心态、想法都会在第一时间流露，交互性特别强。第五个变化，传播效果好。不否认，互联网、新媒体造假的和不真实的信息很多，绝大部分的谣言都是从它那儿出来的，但是你也不可否认真实的信息更多。新媒体给我们提供了非常好的传播途径，当然影响面是窄的，因为新媒体的传播都是小众化的，感兴趣的人才会去使用和传播它，所以总的来说新媒体的影响面比较小，这是对每一个个案而言的，总体上来说当然不是这样。

换一个角度，从媒体自身的角度来看，媒介生态的变化表现在如下三个方面。

第一个变化，传播主体有所调整。调整分这样几个方面，一是官方媒体的地位有所动摇。因为从媒体自身来看，现在的官方媒体的日子都不好过。比如说中共第一大报《人民日报》，它那种形态很多人是不看的。再过几年，电视都没有人看了，电视连续两年的广告总收入比腾讯要少很多，所以聪明人都开始离开中央电视台，官方媒体的地位有所动摇。二是，民众的变化更大。他们从被告知者成了重要的信息发布者。凡是被举报、被"双规"的干部，相当大的比例是由民众通过互联网揭露的。我自己做过一个统计，从党的十八大召开到今天，一年多的时间里面，全国副部级以上的干部每半个月抓一个，局级以上的干部每一个礼拜抓一个，一般的干部每天抓 100 个，这一年多时间抓了 68000 多个。统计一下，大概 60% 多都是老百姓通过新媒体揭露的，所以，民众成了重要的信息发布者，传统媒体往往落后、滞后。三是民众身份的变化，从意见的跟进者成了重要议题的设置者。原来《人民日报》发社论，我们都要多学习，表示拥护、赞成，民众就是这样一个被动角色，但现在不是，民众有自己的观点，有自己的想法，也可以为党和国家、为各级政府去设置议题。大概这两年的时间里，政府现在在做的重要的事情 30% 是跟着老百姓走的。老百姓先提出问题，政府不敢不做，就成了政府的决策，占 30% 左右。这从一个方面说明了媒体现在的变化极大，也使得生态环境变化极大。

第二个变化，传播的内容有变化，但官方媒体和主旋律没有大的改变。《人民日报》、中央电视台还是原来的报道形式和腔调。但是新媒体上面的信息变化很快，日新月异，意见也是多元化的，突出的就是负面的信息增加了很多。互联网上、手机上一些负面的信息很多，老百姓关心的就是负面的信息，倒不是说老百姓对正面的信息一概没有兴趣，问题是正面的信息对他来说太远、不可信。老百姓关心的负面信息和他的健康、安全相关。昨天物价局统计的数据，那么多数据我就记住了一条，6 月水果的价格上涨了 40.8%，盛夏季节，水果大量上市，但是整体的水果价格还上涨了 40.8%，这不可思议，这是负面的，也是老百姓关注的信息。而毕业生最关注的就是找工作，某某找到了好工作，本科生第一个月就拿 18000 块，那样的新闻大家是不感兴趣的，但是你说今年本科生对最初几个月的工资期待值是 3500 块，大家就议论纷纷。人们关注的并不一定是奸淫、强盗等负面信息，当然这些信息也关注，因为同人们的人身安全有关，但更关注的是自己能够幸福地生活。就像 2008 年胡锦涛视察《人民日报》时讲过一句话："新媒体成为思想文化信息的集散地和社会舆论的放大器。"就这一点来说，胡锦涛是马克思主义者，他承认新媒体是社会舆论的放大器。你不要人为地去遏制放大的作用，这是不可遏制的，因为这同人们利害相关。大学生有相当强的文化感知和接受能力，对各种思想文化信息都感兴趣，千万不要说这是西方的或者是"和平演变"的信号等，要关注，但不是主流。为了讲得更全面，我今天讲的第四个问题会讲到"和平演变"的问题。

第三个变化，新闻热点和舆论事件的发生频率有所增加。新媒体独立设置的自主性是其中的一个重要特性。绝大多数新闻热点、舆论事件都是新媒体首发的。传统媒体很保守，因为它压力很大，它的把关人太多，新媒体没有这个压力，而实际上我们的新闻热点、突发公共事件、突发群体性事件有很多，保守估计2012年、2013年每年发生群体性事件20万起。20万起群体性事件在全国到处泛滥，老百姓能不关注吗？动静能不大吗？这么大的动静同老百姓的生存利害相关，能藏得住吗？能压得住吗？压不住。这世界就是个村子，那么小，谁都会知道。比如说大连最近又一次发生地下管道爆炸，大连这样的突发事件平均每年一起，又是爆炸，又是大火，已经连续8年了，老百姓能不关注吗？你不让报道能行吗？谁最早报道谁挨批评公平吗？不公平。所以这些逼着我们的新闻、政治要去改革。群体性事件频发、居高不下，从理论上说中国现在已经进入了风险社会。我前几年曾经写过一篇文章分析了15年来中国的突发群体性事件居高不下是什么原因造成的。其中一个重要原因就是新媒体在助威、在煽风点火。

下面我们讲第三个问题，舆论诉求或者说舆情表达。

在新媒体时代，民众要表达自己的不满意、不平等、痛苦、忧愁、困惑，以及张扬自己的成就感，也要通过媒体来诉求。在新媒体时代，舆论诉求找到了方便的条件，人们有手机、有电脑。但是所有的这些诉求都是无序的，不要经过批准，也不要经过编排，没有头条，没有尾巴，愿意怎么播就怎么播，愿意怎么登就怎么登。我们的环境是开放的，所以舆论的诉求就特别热烈、特别丰富，整个中国都非常生动。什么原因造成的？我们下面做点分析，大概有这样几个方面。

第一，社会结构的重组造成了社会主体的多元化。中国社会突出的变化就是利益主体和利益分配的差异化，由此形成了众生喧哗的舆论诉求格局。我想你们的父母对社会结构的重组有深切的感受。即1978年到1983年，整个中国的阶层非常简单，就是工、农、商、学、兵，就这五大主体，现在就不是这样了。拿工人来说，还是老大哥吗？不是。工人的地位一天比一天下滑，很多工人下岗了。最初是 40 多岁、50 多岁下岗，现在是 30 多岁就下岗，包括我们大学毕业生，20 多岁就失业。现在我们失业的大学生也有 20% 左右。这种情况下工人阶级心里能好过吗？社会结构的重组造成社会主体的多元化。人不平就要鸣，就要叫、就要哭、就要闹，这是很正常的，这是他最基本的权利。邓小平同志讲过，在中国应该让老百姓有出气的地方、有骂娘的地方、有发牢骚的地方，假如我们连这些机会都不给他们，他们在网上发了一条牢骚就要去查处，这社会还让人活吗？所以，面对众生喧哗的局面不要紧张，不要认为这是一个问题，这正是中国进步的表现。所以我觉得现在的社会结构第一个变化就是这样。

第二，这些年我们过多地做了一些为了谋取眼前利益而牺牲长远利益的事情。很多顶层设计是错误的，所谓"以空间换时间"，把很多地卖了，换了很多时间，用 5 年或者 10 年修了一条路，或者 GDP 上去了等，很多地方都这么做。这样就使得突发公共事件和群体性事件层出不穷，民众的舆论诉求变得十分紧迫，新媒体恰恰为这样一种需求提供了方便的条件，有很多渠道，有很多表达的形式、形态，所以这种表达的多样性、分散性、个体性以及以一己利益为考量的价值取向，使舆论表达的无序性也就十分突出了。今天的舆论表达是非常无序的，没有组织、没有纪律，甚至连规矩都没有，有的时候连基本的道德都违背，说脏话、骂人、造谣屡见不鲜。不要为此感到紧张，这是中国社会转型当中的正常形态，因为党报不会反映他的要求，国家电视台不会反映他的要求，他好不容易有个手机发发牢骚，你就要去批他，那就太过分了。

第三，老百姓舆论表达的紧迫性同政府舆论引导的远民性造成对抗和冲突。我们的舆论引导很少考虑老百姓自身的切身需求，同时，常规的舆论形态同非常规的舆论形态冲突，我们就习惯开大会，共产党员表态、共青团员带头等，中规中矩地表达你的舆论。但老百姓不是这样，他有很多自己认为是舒服的、痛快的、有力的表达形式，这二者经常有冲突，这样就必然导致群体性事件频发，就进一步加剧了民众舆论表达的无序性。别的不说，就说厦门 PX 项目这一事件，从开始到现在，我们媒体说老百姓根本不懂科学，PX 项目释放的其实不是剧毒，而是轻毒等，你跟老百姓讲这个有用吗？他就知道受害，他就说你这个项目建起来以后他闻着空气难受，他咳嗽，他就知道自己切身感受到的这些东西。那么回过头来，为什么你大上海不搞 PX 项目呢？为什么你北京不搞呢？为什么你广州不搞呢？为什么你风景区不搞呢？老百姓想问题就是很朴素的。这种无序性有它的合理性。舆论表达的无序性，这是一个特点。

下面我们进一步分析，我们党、政府、主流媒体其实想得更多的不是让老百姓这种无序的舆论表达慢慢地纳入自己的轨道，他想得更多的是舆论引导，所以我们还要从这个角度做进一步的分析，就是舆论引导同舆论表达之间存在一种什么样的关系。我个人认为二者存在一种相辅相成，搞得好互相依托、互相支持向良性方面发展这样一种辩证的关系。具体说有这样四个层面能帮助我们理解。

第一个层面，舆论表达同舆论引导是社会舆论不可分割的两个组成部分，只有舆论表达或者只有舆论引导的社会是不存在的。我认为一个社会既要去引导又要去满足人们的表达，不要一厢情愿光去引导。实际上老百姓生活在底层，生活在第一线，所有的困难他都能碰到，往往是对自己的切身利益没有伤害或者有伤害但是好处多于伤害时，你的引导他才能够接受，所以一定要让老百姓有表达的权利，不要一厢情愿。单方面的引导实际上是不存在的，当然，单方面的表达也是不存在的。任何社会既有表达又有引导，要想有成功的引导，你就要有充分的表达。

第二个层面，充分的舆论表达是有效的舆论引导的基础和前提。反过来，有效的舆论引导又可以为有序的舆论表达创造舆论氛围。当你的舆论引导是合理的，你所展示的道理是真理，你宣讲的手段又是科学的、合情合理的甚至是以人为本的，你也可以收到很好的效果，表达也可以逐渐趋向于有序、合理、理智、理性。

第三个层面，参与舆论表达和舆论引导的是两个主体，但是二者既对立又统一。因为舆论表达的主体是民众，舆论引导的主体是党和政府，是两个不同的主体。严格来说，两个主体存在矛盾、冲突。所以舆论表达、舆论引导的两个主体肯定是有对立的，我要表达的和你想引导的有的时候不一定统一。比如说每个大学生毕业都希望找到自己满意的工作，第一个月月薪拿 5000 元，这最好，4500 元也将就，3500 元就不怎么样了，作为一个个体完全可以理解，也应该支持他，这是一个理性的、正当的、合理的要求。你对这个都不同意，都要去批评他，违背人格、违背做人起码的条件。但是每一个人又想到国家现在的困难，前几年因为大学扩招，这几年是毕业生的高潮，人很多，国家没有这么多岗位，再加上这两年私人企业很困难，开工不足，所以岗位也就少，现在有一定数量的大学生找不到工作，这是可以理解的。但是我们政府有责任，政府应该向人民群众表示道歉，向大学生说一声"对不起"。通过这样的工作，对立慢慢趋向于统一。任何事物都是这样，二者可以通过新闻传媒等公共空间实现对话与沟通，这样的表达和引导就容易统一。

第四个层面，舆论表达同舆论引导的自发性和自觉性在一定条件下相互转化。舆论表达都是自发的，没有人去组织，除非党组织、团支部开座谈会叫大家表态，这个好、那个好，每个人受制于从众心理、舆论压力，他也会说"好、同意、没意见"，实际上到底怎么样很难说。所以，自发性是舆论表达的基本形态，而舆论引导是自觉的，党委要求报社、电视台这么做，它有明确的顶层设计，但这二者在一定的条件下可以相互转化，自觉变成自发，自发变成自觉。比如说一个媒体在进行舆论引导的时候，根据党委的要求、政府的安排，按部就班地发布社论、重点报道等，有序地进行。但记者、编辑回来反映了很多情况，说老百姓不接受这些宣传，媒体老总被说服后更改自己的宣传安排，适当地反映群众的愿望要求，有一点自发的东西。《南方周末》不经常这么做吗？《南方周末》报道的头条、二条就采用这种方式，不违法、不超过底线，做得很好。所以反过来二者可以互相转化，民众的舆论表达在一定情况下也可以做得很自觉，不断地碰撞、不断总结经验教训，慢慢变得聪明起来，慢慢也可以变得不众生喧哗，观点、腔调比较一致。比如说房价，到目前为止，房价居高不下，老百姓各种看法都有，但是现在对政府的埋怨声逐渐小了，慢慢走向自觉。买票也是这样，北京市实行政府补贴，地铁两块钱随便坐，大巴4毛钱随便坐，北京市政府受不了了，每年要多拿出40个亿，现在就开始造舆论了，到底一下子涨价呢，还是按段涨价呢？现在各种方案在讨论当中。有相当部分的老百姓对政府部门的困难是体谅的，不会骂政府，都说北京市也没有大的产业，一年要拿40个亿是太多了。有些人甚至说外地人也是两块钱，北京人也是两块钱，开始同情政府了，甚至说"外地人是不是涨价，北京人不要涨价"。不管要求是否合理，但北京人的意见有一定的合理性，因为政府拿出40个亿的补贴拿的是北京的财政支出，有它的道理。所以总的来说，我们能够了解引导和表达之间的辩证关系，能够使我们表达的无序性逐渐减少，但是取消是不可能的。如果一个国家群众的诉求是一致的，那么这个国家会很可怕。

下面讲引导。舆论引导应该有适当的调整，但是要说彻底地改变现在做不到，我们政治体制改革现在还没有走到那样的深度，所以我们的标题是很克制的，我们写"有限的调试"。新媒体时代舆论的引导也出现了新的特点，大概有这样几个特点。

第一，公众在舆论的引导当中地位和作用日显重要。新媒体时代打破了原先只有少数人才能支配和利用媒体稀缺资源的格局，普通民众成为舆论传播的重要主体。大家知道，一个国家媒体资源永远是紧缺的，因为空间有限，波段就有限，频道有限，所以电视台要受到控制，不能无限多地办下去，报纸也是这样，我们的纸张、我们的印刷劳动都是有限的。但是在官方掌握利用多少资源和老百姓掌握利用多少资源二者的分配当中，现在发生了很大的变化，公众的作用越来越大。老百姓不仅在舆论的表达当中是主体，而且在舆论的引导当中也越来越重要了，但要成为主体还需要时间。不像西方某些国家，可以全民公决，中国还不可能做到。但老百姓的作用、地位越来越重要，这点是有目共睹的。

第二，舆论传播呈现碎片化。新媒体发表的老百姓意见都是碎片化的，因为它没有守门和把关的，不像《人民日报》上发表的几千字一篇的编辑部文章或者本报社论，不像新华社发表的重大报道，不像《新闻联播》头条、二条播报的都是很长、很权威、很主流的新闻报道。但是有一点要特别注意，碎片信息并不代表没有价值，不要认为碎片化就没有分量，有的时候很有分量，那些"表叔""表哥""房姐"，就是被老百姓的碎片"淹没"的，这是非常重要的。

第三，社会舆论呈现多元复杂的状态，公众不同的意见得到公开的表达，草根的复杂情绪得到宣泄、释放，这是我们当前舆论形态很重要的一个特点。公众的意见都可以公开表达，这是中国民众舆论强大的一个表现。

第四，众生喧哗成为社会舆论的常见景观。新媒体提供了海量信息发布和意见发表的平台，新媒体上的信息是平等的、公开的、海量的，所以慢慢地从党中央、国务院到各级政府对这种平台的呈现会习惯的。等各级党委、各级政府、所有的高校等对这样一些舆论景象都习惯了，中国的民主化水平就有一个大的提高。

第五，现在社会舆论变得越来越不容易控制。现在的领导很难当，现在的部长很难当，现在高校的校长也不容易做，原因大概是下面这样几个。首先，公众当中有不同的利益诉求。其次，言论自由在不断地扩大。最后，外来思想文化进入。这几个原因使社会舆论难以统一驾驭，我觉得这是社会进步的表现，也是对舆论引导的一个挑战。

第六，舆论引导要获得理想的效果，现在的困难是越来越大。一方面，新媒体时代的信息如洪水，意见不一、真假难辨。另一方面，我们还面临着三个舆论场的争夺，官方舆论场、民间舆论场和海外舆论场相互争夺受众市场。我们现在对民间舆论场讲得比较多，但实际上，海外舆论场照样很厉害，我们对此要有充分的了解，应该有更高的评价，而不是否定它、批评它，很多情况下海外舆论场还是有信息、有意见的，对我们来说还是有意义的。比如说原上海市委常委、宣传部长，现文化部副部长王仲伟，他一心一意想把中国的文化推向世界，在时代广场租了很大的广告牌，播了一个多月的宣传片，天天介绍中国。结果租期满了，我们的宣传片撤下来了，第二天美国有家广告公司老板登了一张照片，就是前几年小悦悦事件，两辆车从她身上碾过去都没有人救，下面是她父母痛不欲生的镜头，就这么一张照片把王部长花了几千万美元登了一个多月的宣传片全部给冲掉了。所以，这个海外舆论场你不注意是不行的，这非常重要，也越来越重要。现在我们是官方舆论场走下坡路，亟待加强；民间舆论场越来越热闹，众生喧哗；海外舆论场大举进攻，进入得非常快。这种态势下，舆论引导要想取得理想的效果，当然很难。另外还有意见领袖，讲话有人信、有人听，他一个号召应者如云。这些都为我们的舆论引导增加了难度。

面对这样一种新的态势，我们应该怎么办。我讲三点意见供各位参考。

第一点，要尊重民众、敬畏舆论，不要把应对媒体变为应付媒体、对付舆论。可惜我们各个层次的领导这一点做得不好甚至根本不做。我们要重视新闻发言人的培养。有人说"什么叫新闻发言人，新闻发言人就是玩弄记者的人"，他好像给你提供了很多东西，实际上都是没有用的，记者还很感谢，"谢谢部长、谢谢书记"，实际上都是一堆垃圾。有些领导说"不要相信报纸上讲的"。所以很多领导不尊重民众、不敬畏舆论，在现代社会这些是要不得的。所以告诫各级领导，一定要尊重民众、敬畏舆论。

第二点，就是要把信任公众作为舆论引导的基本准则，不要把舆情当作敌情，不要把公众当作对立面，不要把意见领袖当作"异见领袖"，所以信任群众很重要。应该说，最近这几年我们国家领导人，主要分管新闻宣传的一些领导人对公众的信任是逐渐在增强的，这些年领导人对民众反映的情况还是重视的。比如习近平当了总书记以后，十八大以后一个多月，带着夫人出访美国，对那一段时间的报道习近平是很重视的。我所在的复旦大学舆情研究中心就接到中宣部的委托，让我们调查习近平带夫人访美期间他的着装、他的演讲、他的语速、带的礼物有没有不妥当的，有什么更好的建议，说明他很在乎这些。我从 2006 年建这个调查中心，第一次接到这样的任务，以后不断地有这样的委托，说明现在中央对老百姓的意见还是重视的，而且是信任的，会去改。信任群众很重要，不要动不动就去责怪甚至嘲笑群众，不要动不动就把舆情当作敌情，要尊重数据，这就是尊重群众。

最后一点，要认识和尊重舆论传播规律。新媒体尽管很伟大、很了不起，但说到底它只是给我们提供了一个新的传播手段和传播渠道，基本的规律是不会改变的，也不可能改变，所以一定要尊重舆论传播的规律。比如说数据不允许随便改动，事实不允许改动，这是很重要的。我想这三个方面要是注意的话，我们的舆论引导可能会趋向于科学。

最后，我简单介绍一下国际上的一些情况。我前面讲得比较多的是国内情况。新媒体的确给我们带来了很多的方便，是我们的福音，各位生活在新媒体时代是很幸福的，你们今天具有了一切手段可以对抗一切制度、一切体制。新媒体给大家提供了很多手段，同学之间的交往、对抗领导、统一步骤等很多方面，千万不要忘记国际上的因素，我们在讨论新媒体的时候要适当注意。我主要讲两个方面。

第一个方面，讲一下颜色革命。大家都说 2010 年是微博元年，2011年是政府微博元年，2012 年是外国政府微博元年。我做了一些统计，外国政府和官员也利用我们的新浪微博，因为它的使用者最多。截止到2013 年年底，这几个数据很值得我们思考。境外主要政府机构新浪微博的中国粉丝，美国驻华大使馆排第一，有 60 万，这是忠实的粉丝，偶尔使用一下的不算。为什么美国驻华大使馆的粉丝最多呢？主要是有北京雾霾的报道。原来它在大使馆前面挂一块黑板，我们不允许，我们的理由是"气象预报根据中华人民共和国的《气象法》规定，没有得到授权，你不能随便预报"，那么它就改成在大使馆的官网、官方微博上报道，你管不着，所以它粉丝很多。那么境外主要政府机构发帖的数据，数量最大的是韩国旅游发展局，2013 年有 6000 条。境外政要新浪微博的粉丝最多的是国际货币基金组织总裁、法国的拉加德，有 200 万粉丝。境外主要国际组织的新浪微博的粉丝联合国排第一，有 330 万，最近看到的数据又不止这些了，潘基文一个人在中国的粉丝就 300 万，联合国作为一个国际机构粉丝更多。国外的这些政府机构、国际组织、政要，其开展微传播有什么特点？我分析下来大致有这样八个特点。

第一，全方位扫描各个领域，实现对中国公众兴趣的"一网打尽"。在这些外国政府网站上，应有尽有，你要考虑留学，一个美国式的牛排怎么做等，你要去讨教，他都会给你回答。

第二，结合中国热点事件，设置议题和议程，它不回避，也不故意攻击你，但热点东西它都有，又快又比较准确，内容很丰富，方方面面都有，所以粉丝多。

第三，进行广而告之的公告，展现公共外交的魅力，有很多公关的活动。

第四，实行嵌入式的传播，实现公共外交。它不断地插进新东西，让你很过瘾，有种满足感。

第五，关注中国的民生、民意，潜移默化地传达本国的价值观，对中国的民生、民意很关注。

第六，它组织国内活动，加强同网民的互动。比如经常邀请一部分网民参加它的电影招待会、工作午餐、美国形势的介绍会，活动很多，大家觉得它很亲民。

第七，报道自身的活动，拉近同公众的距离。我们大使馆干了些什么，文化参赞、新闻参赞做了些什么，国际货币基金组织的活动怎么样，怎么样到国际货币基金组织找工作、当它的雇员等，它对自己的工作有广泛的报道。

第八，形式多样。短信、微博、微信等都有。有几个领导人是实名的，你可以在第一时间找到他。

因为有这样八个方面的做法，所以海外这些组织的新媒体的受众很多，点击率很高，粉丝很多。这样一些做法当然我们也要注意，因为天上不会掉馅饼，它这么做总有它这么做的理由。我们不反对，但我们所有人同外国大使馆、国际组织、驻华机构建立联系等要心中有数，不要暴露自己的身份，不要给他透露什么东西，特别不要接受委托帮它去做什么事儿。大家要知道你中有我、我中有你，我们做一些不必要的事情我们的安全部门也会发现的，这点还是要注意的。

第二个方面，我简单介绍一下这些年与传媒相关的"颜色革命"，又叫"花朵革命"。全世界最早搞"颜色革命"的是捷克斯洛伐克，到后来的埃及等，一共有十几个国家。那么中国有没有可能发生"颜色革命"或者"花朵革命"？难说。2014 年春天，台湾就发生了大学生进驻"立法院"的事件，30 天时间，也称作"太阳花革命"，因为大学生进驻的第二天有一个卖花的商人给大学生送去了 300 枝太阳花。现在香港人最紧张的就是大学生可能要进驻中环。所以如果大陆受影响或者有些事情处理不当，也可能会发生这样的事情。党和政府还是比较紧张的，很多内部矛盾还要妥善处理好。这是很重要的。"颜色革命"可能是 21 世纪的一种潮流。因为它是用和平的手段去呐喊自己的不平等，这是公民的权利。那么我们一方面要把国内的矛盾处理好，把国内的事务处理好，同时又要警惕美国人，帝国主义势力在里面可能推波助澜。吉恩·夏普，美国人，他被称为前面讲的十几个国家发生的"颜色革命"的精神教父，他写过一本书——《从独裁到民主——解放运动的概念、框架》，这本书成为这些国家"颜色革命"的"圣经"。这本书里面一共总结了 198 种采用非暴力方式颠覆政权的方法，也就是"和平演变"的方法。其中夏普最推崇的两个方法：一个就是办报，一个就是发展新媒体技术。所以夏普这些年在美国本土或者在其他国家办的一系列通讯员、编辑记者培训班，告诉人家怎么办报纸，怎么使用新媒体。很多落后国家既没有计算机，又没有这样的人才，所以就办了这些培训班，对这一点还是要注意的。美国除了搞"和平演变"之外，这些年也给很多组织发钱。我这儿搜集到的仅仅是一年里的经费。美国有两个大的基金：一个是开放基金，一个是国际复兴基金。开放基金一年给塞尔维亚 517 万，格鲁吉亚 430 万，乌克兰 768 万，国际复兴基金给吉尔吉斯斯坦 268 万。所以从这个数据里面看，还是要特别注意的。我想社会科学院的群众路线教育巡视组说社科院这几年的方向搞错了，有些问题也可能是事实。现在美国、英国、日本等很多基金会都到大学里面来投资，欢迎大家去申报，这一点一定要注意。

另外还有一点要注意，有一个专门策反"和平演变"的组织，叫"自由之家"，它有电台、电视、网站，还出版了很多出版物等。这里摘了它使命声明里面的三段，特别是第三段，它讲"我们的董事会一致认为，对于国际事务中的人权与自由，美国的领导是必不可少的"，它的野心充分暴露了。我们的国家，我们在座的每一位，实际上都面临着两种选择、两种考验。一种，我们要自由、我们要人权，我们国家在自由、人权上的确存在需不断完善的体制、政策、做法，我们要努力去争取。另一种，我们要提防西方国家利用我们这样一种态势耍它们的阴谋诡计。所以一定要不断地排除这些干扰，使我们正正当当地、切实有效地能把新媒体技术掌握好、运用好，使我们的舆论表达、舆论引导真正地走在正确的、科学的大道上。但愿我们有这样的未来。

嘉宾：请问老师，新媒体时代是否为公民社会的发展提供了新的契机？还有一个问题，新媒体使全球的范围逐渐缩小，它会不会对全球化的公民社会提供更好的道路？

童兵：我们还是要走我们自己的路，公民社会也罢，其他社会也罢，我总觉得我们年轻人可以学习和记住诗人但丁讲过的一句话，"走自己的路，让别人去说吧"。因为你在学习新媒体技术当中，肯定有很多议论，有很多干扰，比如说海外的干扰，比如说"自由之家"等，可能国家其他的一些部门还会有很多的干扰，不要管它。对我们来说，学习新媒体，我觉得首先是一个生存的本领。你现在要去求职应聘，你不会新媒体技术，那人家肯定不敢要你。所以我觉得自己可以有更多的设计，本科生有本科生的设计，硕士有硕士的设计，博士有博士的设计，国家到现在为止还来不及为各个层次的研究生或者博士生提供一些标准，你一定要掌握什么，但是我们可以超前。我想等越来越多的本科生思想很开明、技巧又很现代化地走上各个岗位的时候，公民社会也就慢慢地形成了。当然，公民社会的形成不是技术层面的，更多的是政治体制的问题。全世界的公民社会对于我们现在来说，只是一个理想，大同世界，未来的岁月里面大概做不到，你看习近平同志讲的"中国梦"实际上讲的是两个100年，第一个100年到2021年，共产党建立100年的时候，还有短短几年；第二个100年，到2049年，中华人民共和国成立100年的时候，距今天还有30多年，到那时候大概中国只能称为小康社会。所以真正形成公民社会大概还早。另外，作为一个学术问题，我自己觉得公民社会的提法还值得考虑，因为包括哈贝马斯等这样的西方马克思主义者，对公民的解释也没有统一的认识。所以，我建议大家，不忙着去套用这样的一些概念，我们还是根据宪法的规定，该怎么样就怎么样。

新兴媒体・传播变局

移动互联时代媒体变革的十大趋势

时　间：2014 年 7 月 6 日

地　点：上海交通大学闵行校区陈瑞球楼 100 号

主讲人：陆小华

陆小华

　　陆小华，中国新华新闻电视网总编辑、传媒研究专家、法学博士。享受国务院政府特殊津贴。曾任新华社新闻研究所所长、《中国记者》杂志总编辑，连续担任十届中国新闻奖评委；清华大学、北京大学、中国政法大学、中国传媒大学兼职教授、研究员。主要成果有：《西部对策——抑制返贫与中西部发展》《整合传媒——传媒竞争趋势与对策》《再造传媒——传统媒体系统整合方略》等。

陆小华：今天我想交流的题目是《移动互联时代媒体变革的十大趋势》。我想着眼于未来 5 年，甚至是未来 10 年，对移动互联网时代媒体将会发生的变革，做一些判断和预测。

移动互联网时代媒体变革的第一个趋势是媒体融合将更趋于顺应关系链传播。

传统的媒体是直接传播，是对象传播。什么是直接传播？读者读了报纸，报纸传播的使命就完成了，传播的链条到了读者这里就是到了终点，而新媒体恰恰是依赖于人与人之间的关系链的传播，一个读者阅读之后很感兴趣，还愿意再转发出去，传播的力量沿着人与人之间的关系链条不断扩大，关系链传播是新媒体的重要特征。新旧媒体竞争的核心究竟是什么？新旧媒体之间除了载体和工具的区别外，还有哪些是具有决定性意义的？从纷繁复杂的新媒体演变现象中可以发现什么样的规律？这样三个问题是我们需要不断追问的，在我看来答案之一就是媒体正在从信息型传媒走向关系型传媒。

这里我列出了我眼中 400 年来主要的一些媒介形态。400 年前主要的媒介形态是报纸，报纸的诞生形成了一种工业化的传播方式，我们用 5 个关键词来概括它：定时、定向、定量、分类和选择。与工业化时代之前的书籍传播相比，报纸的传播方式是以这样 5 个关键词构成了大规模的传播方式，它相对于之前的传播更加高效，使得报纸能够在之后的几百年中成为人类社会主要的传播形态。值得注意的是，定时、定向、定量、分类和选择，这 5 个关键词所代表的工业化的传播方式，实际上在今天也一直占据主导地位。今天，传媒之间的竞争只不过是在不同的时间段围绕着不同的关键词在竞争。今天是即时信息，几乎是免费的时代，今天人们通过手机可以随意获取信息，为什么还要读报呢？人们阅读报纸是想获得什么呢？今天人们阅读报纸已经不仅是获得简单的信息，而且要获得专业的选择、分析和判断。在今天，报纸已经不仅仅是信息的载体，不仅仅是新闻纸，还是思想的载体、观点的载体、选择结果的载体、分析结果的载体，因此，今天的报纸如果不能够提供高价值的内容，仅仅靠一般意义上的新闻是没有足够吸引力的。

广播的诞生在传媒发展史上是一个重要的里程碑，广播使得传媒的传递形式从无声变为有声，回到了人际传播最具有效率的形态。广播在 20 世纪 70 年代的美国、在 20 世纪 80 年代的中国曾经被认为是弱势媒体。熟悉广播的人都知道，那个时候电视台会上交一定的收入到媒体管理部门，作为广播的发展基金。但是，广播在 21 世纪重新崛起。2004 年，北京交通广播电台一个频率一年的广告营业额就达到 38 亿元。为什么广播重新崛起？为什么曾经被视为弱势媒体的广播今天变成了传播效率最高、人均利润额和人均收入可能都是最高的媒体形态呢？是因为受众获取信息的要求发生了变化。今天，人们希望在移动状态下随时获取信息，而当你正在做别的事情的时候，你有一个器官是可以随时保持获取信息的状态，那就是耳朵。因而，广播作为伴随性媒体，在 21 世纪重新崛起。广播的崛起给了我们很多启示：在媒体融合、媒体转型的今天，媒体要更加适应人们获取信息的行为方式与获取信息的心理节奏，要做到传播节奏和心理节奏相吻合，传播渠道和获取方式相吻合。

1974 年前，电视是新媒体。电视发展到了今天，不仅从模拟电视发展到数字电视，而且正在向智能化、社交化、媒体融合平台的方向发展。

人们经常讨论电视在人们生活中的地位，也许我们用最简单的几句话就可以判断。首先，电视的发展已经使得电视本身成为媒体融合的平台；其次，电视依然是家庭的信息中心和娱乐中心，但是电视传递出来的内容不一定是电视台制作的；最后，30年前人们看电视是几十个人围在一起看，15年前电视变成个人化的媒介，今天人们看电视更多的是希望在看的过程中可以分享和讨论，当没有其他渠道去分享的时候，就会在社交平台上分享，在微信朋友圈或微博中讨论。这是借助另外的平台分享，今后随着电视的发展，电视本身就会提供这样的分享平台。

20年前，互联网开始民用化。20年前在北京玉泉路的国家高能所通过了一条64k卫星专线，中国第一次全功能接入互联网，64k还比不上现在手机的带宽，但是那就是一个国家在那个时候通往互联网的全部带宽。1995年1月又增加了两条64k专线，一条在上海，一条在北京，当时中国有三条64k专线接通互联网，但是互联网带来的变化是今天人们难以想象的。有人说互联网的关键词是"互动"，也有人说互联网的关键词是"连通"，我认为"互动"是它的动作形态，"连通"是它的本来含义。没有TCPAD协议，两个计算机之间就连通不起来。而我认为互联网时代最重要的关键词是"匹配"，需求和供给相匹配，广播正是因为供给方式和需求方式的匹配度高而发展起来的。

10多年前，我们在上海传媒高峰论坛预测将可能用手机接收电视，半年之后芬兰就开始试验，然后新加坡等地方相继出现手机电视。我们可以看到，手机电视之前出现的媒体和手机电视之后出现的媒体有很大区别。第一点，手机电视之后出现的媒体普遍都有了社交属性，是基于社交平台发展起来的，比如说即时通信工具、对等互联、社交网站、微博、微信等，都已经不仅仅是依靠提供内容产生影响，而更多的是既提供内容，又梳理、维护、运用和受众之间所建立的传播关系。我们可以做一个简单的结论，新媒体不仅仅是依靠提供内容来产生影响的，更多的是依靠梳理、维护、运用与受众形成的关系来强化其影响，是利用关系链传播来扩大影响。从这个意义上说，今天媒体的基本形态和结构发生了重大改变。

媒体融合在未来 10 年会怎样？媒体融合会从简单地运用新媒体工具、新媒体平台向更加善于运用关系链传播、以新的理念运用新媒体工具和新媒体平台发展。2014 年 6 月 11 日新华社发布了新华社客户端，6 月 12 日《人民日报》发布了《人民日报》客户端，大家可以去比较一下，这两大中央新闻机构推出的客户端和以往媒体推出的客户端的区别。比较这两个媒体客户端的运营对这两个传统媒体机构的影响就会发现，传统媒体也开始更加积极主动，并且从战略层面上去运用新媒体平台和新媒体工具。这两个客户端不仅仅是两个新闻传媒机构运营的新媒体平台，更是媒体做出的重大调整，是向着传媒融合转型迈出的重要一步，而且这一步必将对传统生产流程、生产结构产生深远影响。

第二点，手机电视之后出现的媒体，如微博、微信客户端服务号等，都是基于移动互联网。在移动互联网时代，我们应该清晰地认识到移动互联网和传统的 PC 互联网并不仅仅是接入方式的不同，移动互联网的运行方式、对人们的影响以及对社会生产体系的重塑，已经远远超过了传统互联网时代人们所能想象的方式。因而，在移动互联网时代，社会生产体系发生了重要变化，移动互联网对媒体产生了深刻影响，这些影响一定会助推传媒融合发展这一趋势。这是我想讲的第一个趋势。

第二个趋势是媒体转型更趋于适应移动需求。

我们前面说过广播之所以能够崛起是因为它适应了人们的移动需求。实际上，我们应该看到媒体转型也是为了满足人们的移动需求。今天的新媒体与传统媒体相比，更加具备竞争力的依据是什么？在我看来，首先是适应移动需求、适应个人需求、适应人们心中的潜在需求。这个潜在需求就包括人们对于信息提供方式、提供节奏的需求。对于传统媒体而言，它们受到很大的约束，我们用经济学的语言来描述即为"需求约束"。人们的需求变了，而传统媒体必须适应这个变化，这就是"需求约束"。新媒体对传统媒体最大的威胁绝不仅仅是增加了一些传播工具，绝不仅仅是增加了一些传播渠道，绝不仅仅是增加了一些新的传媒产品，最大的威胁是新媒体改变了人们的需求。

研究传媒可以从人们需求的类型、特征变化研究做起，这样的需求变化才是最大的变化。当你随时随地都想获得信息的时候，这样的移动需求对传媒产生了极大的约束，它迫使传媒的转型要更趋于适应人们的移动需求。传媒适应移动需求仅仅是从现在的新媒体才开始的吗？不是的。从世界范围看，报纸的外在形态都在发生重要变化，由原来的对开大报纷纷转向"瘦报"。2004年，英国一共有5家全国性的严肃报纸，其中一家是《独立报》，当年9月《独立报》宣布同时出版两种开本的报纸，一种是对开大报，一种是像上海《新民晚报》一样的4开小报。同样的内容印成两种版型会对报纸发行量有影响吗？现实情况是，当月《独立报》的发行量增长了2%，到了年底增长了30%。为什么？一部分原来不读报的人因为是小开本报纸而选择读报。到了年底，有一家报纸就坐不住了，那就是《泰晤士报》，默多克收购了《泰晤士报》之后，曾经说要长期保持它的独立地位，但是市场对《泰晤士报》的强烈冲击使得《泰晤士报》匆忙之间也做出反应，宣布从2005年1月1日起，《泰晤士报》也开始出版两种开本的报纸。经过一年的运营，2005年12月《泰晤士报》要进行选择：下一年是继续出版两种开本的报纸，还是恢复到对开大报，抑或选择4开小报的报型？最终，《泰晤士报》选择了4开小报的报型，因为他们发现，更多的读者愿意购买小开本的报纸。2007年1月，《华尔街日报》也进行了这样的改革。今天，《华尔街日报》《泰晤士报》依然是具有世界性影响力的报纸，但是报纸已改为相当于上海《新民晚报》那样大小的开本。为什么报纸开本要改小？在改版之初，报纸的发行者向社会做出了声明，报纸要适应年轻人阅读，适应人们在公共汽车上、在火车上阅读。但是，值得我们探究的是读者为什么纷纷选择小开本的报纸，而不是坚持选择有150多年历史的大开报。因为小开本报纸适应了人们行为方式的变化，适应了移动需求。因此，人们的需求才是对传媒最大的约束力。

我们今天要探讨的是移动需求有什么样的特征。首先我要做一个排除，人们经常讲的移动需求，就是在碎片的时间内消费碎片化的内容。我认为不对。如果是在碎片的时间内消费碎片化的内容，就不能解释你在朋友圈中看到的文章越来越长，有人出差会带一个 kindle，里面会装几百本书等现象。移动式碎片时间阅读不代表它只消费碎片内容，而实际上，在移动状态下，人们现在希望获取高价值的内容，希望提高传播效率。移动需求不是碎片时间消费碎片内容，不是只阅读简单的内容，而是要获取高价值的内容。

在我看来，移动需求的基本特征有三个。第一个特征是，从人的信息消费行为视角观察，移动需求的实质是即刻需求。需求明晰的人希望需求能即刻获得，需求不明晰的人希望能够即刻获得提示。在移动互联网时代，出现了更多垂直细分的引擎，它可以更精准地帮你搜索信息。但这些垂直的搜索很多时候是一种信息提示，比如搜索框提示你最近在搜索什么信息，或者根据一个搜索词进行智能联想，这种提示本身提高了信息匹配效率。即刻需求决定了移动互联网产品和满足方式的基本特征是超便利性，超便利性的要求是和移动需求约束相联系的。这种即刻需求使得传统媒体的便利性决定传播有效性的规律在新媒体、在移动需求中更强烈地体现出来，而且它要求内容产品的区分更清晰、表达方式更明快、叙述节奏更简洁、使用方式更简单。现在制作一款移动互联网产品，一定要求产品的简洁性。为什么一定要简洁呢？因为心理学研究发现，如果让人们多做一下动作，人们就有可能放弃这次选择。几年前我做了一个小范围的抽样调查，发现在手机上每要求用户多做一下动作，就可能丢掉 20% 多的浏览，20% 多的需求可能会被放弃。现在人们在手机上的行为更加固定了，这种放弃需求的可能性会降低，但是人们依然要求简洁，因此在移动互联网产品上"多一即减定律"仍然在起作用。大家观察一些成功的移动互联网产品就会发现，它们往往都经历了一个细化需求的过程，这种简化过程就是需求满足的集中过程，就是匹配度提高的过程，就是产品的满足水平提高的过程，是产品竞争力提高的过程。很多人都用过"滴滴打车"软件，这一软件的成长过程恰恰经历了把满足方式简化的过程，到最后只剩下一个，就是匹配叫车需求与出租车的闲置时间。这样的方式塑造了人们的行为习惯，因而它赢得了用户，并且花费的成本较低。值得我们研究的是，这类产品之所以有市场，能吸引用户，表面上看是利益，其实是匹配度问题，使用户能够以更简便的方式来获得所需要的服务。

第二个特征是选择需求。我们以视频产品为例，即是指人们可以随意选择想看的内容，随意选择消费方式。我要问同学们一个问题：你们认为《来自星星的你》的主要观众群是在什么年龄段，是 20 岁以下，20 岁至 30 岁，30 岁至 40 岁，还是 40 岁以上？为什么在座的青年学生普遍认为是 20 岁至 30 岁的这些人在看呢？因为你们处在这样一个人群中。社会语言学认为，在一定的语境下人们的认知会趋同，会拿自己的个人体验去认识群体特征。但实际上，根据各种抽样统计会发现，《来自星星的你》的主要观看人群，既包括大量 30 岁以下的人群，也包括 30 岁至 40 岁的人群，而且这一年龄段的观众数量还不少。从传媒研究视角来看，这些数据是有意义的，说明人们在移动需求中的重要需求是选择需求，这个选择需求就是我可以随意选择消费的方式。电视观众中相对年轻的那一群体开始转向以互联网视频为主要的获取方式，《来自星星的你》正是第一部完全依靠互联网传播走红的韩剧。30 年前我读大学的时候，最让人愤怒的就是你正在看阿加莎·克里斯蒂的侦探小说，有人站在你背后说"我告诉你坏人就是谁谁谁"，你阅读的所有乐趣都没有了。而在今天，一部电视剧，我既可以从头看，也可以从第 5 集开始看，这就是这个时代移动需求的变化，这样的选择需求在播放方式上就表现为非线性播放。互联网播放平台是非线性播放，因此我们今天看到的电影、微电视，我们今天讨论的只在互联网上发行的《纸牌屋》等电视剧的走红，其实都与人们在移动需求上的选择需求密切相关。

第三个特征叫多来源需求。在移动需求下，你对某一个来源的忠诚度比起传统状态下是高了还是低了？一定是降低了。为什么你在手机上要装几个游戏，在 kindle 上装很多本书，就是因为在移动状态下，人们对具体信息源的忠诚度会降低。假设你是一个传媒领导者，你来做选择，在微博时代媒体会开通一个官方微博，那么请问在微信时代，媒体应如何决策，是做一个官方微信号，还是把自己的优势内容选择出来做几个微信公众号？更有效率的应该是后者，现在媒体不能简单地做一个公众号，而是要把优质内容细分出来做几个甚至更多公众号，因为既要符合内容细分化要求，又要适应人们的选择需求、多来源需求。这是第二个趋势。

第三个趋势是媒体的竞争力更取决于运行效率。

传统新闻学和传媒学研究关注的问题是传播方式、传播手段，其实还应该从媒体组织的运行效率角度去观察传媒组织。报纸为什么会战胜书籍就是因为它的传播效率更高，新媒体的传播效率显然比传统媒体要更高一些。与新媒体的组织结构相比，传统媒体组织显得运行效率较低，这是传统媒体面临的重要约束。效率约束是传统媒体作为一种工业化的组织，与移动互联网时代的运行方式相比，其竞争力较弱的重要原因之一。

过去大家都说传统媒体在竞争中取胜靠的是独家新闻。假设《新民晚报》的财源供给充足，报社有 1 万个记者，能不能把上海所有的独家新闻都装在自己的口袋里？不能，因为难以匹配，新闻发生的时候，你不能保证你的记者刚好在现场，你只能假定你的读者刚好在现场，而且这个读者手里有一部手机。杭州公交车纵火案发生的时候，没有记者在现场，但是有读者在现场用手机拍下了视频，有媒体得到了，这家媒体就在竞争中胜出了。2013 年美国一家重要报纸的发行人突然召集摄影部门开会，当场宣布所有摄影部门人员被解聘，摄影部撤销。这家报社的摄影部很不简单，有 3 个摄影记者都是普利策奖获得者，曾经跟随美国代表团来中国出访，做过报告。那么，为什么要把摄影部解散，是报纸不需要新闻照片了吗？报纸需要照片，但是不再需要摄影部，因为报纸可以从其他渠道获取新闻照片，既可以从公众中获取，又可以从其他媒体组织中获取，因而报社的摄影部被撤销了。20 年前我预测在中国会出现大量类似"图片银行"的机构，当时这是难以想象的。但是基于移动互联网平台，"图片银行"这样的机构已经出现，并且可以组织成千上万的摄影师为媒体提供照片，这样的运行效率显然更高。新媒体的传播效率与新媒体的匹配效率更高，它的生产效率也会更高，因为它不纯粹是以人养人来完成内容生产。"马航失联"事件中,新华社参与事件电视报道共有157个人,既有处在"井冈山"舰上的记者、处在悉尼珀斯的记者、富国岛的记者、北京丽都饭店的记者,也有后方的编辑。基于互联网移动平台,媒体人之间的沟通效率显然得到提高。事实上,互联网移动平台已经不仅是一个信息沟通平台,而是成为一个协同平台,使得组织的运行效率更高。在我看来,今天媒体的竞争力更取决于运行效率。运行效率不仅是传播效率,也包括组织结构的运行效率、生产方式的运行效率等。

什么是工业化的媒体,什么是新媒体的运行效率?媒体某种意义上是从事内容收集、整理和分发的行业,我们可以拿零售业作为例子。从零售业的发展来观察,在工业化时代产生了与之相匹配的大规模的销售方式,这种大规模销售方式在商业形态上体现为百货商店,这是第一次零售方式革命。第二次零售方式革命诞生了超市,自助式销售使得顾客可以自主选择,有助于消耗更少的人力,让顾客接触到更多的商品,销售效率明显提高。20世纪70年代,计算机应用到超市的销存管理中,使得超市可以判断顾客的需求,可以根据销售数据分析人们的行为。比如说有一个著名的数据挖掘的案例,购买纸尿布的人购买频率最高的另外一款产品是啤酒,这是一个简单的进行销存数据分析的结果。但是更重要的是,人们发现,超市已经不仅仅是一个零售企业,它还是一个物流企业,能在最大范围内去匹配购买、库存、分发和销售。第三次零售革命方式是专卖店,单一销售一个品牌的产品。第四次零售方式革命其实是便利销售。过去,在一个大型超市周围直径3公里内的零售店很难生存下去,但是今天有很多这样的零售店生存了下来。它们有一个重要特征就是它们是24小时连锁便利店。24小时连锁便利店满足了人们即刻、小批量、偶发需求,这是它存在的基础。第五次零售方式革命叫体验销售,诞生了shopping mall这样的综合体。而第六次零售方式革命就是基于互联网的电商革命,它是智能销售,进一步提高了匹配效率,减少了中间环节,深刻地改变了零售行业,也改变了生产企业,在这之前人类历史上从未有过一种零售方式可以销售如此巨量的产品。

零售业发生了六次零售方式革命，我们同样可以来观察传媒业。传统媒体时代，报纸无论是 4 个版或者 8 个版，报道量总是受到限制的，而借助互联网、新媒体平台，人们可能传递的内容是无限的，内容的传播效率和获取效率也更高。在新媒体时代，工业媒体的主要特征是数量媒体，大规模标准化生产，以分工和科层组织来保证专业性，并且一步步表现了知识型工作的自动化特征。比如说引起传统媒体和版权管理部门广泛关注的《今日头条》，今天没有时间来讨论《今日头条》与传统媒体的纠纷所能体现的多重意义，但是至少可以说"今日头条式"的分发方式某种意义上体现了知识型工作的自动化。麦肯锡下属的研究院曾经发布一个报告，2025 年前将有 12 项颠覆性技术可能改变世界，改变人们的生活，其中就有知识型工作自动化。再比如说《纸牌屋》，它就是利用大数据拍摄而成的。《纸牌屋》的拍摄公司的前身其实是一家 1997 年在硅谷创办的技术型公司，因为租借了一个 DVD 连锁店的影像片，归还晚了被扣了 40 多美元，一怒之下筹集了 250 万美元创办了另外一个录像带连锁店——租借连锁。它的付费方式和前一家不同，是包月制付费，如果你归还晚了，停止一次你借新片的权利，这家公司就是靠这种方式打败了前一家连锁店。而当人们不再租借录像带、DVD，改为在网上看之后，这家公司也改为在网上免费和付费分发视频，这家公司就是 Netflix。Netflix 说用户只要在它的网站上点击 50 次，包括点击、选择、播放、暂停、再播放等动作，网站就可以知道用户喜欢什么，就按照用户需求推送什么内容。就像《今日头条》所说，只要你关注它，它可以在 50 秒内为你建立一个模型，判断你可能需要的内容。Netflix 工作效率提高的案例就是一种知识性工作自动化提高的体现，它大大提高了匹配效率。媒体竞争力取决于运行效率，实际上是今天必须高度关注的研究课题，而我认为媒体融合、媒体转型只有解决了这个问题才可能找到突破口。

第四个趋势是内容生产体系趋向重构。

内容生产体系的重构包括以下几个方面：内容生产理念的重构、内容生产格局的重构、内容生产方式的重构、内容生产手段的重构、内容生产基础的重构。内容生产理念的重构是从原来只是停留于自己队伍制作内容，转向传统媒体必须和 UGC、PGC 结合起来。内容生产格局的重构是指专业组织的内容生产仅仅是内容生产格局中的重要一部分，其他方面也在提供内容。内容生产方式的重构是指传媒内容生产方式发生大的改变，从一个媒体组织面向一个终端生产内容，到今天电视界广泛讨论的面向多屏生产内容，既面向大屏也面向小屏，报社的生产方式需要发生剧烈改变。目前报社所使用的采编系统只能像渠道一样流向一角，它的存储空间很小，并不能把传媒每天生产的内容自动构建成数据库。这种内容生产方式的重构从生产组织到生产内容等都必须发生变化。内容生产手段的重构是指内容生产方式的重构必须要引导到传媒生产手段中来。内容生产基础的重构是未来传媒的融合与整合在生产基础上最重大的变化，我所说的内容生产基础的重构更多的是指技术基础，传统媒体和新媒体的融合一定是要基于统一的技术。以数字媒体观的眼光看，未来所有的媒体都是一个数字媒体，是一个大的数据库，所有的传媒人在一个数据库平台上工作，生产出的内容既放在传统媒体（报纸、广播、电视）上，同时也放在新媒体上，报纸、广播、电视不过是这个大数字媒体的终端而已。最近《纽约时报》发布的报告提出，要建立融合编辑部，打通传统媒体和新媒体之间的那堵墙。上海报业集团下属的一家报纸也把更多的人员拨到报社的新媒体部门，让其同时支撑传统媒体和新媒体。这都是媒体生产方式和生产技术的变化，但是，这些变化如果不配合生产方式的核心基础的话是不能做到的。

我们刚才提到内容生产格局，如果做个简单的概括，今天专业传媒组织、专业内容生产的社会化、社交平台产品提供者已经形成了一个三元并进的局面。今天的内容生产格局中，一大部分内容是专业传媒组织生产的，但是所谓的用户生产制作内容也占了其中的重要部分，而更值得我们注意的是其中的专业内容生产。我们以"马航失联"事件为例，三天之后大家就发现沿用传统媒体的套路不行了，因为媒体的专业知识储备不够。而航空专家、飞行专家、海洋专家、通信专家等都纷纷站出来，对事件的走向做出了自己的解析。著名的飞行员徐勇凌，不仅接受采访，还自己撰写文章去分析。这样一些专业内容大量出现，是传统媒体的记者难以相比的，这迫使传统媒体更多地依赖于这样的专业内容生产。传统专业内容的第三部分是社交平台上的产品和服务提供者，这些产品服务提供者为了吸引受众，也在制作内容。2014 年 3 月有一架飞机在郑州机场机头触地，那架飞机的型号是"新舟－60"。2014 年 4 月，沈阳上空有一架飞机盘旋了 1 个多小时，经查飞机型号也是"新舟－60"，当天晚上 8 点多这架飞机安全降落。尽管现场有很多记者，但是最先报道这架飞机安全降落的不是任何一家媒体，是一个叫"非常准"的行旅客户端。"非常准"行旅客户端是一个原来在民航工作过的人创办的，它是依靠互联网做的移动互联网产品，其核心是提供服务，但也提供内容。为什么会把服务号说成是新的媒体？如果大家研究一下就会发现，现在很多以服务号为主页的客户端，其主体也在互联网上提供内容。这就是今天内容生产格局发生的变化，在这三元并进的格局中，最值得我们注意的是专业内容生产的社会化，因为它正在重新定义内容产业。

我概括专业内容生产有三个基本特征，第一个特征是内容生产活动的高参与度，我们还以刚才提到的摄影部为例。30 年前我进入摄影行业的时候，摄影是一个让人尊敬的行业，那时候很多年轻人能找到一件摄影背心套在身上都觉得很时髦。相机便携化之后，摄影从专业成为职业。今天人人都可以摄影，这种高参与度恰恰体现了互联网时代的精髓，人们越来越多地出于内心需要去生产，而不是为职业所迫。第二个特征是内容生产组织的高社交化。今天基于移动互联网的生产组织，能够组织的规模与力量是以往难以想象的。基于移动社交平台构建一个体系、一个平台变得非常容易，这种内容生产组织我称之为"高社交化"。第三个特征是内容生产过程的"高生活化"。就是内容生产过程和生活过程紧紧联系在一起，这也许就是未来内容生产过程的常态，它使得每一个专业人士都可能设计内容、生产内容、提供内容，这就是专业传媒组织所面对的重要变化。

第五个趋势是专业化。

在你的朋友圈中什么类型的信息传播得比较多？如果大家仔细观察就会发现，在朋友圈中，大家传播的高价值的内容越来越多。为什么我说看一个人的潜力和素质要看其朋友圈？因为各个学科的朋友越多，微信朋友圈就成了你的学习工具。那么，微信传播和微博传播有什么不同？在我看来最大的不同就是微信传播相较于微博传播，其信息的细分化程度进一步加强，迫使记者更多地走向专家型记者。从传媒就业市场来看，我认为发生了几个重要变化：第一个重要变化是今天越来越需要具有多学科背景、多学科思维方式的人才；第二个变化是今天传媒传统岗位上人才需求的总量在减少，新媒体岗位上人才需求的总量在迅速增长，而新媒体岗位上所需要的职位是传统传媒学校所不能囊括的，比如说 UI 界面设计、人机交互界面设计等不是简单地懂计算机就可以，需要更清晰地把握人们的需求。今天传媒出现了很多新的岗位，不管是数据分析、UI 界面设计，还是微博、微信的运营，这些岗位的出现恰恰需要具有多学科背景、多学科素养以及具备新媒体思维和实践操作能力的人才，这是新媒体时代传媒就业市场发生的最大变化。其实换个角度来看，新媒体也是在要求一种新的概念、新的专业性。

传媒专业化不仅表现为记者的专家化和新媒体化，也表现为传媒组织的专业化。这个专业化在某种角度上，意味着它的专业方式必须发生变化。新的媒体形式，比如说客户端、微信公众号等，其鲜明的特征就是纵向性。大家可以把你关注的微信账号、客户端，拿张纸在左边列出来，在右边列出你愿意保留它的理由，就会发现你愿意保留或你当初下载它的意图都非常简单，因为它的细分化程度很高，通常满足一个简单的需求可以获得更大的价值。这样的冲击对传统媒体，特别是专业媒体都是很大的。2013 年对于新闻媒体来说是重要的一年，传统媒体、专业型媒体受到新媒体的重大冲击。有几个数据：2013 年全国广播业、电视业的广告增长率是 2.52%，2012 年是 13%，在一年间跌了这么多。根据上海工商局发布的报告，2013 年上海的报纸、广播、电视、杂志这四大传统媒体的广告出现了 7.5% 的负增长。万达院线在全国一年能卖多少爆米花？43 个亿。这个数据是值得研究的，这恰恰说明一个主体在提供服务的同时所能带来的附加收益。因此，我们今天讲传媒要"再专业化"，你要重新感受"再专业化"，重新感受人对自由和社群的新要求。

第六个趋势是再组织化。

拯救了通用公司的韦尔奇总裁曾经说过这样一段话："如果外部的变化比内部的变化快，那么企业的死期就不远了。"我们讨论了很多外部的变化，那么传媒组织内部就一定跟着发生改变，要适应移动互联网工业化组织就一定要改变，这就是我们今天的现实。因而在移动互联网时代，企业要关注的不仅是企业内部，更要关注企业所在的生态体系。在我看来，一个媒体的内部管理远远不如其外部管理重要，这个管理包括对市场的管理。我们从内容产品的角度来看，应该讲到一个重要的概念叫"预期管理"，什么叫预期管理呢？有效的预期管理可以把人的预期控制在一定的程度，既保持张力，又不至于因为等待时间过长产生厌烦感，这同样是一种外部管理，而在移动互联网时代这种外部管理越来越重要。

我们讲的再组织化，是说必须要适应移动互联网时代的竞争要求，对内部组织结构做一个调整。我们可以预言，今后5～10年，传统的传媒组织结构将发生剧烈变革，不只是十几年前所谓的采编分离的变革，而是会发生更加重大的变革。举几个案例，浙江的《瑞安日报》是一家县级报纸，它成立了一个用户中心，为本地用户提供社区生活服务。这个报社的理念是以用户为中心构建枢纽型传媒集团，由读者推动到用户推动。读者和用户最大的区别就是服务需求。《瑞安日报》为了实现这一理念，去构建用户中心，以此来固化受众群。同样，《萧山日报》要构建全媒体、融媒体的运作体系，以纸媒为核心，按不同部门进行重置。《萧山日报》取消了原来的时政经济部、社会民生部以及传统的摄影部、广告部，设立了所谓的全媒体管理中心、全媒体采集中心、全媒体发布中心、全媒体技术中心和全媒体经营中心，报社的内在组织结构发生了重要的变化，而这种变化在今后中央级媒体及各省级媒体发展过程中，我们也都会看到。上海新的广播电视集团，在挂牌之前把上一轮改革形成的6个主体全部重新整合，在 1500 人中选出 20 个制作人，制作人掌握了一定的财权，他们再去重新组合队伍。在过去的层级结构里，一个人的创意可能要经过五级审查才能到台长那里，而现在制作人就有一定的权力。大家都看到过《非诚勿扰》这个节目，你能想象到这个节目的工作人员有多少人吗？只有 20个人，围绕它运转的是综合部门。江苏广电集团前任台长在推进节目发展的过程中，发布了一项政策，只要节目在同时段节目中收视率第一就奖励这个节目 100 万元作为栏目组的制作经费，《非诚勿扰》曾经连续多周全国收视率第一。那么，综合服务部门谁来评判？由《非诚勿扰》节目的观众打分，你的灯光好不好、你的摄像好不好、观众设置好不好，我给你打分来决定你的收入，这种运作方式跟传统的方式已经有了很大的不同。今后传媒的生产结构、运行组织还将会发生巨大的变化。这一年中，我读过成千上万篇新闻传播专业的论文，但是没有多少学者或学生去研究传媒的组织体系、组织结构，以及如何运用新媒体进行组织结构调整，这样的研究对于业界来说，既有学术价值又有商业价值。在移动互联网时代，传统媒体通过组织变革寻求对新媒体的组织适应能力，从经营战略变成生存战略。很多媒体面对新媒体的竞争，在思路清晰、方向看得准的时候，会投入资源去做；当思路不清晰的时候会把问题化小，通过小单元实施一些措施来增强整体适应能力，这也是一种组织变革。

第七个趋势叫再服务化。

传统上我们说"内容为王"，在我看来，现在我们不能简单地讲"内容为王"，应该讲"内容服务为王"。内容服务水平决定了内容本身的价值和传播效率，内容服务除了内容提供外，还应该提供与此相连接的其他服务。什么叫再服务化？它既是指传媒优化服务方式、提高便利水平，实现与人类需求行为和需求心理的高度匹配，也是指传媒会提供服务性产品，以新的方式获取收益。万达院线电影票的收益是一部分，卖爆米花也可以获得 43 亿元的收益，与某种核心产品相连的周边产品收益率往往更高。那么传媒呢？在我看来，传媒的再服务化就需要传媒提供更多的服务性产品，它可能是内容产品向价值链上端的延伸。专业传媒提供咨询服务就是向价值链上的延伸，市场竞争力越强，人们个性化需求越大，咨询产品的发展空间越大，这种服务性产品也可能是跨领域、跨行业、跨专业之间的资源重新整合。基于互联网，我看好几种产品，它的核心是便利性替代，一种是互联网金融，一种是健康管理。我在多个场合讲过这个理念，浙江传媒下属的《钱江晚报》推出了一款产品叫"浙江名医馆"，传统报纸报道健康吗？报道。报道医疗吗？报道。报道医生、医院吗？报道。但是仅仅是把它们当作报道对象。而这款新媒体产品是基于微信公众号平台组织起几百个浙江名医，为用户提供服务，对用户来说获益很大。这个公众服务号固定了读者和《钱江晚报》的关系，同时又可以提供增值服务，用户可以选择成为会员来获得更多的线上服务，这款产品实现了以传媒为核心跨领域重新整合资源。

第八个趋势是便利性匹配。

在我看来，适应移动互联网新特征的就是匹配，主要表现为便利性匹配，就是提供服务的便利化程度要和人们的需求相吻合。2013 年，很多报纸从厚报变成了薄报，为什么？一方面是因为成本约束，少印一些来减少成本。但是更重要的是，在移动互联网时代，报纸动辄 8 个版、16 个版，人们觉得信息量过剩，应该对内容进行优化选择，这就是便利性匹配。因此，便利性提供方式就要与人们在移动状态下的心理和思维方式相匹配，甚至数量的过剩也会影响人们继续阅读的耐心，不再是传统意义上讲的只要超值就有吸引力。

第九个趋势就是超细分匹配。

超细分匹配就是要进一步明确人们的类型需求与方式需求，才可能实现有效匹配，而不是愿望和概念上的匹配。今后 5 年，传媒更多的内容产品细分化程度将更高，反映在报纸上就是版面结构的切分方式的细分。两年前有一个记者被财经媒体派驻到华尔街，他发现在华尔街每周五收市之后会发布一些数据，而这些重要数据对中国的市场是有价值的，但是因为有 12 小时的时差，再加上财经媒体是周末出版，这些内容写成文章见报往往是周日或者是下周一了，那时时效性就大打折扣了。因此这个记者开设了个人博客，后来又把它改成了客户端、公众号，叫"华尔街见闻"，开始提供付费服务。"华尔街见闻"是一个细分产品，这款新媒体产品在市场上不仅有人投资，而且有人愿意付费收看，这就是它的高度细分化体现出的价值。找到具有高度细分化需求的人群，与其形成一个很好的匹配，这就是超细分匹配。

第十个趋势是媒体变革趋于更多元地利用行为数据。

什么叫"行为数据"？我们以媒体为例，行为数据是指你以什么样的方式、在什么样的时间、在什么样的地点阅读报纸，这就是行为数据。我举一个例子，大家都知道余额宝从 2013 年到 2014 年第一季度是非常火爆的，归集了大量资金，用户数量众多，形成了"余额宝现象"。2014 年 1 月，余额宝公布了报告数据，其中有一个数据非常有趣，人们购买余额宝产品有两个时间段，一个时间段是早上 9 点到下午 5 点之间，另外一个时间段是晚上 7 点到凌晨 1 点之间。互联网理财产品能够打败传统银行理财产品核心之一是效率，核心之二是便利，核心之三才是收益。因此，人们在什么时间购买产品这样一个行为数据具有价值。而在媒体中我们需要更多元地利用行为数据。以往我们注重电视收视率，收视率是什么意思？就是在某一时间点有多少人在收看节目，这些人在总收视人群中占有多大比例。从行为数据角度看，今天的媒体更应该关注的是人们是怎样看电视的，怎样消费移动互联网产品，这样的行为数据才是最有价值的。大家大多数可能不是理工科背景，但是希望更多具有数学、统计学背景的学生加入传媒研究中，更注重运用受众的行为数据进行研究分析。

我读法学博士时，选择的研究领域是信息财产权，即数据领域的内容怎么界定，怎么保护传统的著作权。当时，信息财产权还不被人所关注，今天人们高度关注信息财产、数据财产。传媒研究到最后核心就是规则问题，不论是外部还是内部。最近传统媒体在起诉《今日头条》，这一问题很值得深思，传统媒体对其著作权的保护意识、能力都很欠缺，效果也不尽如人意。著作权除了传统的著作权以外还包括邻接权等，而且邻接权所代表的知识产权价值越来越高。但是今天的传统媒体太缺乏对著作权的关注和研究。2003 年欧盟发布关于数据库的指令，简单说就是数据库的外壳著作权该保护的还得保护，数据库的内容用财产法来保护，并要求各国转化为各国的国内法。中国到目前为止，对数据库的内容都没有实质性的保护法出台，并且相关的研究也很少。今后媒体必须要注重它的内容知识产权，特别要注重知识产权的新型部分——邻接权、网络传播权、改编权、表演权等。

关于大数据我觉得有几句话可以跟大家分享。第一句话，"分析模型比数据库的占有更重要"。今天人们一讲大数据，技术人员会告诉你，要海量数据，赶快买服务器，但大型数据的收集远远不如分析模型。有学者分析，最近 10 年，人类创造出来的数据量占人类数据总量的 97%，因为计算机和存储器无限记录，使得今天无论什么样的数据都可以被积存起来，以至于非洲、欧洲有学者呼唤被遗忘权——希望你把我忘掉，数字遗忘权也是一个前沿研究领域，传统新闻学没有讨论，因此数据量的占有是重要的，但不是最重要的，最重要的是分析模型。第二句话，"跨界思维比分析能力更重要"，什么是跨界思维？就是要把一个领域的数据引用到另一个领域，在它们之间建立关联，寻求高精准度的匹配。你们要具备这样的思维，利用跨界思维去选择研究课题、研究方向，这才有价值。我今天讲的十个方面，其实核心只讲了两个词：思维方式与方法论。对于一个传媒专业的学生而言，最重要的能力是思维方式、方法论、操作方法的掌握，而不是一般的知识。因此今天的第三句话，大家记住，"能力的学习比知识的学习更重要"。这个能力体现在很多方面，最重要的是思维能力。过去讲一个总编辑的能力有多强，一个媒体的发展空间就有多大。我今天也可以说，一个学生在青年时代的眼光有多深远、眼界有多宽阔，他的发展空间就有多大。你每天都有直觉，对很多东西都很敏感，但是如果你没有捕捉它的能力，没有跨界思维能力，你在这个狭隘的方向上是很难突破的。因此，第四句话，"永远不要满足于你已经取得的一切"。我们所未知的一定比我们已经知道的多，我们所不能做的一定比我们已经做到的多，我们就是在这两个交叉点上完满了人生。

嘉宾：您怎么看待传统媒体对新媒体的盈利方式的变革？

陆小华：这里的核心是传统媒体人用两分的思维来看待这个问题，就是认为传统媒体一直有很好的盈利模式，但是新媒体盈利还不多，所以认为它是"美好的毒药"。首先，我们看到移动互联网发展是不可抑制的，它必将在改造社会生活的同时，改变社会其他产业，从这个角度上讲，不能因为你没看到它的盈利就阻止它的存在。其次，通过近年来大公司所发生的颠覆性变革就会看到新媒体的巨大影响，只有不断去适应社会发展才有可能生存，在这一点上你可以研究柯达是怎么失败的。柯达发明了摄影技术，柯达的研究报告曾经也成功地预测了未来的发展，认为 25～30 年内数码技术将取代传统的胶片技术，但是柯达贪恋于胶片技术所带来的利润，没有在新领域投资。最后，当全世界人都不再用彩色胶卷时，这个公司就垮了。2008 年是柯达公司 100 年来最后一次赞助奥运会，在下一届奥运会开幕不久公司就垮了，所以从这个意义上说，我们不能因为目前看不清新媒体的盈利方式就不在这个领域有所作为了。最后，我相信，人们凭借智慧可以在新媒体领域有更大的发展，只不过要摆脱传统媒体二次经营，依靠广告提供更多的服务性产品，这就是我能看到的传媒在新媒体领域里可以获得最多收益的盈利方式。

全球新媒体发展的动向和态势探析

时　　间：2014 年 7 月 8 日

地　　点：上海交通大学闵行校区陈瑞球楼 100 号

主讲人：严三九

严三九

　　严三九，华东师范大学传播学院院长、教授、博士生导师，华东师范大学学术委员会委员，曾入选上海市"曙光学者计划"、教育部"新世纪优秀人才计划"，曾在新华社广东分社、广东电视台、广州电视台、《南方都市报》、《新快报》、上海文广新闻传媒集团等媒体单位做过兼职记者、编辑、编导和媒体策划人员，有丰富的新闻传播实践经验，是上海市品牌促进会专家委员会首批专家委员、《中国财经传媒人》特约媒体顾问、上海《传媒主张》媒体顾问、上海文广新闻传媒集团博士后流动站首批专家。

严三九： 新媒体以及现在的媒介融合发展得非常迅速。有两句歌词唱得好，"不要问我从哪里来，我的故乡在远方"，我认为这两句歌词可以借用来很好地说明新媒体的一些问题。现在关于新媒体的概念，大家谁能说清楚？目前，在网络上可以搜索出来的新媒体概念至少有二三十个，其中有一个就是严三九提出的。我自己基本上能说清楚新媒体的概念。我们哪位可以说一下新媒体究竟是什么？

嘉宾： 既然是新媒体，加了一个"新"字，首先是有一个对比的。相对于传统媒体而言，也就是相对于我们所谓的旧媒体而言，新媒体有一些新的特性。由于互联网的介入，媒体呈现一种新的发展态势。关于新媒体，我觉得比较突出的一个特征就是，新媒体使人在传播过程中变得越来越主动化了，这就促使媒介生态环境发生了一些变化。总结一句话的话，新媒体是一个相对的概念，它对比过去，同样也指向未来，是人与人之间、人与社会之间、多群体之间互相沟通的媒介形式。

严三九： 这位同学重点是说新和旧是相对的概念。在解释新媒体这个概念时，我们应当把"新"和"旧"区分开。什么是新媒体？可以说，Web 2.0 以后才出现真正的新媒体。Web 1.0 之前，都不算是新媒体。为什么？因为数字传输技术、数字压缩技术等新技术的出现，使得人们存储方便、传输方便、互动方便，也为个性化定制提供了可能。新媒体就是在数字传播技术的基础之上，通过传输技术传播信息内容，向人们提供相应的增值服务，并且，新媒体不仅是提供信息服务，它还是提供各种增值服务的传播形态的总和。所以，在解释新媒体的时候，我加上了好几层界定，总结起来，至少有三层意思：第一层意思，通过数字传播技术进行传播；第二层意思，传播信息内容，提供相应的信息服务以及增值服务；第三层意思，是各种传播形态的总和。这就是我们现在所说的新媒体。

目前，在全球范围内，新媒体的发展都是非常迅速的。在我国，特别是在上海这个中国新媒体发展的重镇，新媒体发展速度很快。之所以称上海是中国新媒体发展的重镇，我们都知道，中国第一张 IPTV 牌照给了上海，第一张数字电视牌照给了上海，第一张手机牌照也是给了上海。现在，上海占有全国 60%~70% 的新媒体市场，中国第一个上市的传媒公司是上海的"东方明珠"，第一家上市的新媒体公司是上海的"百事通"。最近几年，大家都可以看到，上海的整个新媒体产业发展非常迅速。

近几年，以云计算为代表的新技术促使全球媒体行业出现革命性变化，大数据也从概念走向了现实。那么，究竟什么是云计算？其实，现在已经建成了很多云计算平台。云计算是指计算机快速计算、存储、抓取的能力。我们国家的银河计算机，也就是所谓的超级计算机，它能快速将内容存储、传输，然后再快速计算出来，并且能够快速进行信息提取。形象一点儿说，如同你头顶上有一片云彩，你走到哪个地方去，这朵云彩（即数据库）就会跟着你到哪里。通过云计算平台，用户需要下载什么，马上就能下载下来，很方便。这里就涉及我要讲的第一个问题：全球新媒体发展的驱动因素到底是什么？我们都知道，技术在加速发展，而用户的需求也在不断被提出来。所以，技术与需求在所有的驱动因素里成为最重要的两大因素。

第一个问题是数字技术的进步是新媒体发展的基础推动力。为什么说技术是基础条件？无论是从麦克卢汉的技术决定论，还是从媒介环境学派的一些学者对这个问题的反思，都可以看到技术在整个人类社会发展中所起到的作用，不管它是积极地推动还是负面地阻碍。我们可以清楚地看到，2013 年，云计算、大数据、移动互联网、智能网等新技术，都在全社会被广泛地、快速地推进。例如，上海正在建智慧城市，而且是在建智慧试点城市，将来大家看文字、听音乐、看影像等都会越来越方便。但是这些都需要强大的基础设施建设，需要技术支撑。在新技术中，具有基础性影响的当属云计算的发展。云计算以其革命性的创造改变了传统的技术构架，实现了计算能力、存储能力从终端向服务器的聚合，使资源整体利用率大大提高。我这样说大家可能还不是很清楚，我给大家看一些数据。通过这些数据，大家可以真切地感受到云计算对资源利用、对媒体行业格局产生的深刻影响。

有报告指出，云计算在 2015 年之前将在全球范围内创造 1400 万个就业机会，并且每年来自云创新的收入将达到 1.1 万亿美元。2014 年，个人云计算服务将会超越传统 PC 电脑，成为企业市场中的主要计算形式。云计算会在这个时代到来，因为互联网产生的海量信息完全可以通过软件来进行分析、判断和预测。事实上，云计算确实给数据生成、传播和相关业务的运营提供了方便，也将为更科学的发展规划和引领模式的探索提供依据。有数据显示，2016 年全球大数据技术及服务的收入将达到 238 亿美元。

云计算和大数据技术将为新媒体产业的发展提供基础性动力。同时，移动互联网和物联网技术的结合也大大改变了传播方式和形态。现在，移动互联网技术的发展已经使信息传播平台从电脑桌面转移到各种移动终端，比如向手机、平板电脑等移动智能终端转移。而物联网技术的发展将不仅仅是对新媒体的改变，更是对信息传播和通信工具的改变，更为重要的是，它将广泛地、深入地渗透到人们的生产和生活中，改变人们的思维方式。

第二个问题是新媒体发展内在的推动力，即日益增长的媒介与信息需求。根据中国移动互联网办公室的报告，目前我国国内智能手机用户数量达到 3 亿多，接近 4 亿。随着个人电脑和智能手机的发展与普及，巨大的市场必然会吸引更多的资金、技术、资本和人员投入新媒体产业中去。巨大的市场需求形成了新媒体产业发展的强大推动力。从波士顿研究公司扬基集团的预测数据来看，到 2016 年底，全球媒体平板电脑的使用量将达到 6.65 亿台。而我对此的估计将远超过这个数字。

智能终端的需求量如此巨大，并且用户对智能终端的硬件功能和软件兼容性的期待也在不断提高，这就促使不断有像苹果这样的新产品及时出现以及新功能的研发。为了能够满足用户越来越多元化的应用需求，像苹果、微软、谷歌等一些公司继续开放平台和资源，吸引越来越多的第三方开发者投入应用程序的编写中。这样做有两个好处，一方面使基础技术平台可以继续发展和壮大，另一方面可以为用户提供更为丰富的应用程序。

刚才说了基础推动力和内在推动力这两个方面。我一直在强调，推动全球新媒体发展应该是有多方面因素的，既包括各个国家进一步加大新媒体领域的投入，从资金、人员等方面予以支持，也包括推进法律法规方面的规范和完善，以及从国家战略层面制定相关政策等。但是，我认为上述的基础推动力和内在推动力这两个方面是最重要的。

接下来对新媒体发展动向和态势进行探析，这也是我今天讲的最重要的内容，也是极富创造力与想象力的内容。在这一部分，我们可以从宏观视野来探析近几年以及未来全球新媒体的发展态势。对此，我做出以下四个方面的判断：第一，新媒体更加广泛地渗入人们的社会生活中；第二，新媒体发展进入"大数据"时代；第三，移动互联网将进一步改变新媒体的发展态势；第四，社交媒体将成为近几年新媒体发展的焦点。

第一点，即新媒体更加广泛地渗入人们的生活中。一方面，我们可以看到，随着数字技术与日常生活的密切结合，新媒体将人类与冰冷的物理世界相连接，这一点集中反映在智能化的物联网上。近几年，数字技术在建筑、医疗、能源、汽车、教育、环保等不同领域得到了广泛的应用，创造出了一些新产品，包括穿戴设备，如 google 眼镜等。这些数字技术，使人类生活发生了翻天覆地的变化的同时，也使得新媒体的功能发生了巨大变化。新媒体由过去的信息提供者，转变为以信息传递为中心的社会服务者。可以说，将来的媒体不仅仅是现在这个概念，它还将扮演社会服务者的角色。所以，新媒体作为物联网发展不可或缺的操控终端与工具，它自身也迎来了新的发展空间与契机。

另一方面，新媒体不仅成为人类社会与物理世界联系的纽带，同时也成为推动社会变革的重要力量。新媒体在利比亚、埃及、乌克兰等国家的社会变革中发挥着巨大作用。美国总统奥巴马在竞选的过程中，有效地运用新媒体来进行动员，借助新媒体，对选民，特别是对年轻人产生巨大影响。年轻的学生，包括社交网站上奥巴马的粉丝，在总统大选期间不断地推送信息，动员其他人投票。我这里有一组数据可以说明奥巴马是怎样运用 Twitter 进行动员的，仅在选举当天，Twitter 上就产生了 3100 万条和大选相关的 Tweets 信息，高峰时段平均每分钟就能产生 327452 条 Tweets 信息。自 2013 年以来，新媒体平台信息的发布与互动也成为各国政府、企业、机构信息传播与宣传的重要内容。我这里面也有一组数据，目前，125 个国家的总统、首相和相关机构都在 Twitter 上注册了账号，Twitter 在美洲最受欢迎，在南美和北美分别有 75% 和 83% 的政府拥有 Twitter 账号。从以上两个方面的分析可以看出来，新媒体改变了人与人之间的联系方式，也促使社会资源与权力的分配更加科学和合理。

第二点，新媒体的发展进入"大数据"时代。2013 年被称为"大数据元年"。大数据终于从概念变为现实，并且对社会生活的方方面面产生影响。鉴于大数据技术对国家管理、社会进步、经济发展等各方面的作用，世界各国都开始依照国情采取措施积极应对大数据时代的挑战，希望借助技术的变革实现跨越式的发展。在未来几年，全球大数据份额会实现井喷式增长。

摩根士丹利的报告列出 2013 年大数据增速最快的十大领域，互联网与媒体便是其中之一。按照大数据的发展思路和要求，不同类型的新媒体必然将对其发展战略进行相应的调整，对基础技术进行一定的升级，这些都将使新媒体呈现一种新的态势。在大数据时代，数据是最为重要的资源，是新媒体发展的重要基础和依据，门户网站、购物网站、搜索引擎、电子商务、社交媒体等都会加大对大数据技术的关注与投入，并做出相应的改进或转型。新媒体产业发展的格局也会因此发生改变。

我们还无法忽视的是，大数据的影响不仅仅是技术层面的，更重要的是体现在战略层面上的影响，只有通过全面而长远的部署、稳健而扎实的推进，才能把主导权掌握在自己手里。所以不少新媒体公司，包括一些大型电子商务公司以及与新媒体相关的产业，它们已经开始布局，为赢得下一轮的竞争先期做工作。

当然，我们还应当清醒地认识到大数据的发展还有不少的问题。我们一方面要看到它的发展前景，另一方面也要看到它存在的问题。比如说，体制和法制的不完善、高端专业人才的缺乏等。我做了一个上海市新媒体专业人才的调查，主要探析当前上海的新媒体公司需要什么样的人才，我们能不能培养出这种人才。这些调查数据很能说明问题，老师与学生、专业人士与学生、专业人士与老师之间的调查结果差别很大。在这种情况下，如果这些问题不能得到及时有效的解决，那么大数据将会呈现一种"虚热"状态，这些都是我们必须要面对的问题。只有解决了这些问题，才有利于长远发展。

第三点，移动互联网将进一步改变新媒体的发展态势。近几年，移动互联网成为新媒体领域十分突出的增长点。移动互联网已经成为全球信息和传媒产业竞争的焦点，未来也仍将是新媒体发展的重要内容。现在，移动互联网的发展一方面取决于宽带和网络技术的发展。最近在上海、南京和杭州三个城市施行的 IPT，就是互联网第六代的实验。另一方面，移动互联网的发展也得益于智能通信与信息终端的普及，简单地说，就是大家都能买得起智能手机了。有报告称，2015 年，美国来自桌面 PC 的搜索广告市场规模将被来自移动终端的搜索广告超越。这很好地说明了移动互联网的发展态势。将来，移动终端的广告投放和各种信息个性化的定制会成为一种趋势。移动互联技术的进步将再次推进互联网在全球范围内的普及进程，并且不断衍生出新的发展模式，具有巨大的发展空间。目前，移动互联已经远远突破了最初的文本、图片、铃声等这些最基础的业务形式，内容与应用日益发展，满足着受众多样化的信息需求。有学者认为："移动传播是数字传播发展进程中的一个新飞跃，它所带来的影响目前还只是崭露冰山的一角。"他所说的"冰山的一角"就是刚刚掀开的这一点儿，下面庞大的部分我们还无法想象。所以，接下来，世界各大知名厂商将进一步加大在移动互联网领域的投入，从技术升级、无线网络覆盖到移动终端的研发、内容及应用的创新等各个方面都会有比较大的发展。以 WiFi 为代表的无线信号会进一步得到推广，IPT、IPv6、4G 技术的进一步成熟为获得更高的无线网络接入速度、有效解决网络负荷问题打下基础。有关数据也说明，全球移动广告营收将从 2012 年的 96 亿美元增至 2013 年的 114 亿美元，到 2016 年移动营收有望增至 245 亿美元。

第四点，社交媒体将成为近几年新媒体发展的焦点。社交媒体在近几年保持了良好的发展态势，而且都有新的增长点。按照目前的发展情况，社交媒体主要是向无线互联网的方向转移，其移动终端的使用率增幅大大高于桌面电脑。社交媒体的发展将和无线互联网的发展紧密交织在一起，相互促进、相互推动。社交媒体已经开始融入主流社会，逐渐发展成为可以与搜索引擎、门户网站和电子商务相匹敌的互联网基础性应用，并基于社会化媒体平台延伸出第三方应用，从而引发了全新的社会化商业革命，带来了一些新的引领模式。现如今，社交媒体被政府、企业广泛地应用，日益成为人们进行有效管理的重要工具。越来越多的应用开发商将开发重点转移到社交媒体的传播平台，为用户提供更加个性化的服务，比如微博、微信。

此外，社交媒体强大的传播能力吸引了大量的广告商投入其中，打造了网络营销的新领域。社交媒体裂变式的传播模式、用户参与的自媒体属性将继续改变社交媒体广告的创意、生产和传播模式，产生出更多具有创新性的广告模型，以符合受众接受习惯的方式获得推广。有数据显示，美国社交媒体的广告收入规模将在 2016 年增长 1 倍，达到 92 亿美元。

不仅如此，社交媒体自从兴起以后，西方国家一直占据主导地位，像 Twitter、Facebook 等一些具有代表性的公司处于遥遥领先的地位。在这种情况下，未来，特别是在非洲、拉美、中东等地区，社交媒体将会实现快速增长。而其中，中国的社交媒体的发展速度也相当快。以中国为代表的亚洲社交媒体市场远未饱和，还有巨大的发展潜能。未来，亚洲将成为社交媒体快速发展的又一重要区域。

刚才我们已经分析了新媒体发展的美好前景，富有创造性和想象力的前景，但并不代表新媒体的发展不存在问题。我们从辩证的思维出发，可以发现新媒体以及与其相关的产业在发展过程中还有很多的问题。在全球范围内，有三方面的问题最突出、最重要：第一个问题是新媒体的商业模式，包括盈利模式；第二个问题是信息公平问题；第三个问题是隐私安全和数字安全问题。现在这些问题正摆在我们面前。

首先，我们看新媒体商业模式和盈利模式存在的问题。从宏观的角度来说，新媒体的发展是如此迅速，但具体到单个的新媒体企业就会遇到不少的问题，其实最为重要的一个问题就是商业模式的创新和突破。现在做得比较好的新媒体应用有哪些？社交类和游戏类，这两类新媒体应用都做得比较好。还有一些最近几年发展很快的新媒体应用，如休闲类、行业类、教育类、工艺类等。但是新媒体应用的淘汰率也是极高的，不少新媒体公司刚发展起来就被淘汰掉了。这种高淘汰率问题不仅反映在应用开发市场，也是全球新媒体产业普遍存在的问题。我们可以看到，每年都会有少量的新媒体企业昙花一现，包括当年很牛的"美国在线"，2000年与"时代华纳"合并，这次合并也是当时全球最大的重组并购案。

对于新媒体公司来说，无论其规模大小或处于什么样的发展程度，对于有发展潜力的发展模式、方法都应该坚持培育，而不是盲目地对已经成形的商业模式进行跟风、模仿。另外，进行商业模式的创新并不意味着对传统模式的否定，对于已经成熟和稳定的互联网商业模式，需要根据市场的发展及公司的情况与规划进行优化，而不是全盘改变，我们要辩证地去看这个问题。正如基于个人电脑的传统门户网站、视频网站等，虽然会因为移动互联网的发展而受到影响，但是它们还有很大的发展潜力，有一定的生命力。

所以说，虽然新媒体的传播模式存在不同程度的先进性，但这并不绝对等于其商业模式与盈利模式具有绝对的优势，这点大家要分清楚。传播模式先进，并不代表其商业模式和引领模型就先进。传播模式的革新在产生各种新的传播特点的同时，必然带来盈利模式的相应变化。因为传播模式是盈利模式的基础，如 Twitter、Facebook 有自己的传播模式，才会带来它们的商业模式、盈利模式。反之，盈利模式是传播模式的经济体现，一种全新的传播模式如果没有成功的盈利模式来支持，必然就不能成功，很多新媒体公司被淘汰也是与此有密切的关系。

其次，关于建立公平的信息新秩序的问题。随着新媒体对社会生活渗入的程度不断加深，人们开始更多地关注新媒体对世界信息与传播秩序的影响。从战后确定世界格局到冷战，再到现在，美国和英国这些西方发达国家一直在传统媒体领域保持着领先的优势，同时在新媒体领域，发达国家也仍然处于领先的地位。美国广播管理委员会在 2012 年大幅削减了"美国之音"的普通话及粤语广播的经费。虽然削减了这个经费，但并不意味着美国放松了对外宣传，因为更多的经费用来支持互联网平台及内容的建设。美国广播理事会委员温布什说："我们将重点放在数字领域，是因为互联网才是我们真正想要接触的受众活跃的地方。"美国充分认识到全球信息技术的发展动向与态势，转而在互联网新媒体平台上继续进行着意识形态的推广，以较少的成本获得最高的传播效率。

这里我们以非洲的互联网发展为例。目前非洲的网速提高迅速，资费不断降低，这在很大程度上归功于谷歌。谷歌在加速非洲业务拓展的同时，还帮助一些国家政府进行了信息数据化。可以说，谷歌几乎毫无成本地就占据了非洲巨大的数据市场份额。如果非盟和非洲国家政府不进行有效监管，20 年后非洲的整个网络生活都可能被谷歌"一家独大"。如果全球新媒体按照这样的趋势发展下去，将不利于诸多发展中国家创造和平、公平的外部信息环境。国际传播正在演变成一种新型权力宰制的前沿，我们叫"新殖民主义"。"新殖民主义"不再是过去的掠夺土地和资源，而是对网络资源的控制。所以，抓住新媒体时代的历史机遇，逐步建立国际信息新秩序，成为促进全球新媒体健康发展的重要前提，也是国际社会要面临的紧要任务。从国家层面，需要加强对话，辅助发展中国家提升信息化水平，创造更加公平公正的国际数字环境。否则，新媒体时代的"数码沟"将进一步加大，信息的不平衡与不公平会扩展到其他领域，这将影响国家的整体经济实力和国际竞争力的提升。

第三个问题是新媒体时代个人隐私和数字安全。现如今，数字技术对受众的个人隐私保护和网络安全带来了巨大挑战。正如我们前面谈到的，新媒体更加深入人们的生活，大众的个人信息、生活习惯、各类账号密码都将被转化为数字形式存在。传统的隐私与安全问题在新媒体平台上得到延伸，也日益成为影响和制约全球新媒体健康发展的重要问题。

特别是进入大数据时代后，信息资源日益丰富，信息量的几何级数增长使得人们更加方便地获取自己所需的知识，开阔自己的眼界，同时也使得人们自身的信息更容易被暴露在新媒体这一公众空间。在这种情况下，隐私保护和数字安全显得尤为重要。因为外部世界变得越来越透明，如果隐私保护问题解决不了，不能跟上技术发展的节奏，必将对新媒体的发展造成极大的安全威胁，这包括国家安全、公司组织安全、个人信息安全等多个方面。

当然，我们应对的办法也是从多个方面进行综合治理，制定具有针对性、可操作性和广泛适用性的法律法规和政策。各国也应根据自己的文化特点、文化传统采取不同的措施。同时，在技术上也要提升安全技术水平，形成有效的新媒体隐私保护机制，进行深入的数字安全和隐私保护方面的教育，这需要各个国家加强交流与合作，一起来解决这一难题。

最后，在全球新媒体发展背景下，面对如此良好的发展态势，我们应当如何抓住这一机遇？第一，我们应当及时抓住技术变革的历史性契机，实现我国新媒体产业的跨越式发展。由于历史的原因，我国的传媒产业与西方发达国家的差距还很大，我们过去建立大广电集团等多媒体集团，形成一个小炮艇，可是人家是一艘航空母舰。举个最简单的例子，前几年，《人民日报》的广告收入与《纽约时报》的差距非常明显，但是如今我们国家在传媒产业方面的发展非常迅速。目前，我们国家有实力、有基础，全面、科学地应用最新的数字技术，提升我国传媒业的整体实力。我们需要用战略性、前瞻性的眼光审视我们国家新媒体产业的发展，通过基础性的平台架构、技术的升级，做到与国际传媒巨头站在同一起跑线上展开未来的竞争。我们已经具备这方面的实力和技术，但是如何解决上述这些问题，仍然任重道远。

第二，我们要改善管理体制，促进新媒体产业的发展。关于这一点，我们国家已经出台了很多支持和促进传媒业改革与发展的法律法规，也从国家层面提出构建现代传播体系。我们需要有一个长远的目标，即建立"小政府、大社会、大市场"的管理模式。正如十八届三中全会上所说，要让市场在资源配置中起到决定性的作用。

第三，就是构建现代传播体系，促进传媒产业链的调整和完善。新媒体产业带来产业变化和产业链条的拓展和延伸，需要建立科学、合理、高效的现代新闻传播体系。这既是新时期新闻传播业发展的目标与保证，也是迎接国际挑战、参与国际竞争的需要。目前，我国新闻传播体系中仍然存在制约传媒产业发展的因素，我们需要在新媒体的进步中不断发现并解决各种问题，使传媒、资本市场日益规范，促进完善的传媒产业链的打造，形成不同的媒介形式共同繁荣的局面，在动态的发展过程中完成现代传播体系的建构。

总结上述的分析，我们能够清楚地认识到，首先，目前我们处于一个大数据时代，移动互联网、社交媒体、移动物联网成为最为显著的新媒体发展形态，市场竞争也将更为激烈。其次，在新媒体这个技术与创新高度集中的行业，总会出现新的行业引领力量，其明朗的前景给受众带来无限的期待。最后，在全球范围内，除了刚才所说的问题，我们仍存在很多问题。为了能够促进新媒体的进步、分享新媒体进步带来的便利，不同的国家、公司将积极参与到现有问题的解决中，在对话、协作、竞争中实现共同发展。新媒体将继续改变自己、改变人类、改变世界。谢谢大家！

嘉宾：请问您如何看待传统媒体与新媒体融合发展问题？

严三九：新旧媒体不是对立的。现在，传统媒体与新媒体之间出现了一种融合的趋势。但是，融合的过程中也会出现一些差异，比如操作、管理、观念上的差异，像新媒体所遵循的互联网思维等。现在我们的一些传统媒体，比如烟台日报报业集团、宁波日报报业集团、佛山传媒集团，包括上海广播电视台在改革的过程中都遇到了一系列的问题。当前，国家也将加强新旧媒体融合发展作为一项重点工作，正在进行研究部署。当然，我们都可以看到未来是有发展前景的，但是如何去做、怎样才能避免走弯路是目前传统媒体与新媒体融合发展的过程中最主要的问题。

嘉宾： 您觉得 APP 手机移动客户端在未来的发展前景如何？

严三九： 现在的应用软件、插件非常多，但是真正能得到用户认可的其实并不是很多。只有获得用户的认可，这个 APP 才有市场。例如，"罗辑思维"就巧妙地运用了互联网思维，积极整合线上线下资源，利用互联网形成"圈子"文化、"圈子"效应，以此实现自己的价值，做自己想做的事。这些都是以前传统媒体没有办法做到的。

嘉宾： 您认为学生在校或者进入社会，应该如何提高自身能力，适应新媒体发展需要？

严三九： 我们可以看到，随着新媒体技术的发展，现在新媒体行业对人才的需求量非常大。在新的媒介环境下提高自身能力，适应新媒体发展需要，我认为至少要从以下几个方面努力：第一，加强新闻传播专业技能的培养，比如新闻采编能力等，这是基础，是在新时期必须要坚守的；第二，应该有把握新技术的能力，要能把握全球新技术发展态势，即使不会使用，也应当对最新的技术有所了解并关注，比如我之前说的数字压缩技术、数字存储技术等；第三，提升管理能力，将来媒体市场化程度会很高，基本的管理能力是应该具备的，这也体现出你敏锐的市场洞察力；第四，还要有创意，有 idea。把三句话送给大家：第一，思路决定出路；第二，战略决定未来；第三，细节决定成败。谢谢！

移动互联网的今天和明天

时　　间：2014 年 7 月 12 日下午
地　　点：上海交通大学闵行校区光彪楼 1 楼多功能厅
主讲人：官建文

官建文

　　官建文，现任人民网股份有限公司副总裁，人民网研究院院长，《人民日报》高级编辑。长期从事新闻媒体、网站管理工作及相关研究，2011 年度国家社科基金重大项目"突发公共事件舆情应对与效果评估信息平台建设研究"首席科学家。主编《人民日报》内参《情况汇编》8 年，获中央领导同志批示 1500 多件，组织并指挥人民网几十次重大活动报道。主管的"强国论坛""人民时评""中国共产党新闻"均被评为"中国互联网品牌栏目"。

官建文：各位同学，大家下午好，很高兴今天有机会跟大家做交流。

我今天要讲的题目是《移动互联网的今天和明天》，在讲今天和明天之前，我们先讲昨天。移动互联网的昨天有三个关键的时间点：第一个是1997年无线通信协议WAP的制定。这个协议是由当时通信业三个顶尖企业——爱立信、诺基亚和摩托罗拉，在一个联合召开的论坛上制定的，并且现在仍然在用，2G手机、PDNA、PCG都使用这一协议。据预测，以后家电产品的通信端也可能使用这个协议。第二个是1999年的My Mode，用中文翻译之后就是"我的模式"。它跟WAP有点类似，但因为它的制式不一样，所以基本上只在日本使用。它是当时最成功的移动互联网，因为它将上网计费方式从按时间计费变成了按数据量下载计费。人民网早在2000年就利用在日本的中继站，用My Mode把信息发送出去。第三个是大家比较熟知的IOS。2007年iPhone手机搭载的IOS系统是一个非常重要的创新，是智能终端最早的形式。

以上这三个时间点所诞生的事物，是移动互联网过去的三个重要的代表，现在已经不止这些形式了。尽管我们现在所说的AVT仍然是在IOS的基础上建立起来的，但是新开发的通过移动端浏览网站的协议HTML5就跟过去没有太大的关系。

移动互联网的发展始于 1997 年；1997 年到 2002 年，移动互联网处于一个非常缓慢的发展状态；2002 年之后，移动互联网才开始快速发展。检索不同年份学术期刊所得的与移动互联网相关的研究文章篇数的变化跟移动互联网在中国移动互联网市场的发展情况基本上是吻合的。智能手机从 2008 年开始发展，出货量在 2011～2013 年达到顶峰，从时间上看，我国智能手机的出货量在 2011 年、2012 年、2013 年达到最高。另外，中国移动电子商务用户的规模从 2010 年就开始了快速增长。移动互联网在过去几年间，特别是 2010 年之后，呈现了飞速发展的态势。有人说过去这几十年，基本上每一个 10 年就是计算机发展的一个新时代。20 世纪 70 年代，是主机时代，接着是有用户桌面的个人电脑时代，然后是桌面互联网时代，而现在，21 世纪的第二个 10 年应该是移动互联网时代。

在谈移动互联网的今天之前，我们先谈什么叫移动互联网。我们所说的移动互联网，比较准确的概括是移动通信网加上移动网。前几年，有人说移动互联网是一个伪概念。互联网只有一个，移动互联网是互联网在移动端的一个延伸，不存在互联网和移动互联网的区分。我们编写了三本关于移动互联网的蓝皮书，第一本是 2012 年之前完成的。在编写第一本蓝皮书的时候，社会上就有"移动互联网不能作为一个概念和一个学科来研究"的说法。到第二年我们出版第二本蓝皮书的时候，移动互联网的市场规模已经是整个 PC 互联网规模的 10 倍。

另外，我们需要了解为什么称之为移动互联网而不是无线互联网。最开始的时候，这两种称呼都有。后来我们觉得移动互联网更为准确，因为这个网络本身体现的不是无线性，而是移动性，叫移动互联网才能更准确地反映其本质。

我们还需要讨论一下移动互联网跟 PC 互联网的区别。它们之间最大的区别就是动与静的区别。PC 互联网是人随网动，人随网走。20 世纪 90 年代有 CALL 机或者叫 BP 机，它是一个接收信号的终端。别人给我打了电话，会显示电话号码，然后我就满地去找固定电话给他回过去。这就是人随电话走。移动互联网和 PC 互联网的区别有点像移动电话和固定电话的区别。固定电话放在哪里，我们打电话就必须走到哪里。PC 互联网也是如此，得有固定的网线才能上网。而移动互联网是人到哪网到哪，网随人动，比 PC 互联网灵活。这一特点带来的第一个变化是网络终端的变革。原来固定的 PC 机，最早叫"286""486"，最后没法叫，因为不能"586""686"一直叫上去，就改用 INTEL 重新表达。但是 PC 互联网发展到移动互联网后，带动了整个移动终端产业的升级，导致用户必须不断地换新手机。第二个变化是应用的拓展。在使用 PC 端的时候，应用方面可以拓展的东西不多。虽然 PC 端的服务有新闻信息、搜索、电子商务、游戏等，但是移动端有 PC 端没有的应用。比如地图，虽然我们经常在 PC 端查找地图，但是它不能跟着人走，所以 LBS 服务大家现在都看好。为什么呢？因为它把移动端和用户所到的地理位置实时结合在了一起。用户到了某个地方，根据移动终端的定位，这个地方附近的各种餐馆、商场、商店都可以把包括优惠券在内的所有信息发送到用户的移动终端上，这在 PC 端是无法实现的。围绕 LBS 服务，还有很多扩展的东西，我们后面会讲到。第三个变化是永远在线。移动互联网可以永远在线，但 PC 端要关机。尽管 PC 端不关机只下线也可以，但是不关机在用户离开后并没有意义。手机则不一样，比如手机端的微信可以永远在线。用户坐在办公室或者在家里电脑桌前上网的时间是有限的，但是移动互联网可以让我们走到哪儿都能在线，帮助我们把所有碎片化时间都利用起来。移动化在线的时间远远多于 PC 端在线时间的这一特点带来了一个巨大的市场。

　　移动互联网跟 PC 互联网的第二个区别是人与人和人与物的区别。PC 互联网下，我们面对的是电脑，它只是一个机器，包含了浏览器、服务器、IP 地址和超链接。移动互联网建立在通信的基础上，是点对点的交流，平时我们打电话是人对人的，那么移动互联网给我们的感觉就是人跟人在交流。特别是各种类型的 APP 飞速发展，用户点开以后从体验感上来说就和 PC 端不一样。移动终端带来了用户体验上的唯一性、精确性、私密性。我们现在都在讲大数据，尽管在 PC 端也可以实现大数据，但是有难度。因为 PC 端用户很少有先注册再浏览网页的习惯。我们要获得用户的信息，只能通过浏览器，不能通过 IP 地址的精确定位。而且，很多局域网可以分配的 IP 地址很少，比如校园里的局域网 IP 地址就很少。特别是 IPv4 协议下我国分到的 IP 地址本身就不多，6 亿多上网人口所分到的 IP 地址只有 1 亿多，很多局域网下的用户 IP 只能以局域网子网的形式表现。这非常不利于我们获取用户信息时的精确定位。但是手机不一样，手机具有唯一性，借给旁人使用也是极少的情况。因此只要用户使用了这个手机，他在购物、发邮件、使用网上银行时，手机都做了数据记录。如果研究者掌握了足够的用户上网数据，就可以精确地向用户推送信息。这就是唯一性和精确性。还有私密性。如果大家忘记带手机，或者是丢了手机，就会觉得抓狂，因为手机里藏着我们大量的秘密。

第三个区别是商业生态。在使用 PC 互联网时，我们是被动地使用操作系统。而移动互联网让我们有很大的主动性。刚才提到移动互联网过去的三个重要时间点，特别值得一提的是第三个时间点。2007 年 1 月 19 日，苹果发布了 IOS 第一代，它跟我们传统的个人电脑操作系统有很大的不同。传统个人电脑是生产厂商把所有的操作系统都预装好，用户没有选择的余地。苹果电脑最大的颠覆是它的终端里只有一些基础程序，它留下了一个可以供第三方开发的平台，让用户在应用选择上有了很大的自主性。原来的新闻出版署公布过一个数字，广电系统加上平面媒体，持有记者证的人是 24 万多，不到 25 万，再加上在校的新闻系学生约 20 万，是我国所有的从事新闻相关事业的人数。而从事第三方平台应用开发的有100 多万人，甚至 200 多万人。我国现在的网站约是 320 万个，而在苹果或者是安卓系统的应用市场上的第三方应用有多少个呢？仅苹果系统在中国的应用就有几百万个，而安卓系统也有几百万个。如果我们把这些应用当作一个个网站，那么这个庞大的数量对比大家可想而知。从 PC 端和移动端的比较来看，我们能看到商业生态的不同。PC 端的操作系统是有固定程序的，用户不可以选择。移动端的应用由第三方开发，用户可以随意选择。用户下载一个 APP，好用就用，不好用就删除。

所以，从以上这三个方面来看，移动互联网跟 PC 互联网存在相当大的区别。尽管它们在基本的信息交换、信息传递方面是一脉相承的，但由于以上三个区别，移动互联网形成了一个开放、竞争、活力十足的生态系统。从创造性来说，移动互联网有很大的创造空间。从数量来说，它有数百万的应用开发者和数以千万计的应用程序。

我们再来看移动互联网的今天。我将从以下几个方面展开论述：一是数据大迁移；二是新闻；三是社交，如服务、娱乐、广告等。

手机是现在我们获取信息最主要的终端，现在移动端和 PC 端怎样融合是研究关注的重点。在新闻方面，细分为用户是通过移动社交平台查看信息，还是通过新闻客户端，或者是通过 HTML5 方式浏览网站。总体来说，尤其是年轻人，现在已经很少坐在办公桌前浏览新闻了，大多是通过手机终端获取信息。从社交方面也可以看出移动互联网应用的广泛性。在服务应用方面，现在大家买火车票、旅游预订、存款转账等大都是通过移动端来完成的。在娱乐方面，手机游戏值得一提。手游在过去两年特别火，获得了大量的融资，而大型游戏正在减少。现在我们看到网吧、报刊亭都在减少。我们在出版第一本移动互联网蓝皮书的时候，给我们写与广告相关的主题的作者说："移动互联网的广告，是'未来很丰满，现实很骨感'。"当时的情况确是如此，但是这两年移动互联网广告有比较大的发展。但还有一个解决不了的问题：手机这么小的屏幕，我们该怎样发广告？

当然现在也有增值业务，有点像我们的软文。人民网研究院对北京市城镇务工人员手机上网频率进行了调查，结果显示受访者中每天都用手机上网的占了 47%，将近一半。这些受访者跟我们不一样，他们每天的生存压力比较大，而且他们用 PC 端上网的条件不好，上班的时候基本上只能通过手机上网。他们的年龄层次不一样，年轻的基本上都是通过手机上网。

另外，2013 年各类项目的移动搜索量排行榜显示，最高的是影视娱乐，占 58%，然后是音乐、小说等，占 40% 多，紧接着是查找位置、各种知识问答，然后有游戏、手机应用、出行、旅游信息、公务类信息、软件，社区论坛的搜索量是最低的，约占23%。近年来，移动互联网的收入情况还是比较乐观的，在2009年，移动互联网的收入非常低，但在2010年和2011年，移动互联网收入增长了20%，2012年增长了13%。腾讯发布了一个调研报告，对移动视频的广告规模、中国移动视频流量的增长、移动游戏的收益增长等情况进行了调查，对未来发展进行了预测。移动游戏在2010年的收益只有32亿元，到了2016年预计将达到427亿元，7年时间增长12倍是十分迅速的。

移动互联网的今天，第一个特点就是内容的迁移，第二个特点是全方位的渗透。全方位体现在各个方面，比如教育、金融、办公、旅游等领域都在渗透。互联网本身有渗透性，但是远没有移动互联网渗透的范围和社会影响大。

下面我们说说移动互联网这几年，特别是2010年之后，对社会各方面的渗透。首先是教育方面。我们今天的这种交流是传统的，传统的授课方式现在还是普遍存在的。但是网上授课增长迅猛，像新东方之类的上市公司已经感到了危机。有很多传统教育机构老师离职去做网上教育，通过大众化免费、小众化收费的授课方式来扩大影响。

金融方面大家比较熟悉，在此就不赘述了。在办公方面，有一个问题大家可能关注得比较少，就是现在政府部门的很多服务已经开始通过移动端完成。比如说现在有的公司已经在微信上开放用车的应用了。用户可以在微信上预约什么时间、什么地点用车。

我在一个众筹投资峰会上听到过一个通过移动端开展和大众点评网类似的网站投资项目，这个网站为停车场和洗车场而建，在浙江已经开始试点，在西安也已经在做推广。比如，我要到交大来办事，我可以在昨天甚至前天在这个移动端上预约什么时间到交大停车场、停车多少时间。在项目人介绍完后，有人问起排队者和预约者的冲突如何解决的问题。项目人的回答是会将预约车位和排队车位分开。由此我联想到医院的排号问题都可以通过预订的方式解决。

在旅游方面，现在通过移动端预订旅游的人很多，预订内容已经不仅局限于宾馆、旅游购票等。"微景旅游"是一个微信公众号，在景区游览时，这个公众号可以向用户推荐景区的服务项目，方便用户游览。我们在博物馆也可以采用这种方式。

第三个特点是移动互联网的影响力空前巨大。马云2013年年底在其公司的内部邮件里喊话说，整个阿里巴巴要以云端为基础进入移动电商领域，建立阿里巴巴的移动电商生态。新东方的俞敏洪说要更换自己的基因，也要更换整个新东方的发展基因。复星的CEO梁信君也说要向移动互联网发展。中国移动的李月提出了两个"三新"，在4年前他提了一个"三新"，旧的"三新"是针对3G网络的，代表不换号、不换卡就把2G和3G的手机网络打通。2014年年初他提出的"三新"包括新通话，指高清的音视频通话；新信息，类似微信；新联系，即把通信录打通。尽管还没有看到新的"三新"具体落地的效果，但是听起来中国移动这个国内最大电信运营商也要做移动互联网。

移动互联网的今天，可以说第一点是原有的PC互联网大面积地向移动端迁移。第二点是移动互联网全面地向社会各行各业渗透。我们有一个词是互联网＋，现在我们看到的是移动互联网＋，移动互联网可以跟所有的行业融合。第三点是移动互联网在社会上产生巨大影响。我们从移动互联网的昨天可以看到发展最快的是手机，网民增长最快的是2011年，但是在2011年为什么没有带来那么大的影响呢？因为它仅是网民的增长，是以2G手机为主的网民的增长。2013年以来，整个移动互联网就对社会产生了巨大的冲击，特别是对传统金融领域的冲击。移动金融在半个月内发展到几千万甚至上亿的用户，特别是"滴滴打车"和"快的打车"软件推出后，很多出租车司机都成为移动互联网的推广者。

我们再看明天的移动互联网会是什么样子。我将它简单地归纳为五个"泛"。第一是泛网络化。如我们前面所说，移动互联网最开始被认为是一个伪概念，不存在实际意义上的移动互联网。那么，泛网络化时代来临后，我觉得移动互联网会成为一个过去的概念。移动互联网和PC互联网从无到有、从分到合。将来PC端出厂的时候，就有可能有两个端口，一个是有线的，一个是无线的，在用户不需要 PC 互联网时，不需要有线一样能用。现在的互联网电视就有两个口，一个是无线接口的，一个是有线接口，发展到最后会是泛终端，即到处都是终端。我们所说的终端，目前是指 PC 机、笔记本电脑、手机等，电视机正在逐渐成为一个终端。那么下一步还有什么？汽车可能会成为新的终端。现在很多人在研究车联网，比如 Google 正在研究无人驾驶汽车，汽车的屏幕也会成为一个信息终端。再比如家电、眼镜、穿戴设备等都会成为一个终端。将来会是一个多终端、泛终端的时代。我看过一个科幻影片，这个片子给我留下的最深刻的印象就是主人公无论走到哪，用手摸一下玻璃，玻璃就能马上显示正在跟他通话的人。我预测，在未来我们不会再讲移动互联网或者信息互联网，就单纯地说互联网。它以无线接入为主，大的线路仍然是有线的，但是线路的最后一公里都是无线的。最终的结果就是大而无形。我们到哪里都有信号，网络无处不在。前两年中央文件出现的"泛联网"这个词还是一个时髦的词，现在大家讲得比较多了。未来会是一个真正的泛网络时代，网络速度会非常快。3G 比 2G 快很多，4G 比 3G 快很多，现在 5G 已经投入研究了。5G 网络下载一部电影可能也就是一两秒钟的事。

第二是泛智能化。现在智能手机的价格已经降到千元以下，媒体称其为"百元机"，各种终端设备的智能化已经逐步实现，电视可以成为智能终端，甚至每一个小家电都能配备一个小窗口，成为我们的信息终端。将来或许公共汽车、飞机、火车等的每一个座椅前面就是一个智能终端、一个接收装置。目前飞机上网已经投入研究，国航从北京到成都的航线正投入试用，只是成本非常高，推广效益不足。我们的蓝皮书对中国 2013 年退出或者参加智能终端研发的公司进行了统计。2013 年 3 月，小米科技宣布正在研发智能鞋；4 月，百度的智能眼镜进行内测；5 月，腾讯宣布为可穿戴设备提供配套服务；6 月，富士康发布了智能手表；10 月，百度可穿戴设备网站上线，360 发布了儿童卫士手环，让孩子到哪里家长都可以知道；11 月，百度发布国内首份可穿戴设备用户的研究报告。

第三是泛媒体化。第一个方面体现在数字化平台的涌现。在传统媒体时代，报纸、杂志、电视等我们都可以把它看作信息平台，但是这个平台不是数字化的。数字化带来了很大的便利，有延展性和低成本的特点，信息传递得到扩张。现在，我们已经有很多数字化的信息平台，这些平台都可以被称为媒体，都能成为传播的平台。说到《人民日报》，大家最先想到的是印刷版的报纸。但是《人民日报》现在有了多种形式，除了报纸本身以外，还有人民网、客户端、微博、数字阅报栏。以前的客户端只是报纸的原样呈现，现在的新客户端除了自身报纸的内容随时发布之外，还有其他媒体的内容。所有这些都是数字化的平台，都可以传播。例如，数字阅报栏，既可以发布报纸的内容，也可以发布各种即时信息，包括广告、图片、视频等。除了以上形式，电商也是一个数字化平台，除了发布各种商品信息外，也可以发布新闻信息。还有广告牌、公共汽车站站牌、公共汽车上的屏幕，以及火车、飞机上的屏幕等，任何一个数字化的平台都是传播平台。所以第一个泛化是数字化平台的泛化。

第二个方面是媒体人的泛化。原来只有学新闻并且在媒体工作的人才能撰写新闻并且发布，其他非专业的新闻采写者叫作通讯员，他们得通过媒体渠道才能把新闻消息发出去。但是现在不一样，任何人都能通过自己的手机来发布信息。渠道可以是微博、微信、QQ 群、论坛。现在还出现不需要移动信号和 WiFi 就能做的一个社交工具——WeChat。这个泛化带来的结果就是受者和传者合二为一，我们既是信息接收者，又是信息发布者。

第三个方面是媒体形式的泛化。过去讲体裁就是消息、通讯、评论等，讲媒体形式就是报纸、杂志、广播、电视。现在我们介绍情况，写总结，能用的形式可以列出二三十种，比如直播、访谈、评论、微博、微信等。比如刚才所说的《人民日报》的传播形式就有将近 10 种。这就是泛媒体化。泛化的结果之一是：信息无处不有。这带来了很多问题。我参加一个活动，一个企业的员工说她现在十分苦恼，不知道做一个广告可以投放到哪里。过去投放广告只在报纸、广播和电视上，但是现在投放到哪里才有最显著的效果很难预测。刚开始是传者的困惑，接下来是受者的困惑。这么多信息，从哪里开始看起？比如我自己下载了很多 APP，微信公共账号也下载了很多。但是我的微信公共账号，经常是几十个都没有看。信息太多、太快，这是苦恼。

媒体形式的泛化使得媒体的盈利模式以及当前的广告形式越来越多样化。在媒体收入方面，现在都市报的收入下降得很厉害。中国的报纸可以分为三类，第一类是党报，现在看危机感还不太强，基本能保证量，部分报纸广告收入还在增长，发行量还在增长。第二类是都市报，是三种报纸中压力最大的。第三类是行业报。传统媒体的盈利模式是把独家内容做好了，发行量和影响力自然就大了，就会有广告。但是这个模式遭到了新媒体的挑战。新浪、搜狐、网易都没有原创的内容，但是腾讯 2013 年的收入是 99 亿美元，也就是 600 亿人民币。我在 2012 年看到的收入排行大致是这样的：百度是腾讯的一半，网易大概是百度的一半，然后搜狐是网易的 2/3，新浪是网易的一半或略少。2013 年情况有变化，腾讯是 600 亿，百度是 300 亿，网易是 100 亿，搜狐是 80 多亿，新浪比较少，只有 40 多亿。有一点我没弄清楚，新浪微博是单独上市的，我不知道新浪微博的收入有没有计算在新浪的总收入里面，搜狐的畅游是单独上市的，它的收入是不是算在搜狐的总收入里。新浪的收入为什么会这么低？因为它主要依靠的是广告。网易、搜狐的收入都是以游戏收入为主，搜狐的游戏收入已经超过总收入的 50%。腾讯则更不用说，Q 币是腾讯很大的一项增值业务，而现在微信上也有可盈利的游戏项目。百度的收入很大一部分来自竞价排名。由此我们可以看到，现在媒体的收入正在走向多元化，光靠广告盈利已经不行了。

在广告形式方面，进入移动时代，传统的图形广告在移动端没有很好的浏览效果和用户体验。什么样的广告适合移动端？现在媒体的收入虽然上来了，但是还没能找到很好的形式。不过我们不必担忧，因为 PC 互联网时代也有很长一段时间不赚钱。拯救新浪、搜狐的是短信。比如短信下载音乐的用户面很大，估计有几千万甚至上亿的规模。每个用户一个月几块钱，看起来不大，但是能让新浪和搜狐网在 2000 年互联网泡沫的时候仍旧获得很高的盈利。

第四个方面是泛可视化。长视频、短视频，现在微视频开始活跃起来。微视频是一时的新鲜还是有长久的生命力，现在还不好说，但是视频肯定是一个趋势。移动端实现盈利首先会从视频开始。另外，图片的形式也多种多样，以后可能会智能生成图片，或者是智能化 PS 图片。我们现在用电子相册，未来可能会有一种软件把我们拍的新闻图片、旅游图片智能地变成一个个电子相册。还有可视化的交流，以及图文和视频的交替和互动。数字化给传播带来了巨大的创造空间。印刷版的版式不会有太大的变化，但是数字化之后会有很多创新。

第五个方面是泛数据化。大数据现在谈得比较多，最主要应用在决策和研究方面。尽管过去的研究也用大量的数据和历史材料，但是如果我们有非常全面的数据，那么做出的分析会更加科学。大数据的应用有相当的难度，数据量很大，应用的时候就像是在草丛里面找一根针。但是不管怎么样，这肯定是个趋势，会出来各种各样的数据工具、数据公司，媒体人以后可能有很多会去做数据，以后最吃香的可能是数据分析师。我建议在座的同学如果有兴趣最好去熟悉一些数据统计方面的知识。

我们想象一下未来的媒体会是什么样的。未来的媒体机构肯定不会只生产一种媒体形式，电视不会只做视频，报纸不会只做传统平面媒体。《人民日报》这个纸媒只是在做一个产品，最终体现给读者的是一张报纸。电视不只是做一个产品，它做的可以说是一个产业，围绕一个电视频道形成上游和下游。有人说中央电视台大楼中午光是吃饭就有上万盒的盒饭，可能夸张了一点，但是这说明了有很多人在围绕着媒体服务。每个电视频道、每个栏目都可以往上或往下同时延伸，但是报纸的一篇文章能延伸到哪里？

未来的媒体可能是一个产业。《人民日报》官方网站就可以做成一个产业，它的边界可以无限扩大，可以往上、往下延伸。现在还没有一个网站能做到这一步，但是未来数据化、数字化的媒体公司有可能跟数据公司相融合，不仅仅是做新闻，也不是我们所说的大数据的新闻或者可视化的图形。未来的传媒公司可以为各行各业提供数据化的服务，它可以出一些研究报告，可以成为智库，可以为广告客户提供各种各样的服务。原来的广告只是广而告之，把这个东西告诉消费者就行了。未来的广告肯定会对整个产品作分析，甚至通过互动社区分析网民的情绪，进而对产品的市场做出分析。

嘉宾： 老师您好！现在高德地图数据和淘宝是完全打通的。我们如何通过以高德的数据为主，然后再结合一些淘宝的数据，来为户外广告公司做数据监测服务？老师您对这一块的应用前景怎么判断？

官建文： 对网上行为数据的监测有最直接的效果。户外广告因为无法获取浏览和反馈的数据，作用只能说是间接的。比如在人民网或者阿里巴巴上面有广告，后台就可以看到什么时间、什么人进行了浏览。如果是手机端浏览，我们还可以了解用户的信息，比如他的年龄、身份、浏览时间段、用户所在的地点。如果我们了解了这些信息，还可以和他进行互动，查看他的评论。所以我觉得，如果是网上的广告，数据检测和数据分析会起到比较好的参考作用。如果是户外广告，只能起间接的作用，比如户外广告的内容跟网民购买此类广告所展示的产品行为，网络上的互动社区对这些产品的评价起一个间接的参考作用。

嘉宾： 您说移动用户、移动端使用人群主要是中、青年人。但是当下一些农民或者老年人，他们可能希望更多地了解青年人的想法，也希望根据移动端来了解信息。但是这些人可能没有智能手机，信息获取也只能是通过电视等传统方式。不知道未来的移动端会不会开发针对年龄比较大，拥有信息获取需求但是不会使用智能设备的人群的产品？第二个问题是未来的我们应该更加重视技术还是专业的发展？谢谢。

官建文： 首先回答第一个问题。我刚才所说的调查，在北京打工的农民工中，总体上是青年人，即 16 岁至 40 岁的年龄段移动上网的人最多。但这只是就总体上而言，随着这一批人年龄的增长，年龄将不再是主要问题，这是第一点。第二点，事实上现在有一些应用，年龄大的人用得反而多。前两年在我的印象里，QQ 是年轻人使用多，后来腾讯的员工告诉我，现在很多老年人在用 QQ。这是为什么？因为老年人用 QQ 跟他的儿子、孙子联络。现在还有一个情况，就是微信群里面说得最热闹的反而是像我这样上了年纪的人，特别是已经退休的人。像你们这样的年轻人反而在微信群里面说话很少，因为你们很忙，所以移动端的人群不是绝对的。

第二个问题，不能说哪个更重要，各有长处。现在做新媒体的研究或者互联网的研究，绝对不能停留在原来做传统媒体研究的套路上，就是怎么用事实，怎么分析，怎么推论。你一定要用上一些软件，用上一些数据的分析。未来不仅是研究，在处理、策划的时候，可能也要用上某些软件来做数据分析。这需要技术和专业两方面的结合，所以我主张文科生能够接触一些计算机技术和数学的分析工具，工科生能够了解一下传媒。未来的媒体可能需要两面都懂得的人。人民网想找一些既懂新闻又懂得一些基本计算机技术的人就很难找到。

OTT TV 与传统电视的竞合发展

时　　间：2014 年 7 月 14 日

地　　点：上海交通大学闵行校区陈瑞球楼 100 号

主讲人：刘幼琍

刘幼琍

　　刘幼琍，台湾政治大学广播电视系教授，台湾留美传播学者，美国印第安纳大学电讯传播（广播电视）博士。曾任政治大学广播电视系系主任、美国傅尔伯莱特基金访问学者、美国乔治·华盛顿大学访问学者、新加坡南洋理工大学访问学者、上海复旦大学客座教授、中国人民大学客座教授、台湾大学新闻研究所兼职副教授、台湾交通大学传播研究所兼职副教授、台湾师范大学图文传播研究所兼职教授、美国印第安纳大学助理讲师。

刘幼琍：今天我要讲的是国际 OTT 的发展情况，首先介绍一些国家的 OTT 是怎样经营的；然后讲 OTT 对传统媒体带来了哪些冲击；最后讲 OTT 跟传统电视的竞合发展的一些情况。所谓竞合就是既竞争又合作的关系，我们可以看到很多这样的例子。

每个国家的情况不太一样，最早出现的应该是无线电视，即所谓的开路电视；然后是有线电视（Cable TV），同时也出现了直播卫星（DBS）；接着就是 IPTV；后来是手机电视（Mobile TV），但是在有些国家手机电视发展得不太好，在中国其实也有手机电视，它的标准是 CAAB，广电总局也很希望推广这一块业务。什么叫手机电视？智能手机叫 Smart Phone，Smart Phone 要通过电信申请上网，我们一般通过电信下载的内容是虚拟的，这个严格来讲不是手机电视。手机电视是一个行动的装置，通过天线传输信号。手机旁边拨开有根天线，或者天线在手机里面，那么这种设备就叫手机电视。我们把重点放在 OTT。当前的电视生态，我们讲融合，台湾那边讲汇融，首先会受到科技的影响，科技的发展促使这些设备、这些服务的产生；另外，还会受政策法规的影响，它是政策使然，比如像《超级女声》等歌唱类节目过多时，主管部门就会采取一些措施。其实，视频网站和 OTT 没有太大的差别，像 IPTV 就会要求服务品质，因为它有执照，目前，OTT 在中国还需要有执照。

接下来讲媒体的策略，媒体和科技的关系有时候会受到政策法规的影响，那么媒体应该采取什么样的策略发展呢？我今天要讲竞合关系，既竞争又合作。

我们先来厘清 IPTV 的定义。IPTV 英文是 Internet Protocol TV，Internet 大陆叫互联网，台湾叫网际网络，Protocol 就是协定、协作。它的广义的定义是只要通过 Internet Protocol 都是 IPTV；狭义的定义是说主管机关要发放执照，获得了执照后，媒体就要站在消费者的一端维护消费者利益，必须要做好品质管制，如果没有做到的话，也许就要把你的执照吊销，这是狭义的定义。

今天我们讲的 OTT 也是一样，有狭义和广义之分，有很多种类。现在，很多零售店都纷纷关门了。在美国一些零售店纷纷开始转型，大家熟悉的如亚马逊，它属于第二类内容业者。什么是内容业者？就像今天 7 家拿到 OTT 执照的电视集团、广播电台，它们都是内容业者，内容业者也可以跳下来做 OTT。比如，美国的直播大联盟 HBO 电视网，它就是由电视台创办的。MVPV，这是一个专有名词，指多频道平台业者。什么是多频道？现在的媒体几乎都是多频道，比如，电视台下面又分为很多频道，有主频道、有财经频道、有教育频道等，是人为划分的。但是有些电视是在系统里面就规划出这么多频道，比如 IPTV。所以，不管是直播卫星（DBS），还是 IPTV，抑或是 keyboard TV，在美国都把它们叫作 MVPV，因为都是多频道的。使用者上传的频道，比如 UGC，就是 User Generated Content，如 YouTube。还有设备业者。这些设备业者也跳下来做 OTT，一方面它是设备制造商，也许是电视机的设备制造商，也许是机顶盒的制造商，甚至是 USB 制造商。设备制造商卖电视机或是机顶盒或是 USB 插头，它肯定是想吸引顾客购买，这就需要在电视机里增加很多卖点。另一方面是设备业者跟 OTT 业者合作，让它上自己的电视平台，消费者通过遥控器点进去看的话，可以选择付费或是不付费。消费者一旦付费，OTT 业者就要给电视机制造商一点费用，这又是一项收入。例如，三星电视跟芒果 TV 的合作。

下面我对 OTT 和 IPTV 进行比较。IPTV 多半是那些大的业者，尤其是有设备的业者；OTT 基本上自己不用去建设，只要消费者可以上网就行。这里有一个对比，从服务、科技、机顶盒的角度来看，IPTV 的机顶盒一定是业者提供的；OTT 没有要求，OTT 业者最大的任务是吸引更多的人看，让各种装置都能够互相兼容。就地理位置来讲，IPTV 多半是区域性的，如服务于上海地区或者其他哪个地区；OTT 甚至可以是国际性的，像 Netflix，我们在台湾就可以输入 Netflix Taiwan，其实它并没有经过台湾市场，它会叫你下载一个 APP，然后你进入 APP 之后付钱就可以看到相关内容。未来的发展会是怎样呢？我觉得每个地方的情况都不一样，到底哪个地方的 IPTV 会发展得越来越好，哪个地方的 OTT 会越来越遭受挑战，抑或是相反的情况？应该这样讲，IPTV 会受到冲击，OTT 会不断崛起。

我先跟大家讲一些常识内容，再看 OTT 的经营模式。有些是通过自己的机顶盒 STB——Set Top Box，比如小米；有些是通过别人的机顶盒，就是它可以和制造商谈它的服务，只要制造商愿意把它的内容拉到自己的盒子里去，二者就合作。市场上是谁的议价力高，谁就有发言权。你们有没有听过波特的"五力"分析？波特的"五力"分析主要是讲五种力量、五种竞争，其中就提到所谓的议价力，就是说需求和供应的关系，一个是供过于求，一个是反过来的情况。如果说我很需要你的内容，市场上内容很少，这时候内容商的议价力就比较高。反过来，如果市场内容太多了、泛滥了，你不卖给我无所谓，我去买别人的，这个时候内容商的议价力就低。假设是内容商的节目很好看，大家为了看这个节目来买这个电视机或是机顶盒，那么，内容商就可以和制造商拆账，你卖了多少里面要有多少钱分给我，因为我帮助你销售了，这叫议价力。第三种是通过所谓的联网电视（Connected TV），有人称为智能电视，现在可以联网的电视很多，价格也很便宜。第四种是通过 network operate，它可以是 IPTV、电信业者或是有线电视。另外还可以通过 APP。

下面谈 OTT 具备哪些创新的应用服务或是科技，包括多屏（multiscreen），各种设备——每个设备都可以看，定价策略灵活。

美国的 OTT，大家最熟悉的应该就是 Netflix，还有 Hulu Plus、YouTube，也是大家比较熟悉的。我们讲一些 Netflix 的策略。它一个月的费用是 7.99 美元，在全球已经有 4000 多万用户，4000 万乘以 8，然后再转换成人民币，你就知道它一个月的收入有多少。Netflix 重视对社群媒体以及大数据的利用。在这方面，其实我觉得中国一些视频网站已经很厉害了。例如，《爱情公寓》《来自星星的你》等里面女主角穿的什么衣服在淘宝上都会有类似款。最重要的是 Netflix 有新的自制节目，我觉得它有一点做得很成功，就是不小气，节目拍完之后一口气就播放完，这就是策略效应，这个策略有点儿像我们暴饮暴食。其实我觉得 Netflix 的这个策略没什么了不起，中国的媒体很早就使用这个策略了，比如一个频道连续播好几集电视剧，有些中间连广告都没有。很有意思的是，Netflix 做过调查，如果一下子把那么多集节目放上去，73% 的用户一坐下来最起码会看 2～6 集。我反问："你们不怕？"这跟亚马逊的策略不一样，有些 OTT 业者认为花了这么多钱制作节目，不能一口气全放上去，要创造一些话题让大家讨论，让这个节目的热度一直持续下去，如果我这样一下子全放上去，看完就会立刻冷下来。所以，OTT 业者们的策略不一样。Netflix 就觉得一口气放上去，让用户一个月花 7.99 美元。如果订户一口气看完了，比如说《纸牌屋》，下个新拍的系列不再订阅了可不可以？Netflix 说可以，但是根据 Netflix 的经验以及相关调查，用户并不会说这个月所有的已经看完了，下个月就不看了。这些策略跟有线电视和 IPTV 使用的策略不一样，有线电视和 IPTV 提供给你机顶盒，要每月扣你一定的费用，这叫租金。台湾现在那个机顶盒是不收费的，也不是送给你，就是让你用的意思，而且是鼓励消费者使用。在大陆我知道是收租金，就是每个月向用户收一点钱，所以大家的策略不一样。IPTV 或是有线电视跟 OTT 最大的不同就是 OTT 可以随时停，但是 IPTV 会有限制，即用户缴费是按年或半年缴。

我们再来看一下 OTT 的推荐功能，这里通过了一个立法，叫《影视节目隐私保护法》。以 Facebook 为例，Facebook 有时候会调查用户想看的电影、喜欢的歌等，用户表态以后，这些资料对 Facebook 而言就变成大数据，可以拿来卖，通过数据可以去分析用户。比如在亚马逊买书，它会根据你搜索的内容向你推荐你可能喜欢的书。这个也是一样，业者会根据你想看的电影向你推荐类似的内容。他们必须使用你的资料，所以要先通过这个法，让业者可以去截取你的资料，但你也可以选择拒绝。

大家对 Hulu 熟悉吗？Hulu 的模式是我觉得值得很多国家学习的。Hulu 是由 NBC、FOX、Disney 这三家共同经营的。它们觉得网络上版权管理乱七八糟，很多人都侵犯了它们的版权，与其让别人来用盗版，还不如自己直接来经营，告诉消费者它们提供正版。Hulu 从 2010 年开始提供网络影音服务，它最大的差别就是由传统的电视台来经营。

除了 Hulu，还有一个 Hulu Plus，二者不太一样的地方在于 Hulu Plus 是我们今天所说的 OTT。每个电视台都可以创建自己的网站，有人说我用我自己的手机、平板进去也可以看到电视台的网站，那这个网站算不算 OTT？我个人认为不算。原因是有些网站是完全用来做 Promotion，这些网站会说我们电视台有什么节目，几点钟到几点钟，这是一种宣传，它的目的不是做一个 OTT 业者。Hulu Plus 和 Hulu 最大的区别就是，在 Hulu 上面节目就可以看 5 集，而在 Hulu Plus 上可以放很多内容供用户看个够。二者的区别，一个是在集数上，一个是在回看功能上，另外还有画质。

在盈利模式方面，Hulu 的盈利模式是月费加广告，Netflix 最大的特点就是它完全没有广告。有些人喜欢没有广告，也有一些人喜欢有广告，因为广告时间可以上厕所，去吃个东西，喝个水，或者走来走去，没有广告的话会看得很累，但是没有广告也没有关系，你可以自己选择让节目暂停。另外，有广告的话，用户付的钱就会便宜点儿，因为有广告商帮你负担一部分费用。但是，Hulu 上播的广告也引起了用户的不满。现在，尤其是新媒体不知道怎么播广告。广告应该怎么播？OTT 媒体上的广告可以怎么播？有些是在节目之前硬逼着用户看，看完广告之后才能正式看节目。比较好的业者也会让用户跳过广告，如果你愿意跳过也可以。还有一些业者是节目播到一半的时候插播广告，而且插播非常拙劣的广告，比如插播的广告看起来很色情或是很血腥，有些电影的广告就很恐怖。这种事情发生过，在 Hulu 上也发生过，有些家长就很不满。

我现在正在做的研究就是 OTT 的经营模式，我发现很多 OTT 都使用社群媒体去加强互动或是经营粉丝。比如，Hulu Plus 会让用户通过 Facebook 登录，连接之后，如果你愿意让我登录跟你做连接的话，我可以让你免费开通一个月，就看用户愿不愿意。因为你交换了一次个人隐私，所以你要想清楚，免得以后后患无穷。我总结一下，Netflix 跟 Hulu Puls 最大的不同就是，Hulu Puls 是那些传统的电视业者跳下来经营的，最大的优势是它有片源，因为很多连续剧和影集都是它自己拍的，不是跟别人合作的，手上有版权，所以就有些影视，它们有这些优势。

亚马逊的总部设在西雅图，其最大的特点就是卖书，它也零售，卖很多东西，什么都卖。因为它卖 DVD、CD，所以它有片源，平常卖的就是它手上的一些片子，这样它就有经营娱乐节目的经验，所以它也跳进来做 OTT，甚至在英国并购了一家 OTT，其盈利模式也是一样——靠收费加广告，但是它也有免费的内容，盈利模式就变为免费加广告。

大家对 YouTube 比较熟，都知道它是 UGC。YouTube 一方面是让使用者自己把内容放上去，另外一方面它可以租给内容业者。像 Netflix、Hulu Plus 这些都是很重要的业者。BBC、ITV、Channel 4、Channel 5 它们都是电视台吗？英国采用的是制播分离方式，所以这些都有点儿像频道业者。这四大频道业者，BBC 大家都很熟悉，ITV 是具有公共电视义务的商业电视台，就是要服务公众的商业电视台。还有就是 Channel 4、Channel 5 等都是传输公司，帮很多电视台发送节目、传输节目。还有两家，一个是 BT，即英国电信（British Telecom），还有一家叫 Talk Talk，这两家是电信业者。

我们今天晚上演讲的主题是竞合关系，有些业者之间水火不相容，可是到了关键时刻就会选择合作，因为双方一起合作的话会让利益极大化，商场是这样，电视也是一样。你看 BT 和 Talk Talk 两家都是电信业者，那这两家要不要竞争？要，可是它们两家是在电信领域竞争，在电视领域合作。BT 和 Talk Talk 的合作是一个非常好的竞合案例。它们全部都用一个规格的机顶盒，也就是说用户无论是通过 BT 的盒子还是通过 Talk Talk 的盒子，都可以收看到那些节目。在 BT 和 Talk Talk 提供的平台上既可以看到无线电视，也可以看到 IPTV，还可以看到这几家业者共同提供的 OTT，并且也有回放功能。如果你不是 BT 或 Talk Talk 电信业者的电信用户也没关系，可以去商场上自己买，你想要什么样的盒子、什么样的装置都可以自己决定，但是规格要和它们的盒子一样。我个人觉得这是非常好的一种竞合关系，这里面关系到三种业者，即传输业者、电信业者、电视业者，而且既有公共电视又有商业电视。

大家听过所谓的"三合一""四合一"吗？举个例子，电话服务是这一家，电视、宽带上网也是它，三项服务都是由这一家提供，如果这家业者还向你提供移动上网服务，那就是"四合一"。"三合一""四合一"的意义在于降低价格，它跟融合有差别。三网融合有些是从技术的角度，而所谓的"三合一""四合一"是商业策略，是一种定价策略。策略非常多，我们见到"二合一"的情况也比较多，尤其是宽带上网跟电视绑定的情况最多。比如，咱们同学们家里订的是某家电信业者的宽带上网，结果它就会向你提供一个电视机顶盒，你觉得只要加几块钱，或者直接不要钱，但其实钱已经算在里面了。这就是"二合一"方式，它把你给绑住了。但是我问你，如果你没有订宽带，它会让你这么便宜地看它的 IPTV 吗？不会，你一定要先订了它的宽带，才会给你看，它用这种方式捆绑用户。

刚才我们讲了美国、英国的案例，接下来我们讲法国。法国只讲一个案例。有的时候我在看大陆的一些连续剧的时候，底下居然打出 Dailymotion。Dailymotion 跟 YouTube 有点像，它的内容有些是使用者自己传上去的，有些内容比较专业，甚至有些内容如果你的企划做得还不错的话，可以找 Dailymotion 公司合作，版权一人一半也是可以的，它主要分为这三种。Dailymotion 成立于 2005 年，自称是世界第二大视频分享网站。

YouTube 是世界第一大视频分享网站，虽然你们不太用 YouTube，但是听过，而 Dailymotion 听得就比较少了。所以，我就会想为什么在看大陆电视剧的时候下面会打出 Dailymotion。Dailymotion 的市场做得很厉害，15% 的市场在法国，85% 的市场在全球其他各地，它们不会强调自己是法国的，而会说是全球的，所以它的市场只有 15% 在法国，其余都是在全球其他地方，而且相对而言，它在美国的市场也很大。Dailymotion 的收入来源主要是广告，还有 B2B 提供云端的服务。Dailymotion 的调查显示，30% 的用户是用手机看 Dailymotion 上的视频，60% 多的用户是通过电脑看的。我们问 Dailymotion 相关人员觉得自己是不是 OTT，他说他们不在乎是什么，只在乎是否能被消费者看到。Dailymotion 和 Netflix 一样，就是尽量兼容各种设备、装置、终端，无论是手机还是平板，什么样的规格出来了，他们就会赶快去研究，其他技术部门也会来支援，要让消费者觉得一定能兼容，一定能看得到。Dailymotion 在巴黎市中心盖了一个摄影棚，向人们提供设备，任何人都可以去借设备拍摄，唯一的条件是要在它的平台上播。Dailymotion 不是唯一这样做的，YouTube 也是如此，它在美国建的摄影棚更大，其最主要的收入来源于广告，没有月收视费。强调一下，Netflix 是收费的，主要是靠月收视费，而 Dailymotion 是靠广告。

接下来看日本，它的 OTT 业者就不怎么能让消费者感觉到了，或者说它们做得并不怎么样。日本在其他很多方面都处于领先位置，但是在 OTT 方面并不领先。日本现在还有 DVD 商店，总而言之，日本的 OTT 竞争不激烈，而且 Hulu 进入日本后也因经营不善卖掉了。

韩国的 OTT 比较有名的叫 CJ Television，它们这个 OTT 服务叫 KV + INT。CJ Television 相当于美国的 Comcast，那种很大的 MSO，就是拥有 2 家或 3 家以上的有线电视系统业者。CJ Television 也是一个 MSO，旗下有很多有线电视。不过它不是只有有线电视系统，它还有内容，所以有条件经营 OTT，它有 200 个频道，包括很多部影视剧等，80% 的人都是用行动装置来看节目的。

接着我们来看一下中国的情况，国内有 OTT 执照的总共有 7 家，分别是中国网络电视台、百视通、华数、南方广播电视集团、中国国际广播电视网络台、芒果电视、央广网，其中，5 家电视台的 OTT 中，大家可能对芒果电视比较熟悉，华数比较有名的还是它的 IPTV 和有线电视。

从商业角度看视频网站是有很大的影响力的，《来自星星的你》之所以授权视频网站就是觉得视频网站可以给它带来效益。但是，电视台和视频网站的合作这里面也存在矛盾，假如你的节目在网络上播了，可能会把节目炒红，进而扩大电视台的影响力，但是也可能会对在实体上的收视率造成影响。我 2014 年 6 月去大陆一家电视台考察，它们的节目不给其他网络平台播。电视台认为，如果授权给视频网站，它们收不到钱，等于只是在视频网站上播出，只是让观众看到而已。而视频网站则会说我增加了你的覆盖范围，我帮助你让更多的观众看到你，你怎么还要向我收钱呢？电视台说我花钱做节目，你怎么不给我钱呢？可是不放在网络上播又不能把节目炒红。所以说这是一个结。有人说会给电视台带来好的影响，有人说会降低电视台的收视率，这个影响真不一定，每部电视剧的结果不太一样，就像《来自星星的你》《纸牌屋》《步步惊心》等，有些人在网络上看过了，在电视上还要再看一遍，有些人看过了就不再看了，所以产生什么样的影响不一定。

在广告收入的配比上，优酷、土豆占 28.28%，爱奇艺加 PPS 占 16.9%。你看国内视频网站和 OTT 的界限，跟国外有什么差别？Netflix 是收费的，国内视频网站则是不收费的，主要靠广告，很多网站是亏钱的，但是它们后台有钱，能承受亏损。OTT 执照给谁不给谁也是受政策等各方面因素影响。我个人认为，国内的一些视频网站也具备 OTT 的要件，各种装置都可以用，每一集都规划得很好，有自己的商业模式。

下面我们来说优酷、土豆的合并，爱奇艺和 PPS 的合并，电信、电视的市场也是大者恒大。有些人认为不能太大，太大之后就会造成自由市场的垄断，产生垄断议题。可是从经营的角度来讲，当然希望越大越好。所以有时候是相互矛盾的。有些学者会觉得要不要让业者小一点，太大了它就会形成垄断；可是从商业、媒体管理经营角度看，规模大可以发挥综合效应，可以节省预算，人力、节目、设备可以综合利用。

现在大陆网站正在整合，因为网站要买节目，现在视频网站都强调要有自制节目，要有特色就需要资本，但投资建设是需要时间回本的。减线运动现在非常时髦，有人因为有 OTT 之后都可以看到免费的内容，就放弃付费的内容去看免费的内容。就像看了平板、电脑之后，你们会和家长说，我们不用订了，在网上都能看免费的，但是有老人的或是小孩的家庭还是要看有线电视。有线业者非常害怕随着 OTT 的崛起，用户会退订付费的服务，IPTV 也害怕。你想想看，OTT 没有在硬体设备上花成本，它只是提供经营模式，用它的经营模式购买版权就可以为用户提供服务，收钱。

未来，新的媒体会对既有媒体产生哪些影响？

从内容角度来看，会给内容提供商提供更多的机会，内容提供商通过新的媒体有了更多接触观众的机会。但是，也有很多大的电视台不屑于此，认为我现在把节目给你，你又没有钱给我，要等到以后才能有回报。可是对广电业者来说，你要想到 Hulu 的模式，你看很多国家的电视业者都跳下来做 OTT 了。我们讲建构竞合关系的关键就是别人要做的你也要做，如腾讯的微信，中国电信、中国移动也要做类似的业务。比如客户要去别人那里，你留也留不住，但如果你也提供这个服务，虽然是免费的，但你还可以留住客户。湖南电视台宣布不再把享有版权的节目给其他视频网站播出，只通过芒果 TV 播出，但是爱奇艺也站出来说当初你也和我们签有版权协议，湖南电视台其实是担心自己给别人作嫁衣。我会从竞合的角度看这个问题，我比较相信 O2O，这就好比我在学术界 33 年看传播成长的过程。当网络电视刚兴起的时候，美国这些大的电视台也不愿意提供内容给别人，现在也跳下来一起做 Hulu 了。所以，我想湖南电视台这个策略有点冒险，除非它够强，非它不可，别人会为了它单一的内容去订这个服务。比如，足球比赛就只在芒果 TV 上有，其他平台都没有。

那么，新的媒体对既有平台的冲击有哪些？既有平台是指 IPTV、有线电视。一是带来更多的竞争，二是原来的媒体平台也要提供更多多频服务。现在 OTT 多半是多频的，通过各种装置、设备都能看到内容，创建一个账号，可以通过很多平台登录观看，费用也只需要付一次。我们可以思考一下，新的媒体对于原来媒体的冲击产生取代效果还是互补效果？我们回想一下，随着互联网的出现，传统的报纸、电视、有线电视有没有因此而消失呢？就像那天有同学问了一个很好的问题，报纸会不会消失？到底是报纸印刷版的消失还是它会以另外一种形式出现？新媒体对于原有媒体到底是互补还是取代？

总而言之，OTT 要经营好需要以下一些条件，第一，发展的社会环境要好，要普及宽频设备，大家在哪里都能上网；第二，使用者的界面也非常重要；第三，内容要有独特性，这是最重要的一方面；第四，要注重大数据和社群媒体的结合；第五，定价模式要非常灵活，要分析那个地方、那个市场的目标用户的使用行为；第六，就是整个生态环境的影响。OTT的发展跟国家政策、科技发展、市场、媒体策略等方面有很大关系。

交叉替代，融合超越——媒体创新与变革的动力来源

时　　间：2014 年 7 月 19 日

地　　点：上海交通大学闵行校区光彪楼 1 楼多功能厅

主讲人：谢海光

谢海光

　　谢海光，《文汇报》党委副书记。上海交通大学教授、研究生导师。兼任上海市信息服务业行业协会副会长，中国心理卫生协会大学生专业委员会常务理事，上海高校心理咨询协会顾问，上海市演讲学研究会顾问。曾任上海市网宣办副主任，上海市网络文化协会副会长，国家网络文化建设标准化委员会委员，上海交通大学党委委员、党委宣传部部长，新闻中心主任。

谢海光：各位同学，大家上午好，非常高兴有机会在这里跟大家相遇。我今天演讲的主题是：交叉替代，融合超越——媒体创新与变革的动力来源。在接下来的两个小时时间里，我们就讲两个核心概念：交叉替代、融合超越。

今天的媒体怎么了？有一本书说，2043 年某一天的早上，最后一张报纸出版以后，报纸的时代过去了。我们都可以预见，2043 年的那一天一定还是会有很多报纸，那一天以后也还是会有很多报纸，我们当中的一半人可能在那一天参与报纸的出版。那么，为什么有人说 2043 年的那一天报纸会消失了呢？一直有人在讨论这个命题，也经常会有人问报纸会不会消失，报纸这种传播形态会不会消失。我一直回答："这是一个伪命题。"就像曾经竹简是古人之间，特别是智慧之士之间传递信息的一个基本工具，那个时候流行用竹简传递信息，所以会有很多很多的竹简留下来。你说今天竹简消失了没有？没有消失。但是它从主流的位置、从流行的位置退了下来。谁代替了它？是生产力迅速发展以后出现的新事物。大家都知道这样的传播过程。同样的道理，报纸也是一样。中国有近 14 亿人，如果我们供养 50 个人专门研究报纸，报纸就不会消失。有这个供养能力吗？有。我们再来看看那个说 2043 年的某一天报纸会没有的论断，报纸会消失吗？我刚才果断下了一个判断。那一天我们在座的所有人当中，可能有 1/3 的人就在从事报纸生产。问题是，到了那一天报纸还能像今天一样比较主流吗？到了那一天报纸是一个研究对象，还是一个主流价值的传递者？其实这才是问题的核心，也是在座的各位同学集中到这里讨论的原因。我们要借用一切传播手段把我们的价值传递出去。

传统报纸最典型的三个困惑是：发行下降、广告下降、人员流失。这样的势头是否会得到控制？20 年前，所有大学传媒专业最优秀的人毕业后，第一选择是到报社工作，其次是到电视台工作，再次是到广播电台工作。今天，大家可能第一个选择到电视台工作，第二个选择多种多样，报社是其中的一个选择，还有很多选择网络媒体或其他一些现代媒体。最优秀的人总是寻找最优秀的传媒，而最优秀的人，他还可以创造最优秀的传媒。

在过去的 5 年中，《纽约时报》失去了一半的投资回报率，非常惨。2013 年同期降幅达到 93%，报纸被迫转型。2010 年 9 月 8 日，《纽约时报》说它们最终将在未来的某个时间停止印刷《纽约时报》。这本来是一种忧患意识，没想到竟变成快速到来的现实。传统媒体的采编人员数量整体上降到了历史的低点，这也是我们在座的未来的传媒人所要关注的。

大刊大报纷纷放弃印刷，《新闻周刊》和《美国新闻与世界报道》都停掉，德国的《德国金融时报》倒闭，《法兰克福评论报》申请破产，英国、日本、加拿大等国家互联网的广告超过报纸，二者之间的关系是，如果传统媒体的广告费下降 16 元的话，数字媒体的广告费就会增长 1 元。如果你是某家企业某个产品的代理，你去做产品宣传推广的话，你会选择在哪种媒体上做广告？如果 1 元钱能够做 16 元钱的事，你会做什么选择？这就进一步导致了传统媒体滑铁卢式的变化。确实，当前传统媒体行业的现状相对来讲有些悲催，但是这是事实。正因为它是事实，我们才有去研究、去提升甚至去拯救的意义。这当中有一个基本判断——大众传媒衰退、分众传媒崛起。大众传媒、主流传媒和传统传媒是不同的概念。但是大众传媒确实是广播式的一对多的传播，这种传播方式不讲交流、不讲分享、不讲回馈、不讲互动、不讲沟通。我们把这五个"不讲"理解为单向的、线性的大众传媒。从这个意义上来说，大众传媒在衰退，分众的、互动的、交互的、分享的、参与的传媒在崛起。

首先确定两个概念：流行媒介与主流媒体。其实媒介跟媒体的概念差不多，我们这里稍做一下区分。应该说，媒介的概念比媒体更为宽泛。主流媒体就是指政治性、权威性、影响力较高的报纸、广播、电视、网站等媒体，而流行媒介则是指为社会公众广泛使用的媒介。我演讲的副标题是《媒体创新与变革的动力来源》，这个动力点是什么？给大家一个判断：流行不一定是主流，但是主流一定流行。这是我今天的基本立场。如果是大家特别喜欢的东西，它可能会分好、一般、通俗，但如果你说这是最好的东西，那么它必须是流行的。这里其实有一个导向跟主流、跟市场的关系问题。我们说流行的、很有市场的事物可能会孕育主流，但是导向好的、主流的事物应该是流行的，如果不是，那么它就是虚假的主流。所以流行不一定是主流，但主流一定流行。这是我基于事实提出的观点。

今天整个格局当中的流行媒介，我从互联网说起。全球 20 大互联网上市公司中，eBay 是第一个进入中国的互联网公司，也是一家全球性的网站。腾讯排在前 5 位，应该说已经非常了不起了，第 8 位是百度，第 11 位是京东，第 20 位是奇虎，这是最新的数据。

腾讯的微信，大家肯定是使用得最多，活跃用户一度达到 4 亿以上，其中移动跟商业的因素越来越多。2014 年过年，一个微信红包让我们所有人都心潮澎湃。有人说，"今天我高兴得不得了。""怎么了？捡到钱了？""没捡到钱，但是我抢到红包了。""抢到多少？""16 块 8。"16 块 8 现在就是两块大排的价格，但是你给他两块大排，他不要，用 3 个小时时间抢了 16 块 8 的红包，反而心潮澎湃，为什么？因为他觉得自己进入了国际大家庭，是跟全世界的人在共同参与、分享，其中的价值、体验只有参与过的人才会理解。

支付宝同样是这样，实现了更为便捷的支付，也使得很多主流的商场变成了试衣室。很多年轻人走进实体店去看，觉得这件衣服很好，三个服务员马上迎过去："您看中哪一件衣服？"三个人都拿出不同款式的衣服来让顾客挑选。"嗯，我看看，看看。"然后进试衣间试穿，穿好走出来，然后又换一件进去试穿，试穿完再换一件，最后说"谢谢你们"，然后就一去不复返了，回去就在网上拍下来，第二天快递公司就把昨天看中的衣服送过来了。顺丰现在正在做"嘿客"，请大家注意，"嘿"是口字旁的"嘿"，其实也是一个沟通和交换。30多平方米的商铺，没有任何实物，除了少量几台手机供体验以外，全部都是电子屏，电子屏上呈现各种各样的货物。"嘿客"会遍布全国各地，目前为止第一波已经1000个，在上海有200个。其实它是为解决"最后一公里"问题努力。所谓的"最后一公里"，其实是在媒体或者媒介传播价值的最后阶段实现不断档，将其全部打通。"嘿客"，从某种意义上来说，是继马云推进淘宝店后试图达到的新的里程碑。

在这个过程当中又有很多"创客"在成长，这些其实都是新的创业机会。所有的机会都在哪里？在纠结当中。哪一天你发现纠结了，机会就来了。有一个上海交通大学的学生发现股票市场上这么多只股票，看第一家知道它现在交易价是22块，可是看到第1000家的时候，前面都不知道又发生什么变化了。他就特别纠结这里的数字，然后一个网站诞生了，"东方财富网"。每只股票都建有一个论坛，如果你只买3只股票的话，你只要锁定这3个论坛就可以了。它还会把现在大家讨论最多的、投入最多的、买卖最多的信息提供给你，你可以参考、接受或者是否定。而这一切全部发生在移动互联网当中，现在移动互联网的流量占整个互联网流量的比例越来越高，成长量在10倍以上。

智能手机的普及率仍然在提高，中国手机现有的数字是12.24亿部。我们中国人口有近14亿，几乎就是每人一部手机了。年纪大的、年纪小的、刚刚生出来的小孩怎么会有手机呢？很多人有两部手机，个别人有3部手机甚至更多，一部用于工作，一部用于生活，一部不告诉你。如何真正能够充分发挥智能手机的作用，那么起到的作用是非常大的，这一点真的很重要。总体来讲，现在智能手机还有很大的发展空间。说到学校，我曾经问过老师现在大学生平均大概多久换一部手机。我不知道在座的各位同学多久换一部手机，我统计的数据吓了我一跳：平均九个半月换一部手机。我们现在把手机当成非生物器官了，你可以想象一下，如果今天中午没带钱，照样可以去吃饭，哪怕就是咬咬牙不吃饭也没问题，因为你的手机还在。但是，如果今天你没带手机，你会失魂落魄。目前，平板出货量增长52%，超过PC所有年份的增长量。你到地铁里看，几乎每个人都拿着手机、拿着iPad、拿着各种终端在看。智能手机、iPad等移动终端的使用已经渗透到社会日常生活的方方面面。倒过来想想，既然这么多人这么喜欢通过移动终端看东西，那么如果我们嵌一点东西进去，那就是广告，广告能够换来价值的可能性也会大得多。移动互联网使用量持续增长，占整体互联网的20%，这个增长量成长得非常快。这样高频率的沟通，跟原来的一对一、一对多的广播式沟通相比，哪一种更加强大？哪一种更加有意义？肯定是移动互联网，实现了多人之间的交互和交换，这个过程其实就是媒介。

现在的问题是，如何发挥这些流行媒介的作用，挖掘其主流价值，并将其加以提升以引导流行，这是非常重要的。目前美国制造的智能手机操作系统占全球的份额达97%，美国通过信息革命、信息工业、信息服务把全世界劳动人民辛苦的汗水就这么悄悄地换过去了。我们把鸡蛋送过去，他们就给我们一块芯片，甚至1000个鸡蛋换一块芯片。但是智慧价值是我们所需要的，所以这其实又给我们很多的提示跟启示。

在智能手机之后，还会出现大量的新浪潮。你一定知道一个概念叫"LR"，这是今天做媒体非常重要的一个技术，也是报纸、广播、电台、网站等不同媒介在同一个平台上实现沟通的方式，叫作"增强现实技术"。2014年应该会被称为"可穿戴设备元年"，所谓的元年是说它会有10%以上的增长量，而前面几年则是一种探索，有些数据、有些技术还不稳定。

我们说到媒介的时候，一定是有社会效益，同时又有经济效益，这样它的发展才会有动力。动力在哪里？说到社会效益，就是大家都说它好；

说到经济效益，就是我们都会去买它。只有我们又说它好又会去买它的时候，才证明它是一个好产品。其中，在购买的时候，最重要的是广告，广告其实是我们直接购买或者间接购买的，很多投放广告的花费其实都是包含在顾客的花费中的，顾客把钱交给厂商，厂商再转嫁变成广告。2013年互联网广告增长了多少？16%。移动广告增长了47%，这些数字还在增长，尤其是移动广告的增长量在不断提升。有数据显示，谷歌的用户平均收入是Facebook用户的6倍，而Facebook的用户平均收入是推特用户的2倍。一般认为，当媒介既有社会效益又有经济效益时，它就会集聚更大的发展动力。像现在流行的新型媒介，其用户参与性越强、互动性越好、用户黏性越高，其集聚的社会效益和经济效益就会越大，发展动力也将越足。

回过来讲，现在的传统媒体，尤其是纸媒，确实面临着严峻的挑战。但是这种挑战并不一定是永久性的。例如广播，曾经有人说，现在还有谁听广播啊！但是没想到的是，这两年随着私家车越来越多，开车的人越来越多，听广播的人越来越多。开车的人关在一个铁盒子里干什么呢？要么听广播，要么打电话，要么听CD，一般情况下至少1/3的时间会分给广播，那么，广播就有自己的价值，就是叫座又叫好的媒体。我们相信，穿透传统纸张等媒介做很多遐想的特定传媒，一定还会有它自己所特有的价值，只不过不要简单地把它当作所有人可能买的东西，它应该是一个产品，各种各样的大公司购买、收购，收购的过程其实就是交叉、融合、渗透。传统媒体应在融合中成长创新，注重发掘自身特有的价值。

讲到这里，你就会发现为什么有些媒体成长得那么好，而有些媒体逐渐式微。凡是交叉发展的，它的动能就特别强；凡是融合发展的，它的力量就会更加凝聚，渗透的可能性也会更大。如果阿里巴巴不做支付，其实银行永远是朝南坐的。现在银行的压力很大，原因是有人交叉。问题是马云一交叉，迅速地获得了交叉的价值，获得了替代的价值。我们来看它交叉、替代、融合的程度。团购大仗打出两届，我们在座的各位都是亲历者，它催醒了真正意义上的O2O，而在这之前我们只知道O2O的概念，偶然网上有个事情，网下做个活动，但不是全民运动。团购跟打车是全民O2O的尝试跟试触，这样两个市场就被撬动起来了。

用户习惯和用户体验是可以培养的，只要有一个东西是优于我的，我就会放弃原来使用的东西。但是，有一件事情我们一直不理解。自从马化腾推出了微信以后，很多人觉得这是一个里程碑，所以丁磊推出了易信，马云推出了来往，来往砸下去的钱不亚于腾讯前三年的总和。可是来往成功了没有？没有成功。在座的同学你也许用过一次，后来就不用了。为什么呢？因为你所有的朋友都在微信这一边，你自己去用另一个平台，你就需要把所有的朋友都转移过去，其实就要付出很大的资源投入，你投不了，因为你很难通知这么多人也使用另一个平台。就像有时候你有三部手机，可能是因为你以前使用的手机号至今还有人打，这个迁移成本太大了，所以你总觉得以前的手机号最好，还是保存着。

还有人在迁移米聊，说句老实话，我也不是特别看好米聊。10年前我们用的最流行的MSN，你现在还会用吗？当然不用了，MSN已经关门了？都没人用了，关门不关门已经没有意义。这些道理搬到传统媒体，那就真的会很恐怖，当所有人都不再看你的节目、内容的时候，你出版跟不出版，你广播跟不广播，你付出努力和不付出努力，大家都已经不在乎了，这样的局面真的是太可悲了。

同样受到用户普遍欢迎的还有互联网金融，如团购、滴滴、及时运、慕课教育等应用，互联网金融太强大了。我们读大学的时候，男同学特别喜欢为班长做一件事情，就是帮班长去拿信。个别男同学突然跟班长说"班长，今天我去拿信"，我们知道那叫情窦初开。有些人说"我再也不拿信了"，说明失恋了，基本上是这样的情况。但是现在的信号是通过快递员跟你的交流频次以及你跟快递员是否能交上朋友来判定你的热恋程度。互联网金融亦步亦趋，如理财。2014年预算值大概是1443亿元，其中线上交易占30%。春秋航空主管文化和市场拓展的老总助理2013年告诉我，他们2013年打算将售票转移到互联网、手机上去，网上售票全年的计划最初是多少呢？15%。结果到了2013年9月的时候，春秋航空的订票 80% 已经是通过手机等，到了 2014 年已经达到 90%，他们自己都没有思想准备。

无论大家是从事媒体行业还是其他行业，建议记住三个关键词：移动、垂直、平台。假如有一天你下定决心要创业的话，你更要记住这三个关键词：移动、垂直、平台。刚才讲的无非种种应用而已，金融、打的、团购、教育，只不过是垂直的一个方面，当然也会出现一些碰撞。俞敏洪也不得不说，新东方的商业模式再不改变就会落后，因为通过慕课教育这种学习方式，用户听课不要钱了，不要钱就麻烦了。钱从哪里来？第三方聚集提供，通过广告提供，通过其他的后续服务提供。上海交通大学原来有只股票叫"新南洋"，现在是把昂立教育跟交大新南洋合并起来，变成新的"新南洋"，这只股票 8 块的时候关闭调整半年变成了 25 块，一个合并就为交大新南洋整个市值增加了二十几个亿。这个行动的背后，其实是把昂立教育装到了平台里去。

有一个同学告诉我，既然大家都是做 B2B、B2C、C2C，那么，我现在做一个 B2BforC，for 就是"为"，是提供，对 C 提供的，就是我把所有提供服务的 B 联合起来，做成一个大的平台共同去服务 C。请注意，这就是媒体的升级、换代、深化。这跟媒体有关吗？B2B 服务、信息交换、物质交换、人流交换、资源交换，当然是媒介。创业是每个人内心深处的一种动力，我已经给了大家一个思路，你是不是可以做 B2BforC？

30 年前一个传媒系的学生拿一支笔出来就可以了，全部内容装在脑海里；20 年前出来最好懂制作、懂广播；10 年前出来最好还能懂电视的拍摄；5 年前出来你得懂与新媒体相关的传播技能。在这个过程当中，你也不能十全十美，你应该某一个方面能力特别强大。我们每年都会招聘，应聘者说我除了写文章以外还是写文章，基本上就 7 分，这个人很好，但只有这个能力；说我除了写文章，还会编稿，还会做广播，9 分；如果还会做电视，9.5 分；我还会拍微电影，10 分；我还会策划，18 分。这个 8 分哪里来的，附加分，太需要策划了。今天的媒体不缺稿子，缺创意、策划，创意、策划、主题性的引导、价值的导入太重要了，不能只停留在写稿子了。

所以在座的各位同学，现在最重要的能力是什么？移动的，跟新闻有关的，除了写以外的编、播、导、拍摄视频的能力。用户越来越倾向于在他们想要的设备和时段里观看电视，电视已经不是普通的电视机意义上的电视了。没办法，在一分钟的时间里给受众提供文字，给他声音，跟给他一个综合的包含文字、声音和视频的内容相比，你说受众会选择哪一个呢？10年前我们就说读图时代，现在是视频化表达时代。如果在座的同学毕业的时候连视频基本的技术都不会，以后就业就很困难了，剩下一条路：创业。创业者一定比就业者厉害，所以大家现在要准备得更多，同学们从全国各地到这里来学习，别人在游山玩水的时候我们在思考，我们有满满的创业情怀，至少超越了其他人一个月。就业季，差一天都不可以，何况你已经超越了一个月。

为什么有些主流媒体没有成为流行媒介？问题出在哪里？回答这个问题的时候，我们做一个小结。交叉融合判断的启示：第一个，垂直，其实也就是客户导向、用户导向、问题导向、对象导向。传统媒体有时候很奇怪，报纸印完以后，假设印刷了50万份，就假设有50万人在看。到底谁在看呢？面面相觑，不知道。不知道有多少人看，不知道受众喜欢什么、不喜欢什么，你怎么提高发行量和产品生命力？只有通过垂直，你才能实现这个问题。而到今天为止所有成功的媒介都得益于垂直。比如第一个文学网站，起点中文网。我的小说想给你看，你的给我看，给隔壁看，给其他同学看，给不认识的人看，怎么办？需要一个平台，那么起点中文网其实就是这么来的。吴文辉想出来的，1000字2分钱。第二个，主动交叉，寻找各种各样的机会，跨平台、跨媒体、跨终端、跨介质。第三个，挖掘用户，你要知道你的用户在哪里。第四个，要善于合作，合作就是沟通，就是交流，就是情怀，就是实践，就是互动，就是真诚。从这个意义上来讲，我们就知道如何更好地做媒体。

移动互联网时代，媒体的意义传播、话语表达、精神张力和价值实现遇到了不少问题。如果没有问题，我今天就不会讲这个题目。以前我们说流行媒介和主流媒体，认为流行媒介一定是主流媒体，主流媒体就是流行媒介，在 30 年前是这样，20 年前也是这样。但是，自从 1994 年 4 月 20 日中国真正地接入国际互联网开始，这个局面就改变了。有了互联网以后，媒介格局呈现多样化、多元化发展态势。现在普遍认为媒体上存在两个舆论场、两个话语空间。为什么主流媒体不完全等同于流行媒介？主流媒体往往只说上半部分，根据相关要求，点到为止；民间媒体往往只说下半部分，有时可能是对事物的片面理解和夸大，主流和民间这两个舆论场之间存在落差。我们说，语感欠恰削弱了崇敬，语码欠通削弱了共识，语境欠畅削弱了信任，语调欠恭削弱了庄严，语义欠合削弱了认同，语态欠信削弱了理性，语旨欠达削弱了自尊，语气欠顺削弱了平和。两个舆论场在一定的时候会形成某种张力，如果它是一种区隔，如果再往极端发展，就会形成一种极化、一种分裂，会造成严重的后果。我的观点是，应该运用核心价值在多元中寻求共识，实现主流的流行，即主流媒体应该努力发展成为流行媒体，塑造流行价值。这需要注重以下几个方面：第一，要注重垂直发展，要有用户意识，以用户为导向，注重用户需求；第二，要主动融合交叉，寻找各种各样的机会，跨平台、跨媒体、跨终端、跨介质、跨领域，加强融合发展；第三，要善于挖掘用户，知道自己的目标受众在哪里；第四，一定要善于合作，加强沟通与交流，注重实践中的互动。

传统媒体·改革突围

传统媒体转型的十个方向性思考

时　间：2014 年 7 月 12 日

地　点：上海交通大学闵行校区光彪楼 1 楼多功能厅

主讲人：孟波

孟波

　　孟波，新浪网副总编辑，资深媒体人。曾任《河南日报》一版编辑，《城市早报》总编辑主任，《南方都市报》区域新闻部副主任，《新京报》社长助理兼要闻部评论主任、评论部主任，是《南方都市报》和《新京报》评论创始人，代表作《谁为一个公民的非常死亡负责？》。2006 年任搜狐网副总编辑，2007 年任和讯网副总编辑，2009 年任新浪网副总编辑。

　　孟波：大家好。今天我以一个互联网人的身份来讲一讲报纸的转型。讲转型之前，我们先了解一些数据和背景。我们先看一下全球报业的背景。全球报业的广告是处于下滑状态的，2013 年下滑了 6%，5 年间下滑了 13%。而数字广告是增加的，报业在整个广告规模比例之中处于第三，已经被互联网超越了，中国报业也已经被互联网超越了。中国 2013 年传媒广告市场总体增长了 6.4%，但是，这个增长速度已经低于 GDP 7.7% 的增长速度，就是说赶不上国家整体的发展速度。报纸广告降了多少？降低了 8.1%。而且不仅是广告数额在下降，报纸发行量也减少了 5.1%，总收入减少了 8.9%。

　　从 2012 年开始就有人评论说，报业出现了三次低谷，分别是 2005 年、2008 年以及从 2012 年延续到现在的一个低谷。2005 年为什么是低谷呢？当时国家严格限制药品、保健品和房地产广告，尤其是药品和保健品，这是很多报纸的重要收入来源之一。昨天晚上，我爸问我，你看报纸上有个广告，它说卖一种药，中风的人一天吃两粒这种药，吃半年就可以站起来了。我后来去网上查了下，这种药的广告在福建、江苏已经被作为非法广告禁止了，被罚了款。媒体不惜违法、不惜被查也要刊登，为什么呢？因为广告额是高的。2008 年的低谷由很多因素导致，一是纸价上涨，涨了 50%～80%。我们知道报纸成本中 60%～70% 来自纸张，而不是编辑和记者。再一个是 2008 年的经济危机，使得报业首次出现了负增长。2012 年至今报纸一直处于低谷，一个是经济原因，我们新一届政府有意压一压经济，不刺激或者叫微刺激；另一个就是新媒体的冲击，现在，互联网广告已经超过了报纸广告。

刚刚说的是数据，再看一看整个传统媒体的竞争形势以及整个传媒行业的竞争形势。我对 2013 年有一个概括，认为它是跑马圈地的一年，也是诸侯混战的一年，高潮迭起、刀光剑影。我们知道，《华盛顿邮报》被亚马逊以 15 亿元人民币的价格收购了。阿里巴巴买了新浪微博，百度买了 PPS 和 51，腾讯收购了搜狗等。浙江传媒集团收购了两家游戏公司，报业要多元化发展，游戏是很挣钱的一项业务，网易、腾讯、搜狐从某种意义上来说都是游戏公司，它们利润之中 50% 以上都是来自游戏。2014 年的并购依然很多，康卡斯特收购时代华纳，阿里巴巴收购《21 世纪经济报道》《理财周报》等，紧接着又买了优酷土豆。我昨天刚刚在网上看到一条消息：上海文广集团买了"小马奔腾"，"小马奔腾"大家未必熟悉，但"小马奔腾"投资的电影大家一定都很熟悉，如《我的兄弟叫顺溜》《甜蜜蜜》《无人区》等，它拍的电影能够占中国这几年获得盈利电影的 60%，是一个很厉害的公司。过去两年，传媒的竞争、传媒的并购、传媒的杀伐越来越激烈了。在媒体转型的时候，谁占据了先机，谁就可能占据发展的前兆。一个是为了抢占先机，比如买浏览器、买移动端，是为了抢占移动时代的入口。再一个是为了布局，我现在高枕无忧，但是两年之后我就不能保证依然能够高枕无忧，所以我要多买一点东西放在那儿。我现在种一棵草，可能 5 年后就长成一棵树。即便现有的一些树死掉了，我还能保证一个代际的传承，保证整个集团的发展。阿里巴巴为什么要买微博？大家都是为了占领先机，我买的东西不一定赚钱，也未必对将来的竞争有利，我先占着再说。我有现金，我现在 1 亿买的，将来 50 亿也未必能买得到，都是在谋篇，都是在布局。在这样的形势下，我们的报纸应该怎么转型？它们的问题在哪里？如果要转型，应从哪个地方着手？这是我今天想和大家一起来分享的。

现在的传统媒体遇到了哪些问题？我们一起来梳理一下。

第一个问题是，我们的传统媒体，以报纸为例，是最不重视用户体验的。很多总编或者编辑总是说，我们一起来策划。全国"两会"来了，十八大来了，奥运会来了，世界杯来了，怎么策划？比如说世界杯来了，往往是一个分管体育的副总编辑加上体育部的总监一起，拉几个小朋友到后海、到外滩，找个咖啡馆吃饭，聊一下，方案出来了，派一两个记者到巴西去，之后世界杯就结束了，没考虑过我的读者想要什么，没有人去考虑这个问题。用户需要什么，我们才能提供什么，用户哪儿痒，我们才能往哪儿挠。反过来，互联网则时时刻刻在想网友、读者、受众要什么。我刚到搜狐网的时候，还是以一种报纸人的心态来指导网站编辑，去了之后就开始风风火火地干了起来。我说这个不行，把头条拿下来换这一条，换了 50 分钟后，编辑跑过来说，你换了这条之后流量一下跌了 60%。我说我们互联网不能靠流量，顶着不能换。过了 5 分钟编辑又来了，说流量只有 20% 了，我说顶着。再过了一会儿，编辑说你看别家网站的头条，我们跟人家相比，1 分钟流量能差好几千个 PV。我看了看，说这事儿你们定吧，我下班了。第二天，我还是换了头条。但是换了几次之后，我就一点儿自信都没有了，后来插手也比较少了。互联网的受众和报纸的受众之间存在较大的偏差，很多互联网的受众、网友是从来不看报纸的，很多报纸的读者也是从来不看互联网的，以《北京晚报》和《新民晚报》为例，至少有 30% 的读者压根不会看互联网。但是，这不代表我不关注《南方周末》所刊登的新闻，不代表我不关注《新民晚报》所关注的新闻，只是说我获取信息的渠道和介质不一样。也就是说，这两群人的交集是有的，但是越来越小。所以，我用报纸读者的标准去指导我们的互联网编辑进行新闻实践，往往会出现较大的偏差。这并不是说互联网的受众就比较庸俗、比较低俗，这个结论是错误的。

第二个问题就是没有互动。传统媒体的互动，可以想到就是读者来信、打热线，总之方式比较落伍，效率比较低。我们来看一个案例。有一天，中国网登了一条新闻，它的原标题叫《李大钊之孙李宏塔，接受采访的时候说转作风转得好》。文章当中只提到了一句李天一，记者问李宏塔怎么看待李天一这个事情。李宏塔没有直接地回应，而是说他是当爷爷的人了，他觉得教育孩子没有什么特别的，只要坚持正统教育就可以了。我们互联网编辑把标题改成了《李大钊之孙拒绝评李天一事件，称自己老了》。报道的实质内容和标题传达的信息完全是相反的。我们从这个标题中能得出几个结论？第一个可能是说李大钊孙子知道李天一的事情，他懒得评价；第二个是说李大钊孙子老了，年轻人这些乱七八糟的事情他看不上；第三个可能是李天一这个事情没听说过，他老了，不关心。没有一个结论是与实际主题挂上钩的。再看一看消息放到网上之后，网友是怎么评价的。第一个网友说标题与内容不符；第二个网友说记者断章取义，老人说了一大堆，记者却挑了关键的字眼；还有网友说是标题党，什么都要与李天一挂钩。所以说，如果采编有问题，网友马上就会做出反应来纠偏编辑或报道。这就是我们的平台、媒体与受众、网友之间的互动。虽然是对媒体进行批评，但也有利于你的工作。

第三个问题是成本比较高。刚才我已经说过，报纸的主要成本来自印刷，印刷成本占了整个报纸成本的 60% ~ 70%。举一个例子，4 开报纸 56 版，印刷发行的成本是 2 元，一般卖 5 角或 1 元，每卖一份就要亏 1 元，而且这个成本是没法儿说的，是"沉没成本"。什么是沉没成本？举个例子，好比你现在穿了一件耐克的上衣，特别酷炫，这个成本是显性成本，大家都能看得到。反过来，要是 800 元买了一件特别酷炫的内衣，那就没法儿向别人炫耀了，如果炫耀了，别人把你当神经病，贴个纸条，内穿 800 元内衣。传统媒体的沉没成本太高了，这个成本不足为外人道也。

第四个问题是生产方式不低碳、不环保。报业协会有一个统计，中国报纸每年用的纸张有 380 万吨。380 万吨是一个什么概念？我们算一下，一吨新闻纸要耗费 20 多棵长了 20 ~ 40 年的树，用水 100 吨，用电 600 千瓦时，用煤 1.2 吨，用化工原料 300 千克，同时产生废水 300 吨。中国报纸每年要消耗 7600 万棵大树，用水 3.8 亿吨，产生 11.4 亿吨污水，恐怕整个西湖都没有这么多的水，这就是它的成本。

第五个问题是资源浪费。有哪些资源浪费呢？我们的传统媒体，比如说《新民晚报》或者《东方早报》，它们实际上有很多资源，和各级政府官员、企业、社会组织、学校等关系非常好，这些资源都可以利用。但是，由于报纸版面是有限的，出版周期是有限的，这些资源利用起来非常困难，往往利用不到这个平台上面，资源是严重浪费的。

第六个问题是生产方式更新换代比较慢。说到生产方式，就要说生产力。十几年前，报业生产力经历过一轮革命，首先是告别了活字排版，改为激光照排，这是我经历过的，后来又出现了数字系统、无纸化办公，最近几年还有二维码等。反过来，新媒体的生产方式不断变化，代际传承很快，几乎每年都能推出一个产品。BBS刚刚开始，博客就兴起了；博客刚刚开始，网络空间起来了；还有即时通信、社交平台、微博、微信、电子商务、客户端、浏览器等。现在穿戴设备已经开始了。

第七个问题是同质化严重。说到同质化，几乎每个城市至少有3张以上同样定位的报纸。以上海为例，上海刚刚进行报业整合，整合之前有几家所谓的都市类型的媒体，包括《新民晚报》《东方早报》《新闻晨报》《新闻午报》《新闻晚报》等，这几张报纸如果把报头盖起来，把头条抽出来，其实分辨不出是哪家报纸。北京也一样，北京有《新京报》《京华时报》《北京晨报》《北京晚报》《信报》等。广州有《南方都市报》《广州日报》《羊城晚报》《新快报》《信息时报》5家。每个城市都有几家较为同质化的媒体，不能说它们没有生存的权利，肯定是有的，它们的自我定位肯定也是不同的。比如《新京报》刚进北京的时候，北京几家已有的媒体就讲了，你们不要再来了，不要再办报纸了，都是同质化竞争，何必呢？你再办一份《北京青年报》，再办一份《京华时报》，有什么意义呢？当时《新京报》总编辑就说了，谁跟你同质啊？我跟你唯一相同的就是我们都是用纸印的。我们的采编水平比你们高，我们的记者素质比你们高，我们的印刷质量比你们高，我们的广告水平、收入水平都比你们高。但是现在随着竞争的加剧，各家报纸之间的差距在缩小，不能给网友和读者提供差异化的东西，慢慢趋于同质化。原来互联网购买传统媒体的内容，尤其是商业网站，比如新浪、搜狐、网易、凤凰等，因为它们是没有原创权的，它们主要的新闻来源是购买的内容，买的是电视台、报纸、杂志的内容，原来是四五家报纸的内容都买，现在随着价格的上涨，网站也调整了策略，只买其中一家的内容，比如只买《新京报》。一方面是因为价格高，另一方面确实也是由于内容同质化。

第八个问题是表现手段比较单一。打开一份报纸，除了文字就是图片。你听不到音频、看不到视频、看不到 Flash，看不到大型的专题，也看不到互动的入口。

第九个问题，这是一个根本性的缺陷：传统媒体的传播方式落后。新媒体对传统媒体的颠覆和冲击主要来自这一点。我们的广播、电视、报纸的传播方式是什么？其实就是一个人在说，所有人在听。就报纸而言，就是报纸在说，所有读者在听。这之间，一来传播的范围不广，速度不快，效率不高；二来容易中心化，就听我一个人的，没有互动。反观现在新媒体的传播方式是 N2N，每个人在说，每个人在听，众声喧哗。这里面必然有很多噪声，但是也是对原来的传播方式进行了颠覆。原来微博上有一个段子，是这么说的：如果你的粉丝有 100 个人，你就是一本内刊；如果超过 1000 人，你就是一个播稿员；如果超过 1 万人，你就是一本杂志；如果超过 10 万人，你就是《新京报》了；如果超过 1000 万，你就是中央电视台了。姚晨的粉丝达到几千万，她就是自己办了好几个中央电视台。理论上是这样的，至于说你在不在线，那是另外一回事。所以，这种传播方式颠覆了我们传统媒体的传播方式。有一个网友叫赵晓波，他是华侨大学的校报主编。他想试一下，看看新媒体传播的效率怎么样。他就发了一条微博，让网友在后面跟。比如说我来跟，我就写孟波，上海。比如说张三跟了，就写张三，西藏。结果这个微博 13 个小时之后，转发量超过 1 万。网友通过微博分享，跟帖传遍了世界各地，到达了日本、美国、澳大利亚等国家。

报纸存在的第十个问题就是机制落后。其实，我们传统媒体都是国有的，所有媒体都是一个衙门，都是一级政府部门。它们有一个共同点，报纸盈亏与个人升迁无关。不能说完全无关，大部分情况下是没有关系的，这就是国有媒体固有的弊端。现在，随着媒体竞争越来越激烈，大量体制外人员进入体制内，比如说，拿记者证的人大概有十几万，其中70%以上都是非正式人员。

接下来，我们看一看传统媒体如何进行转型？

其实，转型最重要的是心态。我们的报纸已经被证明是成功的，越成功的媒体越难转型，因为太成功了，有一个路径依赖。新浪网也是这样。新浪网被证明是成功的，但是不转型就会衰落，于是去做微博。这就取决于你的心态是什么样的，如果你想躺在成功里不愿转型，那么你死得肯定很快。诺基亚为什么会衰落？因为太成功了。现在很多人还在用诺基亚，因为诺基亚比较结实，摔一下，跳一尺高，拿起来照用。柯达为什么会衰落？柯达是被数码相机给害的，同时，柯达又是第一个发明、生产数码相机的，它故步自封，自己给自己抹了脖子。

我们来说转型。第一个是角色的转型，由报纸提供商、出版商向内容供应商转变。我们知道电视台不需要卖电视，广播电台也不需要卖收音机，互联网也不卖电脑。报社在卖报纸，内容再好，广告再漂亮，报纸堆在那里就卖不出去。有同学问我：现在报纸越来越不好了，我们将来就业的时候怎么办？我说不用怕，报纸没有了，做报纸的人，包括编辑、记者、销售人员等都可以活得很好，我们可以不依赖报纸，我们做采访，我们做编辑，依然可以写出震惊世界的报道。我们不一定要为这张纸本身所累，我们可以把它抛弃掉。我们不再印报纸了，我们卖内容加广告，要买我们的内容，也要买走广告。这是一种可能性。

第二个转变是由文字的供应商向全媒体供应商转变。以后我们当编辑、当记者，肯定不能就只是拿支笔，现在在人民代表大会采访拿支笔就觉得特别不好意思。以谷歌眼镜为例，你采访的时候谷歌眼镜对着采访对象，开录像、开录音，按下按钮，同一时间网络和手机上就已经开始播放了。但是，并不是说每个记者都戴一副谷歌眼镜就可以了。意识要转变，整个采编系统、整个机制都要转变。

第三个转变就是由供货式到订货式的转变。为什么说我们的报纸效率低？比如我们印了 A、B、C、D 叠报纸，A 叠是新闻、B 叠是专题、C 叠是专刊、D 叠是副刊。一般我们看报纸，可能把其中一叠抽出去，这就是报纸的细分。我只看里面 8 个版的世界杯，或者说 8 个版的世界杯我也懒得看，可能它写的内容我早在手机上都看过了，我只关心球评。受众要有可选择性才行，而不是说我看着你说，这样肯定不行，效率最低。个性化和定制化，这是传统媒体未来的一个方向。

第四个转变就是由每天供货走向全天供货。我约好几个在报社工作的朋友一起打球，他们都把手机关了，我是关不了的，互联网不允许我们关电话。比如说在飞机上要关机，就要事先转接到同事那里。不允许关机，叫互联网永不眠。那为什么报纸可以关机？因为它每天只印刷一次，只需要供一次货，下午 3 点钟开会布置就可以了，而互联网时刻都在供货。一天打球的时候，王菲跟李亚鹏离婚了，还偏偏赶到周五下午 6 点钟离婚，互联网的同事忙活采访去了，报纸、杂志却非常悠闲，再过 2 个小时去也没关系，不耽误明天早上印刷就行了，就是这种心态。我们的网友、王菲的粉丝都"嗷嗷待哺"，等着看到底是怎么回事，但报纸要等第二天早上 8 点钟才有消息，所以就没有人看了。除非像《南都周刊》一样，真正抓住了文章和马伊琍这类事件的独家信息，那"周一见"。往往这种信息是很难得到的，在时间上占先机了。

第五个转变是群质化。一张报纸、一个媒体不能包打天下。比如《南都周刊》做娱乐这块儿，就是它的独门绝技，别人是学不来的，是不可复制、不可取代的。比如说网易的跟帖是一流的，就要把跟帖做好。每家媒体都要找到自己的特长，什么都做得好是不可能的。传统媒体也是这样，我们做记者也是一样的道理，不要想把所有领域都做好，要有自己的专长，平时多做某一个领域的积累。

第六个转变是由原创到众包。以《新京报》为例，它的编辑、记者有二三百人，和我们广大的网民比起来不值一提。如果说，我们能把网民发动起来，形成所谓的公民记者，让每个人都有麦克风，那么其力量是不可估计的。美国的《赫芬顿邮报》网站很有意思，现在非常火。它做了一个名叫OTB的实验，在美国奥巴马大选那年，招聘了100多个分散在各个州的普通老百姓，每天采访1小时，让他们去跟踪奥巴马演讲。跟踪完之后，要把材料传到后台，由编辑进行加工。100个人的力量加起来何其惊人！记者需要两个月才能完成的任务，100个人1小时就能够完成了。

第七个转变是"报网互动"与"网报互动"。现在，所有传统媒体都在提"报网互动"，但是，几乎所有报纸、媒体都在犯一个错误，就是颠倒了两者之间的关系。几乎所有报纸都是希望互联网能给报纸带来收入、带来广告、带来客户，这是错误的。我之前说过，报纸和互联网的读者重合度是很低的，我们应该把旧有的资源往新的平台上去转移，而不是把一个先进业态的资源往一个相对落后的平台上去转移。也就是说，传统媒体应该把新媒体平台作为第二个平台去打造。我跟很多报社老总聊天，他们都在公司里成立了新媒体部，也会成立一个新媒体团队。首先面临招募人马的问题。领导说各个部门最优秀的人才都要过去，最后去的却都是"老弱病残"。如果我们报纸的转型不是全公司的行为，那么这个行为肯定是失败的。我们说转型很重要，实际操作上却显得它很次要，没有几家媒体能够真正意识到转型的重要性，所以才跟大家谈这个问题，每个人都在喊，嗓子都喊破了，但是几乎没有几家媒体投入转型。这是一个"囚徒效应"，反正不需要我转，总会有几家媒体转型的，到时候我们复制别人的成果就可以了。我刚刚从新加坡回来，《联合早报》表态报纸就是自己的一个品牌，"联合早报网"也是自己的一张报纸，客户端也是自己的一张报纸，它有三张报纸，是不同类型的《联合早报》，三张早报之间是平行的，是统一打造的几个品牌。所以说它们在外派记者时，记者是一个团队，三个人也好，五个人也好，是统一供稿的，不过可能网站先发消息，报纸发深度报道，视频内容由网站和客户端发。这才叫真正的"报网互动"。

第八个转变是"内容为王"转为"用户为王"。现在很多人说"内容为王"已经过时了，我们要转向"用户为王"，这是不对的。什么叫"用户为王"？就是我们以前对我们的用户太过于漠视了，是时候重视我们的用户了，是时候把我们的用户当成核心了，我们要听他们的，为他们服务，讨好他们，我们才会有出路。以上说的可订阅、多媒体、可定制等，无不是围绕用户展开的。可口可乐老总说，如果在全球的工厂一夜之间被烧掉，第二天依然可以重造一个可口可乐。这是因为可口可乐的用户在、品牌在。说到底就是用户的重要性，这告诉我们得到了用户就得到了一切，得到了用户就得到了明天。

第九个转变是由"数位广告"变为提供"整合营销专项服务"。我们的企业越来越聪明，直接刊登整个版或半个版的广告的效果越来越差，我们要提供一整套推介、推广、传播的方案。现在很多媒体的内部争论很大，说要成立一个营销部很难，大家都不屑于去广告部，认为做广告都是违背新闻理想，超越道德底线，认为记者不是干这个的。我觉得这可能是推广的错误，我们亚洲最好的报纸是哪个报纸？《大公报》。我说的不是现在的报纸，是新中国成立前的《大公报》。《大公报》是唯一获得"密苏里新闻奖"的一份媒体。那是我们的前辈取得的成就，我们要向他们致敬。他们凡是去广告部当经理的人，都得是做过编辑和记者的人，而且做过一两年的还不行，必须要做过记者部主任或者高级评论员才可以。懂得采编的人更懂得大家喜欢什么、网友喜欢什么、受众喜欢什么，那么他在做广告文案的时候，才能了解用户真正需要什么，而他写的东西可能也更柔软，而不是生硬。我们让采编人员做营销，不是让他写软文，而是让他提供、梳理受众的需求。如果话这么说，可能编辑、记者就没那么抵触了。我们不是借调几个人过来，而是要成立一个部门，这些人可以从采编人员里去调。

第九个转变是盈利模式由单一向多元转变。原来我在《河南日报》干过，《河南日报》所谓的多元化，是指办酒店、办楼盘、成立公司等，其实这也叫多元化。但是我觉得，这不是真正意义上的多元化。真正意义上的多元化应该是围绕着整个的采编这条线去做。比如说，我们电子版有广告，我们移动版、APP、Pad也有广告；我们电子版有收费阅读，我们移动版也有收费阅读；我们版权内容可以二次售卖；我们有文化创意和增值服务；等等。这叫真正的多元化。报社买了一只挣钱的股票，提高了采编人员的福利，那固然很好。但是这些终究不是长项，可能歪打正着一次，却不是长久之计。游戏跟传媒还有一点关系，游戏需要创意，游戏需要推广，游戏本身的创意都是来源于文化，跟我们还是高度关联的。但是要说做房地产就不太好讲。传统媒体有很多作家，你可以投拍电影，这都没有问题，围绕着文化都是可以的。现在很多报纸开始投拍电影了，像《北京青年报》投资的《致青春》，票房很高。

刚才我说的九点转型，归纳起来就是第十点：理念的转型，心态的转型。我们往往把我们的企业当成我们的事业。但事业需要的是理想、是激情，企业需要的是理性、是勤奋、是运作，需要的东西是不一样的，甚至有时候是截然相反的。只有把它当成一个企业才行。我们做企业这个钱，到底是投入还是投资？投入越大越好，投资就不一定了。投资讲求的是效益越高越好，收入产出比越高越好。所以，媒体要盖大楼、要买地，都没有问题，关键是它能不能对核心产业起作用，这个比较关键。

这就是我要给大家讲的几种可能性。我离开报纸将近10年了，可能多少有一些隔膜，总之转型有两句话：不转型"等死"，转型就是"找死"。但反过来说，"找死"过程中没准会"起死回生"，真的是这样。反过来看，我们报纸"死了"，我们学报纸编辑、报纸采访的人，不需要任何悲观，就像刚才我说的，我们失去的只是枷锁，我们失去的只是那几张纸，但是只要我们有这种新闻理想，我们有比较扎实的新闻采编的功夫，我们有这种学习能力，就没有问题。有一天，我不做报纸了，但是我的新闻每个人都在看，我一样可以成为名记者、名编辑。因为大家可以通过手机、通过未来的终端来看。现在全球有太多的自由撰稿人，下面还有经纪人，有一篇稿子，就能通过中介机构卖向全球，不需要再办一份报纸、办一份副刊、办一份散文杂志。所以，没必要去悲观，我们要做的就是好好学习，天天向上，把课本理论东西学好，同时一定要去实践，因为课本刚刚把我们的理论总结下来，理论说不定就已经开始变化了。

财经媒体的变与不变

时　　间：2014 年 7 月 10 日

地　　点：上海交通大学闵行校区光彪楼 1 楼多功能厅

主讲人：秦朔

秦朔

　　秦朔，上海东方传媒集团有限公司副总裁，第一财经传媒有限公司总经理，《第一财经日报》总编辑。1997 年担任《南风窗》总编辑，领导《南风窗》实现了向一份"有责任感的政经杂志"的转型，《南风窗》已成为中国影响最大的政经杂志。2004 年 11 月 15 日《第一财经日报》创刊后任总编辑。2009 年底任第一财经传媒有限公司总经理。

秦朔：2014 年初我跟美国西北大学麦迪尔新闻学院的学生交流，谈到麦迪尔新闻学院是全美本科教育排名第一的新闻学院，有四个专业，报纸、广播电视、数字化、广告和公关。2013 年 9 月下旬秋季开学时出现了一个问题，报纸专业只报了五个人。我举这个例子是想说明，今天媒体行业处于巨变的时代，可能在你们进入这个行业的时候，就已经出现了很多结构性的变化。

我是 1990 年从复旦大学新闻系毕业的，我们所有学新闻的人都有一个共同的名字——Newsman。当年我的大学同班同学，现在还有不少于 10 个同学在做普通的一线记者。我们都面临着很大的挑战，特别是一些在像报纸这类纸质媒体工作的人，在 45 岁左右开始思考自己的退休问题。而你们都可以跟随这个时代的变动来改变自我，掌握更多的技能，拥有更好的心态去面对未来，你们都有着很美好的前景与未来。

其实，从事新闻行业是非常神圣的，也是非常有趣味的，它让你每天每时每刻都会发现一些新的东西。有那么一类人，追求生命体验本身的极大化，而这种生命体验的极大化不是由一种很物质性的东西去界定的，而是在追求一个让你看得更多、听得更多、走得更多、感受得更多的东西，从而让你身体的各个器官能够得到最大的延伸和加强。如果你是有这种价值观的人，那么作为一个新闻从业人员是一件特别美好的事情。你随时随地都可以感觉到自己还像一个刚出生的婴儿，充满发现感，拥有鲜活的快乐感。

我从事这个行业已经23年了，到今天为止最吸引我的地方就是它能让我扮演受众的眼睛替他们去看，扮演他们的耳朵替他们去听，扮演他们的鼻子替他们去闻，扮演他们的脚替他们去走，然后把我看到的东西经过一定专业化的加工处理呈现给他们。这件事情本身的快乐对我来说超过了其他任何的回报。

第一财经现在的规模非常大，我观察了它的成长和发展历程发现，最后能够存留下来的，或者说比较有成就的都是一些有天职感的人，他喜欢这项事业，觉得在这里每天都有所发现，有一些跟别人不一样的发现，有一些跟书本上读到的不一样的发现，有一些真正与变化相关的东西。

什么是新闻？新闻就是新近发生事实的报道。新闻的本质，就在于它有变化，有快乐感，有发现，并把发现分享给很多人。

同学们，在今天，你会看到我们这个行业存在很多问题，面临着风雨与挑战。但首先你要问自己，你对更多地去问、去听、去诉说、去关注、去观察、去阅读、去消化和搅拌，你对更多地去把这些写出来、讲出来、发出来有没有兴趣？这对决定你在这个行业里能走多久至关重要。而当你有这样一种角色意识的时候，不管你有多大的年龄、处于什么样的职位，你其实就是一个Newsman。

从2012年开始，我一直在《第一财经日报》的头版写一个专栏，每个礼拜差不多写5篇，而且我没有署名，就叫《一财日日谈》。但是我自己的微博里面会把每篇都放上去。很多人说，你那么忙，干吗还要写，有那么多东西可写吗？我就讲这就是职业状态，这是天职，而且在这个过程中，你时刻会有发现。这些发现给整个社会提供一种很宝贵的养料，因为它是真实的。不管行业有什么问题、有什么变化，我们整个社会始终需要有一群人替公众扮演他们的耳目喉舌，替他们去加工，做他们的桥梁。这是我今天的开场白。

今天，我主要跟大家探讨几个问题。

第一个问题，广义的财经领域媒体和信息服务的大致脉络。

我们把一条时间轴作为纵轴标出在这个时间轴上比较重要的一些事件，另外一个轴就是跟这个时代、世界相对应的财经媒体的一些变化。在过去的 35 年里，财经媒体的发展经历了六个里程碑。

第一个就是 1978 年十一届三中全会以后，在以经济建设为中心的大背景下，服务于经济建设的很多媒体就开始出现了。中央级媒体开始注重经济报道，加大经济报道的力度。今天我们这个行业里很多非常有影响力的人，都是在那个时候开始起步。比如曾任《经济日报》总编辑的艾丰先生，曾经是《人民日报》的编委、经济部的主任。当时的新华社也出现了很多经济领域的很好的报道，比如像今天鼎鼎有名的策划家王志纲，最早就是新华社的记者，写了很多宏观的综合经济报道，最后用这种战略思维下海创业，非常成功。还有中央电视台副台长孙玉胜，也是中国一些重要的新闻栏目的创始人，《东方时空》《焦点访谈》《东方之子》等栏目都是他创办的。

这个时代，跟经济有关的最有代表性的报纸是 1979 年《人民日报》创办的一份叫《市场报》的报纸，主要反映市场、商品信息动态，创办人是安岗先生。那时候中国刚刚开始形成商品市场，价格机制开始稍微起作用。安岗先生在 1983 年把当时的《中国财贸报》改为《经济日报》，成为国务院领导的一份报纸。《经济日报》也属于中央级媒体里面专门指导经济工作的一份报纸。他当年在《经济日报》有很多宏大的想法，包括要办电视台、办培训学院等，这些宏大的想法到今天还没有哪个媒体能够真正超越。

当以经济建设为中心确立以后，除了中央电视台、《人民日报》、新华社有一些人大力地去做财经方面的报道，还有人像安岗先生一样新创办了很多媒体以外，全国陆陆续续出现了很多经济指导类的行业新闻报纸和区域性报纸。每个地方都出现了某某地方经济报，比如上海的《财经日报》，前身叫《上海经济报》。

第二个是中国资本市场的建立。上海证券交易所与深圳证券交易所的成立，标志着中国资本市场的建立。资本市场非常重要的一个要求就是信息披露，对于投资者来说，他需要信息来支持他的判断，所以中国出现了资本市场以后，对于财经信息的需求越来越大。

在资本市场勃兴的背景下，中国出现了今天我们称为"七报一刊"的财经信息披露媒体，即《上海证券报》《中国证券报》《证券时报》《金融时报》《经济日报》《中国改革报》《中国日报》和《证券市场周刊》，它们是中国银监会、中国证监会、中国保监会指定的信息披露媒体，有披露信息的特权。还有大量的电台、电视台都开始创办股市类节目。这股浪潮构成一个可以称为"以反映中国资本市场为中心"的证券化媒体热潮。各地还大量出现了地摊上卖的报刊，虽然没有信息披露，但是它大量刊登股市行情、信息、分析等信息，产生了很大的影响。有些报纸的发行量曾经过百万，像四川的《金融报》、南京的《大江南》等。如今，中国的股民有1亿多，构成了一个很大的市场。1998年创办的《财经》杂志，从理论上讲它是以反映中国资本市场为主导的，但除此之外，还刊登了一些反映资本市场问题，与体制变革、社会问题相关的报道，大量借鉴国外比较专业的财经报道经验，建立了一套新闻专业主义比较成熟的媒体生产模式和报道模式。

做财经新闻要永远追求两个专业性，第一是新闻专业性，第二是所报道领域的内容的专业性。新闻的专业性就是怎么写新闻，怎么去做导语，怎么把握结构，怎么去体现新闻的权威性、时新性、趣味性、重要性、显著性等。专业性就是要对报道的领域有很深的了解，这需要学习。像《华尔街日报》《金融时报》等绝大部分记者都不是学新闻出身的，学任何社会科学的都有。《金融时报》曾经有个编著《金融名词字典》的人是学历史的。报道领域的专业性其实没那么重要，但是你必须过这一关。掌握新闻专业性比较便捷的方法，就是多去学习一些FT中文网的文章，或者去看曼昆的《经济学原理》。曼昆的教材每一节都有新闻摘录，里面有大量《华尔街日报》和《纽约时报》的报道，篇幅都不长，但写得都非常好，从新闻写作的角度来看都是范文。你要去揣摩，看人家是怎么去写的，这是提升专业性的便捷方法。

第三个是中国加入世贸组织与全球化的到来。中国2001年正式签约入世，入世前后掀起了非常大的社会启蒙运动。入世以后各行各业的人都在讨论，因为入世意味着要跟很多国际公司直接在同一游戏规则下进行竞争，过去有很多保护，现在要平等地竞争。在这个背景下，人们对于全球化以及全球公司的关注越来越多，对于商业本身怎么提高竞争力、怎么提高管理水平的关注越来越多。入世与全球化对于中国财经媒体的影响在两个方面非常突出。第一个方面，一大批的市场化财经报纸陆续出现，比如2001年创办的《21世纪经济报道》和《经济观察报》，2004年创办的《第一财经日报》，北有《中华经济时报》，南有《粤港信息日报》等，这一时期创办的报纸是带有雏形意义的现代商业报纸。中央电视台在2000年前后创办了《对话》栏目，使像马云这样的商业人物成为全民明星，当时，节目的突出作用就是通过"对话"把商业、财经领域的很多人拉到公众的身边。还有就是以中信出版社、机械工业出版社等为代表的一大批出版机构的出现，所以当时《谁动了我的奶酪》《韦尔奇自传》等风靡一时，这是入世与全球化带来的第一个大的方面的影响，把需求给拉起来了。第二个方面的影响就是整个财经媒体对于技术的关注。2000年前后，中国出现了《中国计算机报》等一大批IT类媒体。IT行业的全球化程度是非常高的，大量的跨国公司聚集在一起，中国一批优秀的跟国际接轨的公司如联想、华为等也都体现出中国公司比较高的国际水平。所以，IT类媒体报道了大量的关于管理、资本运作、上市的内容，它的国际化程度是非常高的。这是全球化的影响之一。

第四个就是PC互联网。PC互联网给我们带来了哪些变化呢？互联网的出现创造了很多数字化的东西，包括大量垂直财经媒体，如金融街网站、东方财富网、证券之星等，各大门户网站的财经频道也应运而生，如新浪财经、腾讯财经、搜狐财经、网易财经。以前的新闻生产都是单向的，就是一群人专门地生产、翻译。而到了互联网阶段，用户开始生产内容。另外，还出现了诸如炒股票、大智慧、同花顺等很多网上股票证券交易分析软件，炒股用的软件里面有很多关于基本资料的信息、公告、分析师的报告，还有很多媒体的报道。还有就是各类金融终端，如万得资讯等，很多专业的金融分析师、理财分析师、金融经理、研究人员等都在使用这类金融终端。今天这些金融终端越来越社会化，这都是互联网带来的影响。还有被马云收购的恒生电子，恒生电子解决了怎么买金融产品的问题，不管你是用电话、手机、个人计算机等买，不管你是买基金还是买股票。而且，事实上，金融机构交易的后台系统都是由恒生电子提供的，恒生电子也是上市公司。同时，跟门户、终端、软件、金融、IT 同步发展的一大批 B2B 信息服务公司，也有好几家已经上市了，在垂直领域也发展出很多商业、财经领域宏观或微观的信息服务商。例如，钢铁网、生意宝等都是做垂直领域信息搜集、提供的信息服务商。

第五个是移动互联网的出现。移动互联网的兴起对媒体行业带来很大改变。第一个方面，出现了一些超级平台，像微博、微信等，真正开始出现自媒体。过去建一个小的自媒体很难，现在如果在微信、微博里运营一个公众号很方便，也可以产生很大的影响，可以使很多人，或者说让很多个体、很多小组在垂直领域里生产比较专业的内容，其中一些专业内容跟O2O 结合，可以办一些线下活动，创造出一种能够自我生存的商业模式，所以当前自媒体蓬勃发展。大量的过去非新闻专业的从业人员进入，新闻从业人员现在遇到了以前想象不到的竞争对手。现在一个证券公司的分析师就是你的竞争对手，因为证券公司的分析师有他的微博公众号。每一个证券公司都有它的公众号，包括搞宏观研究的、产业研究的等，一项政策出来，分析师就发布他的分析，如现在要降息、降准、定向刺激等，一分析直接通过公众号发布。以前它们只有通过媒体的报道才能被大家听到，现在分析师可以直接自行发布，反过来挤压了媒体的生存空间和受注意的程度。所以，微博、微信等社会化媒体的兴起为自媒体创造了一个空前的良好环境。这是移动互联网的第一个重要影响。

第二个方面，企业、机构、各种各样的市场主体也开始自己生产内容。比如杜蕾斯每天都在抓取大家的眼球，自行生产内容。今天记者要去采访，企业、机构等旗下通通都有一串的数字媒体，这些数字媒体的到达时间都非常快。以前虽然有《海尔报》、长虹电视台，也就是内部人看，如果让别人看，可能需要一个礼拜之后才能看到。现在可不是这样了，今天企业、机构一有事儿，它自己马上发布出来。而且很多机构有新内容发布时，它不再找传统媒体，它先找几个信得过的自媒体，通过自媒体、移动端很快就传播开来。很多记者是看到新闻以后再去采访，完全滞后了。所以，企业更加积极主动地介入内容生产和内容传播，也给行业带来了很大的影响。

第三个方面，现在已经开始出现苗头、将来可能会带来更深刻的影响的是，机器现在变成了记者和编辑。《今日头条》就是靠机器编写，《今日头条》固定资产 5 亿美金的时候可能只有不到 100 个人。原来有 70 多个人的时候，大概只有三五个是做内容干预的，别的全是靠机器，通过大数据和技术挖掘等去分析、抓取信息，然后对用户做出定向分析，你喜欢什么就推送什么给你。"雪球"作为一个投资者的社交网站，也是利用机器生产内容，通过机器化挖掘，做大量的抓取与分析，现在的估值也有 1 亿美金了。甚至连一些传统媒体，如英国的《卫报》，也开始数字化转型，使用机器编辑新闻。前两天我看到关于《卫报》的一个新闻，《卫报》有了第一个机器人总编，编辑一个月刊，它把这一个月内最热门的各种各样的新闻归类，然后发行给现在做各种各样传统媒体的人，让你看看互联网里什么是最热的，什么是值得关注的。但是，有一个问题，目前这个机器人总编，它可以看到什么是最热的，但它识别不出哪些是新的，哪些是过去的。所以，本应该给你传达 7 月的热点，它推给你的时候，一些已经过时的但是在网上回应度很高的事件也进去了。所以目前这个机器人有两三个内容干预。在财经领域里面，有大量的内容都是规范化、标准化的，比如说各个部委、机构、公司的公告。这些机器是完全有能力把它抓取出来的，如果它能分析得很独到，长期积累，高度智能化以后，一个人一天应该了解的大致内容是完全可以用机器推送给你的。如果它对于你的消费习惯有所了解的话，它可以为你定制内容，只要是你需要的东西，它都可以推送给你。而且这些内容还是与你的生活相关联的，比如它看到你整天都在搜索减肥产品，就会给你推送这方面的信息。

现在许多新闻记者每天也都是在各个部委办局的网站登出来信息的基础上稍微改写几句，顶多再采访一两个专家学者。采访的专家学者还不如机器采访的专家学者水平高，因为机器抓取的时候可以首先将专家按照层次的高低分类，然后把他们的观点抓取过来，而记者找的专家可能层次就没这么高。所以，移动互联网出现以后，大数据、机器生产新闻这些都是可以实现的。当然，对于媒体人来说，移动互联网也有很多可喜的地方，比如由于移动互联网的出现，一些媒体人可以在垂直领域里聚焦做资讯、社区等，再加上有大量的风险投资，也会丰富市场的参与主体，所以现在我们可以看到各种各样的订阅号。

第六个可以称之为自由化。自由化包括两个概念，第一个是参与财经媒体生产的主体自由化，第二个是中国经济和中国金融的自由化。余额宝、P2P、众筹、数字货币、直销银行等的出现只是第一波，随着汇率市场化及人民币的国际化和自由化，未来会有无数自由化的金融产品出现。对于媒体来讲，会有大量的内容与信息直接跟随服务平台开始流动和传播。现在国家统计局已经跟阿里巴巴、京东、百度签订了战略合作协议，要从这里面挖数据与新闻。换言之，在这个自由化的年代里，谁最了解中国受众的想法？谁最了解这些人对什么东西感兴趣？是像腾讯这类的公司。这些变化正在陆陆续续地发生。

第二个问题，当今整个媒体，特别是财经媒体的生态剧变。

这跟娱乐媒体还不一样，娱乐节目内容上流的公司权力是很大的，像《来自星星的你》《中国好声音》《爸爸去哪儿》都是很厉害的节目。去年，像《中国好声音》仅视频的版权卖给腾讯就获两亿元。所以在娱乐领域，内容生产者还可以通过打造一些现象级节目来获得话语权。但是财经领域里没有这样的现象级节目，财经媒体不可能在它上流的内容端打造足够有影响力的内容，它是一个积累型产业，当受到当前如此巨大的冲击的时候，财经媒体所面临的挑战加剧。这个挑战主要表现为以下几点。第一点，整个财经媒体的传统价值链完全改变。传统价值链有四个环节，第一个环节是"license"，是基础的采访权利，过去活动只能由记者来采访报道，记者的权力很大。第二个环节是跟"media"介质相关的分销系统，比如报纸。现在，如果你发了微信，别人立刻就可以看到。但是报纸不行，报纸的新闻报道写作完成后要传版到印刷厂，印刷厂印刷完了，还要送到集散地中心，一部分给邮局，一部分给其他渠道，一层一层分下来，等到读者看到时已经是第二天早上8点以后。过去就是这样的，各种媒体都完全不体现发生的事件的时间价值。而现在因为有了互联网这个大平台，随时随地都可以进行内容的生产与分发。第三个环节就是我们所谓的受众来接受信息的供应。第四个环节是广告，大家如果都来看你，那广告商肯定要来找你。现在的环节全变了，无穷无尽的人进来了，机器也进来了，公司的自媒体也进来了，企业也进来了，谁都可以生产内容。第二点，现在的内容生产和传播要求即时性，传统的传播渠道成为负担。第三点，受众的地位得到明显提升，互联网千方百计地给受众各种各样的好处以抢夺其有限的时间。第四点，广告商也变了。其实像我们这样的媒体，发行量没有下降，因为看的人还在看，最多就是个位数地下降，没有很大的改变。但是作为广告商，它要求的是未来，它觉得谁能代表未来，趋势就在那里，所以广告下降得很厉害。因为一个企业，收入一个亿，利润1000万，如果收入下滑过多，就没有利润，很多报刊都停了。用胡锡进的话说，要么就卖给财团，要么就卖给党和政府。所以最近这几年，再行政化、再补贴化的情况又出现了，很多地方每年固定给媒体一定的补贴、资助和鼓励，让它们想办法转进新媒体。这就是我讲的整个价值链的改变。

在中国特有的版权环境里，版权也可能得不到保障，因为中国的超级门户太多了，所以单一媒体的版权得不到有效的保障，甚至个别的门户网站已经要求向内容生产商收费了，因为它们认为传统媒体的影响力就是依靠网站的发布与转发才聚集起来的，是门户网站帮助传统媒体提升了影响力，应该向传统媒体收广告费。原来的主角被边缘化变成配角，整个行业都在发生很深刻的变化。

第三个问题，不变的是什么？

现在，媒体行业被描绘成要跟机器、跟超级平台、跟很多行业领袖竞争，广告不来，饭碗不保，靠理想、热情能维持吗？其实，也不完全是这样，像娱乐圈的内容生产商的权力就非常大，比如电影，到今天为止还是那些制片公司、内容生产商在掌握整个运行规则。同样，在我们这样一个领域，大家主要来消费、传播、接受的财经新闻还是依靠主流财经媒体的供应。所以，集体生产、有品牌、有深度、具备议题设置能力等的媒体还是有很强的生命力的。

同时，这些媒体在很多重要领域里积累了资源以及人脉，如果做线下服务也是非常方便的。也就是说，媒体不一定仅仅依靠广告收入来生存，也可以依靠多元化的服务生存。当媒体只是从一个为受众提供内容的供应商转型为把受众变为用户的服务型供销商的时候，还是能扩展很多生存空间的。

一方面，从内容供应上来讲，还是有很多优势。很多大规模的内容供应、内容生产、内容策划也不可能靠一个自媒体去完成，因为媒体还是需要投入的。所以，从内容生产的角度讲，持续、长期、专业、固定化的内容生产还是需要媒体。比如我们的同学可以很方便、及时地获取新闻信息，但是如果同学们钟情于财经新闻，每天固定地想对某个领域有全景式的系统性的了解，看《第一财经日报》还是有必要的。所以，这个基本的格局没有改变。专业的新闻生产机构还是可以生存下去的，当然必须要对挑战做出创造性的回应。

另一方面，从经营的角度，有影响力的优质的媒体在很多方面可以帮助做广告。比如公司在做营销的时候就发现，类似"hao123"这样的导航，按季度收费，每个季度都在涨价，成本越来越高。有一天它发现它没有打广告，但是流量还涨了，原来这两天《第一财经日报》《21世纪经济日报》，还有其他几家报纸报道了它们公司的一件事。新闻的影响力导致很多人关心这家公司，点击这家公司的官网，通过搜索注意到了它们的产品和服务。我的报道刊登在所有的数字媒体、各种各样的门户网站上，间接地给企业贡献了流量，但它没有付给我一分钱，它付钱给一些给它导来流量的公司。但是它知道我们其实挺有想法的，但也挺委屈，因为没办法计量。因此，它希望跟我建立一个战略性的关系，它看到内容影响力以后，也许会对冲一部分费用。另外，企业也会发现，到很多地方去，全是机器在生产，很多"80后""90后"在跟它谈方案时，对于它们公司的深度价值根本没有办法挖掘。在传播上或者办一些线下活动等方面，那些人做不到。这个时候它发现具有主流领导地位的媒体对它的经营有帮助。所以，每年会和企业共同举办一些活动。从经营方面来讲，企业也会发现有些地方媒体是可以帮到它的。所以，在这种情况下，在受到很大冲击的时候，如果媒体足够优质，那么仍然有自己的生存之道，这是不变的。

第四个问题，在剧变年代，大家需要怎样提升自己，做新一代的媒体人？

当整个环境从总量上削减了对传统媒体人员供应内容的需求以后，我们必须承认一个现实，那就是在目前这样一个时期，传统媒体不太需要新进大学生。像上海广播电视台、第一财经等媒体机构，在遇到巨大压力的时候，都要通过整合来提高效率，适度地进行收缩，从趋势来讲，不可能大规模地进人了。

我2012年回母校复旦新闻系，当时老师给我的数据是一半以上的同学毕业以后不再到新闻单位了，他们去了企业、各种各样的机构、政府部门等。互联网的崛起创造了一些很好的岗位，有的到企业、机构去从事危机公关，有的从事品牌传播，有的去维护微信、微博，甚至有的去组织水军等，还有的去了公关公司、广告公司、策划公司、营销公司、市场公司、调研办等。

所以，大家要仔细和冷静地分析未来整个的变化。对于传统媒体复苏、转型成功而带来的新增需求不能寄希望太高，短期内不太可能有改变，所以要把更多的眼光投向其他一些传播性的工作岗位。除了我刚刚列举的那些类型，现在有大量的跟新媒体相结合的需求。很多公司都在进行数字化传播，相当多的数字化媒体注重 O2O，线下推广变得非常重要。还有很多传统的公关公司都在转型为数字营销公司，大量的传统企业都在寻觅具备数字化传播能力的新型人才。

在这样的情况下，如果能够增强在数字化传播环境中自己的能力、意识，其实就业面还是很广的。对于跟移动互联网相关的知识和技能，建议大家一定要进行实际操作和训练。比如几个同学或者有人有兴趣让你帮他建一个微信公众号或者 APP，现在的 APP 因为有大量的平台式的方案，照着这些方案，自己都可以做一个出来，选一个细分市场试一试。如果自己实实在在地做过公众号，用你的微博以社区的方式做过一些线上线下的活动，或者自己做了一个 APP，你的感觉会完全不同。

如果你们还有时间、精力的话，可以更多地掌握一些基于产品经济角度的知识，甚至了解一些 UI 界面的设计。不需要特别专业，但是你要懂。比如一个单位要做数字化东西，前端、后端、UI 界面设计，怎么去发现用户需求，怎么去设计思路满足它，这还是要同学们自己去思考、提出建议的。如果在这方面你能够有一些拓展、有一些经验的话，你将来的发言权也会提高。所以，我认为今天一个广义的增量最大的需求，一定是以移动互联网为代表的数字媒体领域，拥有更多技术资本的那些媒体。

第三，自己的核心竞争力，就是你的知识资本、人力资本，这个无论如何一定要增强。但是就当下而言，最需要的是技术资本。所以我鼓励同学们，在寻找生命的另一半的时候，都找一些学理工科的技术资本家。因为现在有大量的智库型生产机构在建设，未来财富发展到一定程度以后，会有大量的社会组织、公益组织、基金出现，有很多智库本身就在生产内容，所以未来都是一些新的生产模式，它也是需要人才的。

除了特别强调技术资本，再次强调基本功的重要性。因为我发现现在到我们那里工作的很多新闻专业的同学还是存在极大的不足。有些同学写一条清楚明白的消息的能力都不够，很显然大家今天的写作训练不太够。如果你要想献身这个事业的话，起码每两个星期得自己写一篇东西。最简单的方法，你看一篇财经报刊上的文章，然后自己重新写一遍，比如他写1200字，你要求自己800字，说得比他还清楚。一定要自我训练。另外，新闻是融会贯通的，所以广博的知识非常重要，要多去听一些别的领域的课程，而且不要那么功利。你听得越广，掌握得越广，融会贯通的能力就越强，这有可能帮到你的学习。

总而言之，今天传统意义上的媒体形态、报道方式、生产流程都在发生急剧的根本性的变化，这些变化不仅使中国的主流媒体遇到挑战，而且全球的主流媒体都在遭遇挑战。所以，今天你会发现很多的媒体之所以还能够维持，恰恰是因为它们经营了一些非媒体的业务。在中国，由于版权制度不健全，以及中国基本上是由门户网站来主导新闻传播环境这样的基本结构，而门户网站绝大部分也不靠新闻赚钱，所以它的内容永远都是免费的，在这样的环境下，中国媒体可能在某种程度上遇到的压力更大、挑战更大，幸亏我们还有党和政府资助。

而对媒体毫无兴趣的同学，我觉得现在确实应该考虑转行了。对媒体还比较有兴趣的同学，今天你面临的可选择的道路不是那么多。第一，如果你的数字化能力非常强，你看你能不能赶上数字化生产这趟列车，无论是进入市场的新的内容生产部门，还是在传统媒体数字化转型部门，如果你转到这个领域里去，这是你的一条出路。如果投身到数字化媒体或社交型媒体机构里面，应该说你的命运就是与时俱进的，因为这个浪潮在中国方兴未艾。第二，如果你依然充满新闻理想，依然很看重通过新闻去实现某种社会价值，那你就可以继续在传统媒体的转型过程中去寻找自己的位置。但是，你也要重视你的专业性以及数字资本化能力。第三，在整个传统行业、社会各行各业都要数字化的过程中，一个优秀的传播人才，还是可以找到用武之地的。同学们不要急，沉下心，仔细分析一下环境，仔细提高一下自己的核心竞争力，未来都会有很好的前程。谢谢大家！

精神制造与现代文化市场体系——以上海实践为例

时　　间：2012 年 7 月 8 日

地　　点：上海交通大学闵行校区光彪楼 1 楼多功能厅

主讲人：何建华

何建华

　　何建华，复旦大学工商管理硕士，历任《上海青年报》专刊部主任、《新民晚报》经济部副主任、上海市委宣传部新闻出版处处长、《文汇报》副总编辑，现任上海文化广播影视集团副总裁。

　　何建华：时光如水，岁月如梭。一年一度的中国传媒领袖大讲堂又迎来了一批未来的传媒领袖。看到一张张年轻的面孔，我感觉到了未来我们所面对的信息社会和传媒时代的希望。今天在座的是来自全国160所院校300多位未来的传媒精英，大家都是在做传播，那么现在的传播格局发生着怎样的变化呢？传媒技术飞速发展，传媒市场瞬息万变，如何从国家战略层面确保文化安全？怎样来打造现代文化市场？上海又有哪些实践？今天，我就以上海的实践为例谈谈精神制造与现代文化市场体系的建构。

　　前不久召开的党的十八大和十八届三中全会，对于深化文化体制改革做出部署。也就是说我们国家的文化体制改革，在前10多年的基础之上，又有了一个新的深化。同时，中央在习近平总书记的主持下召开了深化改革领导小组会议，审议通过了《深化文化体制改革实施方案》，新一轮的文化体制改革开始进入全面实施阶段。在十八届三中全会全面推进改革的决定里，第39条对建立健全现代文化市场体系有一个论述，说"鼓励各类市场主体公平竞争、优胜劣汰，促进文化资源在全国范围内流动。继续推进国有经营性文化单位转体改制，加快公司制、股份制改造。对按规定转制的重要国有传媒企业探索实行特殊管理股份制度。推动文化企业跨地区、跨行业、跨所有制兼并重组，提高文化产业规模化、集约化、专业化水平。

鼓励非公有制企业文化发展，降低社会资本进入门槛，允许参与对外出版、网络出版，允许以控股形式参与国有影视制作机构、文艺院团改制经营。支持各种形式小微文化企业发展。在坚持出版权、播出权特许经营前提下，允许制作和出版、制作和播出分开。建立多层次文化产品和要素市场，鼓励金融资本、社会资本、文化资源相结合。完善文化经济政策，扩大政府文化资助和文化采购，加强版权保护。健全文化产品评价体系，改革评奖制度，推出更多文化精品"。其核心就是要完善文化市场的准入和退出机制。我之所以给大家读这一具体规定，是因为它非常具体地告诉了我们应该做什么，可以做什么，我们未来应该关注什么。中央在构建现代文化市场方面已经有了很深刻的理解。我们说，现在"文化"两个字眼是最诱人的，使用频率也很高，国家现在也在大力地发展文化产业。在座的都是知识分子，都接触文化，那么什么叫文化？

嘉宾：文化就是在某个特定的区域，某个特定的文化群，在长期的生活实践中积累下来的精神，它是一种必备的东西。

嘉宾：我觉得文化就是人类精神和物质的总和。

何建华：文化的概念是非常繁杂的，问"什么是文化"就像问"为什么吃饭"一样，好像是一个很俗的问题，但往往很俗的问题要把它精准地回答清楚还是不太容易的。关于"文化"的概念相关的表达非常多，事实上文化的核心是"人化""化人"，所谓"人化"就是人创造的东西，"化人"就是为我们人类服务。所以，文化是人类在长期生活中所形成的，从大的方面来说，是所有的物质和精神文明的总和，从小的方面来说，就是形成制约人的一种习惯和力量——"人化化人"的力量。文化被谈论得非常多，我们要传承中华传统文化，文化的核心首先是价值认同，其次是行为方式，再次是精神愉悦。

所谓价值认同，文化是千百年来浸入到你血液里的东西，是你精神层面的基因，这种基因首先表现在你对事情共同的认同上，全球发生的一些动乱和战争都是文化上的冲突。价值认同影响行为方式，行为方式的更高境界就是精神愉悦。若两者价值是认同的，行为方式是一致的，两者在一起就能共同获得一种精神愉悦。对文化的理解，现在学者把它玄乎其玄，事实上它就是人类生命中的基因，就是一种价值认同。

文化，广义上说是所有物质精神财富的总和，狭义上说就是意识形态上创造的精神财富，包括宗教信仰、风俗习惯、道德情操、学术思想、文化艺术、科学技术、各种制度。现在从全球范围来说，文化的影响力越来越大。19世纪，人类处于以暴力为主要意识形态的社会梦想和追求之中，那个时候，竞争力体现在军事上，所以出现了一些好战人物。到了20世纪，人类进入了新的科技革命时代，军事能保障你的生活安全，科技追求则可以提高你的生活品质和效率。进入21世纪，人类文明开始上升到精神层面，更加追求美学和文化。

那么，什么叫文化产业？要形成产业，首先要有产品、产能，产能大、产品多，才能形成产业。文化产业，实质上包括以下几方面内容：实体系的娱乐文化活动，比如书报、出版、制作、工艺美术设计等；文化服务和休闲娱乐，比如广播电视、文艺表演；文化管理和研究，比如文物、图书馆；提供文化娱乐产品的设备，比如文具、印刷品等。也有人把创意园区归为文化产业。

事实上，文化产业纯粹是精神制造。全世界对文化产业的看法非常之多，早在20世纪40年代的欧洲，法兰克福学派的阿尔多诺与霍克海默就出版了一本《启蒙辩证法》，提出"文化工业"（Culture Industry）这一概念。20世纪80年代，日本的学者提出，"文化产业的目的就是创造一种文化符号，然后销售这种文化和这种文化符号"，这个定义体现了文化和经济的结合，也体现了哲学心理学和经济的结合。美国则是从一开始就把文化产业界定为版权产业，美国人的界定是非常有道理的，因为精神创造的核心是要进行产权保护，不断地克隆复制是永远做不好精神产业的。芬兰把文化产业定义为"基于意义内容的生产活动"，强调内容生产，不再提工业标准，而称之为内容产业，包括建筑、艺术、书报业、广播业、音像制作、分享游戏以及康乐服务。联合国教科文组织提出了一个很学理化的概念，它认为"文化产业是按照工业标准生产和再生产、储存以及分配文化产品的一系列文化活动"。我们国家最早是在 2000 年 10 月由国家统计局提出文化产业的概念，即"为社会公众提供娱乐文化服务为内容的活动，以及与这些活动相关联的集合"。

文化产业内部有三种不同的形态：第一种形态是传统意义上的常态文化产业，如报纸、广播、出版，现在说起来叫传统媒体；第二种形态是依托或借助旅游业发展融合而建设的特色文化产业，比如文化旅游业、文化演出业、民族庆典活动等，人类的文化消费带动了这一形态的发展；第三种形态是由新科技带动的新型创意产业，比如互联网、网络信息多媒体产业、动漫网游、创意设计、现代会展等。

文化产业和文化产品，最终要进入市场。那么，什么叫文化市场？这既是一个属于文化范畴的概念，又是一个属于经济学范畴的概念。所谓文化市场，"既是文化产品生产、交换、消费的场所，又是市场经济的组成部分，是按照价值规律进行文化艺术产品交换、提供文化服务的场所"。文化市场必须具备三个条件：一是要有能够供人们消费和交换的产品；二是要有经营者和需求者；三是要有适宜的交换条件。

文化市场跟实体类市场有相同的地方，也有不同的地方。文化市场具有统一性、开放性、竞争性、有序性。与此同时，文化市场又有其特殊的特征。首先是意识性特征。所谓意识性特征就是它不单单具有经济价值和使用价值，同时还具有意识价值。所谓意识价值是指它能带来潜移默化、消极或积极的影响，可以决定你怎样活着，做怎样的人，用怎样的思维方式。其次是知识性特征。从文化类产品里你可以获得知识。再次是艺术性特征。也就是说，你怎样鉴赏它，如何进行艺术鉴赏评论；最后，它也讲求时效性，还有多样性等特征。这些都是文化市场的基本特征。

那么，如何评估我国的文化产业现状？应该说，我们国家的文化产业目前仍处于初级阶段，资产少、规模小、管理差。为什么？我们国家的文化产业也就是在近 10 年才开始发展的。古人说，衣食足才上升到精神的层面。所以我国的文化产业目前处于初级阶段，与世界发达国家相比，文化产业产值占 GDP 的比例很小。有数据显示，目前美国文化产业产值占国家 GDP 的 25%，日本占 20%，韩国占 8%，中国现在占了 3.4%，预计到 2016 年这一数字涨到 3.5%。美国最富的 400 家企业中有 100 家是文化企业，日本最富的 400 家企业中有 80 家是文化企业，而在我们国家，文化企业的发展规模较小，能做到华谊兄弟、光线传媒那么大的文化企业不多。所以，我国文化产业有它的创业特征，就像四五岁蹒跚学步的孩子，处在幼稚期、成长期。

以上是我跟大家分享的一些基本概念。下面我以上海为例，通过上海的一些实践探索向大家做一些解读。

上海的文化产业一直走在全国前列，这得益于它特定的地理位置。我们做过大量的比较，上海跟伦敦、巴黎、东京、纽约、香港、新加坡的差距都还很大。但由于上海特殊的城市属性，它处于我国特殊的地域位置，又是近现代发展起来的工商业城市，所以它的一举一动备受关注。从上海的实践探索做一个解读，有助于大家了解我国文化产业的发展状况。

中共上海市委书记韩正提出，上海宣传思想文化工作的理念是"四个力"：一是提升宣传舆论的影响力；二是文化产业要有竞争力；三是理论宣传要有说服力；四是核心价值观要有感召力。这"四个力"关键靠改革，根本在人才。

上海的文化产业布局，是"四分天下"。所谓的"四分天下"，也就是说上海现在的文化产业已经走出了计划产业的格局。第一部分是宣传文化系统；第二部分是华人文化基金；第三部分是迪士尼，将在 2015 年 10 月开张，是全球最大的迪士尼，并且还将融入中华文化元素；第四部分是区县民营。

第一部分，宣传文化系统，包括"一报""一台""一网""一书"。"一报"，就是将上海两大报业集团——解放日报报业集团和文汇新民联合报业集团相整合，成立上海报业集团。这是报业集团一个很大的改变，因为中国的传媒产业都是单一的媒体集团，十几年前在全国范围内推进报业建设，共有 29 家报业集团，都是单纯做报业，广播电视也是单一的广播电视集团，这是计划经济的一个产业壁垒。现在传播学研究的一个很大课题就是媒介融合，媒介融合实际就是对之前的媒介发展失误进行弥合。谁能用最简洁的语言说传播学是研究什么的？

嘉宾： 人与人以及人与社会。

何建华： 对，人与人和人与社会，基本上都涉及了。传播学研究三个东西：一是传播主体，即人；二是传播工具；三是传播方式、传播效果。

在近现代报纸没有诞生之前，人就是一个信息体，所以叫人际传播。人际传播是非常有限的，是主体与主体的交流。

随着科学技术的发展，人们发明了传播工具。最早的传播工具是报纸，然后是广播，之后是电视。传播借助于工具得以发展，写出来的文章通过报纸传播出去，实现点对群的传播。广播电视出现以后，声音通过无线播出去，画面则通过音、视频进行传播。传播工具的革命扩张了人的传播能力。那么，互联网又是什么？开始人们不认识互联网。克林顿曾说："我们现在有软实力，我们征服世界不用武力，因为我们有了比尔·盖茨和互联网。"1997 年，我在澳大利亚进修时，有专门的课题研究互联网，那时的互联网是一些优秀的学者进行学术研究、查阅资料的工具。但是，克林顿说了这句名言，又用自己的实践使互联网成为传播工具。未来学家托夫勒在《未来学》里表示，"互联网未来将使人人成为新闻记者"。那时候人们觉得托夫勒是未来学家，未来学家就是胡说八道。而现在，互联网正是使用广泛的最为流行的传播工具。

人用工具怎样传播？这是传播学研究的第三个内容，即传播方式，包括传播效果。从传播工具上说，报纸成为一个落后的传播工具，它是以"日"为时间节点的传播工具；电视是以"时"为时间节点的传播工具；广播是以"分"为时间节点的传播工具，广播记者都在外面采编新闻，哪里有新闻，马上就插播进去；互联网是"秒"为时间节点的传播工具，一经发现，瞬间传播。传播工具都是在不断地进化的，这都是传播技术给我们带来的翻天覆地的变化。

现在，上海的"一台"是指上海广播电视台；"一网"是指东方网；"一书"是指世纪出版。

第二部分，华人文化基金控股星空传媒，旨在于浦江西岸建造"东方梦工厂"，参股香港 TVB，投资翡翠东方，控股财新集团，在国内备受关注。

第三部分，迪士尼。实际上，最初的迪士尼只是一个以娱乐为主的产业园，而现在它已涉及影视、娱乐、互联网、主题公园、消费产品、互动传媒等多个领域，成为全球最大的娱乐传媒帝国，其控股企业也非常多。

第四部分，则是区县民营。现在，上海正在大力建造文化区县中心城区，譬如打造人民广场演艺聚集区、静安现代戏剧谷等，使文化由苏州河向黄浦江、由浦西向浦东、由市中心向郊区新城辐射。目前，上海的民营集团包括盛大、复兴、第九城市、新文化等，大量民营集团都是借助于互联网发展起来的。值得一提的是，互联网供人类传播信息只是它的末端利用，前端更多的是用于社会生活，正所谓"传播改变世界"。

上海报业的发展顺应了新的格局，解放日报报业集团和文汇新民联合报业集团两大报业集团合并，《解放日报》《文汇报》《新民晚报》恢复独立法人运营，传统媒体开始"瘦身"，开始探索新的媒体转型。然而，报纸称雄百年，现在风光难在，报业的新媒体转型亦并非易事。互联网时代，只要有个人智能终端，人人都可以成为记者。博客、微博、微信的出现更是把我们带入了自媒体时代。传统媒体转型要善于以互联网思维促进新媒体发展，同时也要使媒体成为践行社会主义核心价值观的一个载体。

现在，人类社会进入了信息互通、资源共享的传播时代。在新旧媒体整合的过程中，东方卫视率先吹响了改革的号角。

现阶段，全国电视台的发展模式一般有四种：一是"新闻立台"，二是"影视强台"，三是"娱乐兴台"，四是"选秀救台"。东方卫视在 10 年前进行改革时就提出了"新闻立台"，但是"新闻立台"要求的要素非常多，现在遵循"新闻立台"的就只有中央电视台新闻频道和凤凰卫视新闻频道能够做得到。如果想打造一个像 CNN、BBC 那样具有全球影响力的新闻台，需要具备雄厚的资本和各种要素，首先需要巨大的资金投入，其次需要众多优秀的人才。我们现在进入了"屏时代"，东方卫视认为要在新时期办好卫视，拓展品牌效益，聚焦主业，就要加强节目创新创优，要进行流程再造，激发生产活力，整合竞争力，打造精英团队。其中，打造精英团队的核心就是打造制作人团队。身为制作人，从创意到融资到生产到最后的销售，各个环节都要出色。

所以，到底是"新闻立台"、"影视强台"、"娱乐兴台"还是"选秀救台"，要根据各个电视台的情况来选择。现在，全国卫视博弈的格局已非常清楚。第一方阵是湖南卫视、江苏卫视、浙江卫视、东方卫视和安徽卫视，它们的特点各不相同。从 2005 年湖南卫视举办选秀节目开始，到如今浙江卫视的《中国好声音》，受众越来越追求节目现场狂欢式的快乐体验，这也是人的一个基本特点。所以，湖南卫视、浙江卫视、江苏卫视的定位基本上都是这样。同样，安徽卫视也在做《超级演说家》节目。东方卫视，原来是以"新闻立台"，现在也是做选秀节目。各大卫视之间的竞争都很激烈，排名第五位以后的卫视基本就没有什么广告效益。湖南卫视也一直在创新，制作了《快乐男声》《百变大咖秀》《爸爸去哪儿》等节目，重点打造了《我是歌手》《经典实习生》节目，另外还率先启动主题日编播，这是之前所没有的，也使其备受关注。2014 年湖南卫视推出了一系列真人秀节目，《爸爸去哪儿》是从韩国引进的，风头一度盖过全国其他卫视所有的节目。浙江卫视，主要是因《中国好声音》一炮打响。东方卫视有《中国梦想秀》等节目。江苏卫视则主要是靠《非诚勿扰》这个节目。如今，"选秀救台"已经成为卫视的生存法则，因为选秀节目的收视率很高，选秀节目顺应了互联网时代电视发展的一个趋势。这种趋势使平民更多地关注这类节目，这是一种进步，从严格意义上说是恢复了电视作为大众媒体的一个本质。

什么叫"电视人"？电视人，既是指制作电视节目的人，又是指看电视的人，如果你做出来的电视节目没有人看，那就不可能构成一个完整的"电视人"概念。互联网时代的选秀节目追求的是平等、互动、亲和力和参与性，而这一切的改变都是人类传播技术的发展所带来的。在流行 12 英寸黑白电视的时候，周润发主演的《上海滩》正当热播，街道里若有人把 12 英寸黑白电视放到弄堂里，里三层、外三层大家都围着这个黑白电视看，这就是万人空巷。后来，随着电脑屏、手机、无线网卡的普及，用户走到哪里都可以听音频、看视频。近几年，尤其是 2010 年、2011 年之后，也就是乔布斯引发的"苹果革命"以后，随着无线带宽技术突飞猛进的发展，现在我们进入了个人智能终端"屏时代"，只要有一部手机，有个个人智能终端，我就可以随时随地选择看自己想看的内容。所以，"苹果革命"对人类来说是一个很大的革命，乔布斯把终端软件和内容整合在一台机器上，可以大容量、高清晰、跨时空地传播音视频内容，也将我们人类带入音视频内容传播的"屏时代"。

近 20 年来，互联网经历了三次浪潮，实现了巨大的改变。第一次浪潮是要追求全球信息网络计算机互联。所谓计算机互联，就是建设信息高速公路，你家里有一台计算机，他家里有一台计算机，通过主机把它们连起来，这就是追求计算机互联，它诞生的颠覆性科技是"IP"，引领性的标志是"IEGF"，那个时期诞生的企业就是"微软""思科"这样的软件商。第二次浪潮是 10 年前开始的全球移动互联，我们现在还处于第二次浪潮之中，这种移动互联诞生的颠覆性科技是"IP 技术 + 无线带宽"，引领性的标志就是"WiFi"，这次浪潮中诞生的著名企业就是"苹果"和"谷歌"。未来 10 年，我们将会进入第三次浪潮，即全球内容互联。所有的传播平台在传播终端技术上都将有所突破。所谓的全球内容互联的核心就是"IP 技术 + 无线宽带 + 视频内容"，所以未来你如果能整合出一个网站，这个网站有大量的内容，这些内容又都是以音视频为主的优质内容，那么你的网站就非常有价值。它的引领性的标志正在研发，叫作未来媒体网络标准。它将会诞生的公司模式就是"亚马逊模式"。所以，这 20 年来互联网一直是人类创富的平台，如果要创富就要跟着趋势。接下来的愿景是超高清内容随处可得，个性化内容轻松可用，普惠内容低成本可达，人类要用网络感知内容，用内容识别网络，即我需要什么内容就进入什么网络。所以，第三次浪潮正向我们袭来，未来媒体又将进行颠覆性革命。现在，无线终端使我们可以充分利用碎片化的时间，随时随地接收信息，或者将拍录的内容传播出去，极大地提高了人们提取信息、使用信息的能力。

所谓文化创意产业，它是个人创意技巧以及才华的反映，是文化知识和技术的关联。所以，所有的演员都是人才，一个人可能就是一个产业。赵本山就是一个经典的案例。原本他只是在铁岭那边唱二人转，后来进京成了"小品王"，现在成了中国娱乐界的泰斗。小沈阳是赵本山精心打造的第二代农民工形象，油腔滑调，这是对他的定位。他的这种定位是很精准的，利用人的瞬间失忆给人们带来无限的欢乐，这就是娱乐的最高境界——通过我的表演让你忘却了你是谁。周立波的海派清口相声也很有特点。张艺谋的电影创造了很多神话，他个人所创造的价值也很多。冯小刚现在也开始"触电"，开始到电视节目中当评委，他的笑是一种冷幽默，似笑非笑，他是个严肃的导演，做通俗类节目的点评也是很有看头。所以，现在所有的选秀节目角色都是定位好的。

前不久，我们策划上海社科院开办文化金融学研究生班，主要面向金融界。金融，无非资本，资本是杠杆，金融的本质是逐利。文化产业怎么逐利？这种逐利体现什么样的价值观？是不是把文化搞坏了？实际上，现在全球对金融已经有了一个新的认识，所以在和文化对接时，如何体现你的价值观，文化、地产、影视、娱乐秀、动漫等众多领域如何投资，其中都是有奥秘的。如何选择团队，如何进行成本控制，如何进行运营管控，创立怎样的运营模式，这些都值得研究。

我前面讲的主题是文化市场，一个城市的文化魅力主要体现在软实力上。

"软实力"是由美国哈佛大学教授约瑟夫·奈于1990年首次提出的，文化、政治价值观、外交政策是衍生软实力的三大来源。一个国家的综合实力既包括经济、科技、军事等硬实力，也包括文化意识形态等软实力，而一个城市的文化魅力则主要体现在文化软实力上。

但是，中国城市与发达国家城市相比，在软实力方面差距还很大。

比如伦敦，它是世界卓越的创意文化中心，它的文化创意产业是国家重要的经济支柱，所创造出来的财富仅次于金融服务行业，也是第三大就业经济领域，伦敦艺术品拍卖销售仅次于纽约，位列世界第二。伦敦有很多艺术公司、录音室，经常举办各种音乐商业活动，英国电视广播收入的75%都来自伦敦。但是现在整个金融行业也在改组，面对金融电子货币时代，伦敦的金融神话或许会破灭。但是，对于创意文化来说，只要人类存在，精神的享受是永恒的。所以，全世界每年还是会有1亿人到伦敦参观博物馆和画廊。

说到巴黎，首先想到的是时装，巴黎的时装和香水确实享誉世界，但是事实上巴黎的新闻出版业才是雄踞首位的产业，法新社、《世界报》与《费加罗报》都在国际上享有盛誉，大巴黎地区电影生产量占法国电影生产总量的3/4，巴黎有20个剧场、200个电影院、15个音乐厅。你到巴黎去看小型私人博物馆，一个月也看不完，100多平方米的博物馆内，各种私人收藏都非常有味道。但是在中国人的印象中，巴黎的时装和香水相较于其他方面名气更大一些，大部分中国人到国外去还停留在物质层面，还没有真正进入这些城市所凝聚的精神层面。

纽约是时尚之都，有百老汇，有音乐剧，四大音乐剧中，除了《西贡小姐》中国还未引进外，其他三部（《猫》《剧院魅影》《妈妈咪呀》）都已引进，这些音乐剧都是久演不衰的经典之作。

上海要提升文化软实力，要梳理清晰的文化发展脉络。如何认识上海？有很多争论。有人说上海从松江府开始就是上海了，有700多年历史，甚至可以追溯到更早。事实上并不是这样，上海就是一座1843年开埠的近现代城市，只有从这点出发，你才能理解上海这座近现代城市。它跟北京、西安、南京都不一样，北京、西安、南京是传承了五千年悠悠中华文明史，都是有历史记忆和传承的。而上海就是1843年开埠的近现代城市，开埠后外来的文化跟"身体"发生反应，这种反应很快，最明显的就体现在文化上。所以，20世纪30年代上海的文化非常辉煌，所有新的事物，如出版、电影、传播、传媒、绘画等都出现在这里。

一直说上海的城市精神是"海纳百川"，我觉得上海最核心的城市精神是"冒险家的乐园"。冒险不是一个贬义词，实际是一个中性词，一个人要具有冒险精神。现在说"80后""90后"的男孩子缺乏血性，所谓缺乏血性，就是怕冒险，担心前面有风险，所以不敢走。

上海的文化是多元化的，各种文化聚集在一起，它对城市文化精神和魅力的追寻非常复杂。上海现在的新城开发也能体现出上海的这一特点。像嘉定，追求生态、自然、科技，要彰显荷花韵、江南情、汽车城、现代人；松江，重点门户，叫山水之城、上海之根、繁荣之石，要彰显历史现代风貌、生态和谐；青浦，上海西部，要打造水乡、历史文化、禅城。现在所有的这些探索其核心是什么？就是以人为核心，文化是灵魂。

一座城市最吸引人的是什么？是文化，是精神层面的享受。尤其是对于受过良好教育的人来说，注重的是精神感受，所以说，文化人难打交道，文化人有自己精神的标尺。所以在当前的城镇化建设中，要把文化提上去，文化是城市的灵魂。在这一过程中，如何发展文化产业？首先要处理好几个关系。第一是意识形态属性和商品属性的关系。文化既是意识形态又是商品。第二是文化产业和文化事业的关系。所谓文化事业就是提供公共文化用品，公共文化用品要以政府为主导，财政支持，保障基本权益。文化产业就是要以市场为主导、以企业为主体满足人们的需求。第三是社会效益和经济效益的关系。单讲社会效益而不讲经济效益，很难实现可持续发展，要兼顾两个效益。第四是文化传承和文化创新的关系。现在习总书记非常提倡弘扬中华传统文化，所谓中华传统文化，要不忘本来，吸收外来，开辟未来，大力弘扬传统文化，延续历史文脉，同时历史文脉要结合现实，为现在所用，切莫矫枉过正。我们要回到春秋战国时代，那是回不去的。什么是国学？一个是"国"，一个是"学"。"国"字是什么概念，不是指春秋战国时期，不是指唐宋元明清，这个"国"是指当下，"学"则是指学问，国学的本质是研究当下的学问。所以我们说的传承和创新，传承是为了当下，是为了创新，是为了我们现代人生活得更好。

文化产业的核心是人才，最缺的是复合型管理人才。所谓复合型管理人才，要具有文化艺术的鉴赏修养和娱乐趋势的判断力，要提供学术化的服务，同时要有市场意识，要有经营管理能力。举例说，为什么《爸爸去哪儿》会红，《中国好声音》会红，《中国好舞蹈》就没有红？这跟中国人的审美情趣有关，把舞蹈中的一个劈腿、劈腿中的一个缓慢漂移、漂移中的一个手势舒展都欣赏到位，普通受众没达到这个境界，这是极少数人才能欣赏的艺术，所以这个节目红不了。就像听交响乐，就很精细、很专业，要有一定的鉴赏力。

另外，新型行业专业人才要懂新技术制造、新媒体传播，不断催生新产品、新业态。就像我前面说的互联网第三次浪潮要进行全球内容互联，IP技术加无线宽带加音视频内容。怎么像乔布斯那样进行终端机整合？大家想不出，如果你想得出，你就是人才。内容创意人才，通过你的智慧、技能和才华，通过灵感和想象力，借助科技将你的想法、创意表现出来，进行提升，使你盈利，这些都很难。

现在各地都在发展文化创意产业，核心是要挖掘当地特色的文化资源，把当地的文化资源转化成自身的文化产业；另外，要和发达地区对接。像上海就要跟伦敦、巴黎等最顶尖文化的所在地对接，这样才能取法其上。

变革与坚守——关于传统媒体与新兴媒体融合发展的几点思考

时　　间：2014 年 7 月 9 日
地　　点：上海交通大学闵行校区光彪楼 1 楼多功能厅
主讲人：陈保平

陈保平

　　陈保平，原文新集团社长，现任上海新闻工作者协会副主席。1982 年起历任《上海青年报》记者部主任、总编辑，上海三联书店总编辑，上海文艺出版社总社党委书记、文艺社总编辑，文汇—青年联合报业集团社长助理、副社长，《新民晚报》总编辑、编审。

陈保平：同学们好，每次到中国传媒领袖大讲堂来做演讲，心情都会不一样。传统媒体正经历着非常深刻的变化，未来到底应该如何去迎接媒体转型的时代，相信每个人都有自己的思考。这两年上海传媒业发生了巨大的变革，已经停办了一些报纸，也合并了一些报纸，未来，全国媒体行业的发展趋势大概都是这样。

2014 年高考后，网上流传了两个帖子，其中一个我想应该是完全虚构的帖子，是说有个北京的考生拿到语文考卷，看到作文题是《老规矩》，他就心头窃喜，拿出 8 张百元大钞贴在考卷上，并且写上"还好我有准备"，就交了上去。第二个帖子可能是真实的，也可能是虚构的，讲的是江苏省高考状元填报志愿时报的是北京一所高校的新闻专业，很多记者去采访这位高考状元时都纷纷劝他不要读新闻专业，随后他发了个帖子说正在考虑转向金融专业。这是在网上流传很广的一个帖子，它反映了当前的媒介生态和大家对传媒转型的一些困惑。在这个时候，我们学习传媒的同学，或者说将要进入传媒业的同学，未来应该怎么走？这确实值得我们思考。

今天不能谈很多很深的道理，因为我自己也面临着传媒转型的挑战，需要和大家一起探索。我谈两个基本的观点，如果你以后进入传媒业，无论是进入传统媒体，还是进入新媒体，抑或是从事媒体研究，或进行媒体管理，甚至到企业去做公关，有两件事是必须要做的：第一，要了解媒体变革的现状，媒体变革正处于哪个阶段；第二，无论如何变革，有些基本的原则我们需要坚守。今天我演讲的题目就是《变革与坚守——关于传统媒体与新兴媒体融合发展的几点思考》。

第一点，传统媒体与新兴媒体的关系大致经历了三个阶段。

第一个阶段，传统媒体建设新媒体。这个阶段主要是传统媒体在自己的品牌下建设网站，比如当时《新民晚报》就创建了新民网。

第二个阶段，传统媒体与新兴媒体互动发展。这一阶段的互动发展就不再满足于简单地创建网站，而是探索如何在传统媒体报道和网络媒体报道之间建立一种互动的联系，特别是在新闻传播的过程当中，如何利用新媒体优势打造我们自己的媒体品牌。例如，2010年上海胶州路发生大火，大火发生在下午2点多钟，本来晚报对白天的新闻占有先机，但是下午2点多钟晚报已经印刷了，而所有的日报都要到第二天早晨才能出版，而电视台的新闻节目规定是在晚上6点半以后播出，中央电视台的新闻是在晚上7点以后播出。当时，新民网的两名记者在第一时间赶到了现场，以视频的形式记录下了火灾现场的情况，并将视频上传到网络。这个视频后来就成为当天晚上中央电视台播报上海胶州路大火所用的视频。这是在互动阶段网络媒体发挥很大作用的一个例子。再举一个例子，也是新民网做的一个关于报纸和网络互动的策划。大家知道，每年高考的作文题目很多省市都是不一样的。高考语文开考以后作文题目就公布了，公布了以后，报纸分管教育的新闻部门就会做出反应，它们请了10位上海特级教师对当天的作文题目进行研判。但是，由于很多观点报纸来不及刊登，而且也不能详细地刊登，因此我们就在报纸上发预告，在新民网上也发预告，称晚上8点新民网将独家播报上海10位特级教师对高考作文题目的解读。想不到报纸新闻一传播，网上一刊登，当天晚上8点以后，几十万学生和家长都来看特级老师的解读。此次报网互动收到了很好的效果。在第二阶段，这种报网互动形式被很多媒体充分运用，传统媒体看到了新媒体的价值。

第三个阶段，就是今天，传统媒体和新媒体的关系已经进入融合发展阶段。所谓融合发展，不是两个平台，而是把传统媒体平台和新媒体平台相连接、相融合、相统一。但是，从目前来看，我们传媒业正处于变革过程中，转型、融合、发展，各个媒体都在探索，而融合成功的案例，特别是比较大的案例还不是很多。可能有不少媒体还处于第二阶段，但也有很多媒体已经在探索融合的过程中了。

第二点，传统媒体面对的严峻挑战是什么？商业网站百度、阿里巴巴、腾讯是我国三个较大的网站，它们现在已经筑起了非常高的门槛，新闻、文化、游戏、生活资讯，都有自己的子网站，三家网站的子媒体都已有较大的规模。面对这样的布局，传统媒体要想占领新媒体的市场谈何容易。实际上，传统媒体是晚了一些，但这并不意味着传统媒体没有突破的可能。

第三点，融合发展应该建立怎样的思路？我认为要通过以下几个步骤。

第一，要制定战略规划。没有战略规划，仅仅是一个网站、一个移动APP或者一两个项目的探索，很难形成优势。战略规划第一条即进行前瞻性研究，前瞻性研究是未来媒体融合的关键，也就是说要对互联网时代人们的需求和生活方式的改变有所了解。未来5年、10年、20年，整个人类的生活方式、商业模式、资讯传播方式乃至新闻写作方式，都会由于互联网、数字化的发展而产生巨大的变化。这一点，我们可以从一些具体的生活细节中感受到。比如，前几年在报纸上投放广告最多的是电商，像永乐、国美、苏宁等。随着老百姓生活水平的提高，售卖各种各样电器的商店布满城市，电商们开店、促销都要做广告，在报纸上投放的广告很多。从三年前开始，电商广告大幅度下降，甚至有一些门店关门，也出现了一些小店被大店吞并的现象。淘宝类电子商务的发展，使得很多购买电器的消费者不再需要到门店购买，电子商务的兴起对实体商店的冲击非常大。类似的情况会越来越多地进入我们的生活，影响我们的商业模式。互联网提供了数据，大数据、云概念的发展一定会给人类生活带来巨大的变化。一个传媒集团要发展，要创办新媒体，不掌握这些数据，不对其进行分析和提炼，不对人在互联网时代的需求进行充分的研究，想要取得成功是很难的。

我再举一个传媒的例子。上海东方传媒集团从 10 年前就开始打造第一财经这个平台，现在第一财经媒体集团拥有电视、电台、报纸、杂志、网站、微信、微博、APP 等各种形式子媒体，但集团的经营指标和利润一直处于下滑的趋势。当年集团在打造第一财经品牌的时候，特别是前两三年做得非常好的时候，一些民营财经资讯公司想要合作，它们没有搭理，最后这几家民营财经资讯公司都取得了成功，一个是"东方财富"，现在已经上市了；一个是"大智慧"，也是做财经资讯的，每年四五亿元的销售额。这些公司一下子就成长起来了，它们没有做财经新闻，它们做的是财经资讯，比如怎么炒股票、怎么理财，都是和老百姓的生活密切相关的资讯，所以一下子就做大了。反过来它们获得了用户以后，现在自己也想做财经新闻了，甚至如果国家政策允许它们自己都想做视频、办电视台。这个案例对第一财经的老总很有刺激性。后来我问：你们一开始的时候为什么没有想到这样的发展前景和规模？他说：我把 10 年前制定的战略规划拿出来看了一下，就是明确要在多少年内把第一财经打造成上海乃至全国一流的全媒体品牌。按照这个战略规划我们做到了，我们有了电视，有了电台，有了报纸，有了《第一财经周刊》，有了微信、微博、APP，我们的全媒体规划都已经完成了。从字面上看，这个战略规划没有问题，但是那个时候只想到的是做新闻的媒体，并没有想到把新闻和生活服务资讯，和老百姓最贴切的需求结合起来。由此看出，媒体融合很关键的一点是要有科学的战略规划。

第二，战略规划要和媒体的内容、渠道、技术、平台、经营、管理等方面密切相关。如果只有内容，没有渠道，很难完成融合。如果技术是好的，但是没有建立一个大的平台，只有好的技术也是没用的。当然还需要有较高的管理水平，需要领军人物，领军人物也就是优秀的管理团队和管理者，要在新媒体环境下保持良好的心态。现在大家有点儿焦虑是正常的，但是在焦虑以后你怎样去正视现状，以饱满的精神状态去审视现状结果会大不一样。所以说，品牌、资本、资源、人才缺一不可。

现在传统媒体要走融合发展之路，光靠自己的国有资本肯定是不行的，要按照十八届三中全会提出的要求，以市场为导向，以市场的资源配置方式为导向，融合社会资本来做大做强传统媒体。比如要创办财经类媒体，就要想办法和证监会、银监会、保监会等合作。如果拿不到资源而只有资本，同样是很难成功转型的。

那么，如何制定融合发展规划？

从以上媒体融合案例中，可以看出媒体融合从模式上来说是多种多样的。比如广电的融合就是要建立全媒体指挥室，全媒体指挥室可能不像传统的采编方式，你到外面去采访以后把稿子发给各个分管新闻的部门，部门主任签字以后发到总编那里审定，审定了以后再发到平台上进行转播。全媒体指挥室就是所有人采写的稿件、数据只放在一个"中央厨房"里，这个"中央厨房"会根据不同媒体的特点对信息进行编辑，有的供给电视台，有的供给电台，有的供给APP，有的供给移动终端，最大化地利用资源，其特征即不同方式的呈现。一篇稿子、一段视频，不同的媒体呈现的方式是不一样的，如果让一个人去完成，时间可能来不及。但是有个"中央厨房"，你只管供给素材，至于这个菜怎么烧，"中央厨房"会帮你配好料，再帮你送到各个"客户"那里，也就是各个客户端那里。媒体发展到这一步才是真正的融合，今后的发展就是要建立这种全媒体指挥室和新闻的"中央厨房"。

大型传媒集团在做强、做大自己的品牌网站、微博、微信、APP移动客户端之后，应以集团的规模和品牌为端口，将各类媒体资源融合起来，建立统一的平台，以这样的组织架构和百度、腾讯、阿里巴巴等商业网站进行正面抗衡。比如上海报业集团旗下的网站、新媒体客户端等加起来有上百个，累计流量大概有1000多万，但是各个子媒体的流量较少。如果把传媒集团旗下的子报、子刊以及各类新媒体融合到统一的端口，打造一个统一的平台，用户进入这个端口之后，可以根据个人需求和喜好选择媒体平台，而且，传统媒体的品牌影响力、媒体公信力以及巨大的端口流量对广告运营商也具有很大的吸引力。

接下来，介绍一些在今天媒体融合探索的过程当中较为成功的案例，即用孵化机制激励创新的案例。传统媒体受国营体制所限，不可能像民营媒体一样有非常强的动力。传统媒体要做新媒体，需要层层审批，需要集团批钱。大家都想问集团要这个钱，而集团又没有这么多钱，所以这些年媒体实际上在探索一个孵化机制，文新集团过去建立成长基金，现在上海报业集团也在沿用这样的机制培养一些新媒体创新。换句话说，就是以试错的方式来确立可持续发展的项目。一个人或几个人提出一个创新项目，由专门的委员会来审核评估，也可以请第三方专家来进行评估。如果觉得这个项目是可行的，或者说代表了某种发展方向，会由集团拨一些钱来进行探索。

下面举四个上海传统媒体在新媒体探索上做得比较成功的案例。第一个就是新民网的突发新闻视频。报纸采访、排版、校对、印刷的过程显示了传统媒体和新媒体相比的弱势，无法即时即刻报道突发新闻。新媒体传播非常快，新民网从 2006 年发展到现在，每年的广告收入可以达到 800 万元左右。新民网的发展主要就是依靠突发新闻报道，每次有突发新闻，新民网记者都争取第一时间到达现场，抢在其他媒体之前，通过文字、照片、视频等多种形式报道新闻。目前新民网的流量有几百万，这在全球网站的排名也是比较靠前的。

第二个案例是电台做移动终端。上海广播电台开发了一个手机应用叫《直通 990》移动终端。《直通 990》本来是上海广播电台的一个广播品牌，主要是为老百姓解决一些日常生活中的问题，用广播来直接和听众沟通。《直通 990》树立了良好的品牌以后，电台就把它嫁接到移动终端上去，并且取得了比较好的效果。《直通 990》移动终端 2013 年 10 月底上线，IOS 版升级了 3 次，安卓版本升级了 17 次，产品吸引了将近 3 万名用户，实际注册用户将近 1.3 万人，日活跃量达到了 2000 人。《直通

990》移动终端当时是只有 3 个人做的小项目，以沟通社情民意为主要功能，服务内容涵盖了上海市社会受理中心 193 项受理事务的信息查询、社区事务受理实时预约等。进入这个移动终端后，用户不仅可以询问所有的问题，还可以到街道服务中心去办理事情，怎么办理你都可以看到，甚至可以具体到告知现在窗口登记的人有几个，这样的移动媒体很受社区居民的欢迎。所有的咨询人员均是上海 12345 热线的骨干人员，目前已实现市民政策咨询为主的问答总数超过 30 万条，通过区级政府的配合，部分社区事务受理可以在手机上预约，进行全过程的查询，甚至还设计了微信社交平台，小区居民在微信里可以讨论社区服务的优劣势，提建议，《直通990》实现了"一键发送，多平台呈现"。目前，闵行区、长宁区、徐汇区、闸北区等四五个区都建立了《直通 990》客户终端。可以想象一下，上海有两百多个社区，如果每个社区的移动终端都能够吸引社区居民，为居民的日常生活服务，一定会形成盈利模式，也一定能够获得流量利益。

第三个例子是《外滩画报》。《外滩画报》涵盖了时尚、文化、教育、科技等内容，是一份以高端读者为主的周报，每期发行 5 万份。2013 年它们的广告收入达到 9000 多万元，也就是说一份一共只出 52 期的报纸，一年广告收入达 9000 多万元。2013 年下半年开始，它们做了一个公众微信账号，叫"外滩教育"，专门提供海外留学、海外培训等信息，具有非常精准的服务对象。它们提供的海外留学资讯，包括学校比较、师资情况、专业分析，甚至包括留学在外、寄宿在别人家里的注意事项。现在这个公众号已经有了 3 万多个固定用户，当其用户达到 2 万多的时候就有一些海外学校、海外培训机构、领事馆来找它们想要投放广告，推荐自己国家的教育文化，因为它们觉得这是一个定位精准的服务账号。其他报纸可能也有这样一些栏目，但不是这么精准，广告商不知道报纸、杂志上这些内容有多少人在看，而这个微信账号的 3 万多个用户都是有直接需求的。

最后我举一个特别有意思的例子，就是《解放日报》的党政办，它们是做党政新闻的，也开办了自己的微信账号。2014 年上半年，这个微信只做了一个内容，就是刊登习近平总书记在"群众路线教育实践活动"

中的讲话以及上海市市委书记韩正关于群众路线政策的讲话。它把讲话分成一段一段的，把每段的要点、题目做出来，然后在这个微信账号上编成实践教育活动分析报告模本。简单来说，这个微信账号上只登了三项内容：习总书记的讲话、韩书记的讲话和分析报告模本。这个微信账号最大的功能就是让你知道领导在实践教育当中讲的基本观点是什么，你要学习什么，还有就是报告怎么写。想不到，两个星期就有 1.5 万多人关注了这个微信账号。这给我们做媒体的人什么启示呢？就是说，对象精确化是未来媒体成长的一个很重要的要求。

现在的媒体实际上是很难去分析的，比如报纸，过去《新民晚报》有 100 多万用户，受众年龄从 80 岁到 8 岁不等，版面的内容设置有面向孩子的，也有面向老人的，更多的是面向中年群体的。这种大众化媒体在新媒体的冲击下实际上已经很难维持其可持续发展了，因为今天的服务更加要求精准定位受众，服务个性化群体。我举的这几个例子都说明了当你的对象精准化、服务需求十分明确的时候，就可能成功。

第四点，也是非常重要的一点，就是数据化的开发和应用。过去传统报纸没有建立自己的读者数据库，都是通过邮局或者零售商来订购发行，但是我们并不清楚是哪些人订了我们的报纸。我当年在《新民晚报》当老总的时候，曾经和邮局商量，出 3000 万元买晚报订户的数据。当时我们晚报发行量达 100 多万，订户就有 80 万。80 万的数据被邮局牢牢掌握在手里，不肯给我们。为什么呢？开始它们可能担心你把数据买去以后自己要自办发行，实际上我们倒不是要自办发行，因为自办发行的难度和成本都是很大的，特别是发行团队的管理会非常难。我们要这个数据，第一，是了解我们的读者，包括他们的收入水平、文化程度、年龄、男女比例、家庭情况等信息，掌握这些数据并根据这些数据分析重新设计版面、安排内容，就会更有针对性。第二，掌握了这些数据以后，我们可以和一些广告商、产品供应商合作，为这些特定人群提供特别的服务。再举一个例子，《新民晚报》曾和上海"杏花楼"合作，推出价廉物美、环保节约的"家常月饼"，以抑制月饼包装奢靡之风，受到了广大读者的欢迎。企业薄利多销赚了钱，读者得到了实惠，媒体也通过此次成功的策划和运作赚取了广告费。媒体、企业、读者三方都从中得益，还节约了大量的资源。这个活动的成功是因为我们了解晚报的读者基本上是平民百姓，不是高端读者。过去我们对读者数据不够重视，影响了我们为报纸读者"量身制造"内容，这是我们需要检讨的。并不是说新媒体的冲击是传统媒体下行的唯一因素，也有我们过去对读者数据化、读者针对性维护不够等因素。当然，可能是因为新媒体的挑战使我们反过来思考我们的不足。做新媒体之后，实际上对数据的掌握就更方便了。新媒体后台记录的各类数据是衡量采编绩效的尺度。以后做新媒体，多少人来看这条新闻，看的时间是多长，这个页面的流量是多少，都是有数据的。这些数据就变成我们考核采编人员的重要依据。看的人少甚至没有人看，说明报道肯定不吸引人。所以这也是数据化管理的一个很重要的因素。第三，要建立数据分析团队，迅速提升数据采集和分析的能力。进入大数据时代，很多新闻可以通过数据的分析发现更大的价值。你在一个事情面前得出的是这个结论，可能在进行大量数据分析以后得出完全不一样的结论。《解放日报》有一个报道说，上海在国际上的健康数据实际上是很好的，但是老百姓对看病求医的不满意程度还是非常高。为什么数据和老百姓的直接反应差别这么大呢？有一个记者通过对数据进行分析后发现，中国人看病的观念存在问题，对此进行了分析报道，后来读者都反映他的报道还是比较理性的。所以，未来新老媒体融合，每个媒体都要建立一个数据分析团队。你要有大量的数据可以分析，通过这些数据可以挖掘好的新闻素材、发现人们的需求和团队自身的不足。

前面我讲了当前媒体面临的变革，媒体处于什么现状。下面简单地讲一讲在变革过程当中，我们要坚守的三个原则。

第一个是新闻理想。从事新闻行业的人如果没有新闻理想，那就不一定要干这一行。第二个就是要坚持专业主义。做新闻的还是要按新闻规律办事，要有自己的专业追求，要写出好稿子，做出好媒体，要做一个让公众信任的媒体工作者。第三个是母语特色。当今社会的语言功能还是非常强大的，语言受到的冲击也是非常强大的。记者实际上也是语言的传播者。怎样用好的语言来突出母语特色也是很重要的。

所谓的新闻理想就是要推进社会的进步和现代文明，要让人民有知情权、表达权、参与权、监督权。我非常敬佩那些在媒体中揭露腐败、揭露社会弊端、为弱势群体利益鼓与呼的记者。做新闻的人一定要有社会责任感，一定要有社会良知。过去有个女记者，她从西北回来写的稿子都非常感人，比如甘肃有个地方非常缺水，那里很多女性因为没有水喝都去河塘喝非常脏的水，以后生下的孩子都有疾病。她就到那里去采访，呼吁当地政府打井，解决人们的吃水问题。同样也是这位记者，她到了贵州大巴山，发现很多孩子的父母都不在家，都到城里去打工了，是爷爷、奶奶照顾他们。这样的群体在贵州山区里面有成百上千个。这些年来，农民工为城市建设做出了很大贡献，但是也付出了很大的代价，特别是他们的孩子，很多都过着非常不幸的生活。她到了这些村庄，看到孩子们的贫困生活很受触动，回上海以后找到了一个慈善机构，发起了给大山里的孩子捐助的活动。后来我们也动员报社和社会人士捐款，报社编辑、记者捐了十几万块钱，加上社会捐助一共几十万块钱送到山区给他们买书包、买大米、买铅笔盒，这个活动每年都在继续。所以我觉得坚持新闻理想还是非常重要的，当然坚持新闻理想在今天还有一个非常重要的功能，就是揭露社会的腐败和弊端。坚持新闻专业主义主要还是要讲真实性，客观公正是基本要求。上海报业集团的《新闻记者》杂志，每年都评十大假新闻，已经连续评了10年。我们希望这个活动能够因为没有假新闻可评而停止，那说明中国的新闻进步了。

关于真实我讲四点。第一，真实与隐私。真实与隐私的关系是媒体特别要注意的，有的事情是很真实的，但是，是不是所有真实的事情都可以报道？保护个人隐私高于仅仅满足公众窥私欲的真实，这也是一种社会责任感。真实和社会隐私、个人隐私，是全世界媒体人都在探讨的问题。因为一些侵犯隐私的个案造成人身悲哀，这种事情是很多的。第二，真实与社会效果。新闻是一种判断与选择，选择什么样的真实和对真实做什么样的判断，都有伦理价值的判断。第三，真实与趣味。媒体反映的真实会引导公众的审美趣味、审美趋势。我们现在就存在一种趋势，好丑，偏爱低俗倾向。比如，我们怎么来看网上的"屌丝现象"？这种现象应该说也反映了一部分草根群体文化，但是确实也存在一些低俗的、好丑的、暴力的、色情的东西。第四，就是获得真实的手段，还是要深入采访，要有调查性的报道，不能够为了获得真实而采取一些完全违背法律或者违背文明的手段，不择手段获得真实是不提倡的。

最后我说一说语言。现在好的媒体文章有不少，但是，好的文字还是不多，实际上新闻媒体人也是要讲究文字功力的。海明威为什么小说写得好？他的小说写得好和他做新闻记者时对文字的锤炼密切相关。他做过战地记者，战地记者不可能在战场上有很长的时间写稿子、打电报，那个时候没有网络，打电报要求字越少越好，这种文字的精练使他日后的小说也是非常干净、精练。什么是好的新闻媒体文字？你能够用最少的文字表达最大的信息量，那你就是一个好记者。因为记者和文学的差别是要传递信息，当然这个信息不仅仅是事实的信息，可能还有思想的信息，还有理念的信息。你不仅是讲事实，在这个事实后面你还让人家看到了理念，看到了思想，那你就是非常杰出的记者。现在，文学有文学批评，但是我们缺少新闻批评，特别是对新闻内容的批评。新闻工作者自身是批评社会的，但是对自己的新闻体裁缺少批评。这样的专业杂志也不多，专业杂志现在比较多的也是在谈媒体的发展、融合、管理、经营，谈我们媒体本身价值的相对比较少。

总的来说，在面临变革的这样一个时代，我们应该坚守一些最基本的东西。什么在变？什么不变？媒体在变，我们要拥抱新媒体、拥抱大数据，要拥抱这样一个融合的过程。不变的是我们的理想和理念，我们还要更多地让人民说话，让人民自由地说话，让人民理性地说话。

嘉宾：陈老师，您好。对于像《解放日报》《文汇报》《新民晚报》等这些覆盖范围较广的报纸，该怎样在变革过程中实现明确定位，怎样给受众提供定位更准确的服务内容呢？

陈保平：我们的报纸都有自己的定位，例如，《解放日报》定位是党报，它主要是面向党政机关干部。《文汇报》现在的定位主要是新闻，它主要是面向教育、文化、科技等相关领域的知识分子，其目标受众也是比较明确的。《新民晚报》主要是面向广大老百姓，但是我们缺乏对这个老百姓的具体分析，定位还不明确。我们做过一个调查，《新民晚报》的读者年龄在40岁以上的占的比例较大，这个定位可能相对比较准确一点，但是如果你的内容只是针对40岁以上的读者，那么你未来的读者在哪里？所以这份报纸也有面向中、小学生的内容，我们还想培养一些未来的读者。《外滩画报》也是这样，它定位于高端受众群体，所以它比较能够有针对性地做好内容。

嘉宾：您认为新媒体从业者应该如何利用双重视角做出一些适合新媒体的独特内容？

陈保平：我觉得今天做新媒体的人，第一是要了解"80后""90后""00后"他们的趣味、价值观和生活方式，只有了解受众需求才能有针对性地提供内容和服务。第二是要对新媒体技术有所了解，才能在开发新产品时更好地运用新技术展示自己的产品。

嘉宾：我想问，新媒体，特别是地方级的新媒体，在内容建设方面您有没有好的建议？

陈保平：我觉得要注重地方资讯，因为地方级媒体做全国资讯没有优势，但是做地方资讯恰恰是它们的优势，你可以做得非常精细化，非常有针对性，非常有地域文化。另外要注重内容的原创性。新媒体就应该在形式上、在内容表达上不同于传统媒体，我觉得这是新媒体应该坚持的。

媒体融合的现状与发展态势

时　间：2014 年 7 月 19 日

地　点：上海交通大学闵行校区陈瑞球楼 100 号

主讲人：杨驰原

杨驰原

　　杨驰原，传媒杂志社主编。从事新闻出版工作 25 年，曾任编辑部主任、杂志社社长、报社总编、音像出版社副社长，在国家级期刊、报纸发表新闻报道 50 多篇，学术论文 30 多篇。参与中国新闻出版研究院"农家书屋年度报告""新闻出版业网站发展现状调查报告""传媒业品牌影响力研究"等多个课题研究，是北京市新闻出版局特聘专家。近年重点研究新媒体对传统媒体的影响，策划组织采编了"手机超媒体时代到来""LED：新媒体 新视界""动漫总动员"等专题，并撰写了多篇新媒体方面的论文。

杨驰原：我今天要与大家交流的内容是媒体融合的现状与新态势。我为什么要选择这样一个题目呢？媒体融合是一个很旧的词，新世纪以来，大家就不断地在谈这个词，为什么今天要把这个词拿出来跟大家谈呢？因为出现了一个新的情况，一个新的媒体融合时代就要到来了。2014年，习总书记在讲话中提到了这方面的内容，中宣部部长刘奇葆同志在《人民日报》上发表了一篇文章，推进媒体融合。接下来中宣部陆续组织了多次座谈，有内部的、有公开的，来研讨媒体融合，这是被中央高层高度重视的一个问题。我今天向大家介绍三个方面的内容：一是媒体融合的现状，二是媒体融合的进展情况，三是媒体融合的未来趋势。

媒体融合的现状，从三个方面来介绍：什么是媒体融合或者媒体融合的定义是什么，新媒体对整个传统媒体的冲击以及传统媒体对新媒体的植入。

媒体融合的定义多种多样，就像新媒体的定义一样，现在也没有一个统一的、标准的定义。我认为媒体融合就是各种媒体呈现一体化的一个趋势，简单来说，就是把新媒体和旧媒体有效结合起来，资源共享、集中处理，研究出不同品种的产品，再通过不同的平台传播给受众，就是文字化表达。简单来说，媒体融合包含两方面的内容：一方面是传统媒体之间的融合，另一方面是传统媒体与新媒体之间的融合。

传统媒体之间的融合，比如广电、报纸的融合，总体来看，壁垒仍然很高。我先把传统媒体之间融合的情况和大家做个介绍。从国家新闻出版广电总局成立来看，新闻出版总署和广电总局两个部委合并了，为什么合并了？这个举动本身就是由媒体融合来推动的，因为媒体的边界现在越来越模糊，媒体之间的融合趋势越来越明显。我们过去的管理方式是条块式的管理，广电是广电，广播是广播，电视是电视，电影单独是一个个体，后来就把它们合并在一起了，所以说是广播电影、广播电视。过去新闻出版总署重点管理的是出版社、报纸和杂志。早期新闻出版总署的管理权限非常小，早期的期刊，如科技部的期刊归科技部管，国家科委批完了之后到总署这边来注册一下就行，报纸就更不用说了，直接归科技部管，到后来新闻出版总署的管理权限才扩展到全都管。这种各管各的壁垒在媒体融合、在国家改制的大背景下消失了，从行政上消除了，所有的合并在一起。但是，实际上还是没有消除，现在这两个部委合并后是什么样的情况？还是各管各的，互不干涉。比如说，电视台能不能办杂志、办报纸，报社能不能办电视台？这基本上都不行。所以说，目前来看，存在的壁垒还是非常高的。现在很多媒体集团也都在努力打破这个壁垒，比如说，很多媒体集团说，你不让我办电视台，我可以参股有线电视、网站，网站可以播放视频，那么也就慢慢地向电视这个行业渗透。电视台也在逐渐地往纸媒这方面渗透，比方说，河南有一份报纸叫《东方今报》，就是由电视台办的，所以说都是在互相渗透。总的来看，壁垒很高，举步艰难。但是部委合并开了一个好头，政策方面会越来越放宽，互相渗透的趋势越来越明显。

传统媒体与新媒体之间的融合是什么情况呢？我用四个字来形容，那就是"如火如荼"。大家都非常了解新媒体，新媒体与传统媒体之间，包括我们大家现在获取新闻的渠道，都不是通过看电视获取新闻信息了，也很少看报纸，但为什么大家知道的新闻不比过去少？因为用手机就能全部都看到。这就是媒体融合的结果，你们看到的，很多报纸报道的内容、电视播放的内容、新媒体上的内容，都融合到手机上了，所以说这就是一个很明显的例证。

说起传统媒体和新媒体的融合问题，我们先来研究一下新媒体，什么是新媒体？我们天天都接触新媒体，但什么是新媒体？它有什么特点？它的定义应该怎么来确定？按美国《连线》杂志的定义是"所有人对所有人的传播"。我最赞同这一条定义，简单明了，把事情说得非常透彻。但是这个定义也有缺陷，就是从成本的角度来说，没有把它的特性说得很清楚。百度百科的定义是：新的技术条件下出现的媒体形态。比较全面一点的是：新媒体相对于其他媒体而言，相对于传统媒体而言，是报纸、广播、电视等媒体出现以后发展起来的新的媒体形态，是利用数字技术、网络技术、媒体技术，通过互联网、无线通信网、有线网络以及数字电视等渠道、终端，向用户提供信息和娱乐的传播媒体形态。对此众说纷纭，现在也没有定论，我从自己的理解给出一个定义：以数字技术为支撑，以互联网通信技术为依托，以各种新型电子显示终端为媒介，向公众提供信息、娱乐以及交流平台的传播形态和媒体形态。这个定义有三方面的含义：第一，它以互联网通信技术为依托；第二，以各种新型终端为媒介；第三，向公众提供信息、娱乐以及交流的平台。别的定义里面把这三个方面没有说得很全面。我们的新媒体有什么作用？一个方面是提供信息，一个方面是提供娱乐。比如打游戏、看电影都是娱乐，新闻是信息，还有一个是交流的功能。新媒体有传播形态和媒体形态，它兼具这两个形态，同时这里面还有一个改变，就是把用户改为公众，我增加了交流平台，这个定义就有这么两个特点。

新媒体的分类越来越多、越来越繁杂，到底应该怎么分类呢？我把它分为五类：①社会交流媒体，比如说博客、微博、论坛等都是社交类媒体；②移动媒体，手机、iPad、移动电视都是移动媒体；③数字化的传统媒体，比如说电子阅报栏、数字报、数字期刊、数字电视，全都是数字化的传统媒体；④户外媒体，户外媒体实际上是一个老媒体，只是过去说的户外媒体都是户外广告，现在有了 LED 屏，这是一个新的媒体形态，并且有一些媒体集团把 LED 媒体化发展，所以说 LED 屏可以看作户外媒体，作为一种新媒体形态；⑤交叉的新媒体，比如说手机和电视，交叉产生的就是手机电视、手机电台、手机报、微广播——微博和广播、视频网站，这都是交叉新媒体。

新媒体对传统媒体的冲击非常大，这种冲击主要体现在四个方面。第一是时效性方面，传统媒体有天然的劣势，报纸在互联网诞生之前曾经是时效性最好的媒体。那时候我也做过报纸，值夜班，为什么值夜班？每天都有值夜班的，现在也还是一样，就为了头一天的新闻能够在第二天让读者看到，曾经应该是时效性最好的，后来广播、电视，尤其是电视一产生，把新闻就给抢了，报纸的时效性就差了些。但是，这些媒体在新媒体面前就全都落伍了，杂志就更不用说了。杂志过去还有一点功能，现在几乎一点也没有了。新媒体在发生一件事情、一些新闻事件后几乎是即时播报，所以在时效性上新媒体可以说是全面打败传统媒体，很多媒体，如报纸、电视等都要借助新媒体来抢发新闻。第二就是传播效果上，报纸、书刊只能文字加图片，是静止的。电视虽然有画面，但它在传播效果上和新媒体相比还有一定差距，新媒体是多媒体画面，二者也还是有不同的。但是电视勉强在传播效果上可以和新媒体相抗衡，还有些优势，比如说，看世界杯的话，在新媒体上看就比不过通过电视收看，大家都会去看电视。传播效果，电视还能够保持，其他方面就不行了，远远比不上新媒体。第三是影响力，媒体是影响力经济，只有有影响力，媒体才能够被大家所认可。过去报纸曾经是影响力最大的媒体，白纸黑字。30 多年前，那个时候大家天天都在研究报纸，研究今天哪个领导人出现了，哪个没有出现，有什么变化，但现在报纸的影响力可以说是越来越弱了，电视影响力也正在减弱，微博、微信这些新媒体的影响力是越来越大。第四是盈利模式，传统媒体盈利模式是三次售卖。产品出来是一次售卖，广告是二次售卖，品牌是三次售卖。那么新媒体就不一样了，它的盈利模式非常广，虽然现在也没有什么特别好的、成形的模式。新媒体盈利模式有它的优点，就是多种多样；也有它的劣势，现在还没有形成固定统一、有效的盈利模式。

下面和大家交流的就是传统媒体与新媒体的竞争之路。我从三个方面来介绍：面对新媒体，传统媒体是一个什么心态——由悲观到乐观；传统媒体与新媒体相比有哪些优势；传统媒体与新媒体竞合的态势。

面对新媒体，传统媒体经历了如下这样一个心路历程。新媒体刚开始出现的时候，传统媒体对新媒体是不屑一顾的，很看不上的，认为它们成不了气候。然后逐渐地从不屑一顾到冲击很大再到悲观失望，感觉传统媒体没有未来了，会被新媒体取代了，悲观失望。然后逐渐探索去和新媒体融合，找到新的方向，又从悲观失望到很乐观了。这里有一个标志性的事件，2010年的第二届亚洲数字期刊大会召开，为什么这是一个标志性事件呢？就是因为年初 iPad 推出了，这个大会刚好是 iPad 推出10个月以后召开的，所以大家在会上都在谈 iPad，感觉这是传统媒体和新媒体融合的一个途径，在 iPad 上面看报纸、看杂志都很方便，并且报纸、杂志的一些图片、一些视频都可以体现出来。就是说，不仅仅把传统的报刊放在一个终端上，而且把传统报刊的形态都改变了，可以有视频了。整个会场都洋溢着非常乐观的情绪，尤其是中国期刊协会石峰会长，他说数字化对新闻媒体而言不是洪水猛兽，而是春风送暖。大家都有这样一种感觉，这个是从期刊大会上传出来的一种感觉，实际上它代表了整个新闻媒体行业对新媒体的态度的一种转变。

传统媒体和新媒体博弈了这么长时间，大家都在说：报纸还能生存下去吗？报纸都快消亡了。实际上冷静思考一下我们就能发现，传统媒体和新媒体相比还是有很大的优势，这种天然的优势不是在很短的时间之内就会消失的。这种优势表现在五个方面。第一就是品牌优势。一些规模比较大的广播电视台、大报名刊，长期以来已经形成了各自的品牌。像《湖北日报》已经创办65年了，它的积累是非常丰厚的，有自己的品牌，它的发行量在三年间从21万份到现在的60多万份。不是说传统媒体不行了吗，怎么它的发行量还上涨了？这就是它的优势，品牌优势。第二是公信力优势。最终消息源的真假，大家肯定还是通过传统媒体来确认的，一般经过中央电视台确认的或者是《人民日报》登出来确认的应该就是真的。

但是传统媒体的这个优势也在逐渐减弱，现在中央电视台也偶尔出现"乌龙"，我们的一些主流媒体也经常前面辟了谣，后面就成了真实的了，这种情况经常有。而新媒体上本来像谣言一样的信息最后变成真的事实了，所以说新媒体正在弱化传统媒体的公信力优势。公信力对传统媒体来说是最重要的，如果传统媒体把公信力丢掉了，就更加不堪一击了。第三就是行政资源的优势。我们国家的媒体是受管控的，采取审批制。我们当时想把杂志下半月版办成一份文摘类的杂志，当时新闻出版总署的署长、副署长都同意了，我们还是总署研究院的，在这样的优势之下，一直到2013 年，经过了五六年才批下来，还是在管控放松的情况之下。所以说媒体的行政管控是非常严的，这种严格就导致了媒体成为稀有资源。这种优势现在还存在，比方说新媒体想去采访，原则上新媒体是没有采访权的。比如搜狐，没有一个人有采访权、有记者证，按照国家管理这个制度来说，新媒体的那种采访形式是错误的，这就是一种垄断性。这样做好不好我们可以讨论，但是现实就是这样的，它就造成了传统媒体的这个优势。我个人认为，像搜狐等新媒体，实际上它已经是一个媒体了，应当给予适当的资质。现在给全国的一些重点新闻网站的记者发放记者证，但是仅限人民网、新华网，还有其他重点新闻网站，一共就 5 家。下一步会不会扩大到商业门户网站呢？我看这个路还很长，也很难说。第四就是客户资源优势。很多传统媒体长期积累了很丰富的客户资源，并且很稳定，但目前传统媒体的客户资源还是在大量流失。第五是人才优势。过去传统媒体都是事业编制，进的人也都是优中选优。《大河报》不是讲了嘛，到现在为止，招聘 5 个人有 300 多人报名。总体上说，从新闻专业性来看，我觉得应该是报纸的新闻专业性最强，广播电视差一些。传统媒体的这些优势实际上现在面临一个严峻的问题，就是优势还在，还很大，但是正在流失。现在传统媒体跟新媒体的融合，实际上是想找回和扩大这些优势。

回顾一下新世纪以来媒体融合的历程。进入新世纪，随着网络的发展，媒体融合开始了这样一个进程。我把它总结成三个阶段，第一个阶段是数字化试验阶段。搜狐、新浪、腾讯、网易都是在新世纪之前的两三年创办的，它们差不多都是在 2000 年前后在美国纳斯达克股票市场上市的。所以说从 2000 年开始，网络媒体迎来大发展时期。随着网络媒体大发展，很多传统媒体形成了数字化或网络化形态，这是数字化探索阶段，就是试验阶段，这一时期的多媒体形态主要是数字杂志、数字报纸、数字广播等数字化产品。第二阶段是产业化探索阶段。从 2006 年开始，这一时期涌现出很多新媒体。手机告别了简单的短信功能，手机报闪亮登场。我记得我们《传媒》杂志在 2005 年 5 月 17 日世界电信日的时候，在 2005 年第 5 期，做了一个专题叫"手机短信一周年"。也就是说，从 2004 年开始到 2005 年，是手机短信发展一周年的时间。当时手机短信很新鲜，一年之间发展非常快，但当时还很难说手机就是一种媒体了，当时还是以手机的通信功能为主，只是把语音变成了文字交流，还是通信功能。那么手机真正作为一个媒体又是什么时候开始的呢？2006 年，有了手机报移动卡，开始有了彩信、彩信手机报，这个时候它才有了媒体功能。在此期间，车载移动电视借助北京奥运会的东风得到广泛推广，博客这个时候很兴盛，微博是在这个阶段的末期，2009 年登场的。那么，在这个时期，传统媒体和新媒体的融合进入了一个产业化探索阶段。有了手机、手机报探索营运模式，探索的最后结果是捆绑，比如电信收钱，一个月 5 块钱就给你这个手机报，这个是传统模式，现在有一些还在用这个传统模式。第三阶段是融合发展阶段，2010 年至今。媒体融合已经进行得比较深入了。有三个标志性事件：第一个是中国进入 3G 时代，2009 年中国移动、中国联通分别推出了 3G 网，投入使用是在 2010 年，所以，我把时间节点划到了 2010 年；第二个标志性事件是 2010 年 1 月 iPad 诞生；第三个标志性事件就是微博的大爆发。微博在 2009 年诞生之后，从 2010 年出现了爆发式增长。这三个标志性事件宣告新媒体进入了一个全新时期，也宣告媒体融合开始了一个新的阶段。现在是 2014 年，我觉得 2014 年是一个新节点，那三个阶段都过去了。从今年开始，媒体融合进入了一个新的时期——深入融合阶段。

下面讲媒体的新态势。我们现在的媒体融合进入了一个什么样的态势？我从两个方面来介绍。

第一个方面是面临的新形势——媒体融合。我们现在面临三个方面的新形势。一个是从政策层面，中央领导现在高度重视，中宣部能够举办几个座谈会来研究这个问题，这肯定是前所未有的。我参加了一个中宣部内部的座谈，就是刊网融合，比如中宣部各个部门，它有新闻司，新闻和出版都是分开的，不同的部门就是针对自己负责的这一块组织座谈会，有公开的，也有内部的。我参加的是内部的关于刊网融合的座谈会。它为什么要举办这么多座谈会？有两个目的。一是了解情况，二是制定新政策。说不定那些推动媒体融合的新政策就快要出来了。这是要面临的一个新形势。

二是在现实层面，纸媒下滑趋势加剧。最新出炉的官方的统计数字是这样的，就是前几天总局委托我们研究院来做一个报告，2013年的新闻出版业分析报告，这个报告显示，报纸出版形势严峻，通过三个指标可以看出，一个是印张上，总印张降低了5.1%，就是出版少了；整个营业额收入降低了8.9%，接近9%了；利润总额减少了11.7%。这个数字是很严峻的，因为多年都是增长的，包括我们国家的国民经济都是增长的，但从2012年开始降，连续往下降，这是很可怕的一个现实。期刊略有增长，印数下降，收入略有增长，也是很不乐观。还有一个阅读的变化，现在读者流失也很严重。我们研究院组织撰写的《全国国民阅读调查报告》，提醒各位同学重视，为什么呢？因为我第一年来中国传媒领袖大讲堂的时候，那时候还举办了一个学生论文评选活动，我是论文指导老师，给大家点评。我发现学生都不重视这些数据来源。你想写好论文，你一定要有扎实的数据来源。我们这个报告对大家写论文应当能有很大帮助。你们写论文，要有数据来源，一个是这个报告，一个是互联网的那个报告。大家要重视这些报告，这里面有你们写论文需要的资料和数据。《全国国民阅读调查报告》显示，从2007年到现在，全国国民期刊阅读率从58.4%下降到38.3%；数字化阅读方式，就是通过手机、网络、电子阅读器阅读，从2008年的24.5%上升到2013年的50.1%。你看一看这个幅度，那边降得厉害，降了 20.1 个百分点，这边升了 25.6 个百分点，这一升一降就是巨大的变化。

三是从技术层面上来看，首先就是互联网的飞速发展。大家可以看第 34 次互联网调查报告。现在全国网民数量是 6.18 亿，互联网普及率是 45.8%，马上就要超过 50% 了，手机网民达 5 亿，这些数字都很惊人。其次就是 4G，2013 年 12 月，国家发放了 4G 牌照，宣告我国进入 4G 时代，2014 年毫无疑问就是 4G 元年。我看到一个报道，国家正在研究 5G。5G 这个技术不仅仅是对 4G 的升级，它是更加全面的一个变化，4G 和 3G 已经是革命性的变化了，5G 又更进了一步。4G 时代的来临为媒体融合提供了一个很好的机遇。再次是新媒体的不断涌现和发展。以前微博一出现的时候，我们就说太好了，那么又出现了微信，上周我学会了用"滴滴打车"软件，太方便了。新媒体不断发展，我们无法预料它到底会是什么情况。我们可以预料的是肯定不断地有新媒体涌现，不断地有更强大的、更方便大家接触使用的新媒体出现。

第二个方面就是发展趋势。发展趋势我总结为三点，第一个是媒体边界逐渐消融，传媒集团大量涌现，这是我们在采访之中很深的一个感触。比如说，全国有 42 家经过总署批准的报业集团，未经总署批准的还有 50 多家，比如华商报报业集团。后来很多报业集团逐渐改为传媒集团，比如南方日报传媒集团、湖北日报传媒集团。但现在是两种，一种叫日报报业集团，一种叫日报传媒集团。凡是改成传媒集团的，它都有一个鲜明的目的，就是往全媒体发展。比如说，山东大众日报报业集团，它就是投资 10 亿元到有线网络做股东，现在又往新媒体方面发展。它的大众网办得非常好，大众网就是一个新媒体平台。比如说湖北日报传媒集团建立了新媒体指挥中心，它是全国省级报业第一家上市的新媒体公司，也制作视频，就是说他们这个报业集团的发展方向不仅仅是办报纸，广播、电视各个方面都要深入，甚至是扫码等一些新媒体应用都要发展。包括广电集团现在也在向其他媒体拓展，跟新媒体融合，这些努力使得媒体的边界逐渐消融，不能像以前一样说是报业集团了。比如说知音传媒集团，你说它就是个刊物，说它是期刊集团不对了，其实它真正是一个传媒集团，将来可能还拍电影，可能做电视，还可能制作视频，可能做一些新媒体产品等。《中国国家地理》，你说它是一个期刊，不对了，它是个多媒体机构，它的手机报已经获得盈利了。所以现在呈现媒体边界逐渐消融，传媒集团大量出现的趋势，这是第一个趋势。第二个趋势就是新业态下的新盈利模式会逐渐探索出来，逐渐清晰。现在新媒体，尤其传统媒体办的新媒体，有些人认为本身就是烧钱，不能挣钱。但是也有人不同意，阿里巴巴是不是个媒体？陆小华先生的观点我特别赞同，他说阿里巴巴、淘宝有那么多客户，有那么大量的互动，它怎么能不是个新媒体呢？新媒体本身已经找到了很好的营运模式，只是传统媒体办的新媒体还没有找到很清晰的营运模式。有一些，比如说付费阅读等种种探索现在还没有看到很清晰的模式。但是在这个新阶段，2014 年以后新的阶段，我想三五年之后肯定会有大的改观。第三个趋势就是新终端会成为新媒体融合的助推器。现在我们的新终端以 iPad 和手机为主，将来的形态肯定会更加融合。手机，你叫它手机，其实它已经不是手机了，而是个超媒体。我们杂志在 2010 年做了这样一个专题，就是手机超媒体时代来临，我们觉得将来手机是一个超媒体。手机是所有媒体融合的最好的平台，在手机上我们可以看报纸、看杂志、看电视、听广播、听音乐，将来所有的功能（包括现在的打车、结算等）都会在它上面实现，它是一个超媒体。

传媒创新

文化领域的创新

时　间：2014 年 7 月 16 日
地　点：上海交通大学闵行校区光彪楼 1 楼多功能厅
主讲人：滕俊杰

滕俊杰

　　滕俊杰，现任上海文化广播影视管理局艺术总监。1986 年进入上海电视台，1993 年参与主创上海东方电视台，1998 年参与主创上海卫视，历任上海东方电视台文艺部主任、上海卫视节目部主任、上海电视台副台长、上海文广新闻传媒集团（SMG）副总裁、上海广播电视台副台长。2007 年世界夏季特殊奥林匹克运动会闭幕式总导演，中国 2010 年上海世博会开、闭幕式总导演，国家一级导演。曾 35 次荣获中国电视文艺最高奖"星光奖"，2 次获得国家广电总局颁发的"最佳导演奖"。

　　滕俊杰：今天我要讲的可以说是对我的工作的介绍，有感悟，有经验，有教训。核心是谈谈目前文化领域都在探讨的，并且在中国的文化领域还有所缺失的话题——创新。我认为，创新是人类与生俱来的一种本能、一种性格，其实也是人类生存的某种意义。在"丛林法则"为王的地球上，事实上，人类从体能、体格等方方面面的自然生理条件上来说，跟很多动物无法相比，他既不是最魁梧的，也不是速度最快的，跳得也不是最高的，潜在水里憋气时间也不是最长的……但是，在这样一个生物竞争如此激烈的自然环境中，人类是唯一越来越壮大、越来越成为主宰、越来越走向未来的一个生物群，其中的原因就是人类有一个会创新、会创业的大脑。所以，从这个角度来讲，创新是人类最重要的本领。

　　在今天这个迅速发展的社会中，在文化需求大量提升的局面下，我们的创新显得跟不上发展的需求。我作为一个电视人、电影人、媒体人，也一直在跟我的团队在研究、思索和努力。在此，我想跟各位年轻的精英们共同探讨一些问题。创新，大致可以分为原创和集成两大类。原创就是独一无二，是通过我们的努力、思索、执行力，做出世界上唯一或者第一的项目，当然这很难。现在随着多元的文化大潮滚滚而来，该想到的，该做到的，似乎都已经想到了，都已经做到了，创新的空间似乎越来越小。但事实上并不是这样，莎士比亚再伟大也不可能写尽人间所有的戏剧，缝隙、空间总是有的，因为这个社会在滚滚向前。

下面我举两个自己亲身经历的和创新有关的事例。

多年前，我去延安做一个抗日主题的演出，当时我们满怀信心地要做一次大型的专场表演。但是到了延安之后我们发现，延安城一到晚上，除了中心城区有些灯火以外，其他地方一片漆黑。当时，我第一个困惑是宝塔山在哪里。随即，我想到用灯光还原它的古朴，还原它的整体形象，让它在夜色下的黄土高原上远远看去，真的像一盏明灯，真的像一个指引前进方向的伟大建筑。这个想法形成以后，我马上跟我的团队和延安方面相关的部门进行了很好的沟通，赢得各方的一致认同。现在在宝塔山下还有一块匾，上面写的是上海东方电视台在这里建了一个灯光工程，并且由此带动了延安的夜景旅游，甚至它也吻合了中国革命的明灯这样一个主题。这一做法，当时我和团队还是第一次尝试。

第二个例子，是我们 2014 年刚刚结束的亚信峰会。这是十八大以后以习近平同志为总书记的新一届的党中央领导集体在中国举办的规格最高、人数最多、出席的元首最齐全的会议，上海广播电视台的团队则承担了筹备一台重要的亚信峰会晚会的任务。晚会中有一个节目《江南如诗》，它讲的是江南的评弹，但表现的是多种科技元素相糅合的视听形象。特别是节目中采用了大量全新的技术，在现场形成了一个如梦似幻、亦虚亦实的场景。这样一个现场直播的、大规模的全新之作，也是上海首创。

举这样两个例子，无非想说明生活当中创新的点还是很多的，通过努力是能够做到原创、做到创新的。

还有一种创新就是把别人的好的东西拿来通过思考、提炼、集成，变成我们自己的新东西，在哲学上的表述是"螺旋式的上升"，这样的例子比比皆是。比如像《中国好声音》《中国梦之声》等中国系列，还有《爸爸去哪儿》等娱乐节目，其实在欧美包括在韩国都有成功的模式，只是我们的制作团队把这些节目引进来以后，根据中国的文化特性和观众的欣赏习惯，进行了新一轮的改进提升，赢得了中国市场。为什么这些节目成功了呢？就是因为用集成提升的方式，将别人已经成功的创新模式中国化了。

接下来，我想讲讲今天讲座的一个主题——创新的三要素。第一个要素是激情，人必须要有激情，创新必须要有激情；第二个要素是格局，就是眼界、胸怀；第三个要素是坚持，就是坚韧，要咬紧牙关。

激情、格局、坚持，我认为是创新成功的三个要素。从我本人来讲，我认为大概有这样三个方面。第一，关于激情，我想激情是我们做成任何一件事的前提。在自己选择的工作、自己选择的专业面前，我们要充满激情，热爱这个专业，只有这样才有创新的可能，否则天天怨声载道，天天提不起精神，创新就无从谈起。关于激情，我想引用爱因斯坦的一句话，他认为"从事一切工作，精神是第一位的，激情是第一位的"，无论是初创时还是成功后都是如此。因为成功了以后可能会积累一些经验，有很多想法，但是，如果没有激情的话，照样不能顺利往前走下去。

第二次世界大战时期，美国著名的巴顿将军在和德国隆梅尔军团决战之前对部下说了一段很有名的话。当时美国士兵在欧洲战场、北非战场已经焦头烂额，很多人厌战，甚至有人逃跑，巴顿将军义正词严地说："我们都是美国军人，是军人就必须勇敢地走上战场，走上反法西斯的战场，并且去赢得胜利！等我们老了的时候，我们的孙儿问我们：'爷爷二战的时候你在干吗？'你就可以很自豪地说：'爷爷在反法西斯的第一线，而且赢得了胜利，而不是躲在田纳西种田。'"对军人来讲，巴顿将军的这番激情洋溢的话确实十分鼓舞人心，军人就应该在战场上，而且要赢得胜利。同样，我们在从业、创业的过程当中也必须要有这样的激情洋溢。首先要热爱这个事业，扪心自问，你喜欢吗？如果不喜欢的话，可以赶紧换一个工作，如果你选择了它，就全力以赴。有时为了一个项目，一个创意，一个 idea，你也要全力以赴。

这里我举一个例子。我有一年在北京八达岭长城上做过一个向全世界直播"中国人民抗战胜利纪念日"的大型演出。北京八达岭长城，全国瞩目，每天有很多游客，包括有很多国家的贵宾、元首、部长们来这里参观。当时我们在中宣部开会，相关领导布置任务的时候就只是说这一年是纪念中国人民抗日战争胜利的重要时间节点，希望几家主要的媒体领衔策划创意，做出一些振聋发聩的或者有更大的传播影响力的节目。当然有的媒体也策划了活动，规模很大，但大部分都是选在室内演播厅里进行的，当年中央电视台是将地点选在了人民大会堂。而那一年的二三月份，我就带着团队悄悄地来到了北京，在八达岭长城脚下转了好几天。要做这样一台向全世界直播的晚会，地点很重要，地点选成功了就意味着成功了一半。但是要搞定八达岭还真不容易，包括排练，包括直播，需要八达岭相关部门广泛地配合。我专门找到八达岭的管委会主任，管委会主任热情地接待了我，但是他一口回绝了我要在长城上面做节目的想法。他说："我们八达岭不要宣传，而且你还莫名其妙是个上海的电视台，跑到这里来干吗？北京电视台在这里也努力了很多年，我没有同意过，CCTV来探了无数次，都被我回绝了，你也回去吧！"我的团队泄气了，我倒是被他的激将法激得有点按捺不住。最后，我找到另一位相关领导表达了决心，领导被打动了，于是各方配合同意了我们的方案。那天傍晚五六点钟我们在八达岭长城直播的时候，中央电视台文艺部的领导打电话说："哎哟，老滕啊，你现在在八达岭直播啊！我们在人民大会堂排练的所有的人都停下来了，在看这个电视直播，大家一边看一边想，八达岭长城不是在北京吗？为什么不是CCTV做的？你为什么不跟我们联合做？"最后这个节目成为中国唯一的一个在北京八达岭长城举行的向全世界直播的大型演出。

第二个例子，每年在上海外滩都会举办多媒体新年倒计时活动，每年12月31日晚上12点在外滩的浦发银行和海关大钟几栋大楼前面有一个大规模的多媒体灯光秀表演，这个演出规模非常之大，第一年有10万人，第二年有15万人，2013年达到了40万人，人潮涌动。第一次活动，就是2011年的新年倒计时活动，就是我带的团队做的。当时没人想做，也没人敢做，这个地方是一个交通要道，区域非常庞大，而且几十家媒体要把我们的构想向全世界呈现，挑战也是极大的。第一年举办这样的活动给我留下了深刻的印象。当时我们的市委领导跟我讲：你能不能在上海地标性的地方制作一个具有世界影响的迎新年活动，把散落在几个点的同类型的迎新活动聚拢起来？我一想就想到了海关大钟，因为站在新一年的门槛上，回望也好，前瞻也好，时钟作为一个计时器是最典型的送旧迎新的标志。我们都知道在纽约的时代广场也有迎新年活动，我在纽约读书、采访的时候参加过几次，给我带来很大的感动。他们当天中午开始就在场地四周封路了，数十万来自美国各地、来自世界各地的人都安安静静地往那里涌动，就是为了等十几个小时以后新年的大苹果掉下来。很多年轻人簇拥着、拥抱着，有的是恋人，有的是朋友，有的是同学；很多老年人也互相拥抱着，因为纽约很冷，有时候常常是冰天雪地。中国也一样，外滩在黄浦江边上，也很冷。好在我们事先做了一些调查，了解到很多年轻人特别是大学生都特别欢迎举办这样的活动。这样我们做起来也有底气了，但是怎么做，大家都没有经验，我当时也焦头烂额。后来在公安、消防、建交委、黄浦区等方方面面的支持下，我的团队经过3个月的准备和努力，终于成功将那一年的迎新年倒计时活动向全世界进行了直播，而且我们第一次改变了实体表演，第一次改变了人海战术，整个活动都是变化无穷的多媒体呈现，让现场的很多年轻人一阵一阵欢呼、一阵一阵惊讶，融入我们这个节目。记得当时我们一开始还做出一个规定，现场不能超过8000到1万人，但是到了11点钟各个路口报来的信息说人群聚集得越来越多，特别是有年轻人聚集过来，已经无法拦住他们。现场总指挥部开会商讨怎么办，后来我建议说，劳驾警察叔叔在前面带着队，压着步子，把所有的人都放进来，前面一定要压住，警察排好队，如果一放开，大家往里奔跑，一个人摔倒，大量的人就会摔倒，必须要防止这样的踩踏事故。后来就出现了很感人的一幕：在外滩的广东路、南京路、北京路、福州路，一排一排警察带着整齐的队伍，后面一排一排年轻人，黑压压的，都兴高采烈地进来了，一下子十几万人就把整个外滩给占满了。

我当时很得意、很满足，我想有这么多人来说明我们这个项目有意义。但没想到边上分管安全的领导焦虑不安，冰天雪地里汗都出来了。他说："这么多人一定要出事，现在还要待半个多小时倒计时才开始呢。"是的，年轻人进来以后确实是热情洋溢，加上天又冷，大家站在原地又是蹦又是跳，现场的涌动其实是潜伏着某种安全危机的。怎么办？用什么方式让大家安静下来？用什么方式确保安全？后来我就把现场导演叫来，我说，你跟现场说："我们现在要做一个与以往任何演出都不同的表演，希望大家用安静的方式等待它的出现，整整一年要过去了，新的一年要来了，大家安安静静地问一下内心，在过去的一年中你都做了些什么，做了什么好的事情或者不太好的事情，现在是对过去一年说告别的时刻了。"现场任何维持秩序的指挥、吆喝都没有用，但是这几句话突然让大家安静下来了，我突然觉得很感动，大家很虔诚，面对着海关大钟都在默默地想自己的事情，尽管依然寒冷，却突然有了一股温暖人心的力量。

新年到来的钟声敲响，整个现场一片沸腾！星星点点，数十万的亮点，不是我们发的荧光棒，是各位现场的来宾、年轻人，用自己的手机在拍摄，用自己的手机在直播。这个节目由此开创了中国新年倒计时的一个新的标志性案例，全世界主要的新闻媒体都来了，全世界主要的通讯社都来了，不请自来，而且他们都说："如果我们不来我们会漏掉一个重大的新闻。"所以从这一年开始，全世界报道新年倒计时活动的电视台，包括BBC、CNN、NBC、CBS等，报道中国一定是用上海外滩的镜头。

这个例子要胆量，但更重要的是你要有激情，没有这种激情的话，抱着多一事不如少一事的心态，根本做不成。到了2013年跨年的时候，来外滩参加活动的人数已经达到了40万人左右的规模，虽然很多人在外围根本看不到灯光表演，但是年轻的朋友们要来感受，来分享这样一个属于年轻人的迎新年的时刻。

第二，关于格局。有激情是成功的前提，但真正要做节目内心要有很多储备，要有很多与众不同的知识积累和独特眼光。格局我认为是非常重要的，如果没有格局你就是一个愣小子，光是热情洋溢，黄泥萝卜看一段吃一段，弄到哪里算哪里，走不远也做不好。我认为格局是要有深刻的思考，做每一件事情、每个电视项目，要对每个主题有深入的理解，不能浅尝辄止，不能浮于表面。比如说，2010 年上海世博会的开幕式、闭幕式，我作为总导演也挑了这个担子。当然有很多非常优秀的人和我们共同筹备这两场盛会，但作为总导演，总体的节目格局、总体的内容设计，你必须自己先要拿出来，这完全要靠自己。我做创意的时候，翻阅了往届世界博览会的所有资料，特别关注了我们国内重大国家项目、国际项目的一些做法，由此我对这一届世博会有了新的认识，对我操作这个开幕式（包括闭幕式）有了新的认识，其中很重要的一点，我要吸纳全世界元素。因为在以往不少类似活动中，基本上都是我们中国人自己在表演，外国人都是陪衬或者根本就是一个看客，所以我觉得邀请全世界一起参与是重要的。因为当时的主题是"城市，让生活更美好"，城市化运动是势不可挡的未来的趋势。就像中国一样，据统计到 2020 年中国将有 8.3 亿人口要进入城市，全世界也一样，在 1998 年的时候全世界已经有 49% 以上的人口进入了城市。城市是一个重大的命题，但城市的问题也有很多，怎么办？全世界来讨论。所以我邀请了上届世博会的主办国日本的世博会形象大使古村新司先生，他的那首《SUBARU》大家也应该都有记忆，他是日本一位非常优秀的艺术家。第二个我请来了下一届世博会，也就是意大利米兰世博会的形象大使安德烈·波切利先生。第三个我请来了新西兰毛利族艺术团。我认为未来人类进入城市化、现代化的过程当中，被现代文明、当代文明边缘化的那些原始部落我们也是不能忽视的，或者说我们人类现在的一些文明，很有可能第一桶金就是通过对他们的掠夺而获得的，史料也证明了这一点，所以在今天我们不能把他们忘记。第四个，我又把约翰内斯堡边上世界最大的贫民窟里的一支黑人合唱团请了过来。黑人歌手、黑人朋友们尽管生活不富裕，甚至很贫穷，但是他们唱歌跳舞的天赋也是我所需要的，而这些居住在大城市的贫民窟里面的人也是我们需要关注的。后来现场的效果非常好，法新社和瑞士的通讯社都同样讲到了"中国第一次表达了一种成熟的心态，它把本来就不长的晚会相当一部分时间留给了全世界，表达了一种自信"。

第二个就是格局的布局视野要宽，既要看脚下，也要看天下。1997

年 7 月 1 日香港回归的时候，关于如何来庆祝这个伟大的历史时刻，国家有很多布局。当时，我和我的团队也有很多自选动作，在布局的时候我们也想得很宽。1997 年年初，我们来到美国的西海岸，拍摄一个飞越太平洋的节目。当时我做了一个调查，了解美国当地人是否介意中国人为收回香港而在此狂欢庆祝。结果几乎所有我采访过的美国朋友都对此表达了赞赏。他们认为，一个国家和一个民族结束殖民统治是最值得庆祝的，任何庆祝形式他们认为都是合理的。于是，我们后来提出了"为中国喝彩"（Proud of China）的想法。1997 年 7 月 3 日，我们就在洛杉矶的好莱坞晚星剧场成功举办了一场 2 万人的音乐会，庆祝香港回归，并邀请了洛杉矶的交响乐团。后来，我们还和中央电视台合作，拍摄记录 12 个城市在当地庆祝香港回归的情况。值得一提的是，我们还和台湾实现了通航、通邮、通电，台湾的电视台、大陆的电视台都对当年的庆祝活动进行了直播。这一切的实现，都离不开宽阔的视野。

格局还有第三个词就是要超前。前面提到多媒体大型表演，如此大规模、世界性的直播，实际上就需要一种前瞻性。另外，在这个以互联网和多媒体为特征的传播时代里，这样一种视觉的效果，多媒体的效果，虚实结合的效果，一定是未来的方向之一。

第三，关于坚持。有句话说：一沓好的纲领不如一个实际行动。还有另外一句话说：有何胜利可言，挺住意味一切。每一个成功的项目，当人们为它祝贺、欢呼时，当事者心中一定是五味杂陈的，因为他可以用 2 分钟做这样一个表述，背后可能是长达 2 个月的坚持。但是你坚持了往往就成功了。

在这里我和各位讲一个我的例子。在 2010 年做上海世博会晚会的时候，我当时特别想找到安德烈·波切利先生。因为他是世界上最伟大的男高音之一，并且又有独特的价值和意义。但是在只有三四个月时间的情况下，要把他请来参加上海世博会的开幕式，要让他退掉有所冲突的合作，很难。但我没有放弃，坚持和他以及他的经纪人保持密切的联系。果然他告诉我说，这个项目他是关注的，但他近两年的合同已经全部签满了，要有重大的赔偿才能前来。后来我告诉他，我近期又重新读了《假如给我三天光明》，我把书中盲人女孩的故事告诉波切利，并对他说：你是一个盲人，这个女孩的很多心愿是需要延续的，这本书打动了我，不知道打动了你没有？第二天他告诉我说，这个故事深深地感染了他，他决定调整日程前来演出，并且除了部分机票费用外不收取任何报酬。在这里，我用一本书的一个故事打动了他，而不是给他无数的许愿、无数的赞助、无数的冠名。这个例子告诉大家，一定要不断地坚持学习。

还要坚持顿悟。我们中国人的创新意识相对较弱，就是关于顿悟这样一种精神相对较少。就犹如考试时，有些问题一时不知如何解答，但临近交卷铃声一响就突然想起来了，这就是灵光乍现。我们从心理学的角度讲，或者从创意的表述来说就是顿悟。我自己也有这样一个例子。上海世博会闭幕式，有一个节目是 24 个少女在舞台上翩翩起舞，其中 12 个人弹琵琶，12 个人拉小提琴，她们在表演过程中要突然原地坐下来跷着二郎腿继续演奏，随后又站起来继续翩翩起舞，随后又要变换队形坐下来。这一切的进行，如果每个人手上带一个凳子是很好解决的，但那样的话就不成为艺术了，我就是要让她们在没有凳子的情况下在变化中产生一种奇特，产生一种让现场观众惊讶的、让电视机前观众惊讶的效果，这是我们的创意。创意出来了，但是执行完不成。事实上，我们在每个演员的右腿上做了一个隐形的支架，那是一种用超强度的飞机上的薄片做的支撑力很强的支架，但是如何跟地板固定又费尽脑筋。其间我们想了磁铁吸住、卡槽固定等几种方法，结果都无法实现，不少人都想要放弃了。但我们最终咬紧牙关坚持到了最后一刻，柳暗花明的转机来了。有一次我和几个导演走在木栅栏上，突然有一个女导演的皮鞋卡在了木缝里面，这个"卡在缝里"突然给了我一个灵感，说是顿悟也好，说是坚持换来的灵感也好，我突然发现女孩子的舞蹈鞋，只要把一个跟做得高一点、厚一点，鞋跟一伸进舞台上的槽里，膝盖部分就可以保持垂直状，如原地坐下来一样继续表演，结果按照这种方法 24 个姑娘在台上飘飘欲仙。这个例子也说明了坚持的重要性，如果不坚持早早地放弃了，这个项目就没有了。

嘉宾：非常感谢您今天的精彩演讲，我有三个问题，是三个关键词。第一个关键词是"见习"，请问在您所领导的团队或者您所参与的众多项目中是否可以给我们广大学子提供见习的机会？第二个关键词是"成长"，据我了解，中央电视台春节联欢晚会的导演很多并非导演专业科班出身，如果我们想进一步深造，您能不能给我们提供一个范围，就是哪些学校、哪些专业可以有助于我们成长为一名优秀的活动或者晚会的导演？第三个关键词是"决策"，在您的讲述过程中我不仅能够感受到您是一位活动执行者，更能感受到您在整个活动策划和主导过程中是一位非常重要的核心人物、一位决策者，我想请教您支持您做决策的最重要的因素有哪些，您的逻辑起点来源于哪里。

滕俊杰：首先我谈谈"见习"。其实我刚做电视的时候和你们差不多大，我做了 28 年的电视，做了 3 年多的行政领导工作，30 多年前我也是个年轻人，我要跟你们讲的是一定要重视见习。1986 年在我进入上海电视台之前，我是在大众杂志社做摄影记者，当时封底、封面有很多我的作品，我在当时也还是有点小名气。但是转行到了电视台以后，我还是要先见习。这里我倒是有一个经验和大家分享。先不要急于成功，也不要急于自我表现，先把各个工作弄清楚。我主动提出来要到摄影科、摄像科，我打算从摄影学起，慢慢了解摄影和导演、摄影和灯光、摄影和舞美、摄影和现场装置的关系，我发现这里面有很多学问，如果我不自己亲身经历一遍的话，各路的老师一个都搞不定。后来我和各部门打交道，各部门对我就很了解、很服气，所以见习很重要，见习最关键的就是心态，把眼光放平，"风物长宜放眼量"，不要急于求成。

其次是成长。我有四句话：完成靠自己，完善靠朋友，完美靠敌人，完胜靠团队。完成要靠自己，谁也帮不了你的忙，你只有自己偷偷学艺、偷偷学师，把基本的必需的知识、本领学到手。如果在一个竞争很激烈的氛围里，有可能你的成功还会抢了别人的饭碗，你走了自己的路，又走了人家的路，让人家无路可走，所以在这样的情况下，你都得虚心地、偷偷地、认真地学习，而不能趾高气扬、目中无人、看不起老同事，这是成长中的第一点。第二点，你要知道靠自己还是不够的，你要把事情做到完善就要靠朋友，这个朋友一定不是酒肉朋友，一定是书本、是老师，尤其是要向你曾经的竞争对手或批评过你的一些人学习。第三点，当然如果要做到完美的话这些还不够，完美要靠"敌人"，其一就是假如我这个项目被我的竞争对手夺标了，他们也许会怎么做，你要想清楚；其二是前进道路上遇到的那些困难你必须咬牙坚持、克服，只有翻过这道山你才有可能成功；其三就是自己内心的惰性，人是有惰性的，如果不克服的话，成长会比较缓慢。第四点就是完胜，完胜靠团队。我们说做电视、做电影，一定是讲求团队合作，一个人是无法做好的。完成靠自己，完善靠朋友，完美靠敌人，完胜靠团队，这是我自己成长的一个感受。

最后是决策。实际上，决策是关于各个层面的，如果当个小导演的话，你也可以决策自己的小栏目，你决策好、判断好，言之有物，言之有理，你的制片人、主任、分管台长一定会对你表示赞同。所以说，决策包含了各个层面，决策国家项目可能范围更广一些，但是我说有激情，有格局，再咬牙坚持，把所有的决策项目做成以后便形成了"马太效应"，好的会越来越好，相信你的人也会越来越相信。你若做不好，上来就失败，或者一败再败的话，以后也就没有人再找你做事情了，你想做决策也没有机会了。所以说抓住每一次机会，把大大小小的决策或决定都当作最后一次，要么不做，要做就尽力做成功，你就会建立一个平台，就会不断地积累更多的信任。

品牌的密码

时　间：2014 年 7 月 18 日
地　点：上海交通大学闵行校区陈瑞球楼 100 号
主讲人：徐浩然

徐浩然

　　徐浩然，博士，江苏省品牌学会会长，江苏省政协委员，远东慈善基金会执行理事长，远东控股集团高级副总裁、首席品牌官，资深传媒人、学者、职业经理人、社会活动家、慈善工作者；著有《文化产业管理》《个人品牌》等 10 余本专著；曾获中国十大品牌策划专家、中国十大营销策划专家、中国十大企业新闻发言人、中国企业文化管理十佳个人、中国公共关系杰出人士等荣誉。2005 年被江苏省人民政府授予"有突出贡献的中青年专家"称号，2011 年被国务院批准为"享受政府特殊津贴专家"。

徐浩然：我今天和大家谈谈"品牌"，我演讲的题目是《品牌的密码》。不知道同学们对于品牌是否了解或理解。传媒和品牌的关系是什么？有句话叫"水能载舟，亦能覆舟"。传媒造就了品牌，传媒也可以毁掉一个品牌，与此同时，传媒自身也是一个品牌，2014 年中国传媒领袖大讲堂就举办了一个论坛叫作"中国传媒品牌高峰论坛"。

1987 年，我进入中国传媒大学学习传媒专业，此后学过法律、管理学、经济学，成为北京大学经济学博士后。为什么我会选择传媒作为自己的第一专业呢？因为传媒是我第一热爱的专业。2008 年以后，我开始专注"品牌"。为什么要专注"品牌"？因为我发现中国是一个没有品牌的国家，中国人也缺乏品牌意识。一个优秀的男人必须要有"三品"，品质加品格等于品位；同样，一个优秀的女人也要有"三优"，优美加优秀等于优雅。一个是讲究内在的，一个是讲究外在的，内在的和外在的相结合，才能达到极致。

大家知道中国现在在世界 500 强企业里占有多少个席位吗？在 2014 年世界 500 强企业排行榜上，中国有 100 家企业上榜。但是，这些企业并不是真正的国际化跨国企业，中国企业在数量上遥遥领先，但是这些企业大而不强。在这种情况下，中国必须加强改革，注重品牌研究。在品牌理论方面，我们的研究已经走在世界的前沿。我们提出了"全面品牌管理"理论，认为一个企业不是光有一个品牌总监和一个部门就能把企业品牌做强做大的，而是需要全组织、全流程、全人员、全架构都为企业品牌服务，所以叫作"全面品牌管理"。你们如果不懂品牌的话，将来到任何一家企业或者到传媒去工作，你都不会给这家企业或媒体带来真正的贡献。因为对于企业而言，不管是保安、司机，还是服务员、招待员、清洁工，企业的每一个员工都是品牌的构成部分。这些说起来很简单，但真正做起来很难。如何才能保证企业员工给企业品牌增加价值而不是减少价值，这就需要全面品牌管理理论作指导。今天我就将全面品牌管理理论中的部分内容概括为几个数字和大家分享。以上算是我今天演讲的序言。

先讲数字 1。做品牌一定要有一个"1"，以后不管你是到企业工作还是到政府机关工作，你能否为你的机构、组织、企业贡献力量，创造品牌价值，这个"1"都至关重要。这个"1"包含三个方面——第一、唯一和专一，这三个方面共同构成企业打造品牌的核心力量。世界上有三原色——红、黄、蓝，打造品牌的最高境界就是要追求三原色共同交织的那部分，既是第一，又是唯一，还是专一。

所谓"第一"，有两种解释，即你是第一个做这件事的人，这是时间上的第一，以及你是把这件事做得最成功的人，这是体量上的第一。能够同时做到时间上的第一和体量上的第一的人就是最牛的，当然也不尽然。我举个例子，我们都知道世界上第一个发明数码相机的是已经破产的柯达公司。这个公司在 20 世纪 70 年代就发明了世界上第一部数码相机，但是那个时候，它们认为数码产品并不靠谱，而且会冲击到它们的胶片相机的市场，所以该公司把这个技术束之高阁。最后却发现，你不做，别人都在做。在新商业市场、新技术、新应用面前，庞大的商业帝国也可以随时止步。所以，柯达公司后来被众多做数码相机的企业打败了，比如说索尼。后来诺基亚又出来了，但是后来诺基亚又被苹果公司打败了。这就是很多曾经辉煌的品牌没有想到的结局。在这样一个颠覆式的时代，任何一个"第一"都不会是永远的第一。以前我们讲定位无非就是说要在红海当中创造出自己的一片蓝海，但是，其实最厉害的定位是根本就没有红海、蓝海之说，企业自己创造出一片海，天高任鸟飞，海阔凭鱼跃，比如可口可乐。以前我们喝的饮品包括茶、咖啡、牛奶、啤酒等，但是我们没有想到的是还能喝一种碳酸饮料叫可乐。当然，可口可乐在中国的风行得益于它的中文名字。可口可乐最早进入中国香港地区，有一个非常类似于化学药品的名字，销量很不好，改名叫"可口可乐"之后，销量猛增。所以，对于一个人、一个企业、一个产品来说，名字真的也是很重要的。

那么，"唯一"指什么？就是说一个企业、一群人一辈子只做一件事。有没有这样的企业？有很多。这些企业叫"隐形冠军"，它们往往不为人知，但是这些企业具有超强的竞争力和生命力。日本有很多这样的唯一性的企业。例如，日本一家家族企业，规模很小，家族成员就是企业的员工，规模小到这种程度，但是这个企业养活了这个家族的好几代人，而且经营得非常好。它们只生产汽车上专用的螺丝钉这一种产品，但是把产品做到最好、做到极致。每个汽车厂商需要螺丝钉都会去找它们订货。为什么？因为它们做到价格最低、质量最优。所以，我们中国人的思维观念也需要发生一些改变，不要认为做企业就一定要做强做大才算成功，这对大多数人来说是不现实的，规模小但产品精良的公司也是好的企业。当老板挣几百万、上亿的都是塔尖上的人，大部分人挣不了这么多的钱，99%的人，如果不能成为塔尖，他们情何以堪，他们如何生存，他们如何找到人生的幸福？所以，"小而美"的公司也是好的企业，规模不需要多大，依然可以生存得很好。人生的最高目标和企业的最高目标并不是一定要做到最好，人生要做到最幸福、最快乐、最轻松，企业亦然。这是我讲的"唯一"。

第三个是"专一"。品牌不是说什么都要比别人好，哪怕你只要专一地做好一样，这就叫品牌。有人会这么想，我连螺丝钉都做不了，和别人也没什么差距，我就卖个水果吧。你卖水果，我也卖水果，还要销售品牌吗？就有一个卖水果的老板这样问我。我说当然需要。他问：为什么要做品牌？我就问他，你有没有竞争对手？他说有，在小区门口有好几个摆水果摊的，我也是其中之一。我说，当有第二个人和你竞争同一个生意的时候，你就必须要建立自己的品牌，否则就做不过人家。后来他就问我，怎么把品牌做起来？我说，你用心地把每一个水果码放整齐就是做品牌的第一步。这个老板听了我的话之后，把他卖的相同颜色的苹果放在第一排，把梨放在第二排，把香蕉放第三排，然后把水果擦得锃亮，一个搭一个，水果本身就是五颜六色，这样颜色一样的放一排，一排一排整齐地码好，远远看上去就像一个七彩的世界。顾客往那儿一看，所有人都觉得耳目一新，水果的销量大增。后来，他的竞争对手也学着他的做法摆放水果，把水果码放得很整齐。这个老板又来问我该怎么办。我说你还有很多其他的地方可以做得更好。老板又问：那对方又学着做了怎么办？我说别人学没有关系，你只要比别人做得更好，哪怕好一点点，这就叫品牌。为什么人们要花100多万买一辆奔驰，而不愿意花10多万买一辆宝来，难道奔驰车真的比宝来车好上10多倍？其实，奔驰就是主打"尊贵"这张牌，它强调坐奔驰就是一种尊贵的象征。而沃尔沃就主打"安全"这张牌，强调安全性。所以，做品牌不是说什么都要比别人好，你只要有一样做得比别人好就行。这就是我说的"1"包含的三个方面。

下面讲数字2。说起数字2，我脑海中会浮现出一张冰山图。很多人对企业竞争力的认识就像只注重水面上冰山露出来的部分，并没有意识到冰山庞大的体积在水下。我将冰山露出水面的部分比喻为企业的有形资产，将水下部分看作企业巨大的无形资产。中国企业家往往更在意土地、厂房、设备、加盟店等有形资产，而对企业的无形资产重视程度不够。很多中国老板每天就算一笔账，我有多少土地，值多少钱？我有多少设备，现在折旧值多少钱？我有多少应收款，多少直营店，多少加盟店？这些都是有形资产，他们每天都在算这些"有形账"，而忽视了另外一笔"无形账"。可口可乐的老板曾经说过一句很有名的话，他说哪怕可口可乐所有的工厂一夜之间都被烧毁了也没有关系，只要可口可乐这个品牌不倒，3个月后还能东山再起，全世界的超市都将摆满他们的商品。在他看来，工厂、设备等都不是最重要的，都可以付之一炬，只有可口可乐这个品牌才是最重要的。如果有一天，可口可乐这个品牌出了问题，所有的工厂就都将关闭了，到时候，产品的生产线、包装线都将一文不值。西方企业家看重企业的无形资产，着力打造企业品牌，很多企业传承至今，更注重的是传承企业的精神、文化，甚至是贵族气质，即无形资产。

接下来说数字 3。大家看看"品牌"这两个字，其中，"品"字是由三个"口"组成的，从不同主体角度来讲，代表了"我""你""他"这三个"口"。第一个"口"就是"我"的口，即企业之口，自己说自己好，即广告；第二个"口"是"你"的口，即消费者之口，即消费者对企业的评价，我们出去买东西或者住酒店大多都会先看一下网络上对这些企业的点评，这就是消费者的口，你做 1000 个广告都不如消费者的一句话；第三个"口"指"他"的口，就是和企业没有任何利益关系的人的口，这个"口"和企业没有任何利益冲突，纯粹站在第三者立场对企业进行评判，所以让这个"口"说企业好是最难的。现在很多企业注重做慈善，就是要创建良好的社会形象。只有这三个"口"都发达的企业才叫作品牌企业。这是"3"的第一层意思。

"3"的第二层意思指品牌的三个内涵：品质、品格和品位。品质就是产品的质量，产品品质是一个品牌的核心，是品牌的生命，要注重产品质量。像一些企业做过很多广告，获得过很多荣誉，但是一旦产品质量出了问题，什么荣誉都成了过眼云烟。所以，品质是一个企业的魂，有了良好的品质，企业才会被公众信赖，而信赖是一个企业的基本构成要素。

品格，就是格局的"格"，包括企业的使命、愿景、价值观和责任，使命是企业生存下来的最大理由，愿景就是企业要到达的目的地，价值观即企业所遵循的是非判断标准，责任是企业要相伴永远的最基本命脉，只有这四个方面都具备了才算是有品格。一个企业最终能走多远、站多高也正是由其格局决定的。

2007 年，我离开江苏卫视加盟远东集团，后来又担任远东慈善基金会名誉理事，并且两次获得中华慈善奖。我觉得这份工作很了不起。你们知道中国有多少个残疾人士吗？2006 年国家统计的数据是 8296 万人，但其实这只是一部分。这样统计下来，中国大概每 10 个人当中就有一个残疾人，比例相当高。我有次参加台湾首富郭台铭创办的"若水基金会"活动，拿到的名片上写着"帮助身障人"。我问他们什么叫作身障人，他们说就是大陆说的残疾人，说台湾没有残疾这个词语，只有身障，意思就是身体有障碍。我曾经在全国政协会议上呼吁不要叫他们"残疾人"。后来我也做了很多慈善公益方面的事情。在宁夏吴忠，中国残疾人比例最高的地方，我们建了一条街，叫"远东身障人创业一条街"，把一条街的铺面全都盘了下来，统一装修，让身障人在这里创业，并且给他们免房租。我们不是授人以鱼，而是授人以渔，让他们自己创业，但是给他们解决了创业的最大难题。现在这条街上的店铺都在正常运转。此后，我们以每年一至两条的速度在江苏、天津、宁夏、河南等地建立这样的创业街。

在"5·12"地震后，志愿者们来到北川帮助灾民重建家园，花了大力气，道路修得比原来还平整，楼房盖得比原来还漂亮。但是，当志愿者们陆续撤离后，新的灾难又开始了。什么灾难？心理的灾难。地震过后，很多灾民由于经历灾难、失去亲人等出现了不同程度的心理问题。后来，我们找了中国科学院心理研究所，将中国最优秀的心理学研究专家派驻到北川，成立了北川心理震后援助中心，为有需要的人提供心理帮助。几年下来，有十几万人次来这里看过心理门诊。我们后来还获得了中国最高级别的慈善奖。虽然，"慈善"一词一直遭人诟病，但是不管怎样，我们做的事情是问心无愧的。所以，一个企业要有品格，就像人一样，要把企业人格化。

品位是什么？品位其实就是一种美，做品牌的根本目的就是创造美。首先要让自己感动，让企业员工感动，让企业股东感动，进而感动消费者和社会其他人。可是，现在很多人做品牌的目的只是挣钱，忘记了创造美。乔布斯发明了苹果手机，其实他最得意的不是他挣了多少钱，而是这么美的手机被他发明创造了出来，是他对美的追求让他有了这样的发明与创造，而不是对利润的追求。所以，在品牌三个内涵的背后对应着真、善、美这三个概念，即品质要真、品格要善、品位要美。

接下来说 4。数字"4"和品牌的四个外延有关。品牌的外延包括四个方面：企业品牌、产品品牌、个人品牌和区域品牌。

第一个是企业品牌。以陈光标为例，他是个人品牌在发展，企业品牌常常被忽略，产品品牌无人知晓。也有的公司是企业品牌大过个人品牌，例如国企、央企等。

第二个是产品品牌。西方的企业下面会有多个产品，例如，在洗化用品行业里很厉害的企业——宝洁。宝洁下面有 200 多个品牌，海飞丝是其中之一，而且只在中国有这个品牌。当时宝洁公司在这个品牌的名字是叫"海飞丝"还是"飞海丝"上，都花了几年的时间才最终敲定，包括产品请谁做代言拍广告，也都做了几十万人的调查。为什么宝洁公司一进驻中国，就把中国的企业打败了？宝洁公司注重通过市场调研对产品进行精确定位，花了几年的时间对市场进行调研、再调研，得出"中国消费者在洗发用品上最稀缺的产品就是去头屑的洗发水"这一结论。所以，在 20 世纪 80 年代，海飞丝进驻中国后的第一件事就是推出一款去头屑的洗发水。这样的品牌概念，在那个年代对中国广大的消费者影响深远。比如海飞丝定位去头屑，潘婷定位护发，沙宣定位造型，飘柔定位柔顺。这也正是西方企业做品牌和中国企业的区别：不盲目地做决定。

第三个是个人品牌。很多人问：什么是个人品牌？我是最早研究个人品牌的，2006 年我出了一本书，也是中国最早的关于创建个人品牌的书，书名就叫《个人品牌》，由机械工业出版社出版。当时我在书里给"个人品牌"下了一个定义，认为个人品牌就是以个人为传播载体，具有强烈的个性，同时被大众广泛接受和长期认同的，可转化为商业价值的社会注意力资源。还是以陈光标为例，有的人认为他的企业已经不需要做太多广告，就靠他参加活动，企业的名声一下子就起来了。个人品牌对企业品牌构建来说是把双刃剑，一旦个人出现危机，处理不好就有可能连累到所在企业，使企业品牌形象受损。所以，企业品牌、产品品牌、个人品牌要三品共进，形成一种正三角形的关系，才最有利于企业品牌建构。

品牌的第四个外延，就是要把企业品牌、产品品牌、个人品牌这三者串联起来，形成区域品牌，这也是地方政府最为看重的。比如一个城市在历史上出过哪些名人，现在拥有哪些著名的企业以及企业家，生产出哪些有名的产品……这些都共同建构了这座城市的形象和品牌，而区域品牌就包括城市品牌。但是，目前中国的区域品牌还没有建成。目前，中国品牌在世界上只等同于廉价商品，中国制造就等于物质成本乘以105%，只有5%的利润。可是西方的企业，它们靠什么赚钱呢？靠的是品牌价值。西方的奢侈品价格是其物质成本的百倍。很多人买爱马仕的包，几万、十几万、几十万的包都有。这个包的物质成本可能就占了1%而已，更多的是其品牌价值，就是品牌背后的文化塑造。但是，中国企业在品牌文化、品牌附加值等方面的意识还很薄弱。中国是世界最大的奢侈品市场，一年消费几千亿，但是很可惜，中国没有自己真正的奢侈品品牌。

很多人说我们中国也有区域品牌。比如以前我到青岛，青岛市长就很高兴地向我介绍说，青岛是中国的品牌之都。我问：怎么个品牌之都？他说他们有一"巴掌"——海尔、海信、澳柯玛、双星和青岛啤酒。当年这一"巴掌"做得很好，现在这一"巴掌"都是过去的品牌了。现在，中国品牌最聚集的地方是哪里？是福建晋江。在各大卫视做广告的很多企业都是晋江的集团，比如361°、鸿星尔克、匹克、特步等，还有做夹克做得最好的七匹狼，做立领上衣做得最好的柒牌，做风衣做得最好的利郎……服装业也分很多种，男装、女装、风衣、西装等，以前晋江的服装品牌都有自己清晰的品牌定位，但是现在，各个品牌的定位日益模糊，定位丧失导致企业之间的同质化竞争加剧。尤其是体育品牌，2008年北京奥运会之后，所有的体育品牌，尤其是以"李宁"为代表的体育品牌的产品销量大幅下降。最近几年，"李宁"专卖店关闭了一两千家。为什么？因为"李宁"的商业模式出了很大的问题。以前，只要货离开工厂就是销售完毕，可是这种想法是错误的。货离开工厂后到了专卖店，但是实际上产品并没有全部卖出去，这就造成了产品积压，再退回给工厂，如此造成了一个死循环。包括后来出现的"凡客"，"凡客"到现在都还没有实现盈利。所以，中国的企业一定要有自己的品牌，有核心技术，有附加价值，有文化，有灵魂，有信仰。尤其是到了现在这种白热化的竞争时代，真正把企业做成功的，一定是要三五年一直坚持一个目标，坚守到最后才能赢。正如广州人煲汤要煲好几个小时，做品牌也要"小火煲汤"，这是思路。

接下来讲5，数字"5"就是说做品牌的五种心态。

第一，要保持一颗平常心，就是我说的"文火煲汤"的心，千万不要像宫保鸡丁那样"爆炒"，要耐得住寂寞。就像之前讲的，很多外企进驻中国之前都会做很多年的市场调研。可口可乐能够成为世界饮料行业的巨头也是有原因的，比如它们通过几十万份的录像资料研究中国消费者进入超市之后究竟是往左拐还是往右拐，最后发现中国人习惯性地进入超市后会向右拐。所以，可口可乐一定要放到右边的第一个柜台。要怎么放？要跟其他商品的颜色区分开。中国的食品架上本来就缺少红色，所以可口可乐的包装设计得特别显眼，这就是可口可乐的聪明之处。

第二，要有责任心。无论是在品牌创建还是产品品质方面，都要求企业要有责任心，对产品负责，对消费者负责，对社会负责。

第三，要有进取心。打造品牌需要不断地进取，敢于自我超越。

第四，要怀着一颗感恩的心。企业品牌的成功创建不是凭借企业家一个人的本事，而是企业上上下下所有人共同努力的结果，企业的每一位员工都对企业品牌打造做出了贡献，包括产品的消费者也对企业品牌的打造有贡献，所以一定要常怀一颗感恩之心。

第五，还要拥有爱国心。做品牌一定要怀有一颗爱国心。中国现在是世界第二大经济体，但是还没有打造出一个世界级品牌。所以我说企业要有一颗爱国心，这也是我们所说的"中国梦"。

嘉宾：您今天给我们讲的是品牌的塑造，尤其是企业品牌的塑造，令我们受益匪浅。现在电视台、电台都在改革，但并没有形成比较成熟的品牌创建模式，请问如何塑造传媒品牌，您能谈谈经验或者建议吗？谢谢。

徐浩然：要把一个媒体打造成品牌，无论是报纸、杂志，还是广播、电视，我认为最重要的一点就是媒体要有自己的核心产品，比如《中国青年报》的《冰点》栏目、凤凰卫视的《锵锵三人行》，媒体有越多的核心产品越有利于打造媒体品牌，不过哪怕只有一个核心产品也是很好的。江苏卫视是怎么"火"起来的？当初我在江苏卫视的时候也做了一个节目叫《1860 新闻眼》，我是这个节目的创始人和总主持人，但是这个节目的"火"不是"大火"，只是点燃了一把"文火"，真正引燃那把"大火"的是《非诚勿扰》。所以，媒体一定要有自己的王牌产品、核心产品，这是媒体创建品牌重要的一点；第二点比较重要的是，媒体要有公信力，这是媒体的生命。有时候一些媒体爱炒作，也喜欢用标题吸引受众，即所谓的"标题党"。但是，"标题党"越写越血腥，越写越低俗，这并不是一种好的吸引受众的方式，是在用媒体的美誉度换取知名度，为出名而出名。但是，以此种方式出了名，并不一定代表你有真正强大的生命力。我们以前看美国的《60 分钟》节目，其中的报道标题不吓人，但是报道内容很"吓人"，因为它的报道有深度，敢于直面现实，质问政府和社会。而中国的一些媒体报道只是标题吓人，内容没法看，我认为这是媒体的一种病态。

《新闻晨报》转型之道：更上海、更民生、更观点

时　　间：2012 年 7 月 18 日

地　　点：上海交通大学闵行校区陈瑞球楼 100 号

主讲人：秦川

秦川

秦川，《新闻晨报》副总编辑。

秦川："世上只有一种英雄主义，就是在认清生活真相之后依然热爱生活。"这是罗曼·罗兰的一句名言，可以借用过来激励现在的媒体从业者，就是说尽管现在从事传媒业很"痛苦"，但我们依然要坚守最初的新闻理想。鲁迅也曾说过类似的话，"真正的勇士敢于直面惨淡的人生"。这实际上是我们自己在为自己打气，因为比赛有输有赢，生活有光明有黑暗，事业有高潮有低潮，但是"真正的勇士"依然会对此充满热忱。我想问一下大家，在今年的世界杯中，德国队为什么会战胜阿根廷队取得最后的胜利？

嘉宾：现在有一些说法，认为德国队能够取得胜利是因为他们使用大数据来分析球员的训练情况等。但是，我更赞同另一种说法，即球队精神。前段时间，我看过一些德国队为了备战世界杯进行集中训练的视频，我认为德国队能取得最终的胜利主要是由于球队精神和队员们的训练，德国队的二十几个球员中，大部分球员都是效力于同一家俱乐部，球员之间的配合与协调将更加容易。

秦川：这是一位具备较高新闻素养的同学。网络上的说法成千上万，我们作为新闻人要会做出判断和选择，你的选择就代表你的眼光。我非常认同这位同学刚才的观点：第一，德国队有精神、信念和信仰；第二，德国队是一个注重团队意识的球队。德国队可能没有特别耀眼的明星，没有特别酷炫的打法，但是这种战车一体化的精准度，这种团队配合、团队作战战胜了一时的技巧。这也是《新闻晨报》非常认同的一种文化和信仰。

《新闻晨报》是上海本地的一份报纸，目前在上海的早报市场是老大。当然，我们还有一个竞争对手，即《东方早报》，现在是两雄在争夺早报市场，这是目前上海早报市场的格局。从 2000 年创刊到今天，《新闻晨报》已经走过了 14 个年头。这 14 年里，报社在前 8 年一直处于飞速上升阶段，之后报业市场开始出现下滑。应该说，整个传统媒体行业下滑的趋势都非常明显。作为一份高度市场化的报纸，《新闻晨报》的发展和市场紧密联系在一起。目前，我们正面临着系统性、行业性危机。但是，我们还是用罗曼·罗兰的话勉励自己，不抛弃、不放弃，在全媒体环境下进行转型。

《新闻晨报》是怎么转型的呢？今天我就跟大家分享一下《新闻晨报》的转型之道。我先讲一下历史背景。从 2000 年 6 月 1 日到 2012 年，《新闻晨报》创利达 15 亿元（税前），我们的采编团队只有 300 人，所以我们创造了全国都市报人均创利的最高纪录，当时的《新闻晨报》形象点儿说是一台"印钞机"。但是报业不景气的话，报纸就变成"老虎机"。《新闻晨报》转型的总体方针是要打造"内容"加"产品"的集群，这是报社转型的战略方向，我们希望打造一支航母团队，不是单一作战，而是一个航母战斗群，不同的军种在里面发挥不同的力量。我们注重运用新媒体思维，以用户为中心，进行报社的转型升级，通过核心内容打造、平台开发、数字技术来挖掘资源价值。具体来说，就是报社制定的"1、2、3"计划。"1"就是始终坚持以《新闻晨报》这个品牌为核心，这是不能丢掉的。现在有些媒体在转型的道路上走偏了，我们不能乱了方寸，不能慌，我们要看清楚自己的优势是什么。我们认为《新闻晨报》的优势就在于其品牌，即报纸的品牌公信力和影响力，以品牌为核心，这个不能丢。有句话说，传统媒体不转型等死，转型是找死。如果我们在转型的道路上把媒体品牌给丢了，就真的是死路一条。所以，我们所说的"1"是所有数字"0"前面的那个"1"，丢了这个"1"，后面的"0"再多，最终也只是"0"了。所以，《新闻晨报》之魂、《新闻晨报》之源就是我们报纸这个品牌。现在，《新闻晨报》在整个上海报业集团的架构里对自己的定位可以用这样一句话来形容：即《新闻晨报》要比《东方早报》"更上海"，比《新民晚报》更年轻。有没有同学来讲一下你对这句话的理解？

嘉宾：我认为，"更上海"就是更加贴近上海，更加关注上海发生的事情，将报纸的报道重心放在上海地区；更年轻就是《新闻晨报》的报道内容更加生活化，更加接地气，更加生动，更便于读者阅读。

秦川：你的理解基本正确。比《东方早报》"更上海"就是说目前《东方早报》的定位是报道全国性的选题比较多一点，那么，《新闻晨报》就定位于区域性报道，更多地关注于上海本地的情况。年轻则说的是读者结构的问题，《新民晚报》是上海的老牌报纸，每次改版都面临着很大的问题，因为它的老读者不同意它改，这些读者看了它这么多年，不希望报纸有太大的变化，所以《新民晚报》在改版的过程中遇到的阻力很大。《新闻晨报》要比《新民晚报》更年轻，就是说我们希望我们的报纸瞄准的是年轻读者群。2014年1月，《新闻晨报》进行了第7次改版，提出的口号就是"更上海、更民生、更观点"。我想请同学来解释一下什么叫"更观点"。

嘉宾：有一些媒体可能存在报道随大流的问题，别人说什么，它也跟风说什么，没有自己的主见和观点，不能从杂乱的信息中发出自己的声音，不能表达自己的意见和观点。所以，我认为，这里的"更观点"就是说要坚持自己的主见或者说要有自己的原则，能够发出自己的声音，而不是盲从，今天听张三的，明天听李四的。这是我的理解。

秦川：好的，非常正确。现在，纸媒在对抗新媒体时的一个重大策略就是牺牲时间，牺牲报道速度，注重报道深度和判断。《纽约时报》的创始人说过，他们卖的不是新闻，他们卖的是判断。所以，在现代媒体竞争格局里，我们要加大评论的力度。央视的新闻报道出来以后，评论员杨禹就会对事件进行评论，来增加媒体评论这个板块儿的分量，表明媒体的观点。用观点引领读者，这是《新闻晨报》未来的核心竞争力。网络上的信息杂乱无章，往往令受众无从选择，那么，印刷媒体、传统媒体就会帮助读者来梳理信息，并且注重报道的深度。所以，2014年我们提出了转型的三个口号——更上海、更民生、更观点，这就是我们目前的定位。

在报纸的形态方面，我们加强报纸头版的封面化，这也是为了便于读者阅读。刚才我提到，《新闻晨报》要加强报道深度的挖掘，所以，报社特别成立了一个特稿部。传统媒体的优势首先在于其拥有较强的媒体公信力，其次是传统媒体拥有高水平、专业的新闻编辑采写队伍和严格的新闻操作流程。传统媒体在内容采集、分析方面的专业化、深度化都超越了以个人表达为主的自媒体，《新闻晨报》特稿部的成立也是为了增加报纸的深度报道和调查报道等内容。优质的新闻报道内容是媒体的魂和本，绝对不能丢。如果媒体抛弃这部分，那么，所有的品牌经营都将成为一句空话。

在内容生产机制方面，我们希望能够打造一个专业主义团队，生产出优质的新闻内容，在所有产品中能让读者眼前一亮，能够给大家带来新的观点和新的判断，在所有同类新闻报道中，形成更大的影响力，塑造更强的公信力，形成媒体的核心品牌。这是我们必须坚持的"1"。

所谓的"2"，用一句广告语来表达，就是"你和这张报纸的距离就是你和上海的距离"，这是讲报纸的本地化概念。关于这个"2"，我想讲一下"O2O"模式。对于《新闻晨报》来说，我们希望能够制定线上和线下融合发展策略，成为《新闻晨报》这架战机腾飞的两翼，这方面我重点要讲的是《新闻晨报》的新媒体布局。我们的战略思想主要还是依托《新闻晨报》的品牌，借助大申网的资源。现在，腾讯制定了一个媒体战略，它在不同的区域和当地的主流报纸进行合作，在上海就跟我们合作建立了大申网，在重庆建立了大渝网，湖北有一个大成网，这是新媒体携手传统媒体共同发展。那么，我们也希望能够借助这一资源，整合印刷版《新闻晨报》、大申网、《社区晨报》、社区移动客户端、《新闻晨报》官方微博、《新闻晨报》官方微信、微视、手机客户端等，把这些组成一个新媒体矩阵，打造一个大平台，这就是我们的布局。以后再提到《新闻晨报》时将不再是一张印刷版的报纸，而是由多种媒介形式组成的一个航母战斗群、一个平台。在这些新的媒介终端中，目前做得比较好的是《新闻晨报》官方微博，我们的官方微博创办于 2009 年 11 月，经过 4 年多的努力，现在已经拥有了 1083 万粉丝，在全国的影响力仅次于《人民日报》和央视新闻的官方微博，在报纸创办的官方微博中，影响力仅次于《人民日报》，排在第二位。

嘉宾：我有一个问题。我确实关注过《新闻晨报》的官方微博，我关注的原因是 2013 年新浪工作报告中提到《新闻晨报》的官方微博进入了纸媒官方微博的全国前十。你们的微博确实办得很好，可是，我们在看新浪微博的时候，包括在看《新闻晨报》的官方微博的时候，更多地关注的是信息，记住的可能就是从新浪微博里看到的，也许看过信息以后并不会记得这则消息是从《新闻晨报》的官方微博里看到的。你们把《新闻晨报》官方微博办得这么好，是否在帮新浪微博做"嫁衣"？你们在微博平台上提供内容，但实质上并没有在新浪微博上有任何盈利，而是帮别人增加了点击量和浏览量。信息在其他平台上发布了之后，可能还会影响纸质媒体的发行。作为一个传统媒体，您怎么来看待传统媒体开发新媒体的时候所面临的这样的问题？

秦川：好的，问题提得非常好。作为受众来说，他们有时候确实只关心信息本体，信息源未必特别关心。就像有人说的，我只关心蛋好不好吃，至于是哪只母鸡下的蛋我未必关心。这话对了一半，现在不同的母鸡下的蛋也是不一样的，所以我还得关心是哪只母鸡下的蛋。为什么《人民日报》官方微博发布的信息会获得这么高的传播率？因为它在长期信息发布的过程中已经形成了品牌影响力。在初始阶段也许受众会只关心信息本体，但是，随着受众阅读的深入会发现，在不同的信息里面，一些官方微博发布的信息更具有权威性、真实性、明理性，这不是其他媒体、其他官方微博所能代替的。所以你刚才提的问题很好，很重要。自媒体时代，信息发布的门槛儿降低了，谁都可以成为自媒体，但是对媒体的要求更高了。现在很多媒体都在建设自己的官方微博，但是所获得的关注度的差距还是非常大的。这就说明读者既关心信息主体，又关心信息是哪家媒体发布的，媒体形成了品牌力，至少在微博信息传播过程中形成了品牌力。

所以，我们要辩证地看待这个问题。第一，我之所以只关心鸡蛋，而不关心是哪只母鸡下的，是因为鸡蛋的质量都差不多，但是，在草鸡蛋、土鸡蛋、洋鸡蛋、假鸡蛋泛滥的时候，我一定会关心哪个品牌的母鸡下的蛋好；第二，今天媒体行业发展一定是讲求平台经济。什么叫平台经济？就是双赢、三赢甚至四赢的过程。新浪微博到目前为止还没有实现盈利吧，到目前为止腾讯的微信平台也没有过度商业化。但是你说它们没有商业野心吗？错。新浪微博是分拆上市的，腾讯微信也有一个雄心勃勃的商业计划，但是它们现在非常清楚，目前要避免过度商业化，杜绝商品营销。它们也是在打造一个平台。对于媒体来说，简单地从官方微信、官方微博里去获利已经不是现在的营销方式了。现在是整合营销传播时代，现在你去卖一个微博，我要告诉你是卖不动的，如果靠1000万的粉丝去完成整个营销创意也是不可能的。所以，我们现在是计划将官方微信、官方微博等所有媒介终端聚集成一个全媒体平台，走整合传播发展之路。比如，我告诉客户我要做一个什么样的项目，在新媒体方面怎么去传播，在纸媒方面怎么去传播，在线下怎么策划活动……未来的发展一定是这样的一个模式。所以，目前的平台经济就是说要借助各种各样的渠道、终端，将其整合成一个以媒体品牌为核心的大平台，让媒体品牌在不同的地方发挥作用，这样客户才会把预算交给你。

我们做了一些比较，各种媒体提供的信息还是不一样的。除了提供共性的新闻产品之外，我们还加强了个性化的新闻生产，除了官方微信、官方微博之外，我们还开通了一些比较有针对性的做垂直领域的微信和微博。比如，现在升学是一个很重要的市场，我们开通了一个"上海升学"微信，为学生上学、就业提供指导信息，另外，还开通了"马上跑俱乐部"。现在，各个媒体都在规划新媒体布局，《解放日报》建了一个"解放牛网"，《东方早报》有一个"澎湃"。《新闻晨报》在经费投入上比较少，人员比较少，但是我们的收益非常可观。刚才说到整合营销，我引用我们总经理的话：10 年前，只要拥有一个好媒体，广告根本不愁，我们拿着这张报纸在那儿坐着，等着广告商来，广告商排队也要登广告；5 年前，媒体只要有一个比较好的广告公司，广告也不愁；但是今天，我们必须深入客户的日常工作中去，为客户的产品营销做整体的全媒体集结方案，要能够把客户的产品销售出去，才能拿到广告。现在有很多客户要求广告登出去，房子卖出去，销售达到百分之几才给媒体广告费。这就是为什么要整合营销，形势倒逼着我们整个团队从理念到机制再到平台都要进行转型。

下面我讲"3"的含义，就是媒介营销里讲的"三次售卖"理论。第一次售卖是把报纸卖给读者，这叫发行。现在一份报纸卖一块钱，每卖一份报纸报社都是在往里贴钱，因为每份报纸的成本是两到三块钱，卖一份亏一两块。第二次售卖就是卖给广告客户，也就是卖广告，这一点国内的一些媒体做得比较好。但是第三次售卖是这两年大家才意识到的，也是在媒体转型的过程中非常强化、非常想拓展的部分。第三次售卖就是指卖报纸的品牌，品牌可以议价。这是"三次售卖"理论。那么，《新闻晨报》是怎么做的呢？在机制方面，我们依托媒体资源优势，发展培育线下垂直的细分市场，成立了一些事业单位。现在，再到《新闻晨报》去，你会发现原来的教育部改为教育事业部，体育部现在叫体育事业部，都在往销售的方向转。现在，《新闻晨报》下设有金融事业部、体育事业部、文化事业部、教育事业部、健康事业部，就是把新闻报道、广告经营、不同行业的咨询服务、移动服务等结合起来，打造"内容"加"服务产品"的集群，以此来整合报社的各类资源，拓展线下民生服务，把读者转化为用户，把广告商转化为客户。现在，媒体的营销方式都变了，现在讲求互联网思维，《新闻晨报》通过转型事业部来打造新的盈利布局。

我简单介绍一下。第一块儿是文化事业部。文化是我们做得比较早的一个领域，现在我们有一个公司专门在做这一块儿，实行公司化运作，这个公司叫"欣欣向荣文化公司"，是 2005 年成立的。现在主要做两块儿业务：一个是演艺市场，另一个是艺术品市场。

第二块儿我们做得比较好的是教育板块。我们追求教育产品化，教育板块有一些产品，如"游学"。游学现在比较热，我们起步很早，2005年就开始做这个市场，当时还没有人做。通过"游学"，我们与上海将近500个中小学联手建立了一个数据库，有将近30所学校成为我们稳定的、常年的客户。另外，现在，报社的教育部已经改成教育事业部了，我们把制作上海最有影响力的教育报道作为目标，同时，结合互联网的用户思维，和线下服务搭建平台，把读者转化成用户。我们打造了一系列专业化原创内容和精准服务的载重服务产品，比如说通过开设教育类微信公众号，全城搜索，细分市场，拓宽受众面，建立用户数据库，深挖用户资源，通过卖服务和卖创意实现盈利。现在有两个产品做得不错，一个叫"上海升学"，在整个应试教育的大背景之下，所有围绕升学的资讯服务都是具有巨大市场空间的，从幼升小、小升初、中考到大学、留学，整个教育产业是一个非常大的市场，所以我们做"升学"。另一个就是"上海招考"，这块儿我们是跟相关部门合作，产品具有精准度和指向性，所以一开始就吸引了大量粉丝。我们通过这些粉丝群来开展相关活动，在家长和学生中形成了非常好的口碑。这就是目前教育事业部在做的事情，一部分记者在跑教育新闻，另外一部分记者通过这些新闻和信息源，在做一些公益的和商业的活动，将读者转化成用户。

在体育这一块儿，我们体育事业部成立了赛事管理公司。这两年，群众性赛事活动风起云涌，这跟地方政府的一些理念也是有关系的。为什么2013年、2014年举办了很多场马拉松活动？这些活动的参与者很多都是疯狂的跑步发烧友，跑步已经成为他们的一种生活方式，我跑故我在。除了虚拟社会之外，人们更希望有线下的、实体性的圈子文化，所以，跑步也成为一种社交方式，是现在社会的一种交互模式。对于政府、组织来说，它们把跑步理解为景观体育，所有旅游资源较为丰富的城市或者想宣传城市形象的城市，都想把马拉松活动引进过来，设置一些特别的景观道路，通过跑步这种传播方式来宣传城市形象，这是地方政府的想法，跑步成了一个传播渠道。根据这个市场需求，我们推出了一系列体育赛事活动。第二个就是报社主办赛事活动，参与赛事管理。第三个，我们现在在做网络彩票业务。现在彩票业也很热，所以我们开辟了一些正规的彩票渠道，也吸引了很多彩民。

接下来再跟大家介绍一下我们的社区报。《新闻晨报》做社区报做得比较早，目前在社区里是比较有影响力的一个品牌。我们的社区报是2009 年 8 月开始运行的，到现在为止已经覆盖了上海的 38 个街道和 3000 个小区，发行量达到 100 万份，上海一共 84 个街道，我们覆盖了近一半。我们的社区报的定位是不做报纸，做渠道，作为社区生活的服务商，帮读者解决家门口的这点事儿。我们的社区报还跟当地的居民小区进行合作，举办了一些社区活动。接下来，我们希望我们的社区报能够从社区新闻生产者的角色转化成为社区服务信息的管理者这一角色，通过向商户收取流量费和挖掘数据等多种形式来获得收益。现在，很多 APP 也在做周围 1 公里或 3 公里内商户的金融营销，它们对我们的社区报的模式也非常感兴趣。目前，我们正在与一些客户谈投资合作的事情，未来社区报的发展空间还是非常大的。

最后，我还想介绍一下我们的品牌营销，包括"读书俱乐部""红酒俱乐部"等，我们依靠这些俱乐部，挖掘读者和用户资源。最早的时候，每家报社都有一个呼叫中心，我们把呼叫中心从前端的接受信源拓展到后端为用户提供售后服务和增值服务。经过长期的积累，目前，我们已经打造了"晨友会""婚礼策划""360 宅"等平台，通过产品销售、广告推广、活动营销，形成了比较细分的平台。

现在，报纸已经不再是传统意义上的采编平台，我们已经从一份报纸成长为一个大的资源整合平台，这就是我们应对新情况时制定的发展策略。刚才我强调"内容为王"，媒体品牌是不能丢的，但是又不能局限在采编这一平台，我们还希望在把新闻内容转化成信息服务的基础上进一步拓展它的市场。所以，通过这个"1、2、3"计划，我们希望形成一个依托报纸又超越报纸的平台，最终为读者提供全媒体的信息服务，为广告商提供一个全媒体平台的整合传播路径，变成一个上海城市生活的全方位服务提供商。这就是目前《新闻晨报》的定位。按照这个发展路径，未来的《新闻晨报》将从报纸的经营转型成为一个经营的报纸，从新闻的内容向新闻的产品转型，从简单的信息服务向全流程的服务转型，这就是我们目前正在做的事情。我们希望全媒体、全线式、全流程地创造价值，最后形成一个航母战斗群，依托《新闻晨报》品牌，集合各种战斗力，形成在媒体竞争中的综合竞争力。这是我们正在做的以及我们将来的愿景。

嘉宾：老师您好，我有两个问题想问您。我已经关注了《新闻晨报》新浪官方微博，刚看的是 1087 万的粉丝量。我认为 1087 万肯定不只是上海的受众，还有全国其他地方的受众。您刚才提到，《新闻晨报》的定位是更上海、更民生，但是正因为有这么多全国其他地方的粉丝，《新闻晨报》的官方微博里更多的是一些全国性的、国际性的新闻，这与原来的定位存在偏差。我看到，官方微信会有上海本地的栏目，但是官方微博就比较少。那么，我的第一个问题就是这样的定位差距是否存在。第二个问题，《新闻晨报》在经营上做了很多扩展，请问：会不会因为加大了经营而对新闻内容的采编产生困扰？西方媒体基本是采编和经营高度分割的，《新闻晨报》如何在加大经营的同时保持自身公信力不受影响？

秦川：这两个问题提得非常好。第一个问题简单一点。网络是一个地域概念，所以，网络重点打造的是一种圈子文化、粉丝经济。但是，《新闻晨报》的品牌核心是有地域概念的，所以"更上海"讲的是品牌本身是上海品牌，但是《新闻晨报》通过新媒体巨大的传播效力，又可以达到一个更大范围的传播，所以新闻产品是基础，报纸新闻传播和新媒体传播可以形成有益的结合，二者是不冲突的。

第二个问题，你说得非常对。目前我们的一些做法还处于探索阶段，并不代表全部。中国纸媒的生存状态具有中国特色，世界各地媒体都有不同的做法。但是，我们也要警惕你的提醒，在经营化、事业化的过程中，不能丧失品牌公信和影响力，不能贱卖甚至伤害，或者说用公信力绑架商人，这是一个经营伦理问题。在经营的过程中，我们会守住这条底线。《新闻晨报》的内容生产和经营是严格分开来的，两个板块绝对不搭边儿。但是，作为高度市场化的都市报，我们把能打通的部分都打通了，不能打通的部门也是吃亏的，我们只是给财经分了一个理财产品，新闻媒体没有大变化。所以，在加大经营的过程中，我们是控制的、有底线的。我跟大家分享一下我们社长的话：我不是一个文人，在 10 多年前，转行报纸经营后，通过报纸赚钱远比办报让我兴奋。我也不是个商人，任何牺牲报纸、丧失报格的钱宁可不要。所以，我们现在不能简单地商业化，要把政治家、企业家结合起来。所以，在中国的环境下，做媒体更考验我们的勇气和智慧。

新媒体时代纸媒的创新探索

时　间：2014 年 7 月 18 日

地　点：上海交通大学闵行校区陈瑞球楼 100 号

主讲人：赵红

赵红

赵红，《大河报》副总编辑。

赵红：各位同学好！昨天晚上 11 点多，《大河报》新媒体中心的编辑已经骑着自行车走在回家的路上的时候，又被我叫回了报社，一直工作到今天凌晨 3 点钟，这就是一个媒体人的工作常态。如果以后我们的同学进入媒体行业，我想跟大家讲，这就是你未来生活的样貌。尤其如果你是在一家省级都市报工作，无论是在新媒体还是在纸质媒体的序列，你的生活是完全没有白天与黑夜的区分的。我在全国各类媒体会议上很少看到像我这样已经在媒体行业工作 20 多年的女性，因为女性由于体力等原因，大都会在中途败下阵来。媒体行业的从业者就像机器人一样，一直在跟着时代奔跑，如果你不肯学习，随时都会被淘汰。

但是作为一个媒体人，你也具备很多职业赋予你的能力，比如你在阅读新闻的时候，可能会比普通读者有更强的新闻敏感性，能发现更多的信息，这是多年的职业训练给予你的能力，也是经验积累中留下的最宝贵的最赖以谋生的本领。

下面我想给大家简单地介绍一下《大河报》。2014 年 7 月底《大河报》将迎来 19 周年生日。从 1995 年创刊开始，《大河报》很快就在河南一纸风行，达到了百万的销售规模。大家知道火车"大河报号 179"和"大河报号 180"朝发夕至，当年河南省的很多新闻基本上都是由《大河报》发端传递到上海。当时在郑州这座城市，报亭里卖的杂志多过报纸，由于上下班的路途比较近，郑州市民零买报纸的习惯还没有形成，《大河报》就独创了"上门送报""订报上门"模式。100万的发行量里，省会郑州市中心城区的发行量大概有60多万，其余分布在河南省其他16个地级市。到现在，《大河报》在全省各地有7个分印点，发行人员规模达到5000多人，并且依然坚持把每一份报纸送到订户手中这么一种传统。一般到每年年底，很多订户会卖掉这一年已经看过的报纸，这些报纸也是由《大河报》来回收的，订户们知道在年底卖掉一年报纸所得的钱和订报纸的钱几乎差不多，所以《大河报》的订户还是非常稳定的，续订率比较高。因为在最初的时候，我们付出了异于常人的努力，所以现在《大河报》一直享受着自己独创的发行模式的红利。

另外，由于河南是一个资金相对封闭的地方，尤其是传媒业这一块儿，目前还一直没有受到外来资本的侵入。所以这19年来，《大河报》在河南区域市场的定价权、话语权一直是掌握在自己的手中。2013年《大河报》有5亿多元的总收入，给河南日报报业集团上交了1.3亿元的纯利润，比《南方都市报》上交的利润还要高，而《南方都市报》的人力成本、采编成本、整体运营成本都比《大河报》高很多。这就是我们目前所处的生存状态。

2000年以后，《大河报》在稳健的发展之下，也开始探索转型，开辟新的报道模式。《大河报》以前不太重视时政类新闻报道，现在也在努力地从事慈善、公益新闻报道活动，探索未来面向年轻人群的一些更为时尚的、对于都市生活更深层次的报道。现在《大河报》的时政新闻中心包括公检法、科教卫与四大班子，报道范围覆盖了河南省80多个厅局。这样的跑线口的任务其实更接近于党报的一种工作分配，但是我们报道时政类新闻的方式和手法要异于党报的操作模式。

我简单介绍一下自己的从业经历。我非常普通，如果你也是在本土的大学读书，学的汉语言文学或者新闻，你就很可能像我一样度过这样的职业生涯。我在1992年毕业之后考进了河南日报报业集团，先是被分配去做夜班编辑，党报的夜班编辑很轻松，就是画一个"Z"字，数一下标题有几个字，然后文章有几个字，会占多大的版面，然后把一张画版纸画满。当时我进入报社的时候还是用毛笔画版，毛笔蘸红色的墨水，改稿子都要写小楷。那个时候的工作节奏非常缓慢，大概两年多之后就进入了换笔时代，开始改用电脑。给每个人一个键盘，有老师教你输入法，我不知道当时是谁出的"馊主意"，叫我们用的是一种非常奇特的输入法，叫"自然码"。到现在我还不会用五笔字型输入法，对全拼输入法也不熟练，我还是习惯用自然码输入法。当时《河南日报》有一位 50 多岁的记者，戴着老花镜在他的小手指上缠胶带，上面一个写 A，另一个写 S，他每个手上都缠满了胶带，因为他不知道哪根手指管哪个键。这个是我们当时非常艰难的转型，由铅字转成激光照排，又经历了很多次北大方正飞腾软件的升级，好不容易适应了之后又迎来了新媒体时代，要会拍视频、发微博，还要做一些组合报道，还要会用微信播报新闻，我们又开始了新的学习。

在集团做了两年夜班编辑之后，我被分配到财经组成为跑金融和商业新闻的记者，大概做了 10 年左右的时间。跑商业新闻是一件非常悲催的事情，20 世纪 90 年代初郑州的商战像现在的电商大战一样闻名全国。我在这个时期成为跑商业新闻的记者，包括"郑百文""春都"等都是我的采访对象。然而，过了 10 年之后我突然发现当年我的采访对象都销声匿迹了。这样的职业经历使我产生了困惑，所以我当时就想转型。这个时候刚好有一个机会，我们集团原来有一个杂志，如果大家知道《民族画报》《人民画报》这类杂志，就会知道中国存在一种非常奇特的新闻形式，它的出版速度比一般的杂志还要慢，而且是豪华的铜版纸印刷而成的，靠摄影图片取胜，一个月才出版一次，等读者拿到的时候，上面的新闻全都过期了。当时集团想要改造这本杂志，但是怎么做，大家都不知道。大概是 2003 年的时候，集团领导找到我和另一个跑商业金融的记者，让我们两个一起去折腾，看看能不能把这本杂志救活。当时我们想得非常简单，我说我是跑工商局的，你是跑技术监督局的，还有各大商场、银行等，都是我们多年积累起来的资源，如果每一家能够订上 2000 份或者 500 份，这个杂志就能活下去。所以我们就接了这个活儿，并且把这本杂志改造成一份周报，叫《今日消费》，然后去工商局、技术监督局、中国工商银行、中国银行等征订。当初设想可能就会有三四万份的订量，我们就怀着这样的热忱办了这么一份报纸，甚至连试刊都没有试，就出了 64 个版，外面还加了一个铜版纸封皮。我记得那个封皮从印刷厂拿回来的时候我就傻眼了，因为我不知道这种铜版纸还有两种规格，一种是偏大的规格，一种是偏小的规格，我当时为了节约成本选择了偏小的规格，结果就发现封皮包不住里面的"瓤"。我们的报纸就这样仓促地"上阵"了。最初还招了100 个发行员，但是半年之后被迫把这 100 个人辞掉了，因为根本养不起他们，而是让《大河报》的队伍帮忙发行，给他们钱，这是第一个觉醒。第二个觉醒就是技术监督局和工商局在你不跑它们这个线口之后，宁愿请你吃饭也不肯订你的报纸，这对我们也是一个重大打击。我记得当时为了寻求出路还专门来到上海，在解放日报报业集团看到了《申江服务导报》，这是当时非常火的生活消费类报纸，它跟北京的《精品购物指南》形成了南北两派，都是非常成功的范例。我在上海待了 3 天，后来又去了北京、重庆等地学习了一圈，回来就对我们的报纸制定了转型目标——做生活服务类报纸。转型之后，《今日消费》很快地进入了快速发展期，一直到 2008 年，这份报纸的发行情况还是比较好的，既养活了包括四五十个人在内的团队，每年还给集团上交 80 万 ~ 100 万元的利润，起码是把这个报号给保存下来了。

到了 2009 年 11 月，集团又一次调整干部的时候，我来到了《大河报》，在那儿工作了大约 4 年的时间。刚开始在《大河报》工作时，我负责文体新闻，当时我就发现了一件很奇妙的事情。曾经有一次刘德华和张学友在同一天到郑州开演唱会，《大河报》只能收一个演出商的钱，于是就选择了张学友的《雪狼湖》。郑州的警察都分成了拨，一拨在东城刘德华演唱会现场维护治安，另一拨在西城张学友演唱会现场维护治安。但是就《大河报》的报道而言，仿佛刘德华从来没有来过郑州开演唱会，因为当时《大河报》收了《雪狼湖》的广告赞助，只能宣传这一场演唱会。我当时刚刚进入《大河报》，就觉得这种现象实在奇怪，这种报道模式实在是太僵化了。当我负责文体报道的时候，费翔和周杰伦同时来郑州演出，我当时就让两场演出在《大河报》的版面上进行对垒。当时接下周杰伦演出的是洛阳的演出商，是 5 个年轻的小伙子，他们对郑州市场毫不了解就开始售票，卖到最后一个星期的时候，大概还有一两百万的票没有卖出去，基本上是一场滑铁卢之战。有一天这 5 个年轻人来到我的办公室说他们走入绝境了，一定要请《大河报》救他们。当时《大河报》是拒绝他们的，因为《大河报》以前一直是一个买方市场。但是当时我想，周杰伦来这儿做演出，年轻人都沸腾了，每个人都在问你有没有票呀，在这样的情况下，如果错过了这个机会，不仅是演出商的损失，也是《大河报》的损失。所以，演出之前最后的 5 天时间，我给了他们大概 10 个版来包装宣传这场演出，在这最后的冲刺阶段，演唱会的票几天之内全部售光。并且我当时置换了 800 张票，也进入了现场，当周杰伦的第一首歌唱响的时候，所有《大河报》的员工包揽了看台。当时我想，我以后要打造这样的媒体形式，把品牌、内容、客户联系在一起。而在另外一个演唱会现场，费翔吸引了众多妈妈级的《大河报》读者，后来我了解到有很多是母女一起去的，妈妈们向女儿们急切地倾诉着对自己年轻时的偶像的崇拜。城市里有很多温暖的镜头，包括家庭成员之间关系的维系，或者说人与人之间情感的传递，都可以通过媒体报道组织起来。

下面跟大家分享一些案例。

第一个想跟大家一起分享的是关于"郑欧班列"的事例。2013 年 7 月 18 日，"郑欧班列"开行之后，我知道的不下四五家新闻媒体都想到了一种比较传统的采访报道方式，就是跟车采访，这也是记者下基层的一种要求。"郑欧班列"全程 10214 千米，仅在中国大陆境内就要换 4 个铁路局，接下来面临的就是俄罗斯、白俄罗斯、德国、波兰等国家记者的签证问题，迫于这些困难，当同城的其他媒体都放弃了这样一种跟车采访计划的时候，《大河报》还是依靠其韧性坚持了下来。记者在机车上是一种什么样的状态？我一直认为是坐在宽敞的卧铺里"吃着火锅唱着歌"那样。但事实上是没有卧铺的，在三四平方米的空间里要装下 6 个男人。如果有一个人躺在地上睡觉，剩下的人就要起立或者是坐着。因为没有厕所，所以只能派男记者去，他们在机车上要度过 6 天 6 夜，几乎不能睡觉，轮流休息一下，起来就要写稿，要转战到下一站，这就是跟车采访整个辛酸的过程。然而，在这次新闻策划中，《大河报》也创造了一个前所未有的神话。我们建立了一个传稿机制，联合河南省委宣传部、全省 17 家地市报同时发文。大报发通稿，17 家地市报都拿出最好的版面支持《大河报》，另外，河南电视台、河南人民广播电台、《河南日报》等媒体也都在用《大河报》提供的由"郑欧班列"上发出的新闻。7 月 18 日，也就是今天早上，当我的记者 5 点 20 分到"郑欧班列"一周年现场的时候，现场只有《大河报》一家地方媒体，其他媒体还是把今天这个重要的时间节点忘记了。因为你的付出对你来讲是很难忘怀的，所以《大河报》会一直惦记着自己的采访对象，一直惦记着这普通的一列"郑欧班列"开行的日子。

再讲一个关于博鳌论坛的案例。我第一次去博鳌论坛的时候听了几场会议，接触了几个河南企业家，就打道回府了。第二年去的时候我就开始反思，这样一个财经盛会跟河南的联系太少了。如果一些中原企业家能更多地意识到博鳌论坛对外向型经济的推动，这对他们了解世界经济一体化方面的信息是有好处的。当时我就萌生了一个不太成熟的想法，就是要带更多的河南企业家去博鳌论坛。第三次要去博鳌论坛的时候，正好赶上郑州航空港建设得到国务院的批复，我就想在博鳌论坛上租一个会议室，请一些经济学专家来一起聊聊郑州航空港的建设，我觉得大家持一种开放的心态，这也是一个新的好的平台。我相信没有哪一家地方媒体想要在博鳌论坛上租一个会议室，然后开一个分论坛。4 月我们做选题策划的时候，我就提出了这样一个想法，当时离博鳌论坛开幕只有 10 天的时间，我说在国务院批复郑州航空港这个项目的时候可以在博鳌论坛让它翘一个漂亮的尾巴。就是这样一句话，就领了任务。领导给我的任务是要请海航的老总，要请北京的两任博鳌论坛的秘书长。最后一次博鳌论坛的新闻发布会是在北京举行的，想着到那儿碰碰运气吧，我是抱着必败的决心去的，但是真正到了会场的时候，一种想要赢的心态一点点地涨上来。在会场全是中央级的媒体，而且只有 4 次发问机会，我们去了 3 个记者，全在后面蹦，手也举得很高，博鳌论坛就把最后一个发问的机会给了《大河报》，当时我们就代表《大河报》邀请博鳌论坛的秘书长参加我们在博鳌论坛上主办的关于郑州航空港的小型座谈会，秘书长当时很谦虚地说有时间一定会去的。接着我就在北京待了 3 天，在这 3 天里由《大河报》创意的一场论坛直接升温成了由河南省人民政府来主办，最后这样一个新闻创意真的在博鳌论坛实现了。2012 年，《大河报》在博鳌论坛租了一个会议室，请到了博鳌论坛的两任秘书长，请到了海航的老总，还请到了 30 多家媒体参与我们的活动，既包括新媒体，也包括境外媒体。可以说，每一个创意都是跟报道内容相关联的，但前提是你要敢于有这样的想法才可能有这样的结果。

另外，还想给大家聊聊有关公益活动的创意。公益活动延续了《大河报》十几年来的优良传统，其实我做公益报道还是有一些非常细小的机缘。我到《大河报》的第一个星期就被派到北京参加一个慈善新闻奖的颁奖礼，在颁奖礼后我结识了河南省慈善总会的秘书长，她当时从地市刚刚调到河南省慈善总会，有很多想法，但是没有办法实施。我们俩回到郑州之后一直在聊怎么做慈善，怎么跟媒体有效地结合来做慈善活动。当时《大河报》每个星期都会报道一些充满正能量的好人好事，或者会报道一些需要获得帮助的人。秘书长说，可以每个星期从报道的这些人里面确定一个救助对象，我们要细水长流，每个星期给需要救助的人送出去 1 万块钱，一年大概是 50 多个星期，先这样尝试一下行不行？我说，可以啊。就这样我们成立了"大河之爱基金"。

2013 年，我们还做了"鸡蛋换学费"的活动。《大河报》新浪官方微博现在有 390 多万名粉丝，"鸡蛋换学费"的单条微博在我们官方微博上置顶了 3 个月，没有想到的是，当慈善新闻和新媒体有效地结合起来的时候，传播会那么快。曾经生活在农村的孩子，尤其是现在 30 岁到五六十岁的成功人士，他们的求学经历很多都跟鸡蛋有关。有过类似经历的人看到"鸡蛋换学费"的创意就会回想起以前在家吃鸡蛋、妈妈攒鸡蛋的场景，就会引起强烈的情感共鸣。2013 年，除了中烟公司给我们提供的 50 万元助学款之外，我们还通过"鸡蛋换学费"活动融到 130 多万元助学款。这中间感人的事情很多，有退休的老大爷拿着他的退休金来资助孩子们上学的，有当年靠母亲换鸡蛋支付学费的成功人士一下子拿出 50 万元助学款，还有一位房地产老总，他没有见过我们《大河报》的任何一个工作人员，就把 50 万元打了过来。2013 年，我们一共资助了 310 位大学生，向他们提供由鸡蛋换来的社会爱心人士的捐款。还有一位大学生，他在收到录取通知书之前被医院诊断患了白血病，我们用基金里 20 万元的定向援助救助了这名大学生，帮助他活了下来。还有一个卖蜂蜜的男孩儿，他拒绝了我们的助学金，他说他家里面有 3000 瓶蜂蜜，只要卖掉蜂蜜就够他上大学了。《大河报》的记者就为他联系了郑州最繁华的 360 购物广场，在大厅给他布置了一个卖场，并在报纸上提前发了一个卖蜂蜜的通告，结果在很短的时间内他的蜂蜜全部卖了出去。这个男孩儿叫赵富午，现在是我们《大河报》的实习生，这会儿正坐在我们的时政中心筹划着我们"鸡蛋换学费"的活动。

这就是做新闻的变化，我认为传统媒体记者只是看见、发现、记录，而在新媒体时代，记者既要扮演线上线下活动策划者的角色，又要做一个议程设置者，比如我们又想做一个将健康跑和公益项目相结合的活动，于是跟河南省慈善总会以及马拉松组委会联合举办了一个 4.2 公里的"清凉马拉松"活动。举办活动面临着各种各样的问题，比如这个活动怎么报名，报名费收不收，收到哪里，你的合作伙伴的分工是怎样的，协调会在什么时间来开，钱到了之后怎么提取、发放，怎么出发票，会议场地怎样安排，需不需要安保人员，需不需要救护车……昨天我又让我们跑政法口的记者去联系了特警队，由特警队组织一个跑步方阵，然后我又联系了一家医院。这些都是在以往的新闻报道里面记者不需要承担的角色，但是现在要做这样的公益新闻，你必须承担起这些责任，这是对一个记者各方面资源整合能力的考量。

另外，在做公益新闻报道的过程中，记者自己也要变身为一个志愿者，我们跑科教卫的记者每年都会在最热的时候到最艰苦的山村去寻找河南优秀的高考寒门学子。李克强在河南省当省委书记的时候就提到过，教育要向乡村倾斜。城市里好的高中去地市争夺生源，这样的现象现在非常普遍，这导致很多省市基础教育的坍塌。在河南不是这样的。在河南，清华大学、北京大学的老师还会在没有通高速公路的地方招到学生。在2014 年清华大学招收的学生里，大概有 40 位学生都是寒门学子，都是在没有通高速公路的地方招来的。清华大学、北京大学的招生老师曾经告诉我，河南的基础教育让他们很震惊。这是教育部出台的一些政策对新闻媒体的要求，也是《大河报》为高考大省同时也是高等学校比较缺乏的河南省的学子们发出的一声呐喊。我觉得这件事做得非常有意义，这是我做教育线口的一个体会。

接下来说一下关于品牌推广的话题。《大河报》这么多年在媒体品牌建设、推广方面也做了很多尝试。爱看足球的人应该都知道建业足球队，建业队是身披印有"大河报"字样的战袍征战的。多年来我们一直赞助这个球队，建业队一个赛季的所有球票也都是由《大河报》来整体买断的，建业如果踢得好，球票卖得好，我们的发行人员在送报纸的同时也会把球票送到每一位球迷的手里。我记得当年最鼎盛的时期，如果是建业队的主场的话，整个城市的主干道都会被球迷堵上，他们自发地组织起来，整个城市都沸腾了。建业队每次载誉归来的时候，也都会有球迷在机场、在高速路口自发地去迎接他们。这是城市符号的一种体现，也是高端品牌与高端品牌相匹配的结合。另外，《大河报》每年 4 月会在 CBD 的一个大广场上做车房联展，已经连续做了很多年，郑州的老百姓已经习惯了买车的时候到这个车房联展，因为会拿到比经销商给的各种优惠还要大的让利，这已经成为买车人的共同期待，也是《大河报》品牌营销带来的一种延伸服务。

此外，开放低空空域是我们国家的一个趋势。安阳就有一个低空的航空节，我去安阳报道这个节会的时候，认识了一个在北京经营直升机的老板，他是河南人。后来我突发奇想，我们《大河报》能不能包一个直升机？《大河报》曾经命名过火车，但是现在采访工具都提升了，我们需要一架"大河报号"的直升机。经过艰苦的谈判，通过资源互换的形式，我们最终命名了一架采访直升机，在2013年进行了一系列的品牌宣传。我们的摄影记者也通过直升机积累了很多的航拍经验。2014年南水北调的报道，《大河报》还跟这家直升机公司合作，来启动我们的"大河报号"直升机，现场直播这一股清水入京的盛况，把品牌宣传和报道很好地结合在一起。

嘉宾：请问您觉得地方新闻门户网站发展的过程中存在哪些瓶颈，应对策略有哪些？

赵红：我以地方新闻门户网站"大河网"为例。大河网在运营的过程中最大的盈利点就是手机报，但是大河网做了一项重大改革，把手机报剥离出去，单独成立了一个新公司。我认为，大河网把最大的盈利点剥离出去以后，如果仍旧是以地方新闻来立身的话，其发展前景是不太乐观的，发展也会非常困难。但是，集团的另外一项业务我是非常看好的，就是客户端。在客户端方面，《大河报》有明显的垄断优势。我们首先在集团内部进行了"清场"，即河南省委宣传部下发了一个文件，河南日报报业集团旗下的其他子媒体将不再发展客户端，而只有《大河报》这一个客户端。《大河报》在上个星期举办了"客户端百万用户上线"仪式，和全国1000家媒体客户端合作。与此同时，《大河报》还与河南省其他有客户端的都市报结成了联盟，以此来更方便地获取地方新闻资源。客户端是我们目前愿意投入人力、物力、财力进行尝试与研究探索的一种移动媒体模式，它比地方新闻门户网站更有生命力和活力。

内容、创意、移动互联——户外媒体的新未来

时　　间：2014 年 7 月 18 日
地　　点：上海交通大学闵行校区陈瑞球楼 100 号
主讲人：聂辰晟

聂辰晟

聂辰晟，南方报业新视界传媒有限公司副总经理。

聂辰晟：同学们，下午好！今天我想跟大家分享的主题是户外媒体的现状和未来的发展趋势，我就用了这样一个题目，叫《内容、创意、移动互联——户外媒体的新未来》。

提到户外媒体，相信很多同学都不会陌生，我们每天都会接触到很多户外媒体，这些户外媒体其实跟我们的户外活动息息相关，也正是户外活动催生了这样一类媒体形式。随着社会的发展进步和人们生活水平的不断提高，人们的户外活动越来越多，比如我们每天要上班、上街购物，包括外出办事以及朋友聚会、户外运动、旅游等。现在人们对健康的认识比以前深刻，也希望能在户外多待一些时间，而不是每天待在办公室里面或待在教室里面，人们在户外的时间可能会越来越长。

现在我们国家正在进行城镇化改造，这对于中国的户外媒体来说可能是一个难得的发展契机。现在户外媒体已经成为一种主流媒体类别，根据CTR、艾瑞、群邑中国这几家数据机构的统计，从2013年开始，户外媒体、电视、互联网已经成为中国受众最主要接触的三大媒介，广告主在国内户外媒体上广告的投入量已经超过了在报纸上的广告投入量。

其实数千年前，户外媒体这种形式就已经存在了，如一些商铺的门口会挂一个招牌，或者挂一个旗子，这其实就是早期户外媒体的雏形，后来这种形式逐渐有了一些演化，比如现在看到的霓虹灯、广告大牌、社区里的社区灯箱、楼宇电视等，还有这几年新兴的数字媒体新形态——户外LED大屏。还有，比如像巴士在线这样的公交媒体，以及机场媒体、地铁媒体等，其实都属于户外媒体的范畴。户外媒体的表现形式丰富多样，覆盖范围也很广泛。

随着社会的发展，户外媒体在呈现形式上有哪些变化？大家从平时的生活中也可以感受到，户外媒体的形式变得更加富于色彩、动感、大画面、科技感、时尚感。以前户外媒体的表现形式是几行字或者就是一个图片，随着数字化进程的推进，现在的户外媒体的呈现形式越来越新颖、越来越丰富、越来越刺激。特别是LED屏、楼宇电视这些媒体，因为它是可以播放视频的，所以给人的视觉冲击力是不断增强的，会越来越吸引人们的注意力。

虽然现在户外媒体的发展速度跟移动互联网媒体的发展速度肯定是没法比的，但是跟其他几种媒体形态相比户外媒体的发展势头还是不错的。近几年来，中国户外媒体年增长率大概在10%左右，互联网的年增长率大概已经超过30%，电视可能就4%～5%的年增长率。以广告经营数据来算，有一部分传统媒体的增长率，比如说报纸近几年来是下滑的，而且下滑得还比较厉害。

尽管户外媒体整体发展势头不错，但是也面临一些发展的瓶颈，主要有三点。第一点是内容比较匮乏。现在大家看到户外媒体第一眼就觉得它可能是在做广告，所以很多人就把户外媒体理解为纯粹的广告载体，这是它现在的一个发展瓶颈。第二点就是它的表现形式比较呆板。我们看到的户外媒体很多可能就是几个字，或者是汽车上有一个图案，然后打上一个logo，配上品牌或产品的名称，表现形式缺乏创意。第三个就是户外媒体的功能比较单一。我们现在看到的电视也好，LED屏也好，受众是比较被动地去接受信息，它播什么你看什么，受众很难去跟它交互，所以户外媒体的功能比较单一，传播方式只是单向传播方式，这个其实与现在的互联网时代是格格不入的，这也是制约它更快、更好发展的瓶颈。

　　那么，户外媒体如何打破这些瓶颈呢？我提出三个办法。当然不一定很全面，但是就目前而言可能是最重要，也是比较可行的三个办法。第一个就是在内容上面的突破；第二个是在创意上的突破；第三个是怎样与互联网以及移动互联网融合。从内容上讲，现在户外媒体在人们心目中就是一个载体的概念，怎样才能把户外媒体的内涵凸显出来？那就要经历一个从广告载体到户外媒体的转变，也就是说从内容上讲，承载的信息内容要更加丰富化、更加实用化，打造一个综合的信息传播平台和一个公共的服务平台。

　　南方报业集团作为中国传媒界比较领先的一个传媒集团，在这方面做了很多的探索和尝试，因为我们也希望能找到户外媒体发展运营的规律。在这里，我把我们做过的一些东西跟大家分享一下，希望大家给我们提一些宝贵的意见，我们做的东西你觉得还可以做得更好，或者你有一些更好、更新的想法，欢迎大家反馈给我。我先大概介绍一下我所在的公司——新视界传媒公司。我们的一项准业务就是南方报业 LED 联播网，这个联播网目前来说还只能算是一个区域性媒体，在业内有几家算是全国性媒体，像郁金香传媒，它的总部就在上海；凤凰都市传媒，是凤凰卫视旗下的一家公司；还有一个叫香榭丽传媒，其实它已经在 2013 年被广东日报报业集团兼并了。南方报业集团是一个区域性媒体，也是基于自身的资源和优势，现在我们的产品定位或者经营定位还是在华南地区，准确地说是在广东省内。项目的运营是从 2011 年南方报业集团提出要进行全面转型开始的。我刚刚也讲到，报纸行业这几年下滑得很厉害，虽然南方报业集团这么多年在国内报纸行业中一直可以算是独占鳌头，但毕竟整个大形势不可阻挡，整个行业开始衰退时，你身在其中必然会受影响。所以，南方报业集团很早就提出报业要全面转型。户外媒体是南方报业集团非常看重的一块儿，准确地说，从 2010 年底南方报业集团就已经开始涉足户外媒体，启动了南方报业 LED 联播网项目，目标是要打造一个以深圳为中心、覆盖广东省 21 个地级市的综合信息传播平台。经过三年的发展，新视界传媒公司已经发展成为华南地区最大的 LED 媒体运营商，在广东省各个地市拥有近 50 块 LED 大屏，全面覆盖珠三角城市以及广东省内的一些区域中心城市，我们的目标是 2014 年年底前完成对广东省内 21 个地级市的全面覆盖。联播网在内容方面的探索就是希望在户外媒体领域探索一些宝贵的经验或者说一些可行的做法，我们率先提出了"新闻+资讯+公益+广告"这样一种内容模式，不仅仅把户外媒体当作一种广告载体。

我们的联播网是通过中央控制系统实现中央播控的，这些 LED 大屏虽然分布在全省不同的城市，但是每一块屏都可以连接互联网，通过我们自主研发的中央播控软件，在广州总部的播控室就可以控制全省这么多 LED 大屏的同步即时播出。LED 大屏上有一个新闻栏目叫作《南方快讯》，主要播出《南方日报》《南方都市报》《南方周末》《21 世纪经济报道》《南方人物周刊》《南都娱乐周刊》《理财周报》等南方报业旗下的一些媒体的精华新闻内容，我们做到每天早、中、晚更新三次，因为你必须保证信息的实效性。基于人力、物力的考虑，基于成本的考虑，如果能够做到更快更及时地更新当然是更好的。在出现一些重大突发事件的时候，我们就不受制于三次更新了，会及时插播新闻。南方报业集团有一个全媒体采编平台，旗下的 30 多家子媒体所有的新闻内容都会进入这个全媒体采编平台，只要看到这些新闻内容是已经确认属实的，或者说已经被审核通过的，就可以在 LED 大屏上及时发布出这些重大的新闻信息。这就是 LED 大屏其中的一项内容——新闻。

另外，像这些户外媒体都是位于户外，选址的时候更会考虑关注度和影响力问题，一般会选择每个城市最核心的商业圈，或者最繁华的十字路口，或者是 CBD，所处的位置基本上是各个城市最中心的或者说最繁华的地方。根据这一情况，我们想出一个在内容上创新的方法，即提供一些公共服务，让我们的内容更丰富、功能更强大、实用性更强，能够更好地为市民服务。我们和广东省应急办建立了战略合作关系，共同打造一个"广东省户外应急预警信息"的户外发布平台。广州、深圳每年举办的活动比较多，比如广交会、深交会、珠海航展、广州车展等，类似的重要的、影响大的全国性活动很多，我们这个应急平台在其中也发挥了十分重要的作用。它主要有以下几个功能。第一，它可以在一些自然灾害降临的时候提前做一些预告。比如说这个屏建在深圳东门步行街，如果突然要下暴雨或者台风要来临，我们接到广东省气象局发布的信息后，会马上把这些信息在 LED 大屏上及时插播出来，这样就可以提醒经过的行人赶快躲避，正在开车的人赶紧找一个安全的地方。所以，这些信息提醒是非常有必要的，特别是以后出现一些更恶劣的自然灾害，这类应急信息的及时获取和发布无论是对政府部门还是对人民群众来说，都是非常必要的。

第二，我们会发布很多资讯类内容。比如，哪个周末广州市哪个地方有公益活动，或者哪个作家会过来做免费讲座，或者广州哪个公园周末有文化活动等，这些老百姓关心的、比较实用的信息，我们也会发布在我们的 LED 媒体上。例如，广州每年都会在春节期间举办庙会，据统计，广州庙会每年都会吸引几千万人参加。每年的庙会举办两周，时间比较长，我们会将一些信息及时发布在 LED 媒体上，方便百姓及时获取信息。很多信息在互联网上很难查到，比如说某个机构举办活动的信息，可能只能在这个机构的官方网站里查找。南方报业集团通过其强大的新闻采集能力，可以很容易地获得各类信息，并且把信息及时地发布在户外 LED 媒体上，为市民提供实用的资讯服务，这就是刚才我说的南方报业集团在内容上的一些尝试。当然国内的其他一些同行也在做一些尝试，比如公交车载移动媒体，坐公交车的时候乘客可以看到上面播的一些节目，这实际上也是对户外媒体内容的丰富和充实。这样的话，公众就会觉得户外媒体不只是广告的载体，它还能提供很多其他方面的有用信息。这也可以提升户外媒体的关注度和影响力。

另外，能够推动户外媒体更好更快发展的方法还有"创意"。创意分为三个方面：第一是外形设计上的创意；第二是内容构思上的创意；第三是与新技术相结合的创意。

外形设计上的创意是什么意思？户外媒体都设置在户外环境中，有很多人对户外媒体的位置提出了不满，比如有些小区居民说在电梯里面装一个电视，电视会发热，这会影响他们的健康，给他们的生活带来不便。怎么消除户外媒体的这些弊端？一方面，要正确认识这个问题，每个事物都有两面性，会有好的一面和坏的一面，首先我们要有这种认识。其次，我们要尽量消除这个弊端，让我们的户外媒体与周围环境融为一体。如果能够让它成为城市景观，很多人可能就会觉得这是一道风景，就不会认为这是一个讨厌的广告屏幕。如果它设计得很漂亮、很美观、很有型，甚至很有创意，人们看到它的时候就会觉得很兴奋、很开心，抵触情绪就会消失，这就关系到外形设计上的创意问题。举个例子，以前我们说"上有天堂，下有苏杭"。苏州大家都知道，因为有园林。后来我去苏州的时候觉得很奇怪，有几个园林，你一进去就感觉很幽静，各个方面都布置得很精致。但你没有觉得它有太特别的地方，像这样的园林其他地方也很多，为什么苏州的园林就很出名？后来我去了一个地方——谭园，看了关于整个苏州园林的介绍，里面有一段话解答了我的疑惑。为什么苏州园林自古以来就被人们认为是很美的地方，是可以称得上天堂的地方？它解释说，因为苏州园林追求的不仅仅是园子内部的精巧构思，更重要的是能与周边环境融为一体。实际上要欣赏苏州园林，不能在园子里面欣赏，而要站在园子外面欣赏。如果站在园子外面的小山丘上去欣赏，就会发现这个园子太漂亮了！因为它和周边的山脉、村庄、小溪、田园整个环境融为一体，它们很和谐地共存。现在再去苏州，再去欣赏园林的时候，实际上已经欣赏不到它的精髓了，因为周边的环境已经被破坏了。

为什么我们的户外媒体要讨论这个问题？因为你必须要追求与周围环境相融合，与周围环境和谐共存，要成为一个景观。2006 年德国世界杯的时候 Adidas 在德国的一个城市做过一个户外广告，我相信看过这个广告的人首先不会对它产生反感，因为：第一，你觉得这个广告很新奇；第二，你可能会对这个广告印象深刻；第三，这个户外广告可能会成为这个地方的一个地标式建筑，成为一个城市标志性的景观，就比如很多人提到上海第一个想到的就是东方明珠、外滩、南京路。

就户外媒体来说，构思上的创意也非常重要。内容的构思如果能够做到幽默、诙谐，一定会让人印象深刻。德国一家剃须刀公司做了一个广告，在市中心的广场上面竖了一个广告牌，为了显示剃须刀的锋利，在这个剃须刀下面放了很多被切成几段的橡皮鸽子，它想表达一个什么意思呢？那个广告牌，中间有很多孔，如果有小鸟飞过，很自然地会停在那些孔上面，这个广告的意思就是只要鸽子停在孔处，停在剃须刀上面，马上就会身首异处，被切成两截，所以地上就有很多模拟的鸽子的尸体，以此来说明这款剃须刀极其锋利，这个广告很直观、形象地把产品的特点表达出来了。

可口可乐的一些广告，不但做得有趣，而且令人感到很温暖，具有人文关怀。它通过故事的形式来展现品牌理念。在迪拜，有很多来自不同国家的人，包括来自非洲、亚洲的很多作为劳务输出去那边务工的人，他们经常要跟国内的亲人打电话，但实际上他们在那边的收入很低，每天挣几美元，而他们每天打电话的费用可能就要 1~2 美元，所以长途电话费对他们来说是很大的负担。可口可乐公司为了体现他们的人文关怀，专门做了一个特制的电话瓶，瓶盖上做了一个巧妙的设计，你买我一瓶可口可乐，你喝完拿着这个瓶盖到我专门的电话亭，我让你免费打电话，一分钟一个瓶盖，你可以打免费的国际长途。很多人看到这个广告都有一些感动，我觉得国外的一些大企业它的品牌里有人文关怀元素，这也是我们国内企业要学习的地方。

创意除了包括外形设计上的创意、内容构思上的创意外，还有哪些方面的创意呢？目前或者未来最重要的一种创意形式就是与新技术相结合的创意。这种创意突出的是互动，我们户外媒体目前一个很大的瓶颈就是它的信息传播是单向的，受众接受信息是被动的，没办法跟户外媒体进行互动，进行双向沟通，现在出现的一些新技术可以解决这个问题。

今天介绍两种新技术，一个叫作 AR 技术——增强限时技术。这种技术是人机交互技术，可以模拟真实的现场景观。它是以交互性构想为基本特征的计算机高级人机界面，使用者不仅可以通过虚拟现实系统有一种在客观物理世界中身临其境的逼真感，而且能够突破空间、时间以及其他一些客观限制，感受到在真实世界中无法亲身经历的体验。这种技术所表现出来的体验是带有科幻性质的，就是让人感觉很奇妙。目前，这种新技术已经在户外媒体中应用了。例如，《国家地理》杂志曾在一个大商场举办了一个 AR 互动活动，就是利用这项技术首先把场景布置好，在一个 LED 屏前安装一个高清摄像头，然后在前面空出一块场地，把相关的设备安装好，参与体验的观众进入游戏区后，就会看到 LED 屏上会出现一些很奇异的画面。另外一个例子是诺基亚手机做的一个互动广告，顾客可以和它的手机广告屏幕进行互动，以充分展现手机的互动性、多媒体性等特点。这有点类似于在游戏机上面玩的跳舞毯游戏，二者最大的区别是，跳舞毯只是一个动画的人在那里跳来跳去，这个广告相当于把你放到这个虚拟场景里去了。所以通过创意可以更好地表现产品的特点，或者说新意。

现在还有一种新技术叫 NSC 技术——近距离无线通信技术。智能手机都有蓝牙功能、近距离的通信功能。它实际上是由原来的射频识别技术（RFID）演变而来的，是由飞利浦半导体、诺基亚、索尼几家公司共同研发的技术，这一技术在户外媒体创意上也得到了广泛的应用，而且让人耳目一新。在这里和大家分享一个案例，是迈阿密广告学院的学生做的一个广告，他们尝试把人们久违了的图书馆放到纽约地铁的车厢里，上了地铁的人，只要你带了具有 NSC 功能的智能手机，并扫描书架上的图书，那么这个图书的前 10 页就可以免费供你在地铁上阅读，考虑到版权的问题，它只能让你打发在地铁上最多 10～20 分钟无聊的时光。如果你下车的话，它会给你一个提示，可以到哪里去借阅这本图书，甚至会告诉你怎么样去那个图书馆，如果你去买的话大概多少钱。这样做是在发起一个活动，就是鼓励市民多走进图书馆，多学习，在地铁上也可以享受一场读书之旅、文化之旅。刚才讲的这个内容和创意两大部分是可以推动户外媒体发展的两个非常重要的手段。

除此之外，能够推动户外媒体更好更快发展的方法还有移动互联，就是互联网，更准确地说是移动互联网，这也是将来的一个发展趋势。现在有一个新名词叫作可穿戴设备，将来你戴的一块手表或者一个腕带，它都是有芯片的，是可以和其他电子设备进行通信的。现在人们提出了一个

"物联网"概念，物联网中所有的东西之间只要有电子信息，都可以互相联系。移动互联，可以理解为多屏融合，即连接互联网的电视屏幕、LED屏幕、iPad屏幕、智能手机屏幕、电脑屏幕都可以融合进来，信息互通。多屏融合也是终端发展的趋势之一，它可以在我们的电脑、电视、手机多屏之间实现图片、视频、游戏分享等丰富多彩的应用。

移动互联对户外媒体具有十分重要的意义，主要体现在三个方面。第一，传播的延伸。它可以将受众的注意力从一种媒介延伸到另一种媒介，离开了LED屏幕所在的区域，还可以在手机上继续看刚才的信息或者更多的相关内容，它首先是一个传播的延伸。第二，它是功能的延伸。为什么现在更加倾向在互联网媒体上做广告？因为互联网媒体具备交互性，比如在网站上发送了一个广告，我看到这个产品很感兴趣，就可以马上点击这个广告，通过超链接进入产品的官方网站去查询产品更加详细的信息。以前的传统媒体更多的是一个接触点的概念，在报纸上、电视上看到的广告信息都是这样，它只是让你发现有这样一个广告信息，假如说我想进一步了解这个产品，直接去购买它就没有办法实现。但是现在互联网做到了，将来户外媒体也可以做到，它不仅可以提供接触点，而且可以延伸到产品销售这个环节。第三，大数据的收集。大数据概念现在被越来越多地提及，而且通过云计算，大数据在我们的生活中、生产经营中发挥了极其重要的作用。现在互联网、户外媒体结合之后也会对大数据的收集产生积极的促进作用。为什么这么说？传统媒体的受众是哪些人，必须通过调查才可以了解。比如《南方周末》认为它的读者肯定是一些知识性的高端读者，年龄偏大的读者，男性偏多，怎样得出这些结论？需要做一些调研，或者向第三方数据公司购买数据，包括读者的年龄层次、教育背景、性别、家庭收入等。但是现在这些都不需要了，移动互联网、移动媒体、户外媒体相结合，可以反馈、收集很多信息，这些信息对于媒体运营方非常重要。

下面分享一个我们公司做的案例。在广州市北京路步行街的街口，我们和腾讯合作举办活动，腾讯会向一些商家推荐商品，这些商品会在我们的 APP 上出现，每一个商品都有一个二维码，在获得二维码后会推送一条信息，通过技术平台向手机推送信息，可以通过链接进入网站，甚至可以去下单。户外媒体具有强大的识别冲击力和一定的强制性，特别是 LED 媒体，都是位于一个城市的核心位置，经过的人都会想去看几眼。另外，户外媒体也会应用智能手机识别系统，利用用户愿意体验的心理来进行互动。再分享一个案例，也是 LED 屏幕手机互动，是通过玩游戏的方式实现的，手机和 LED 屏相互之间玩游戏。麦当劳有一款圣代冷饮，在旁边放一台风扇，风扇可以减缓冷饮的融化速度。这个游戏就是要旋转扇叶，玩的人越多，风扇转动得越快。可以很多人同时玩，让冷饮不再融化的话可以免费得到一个圣代，通过这个游戏向人们做一个很好的产品推广。

最后做一个总结，对于户外媒体来说，创意是户外媒体发展的灵魂，技术是户外媒体发展的驱动力，融合是户外媒体发展的趋势。精彩户外，无处不在，谢谢大家！

嘉宾：老师您好，如果我们想进入互联网公司去做广告策划或者媒体推广，在互联网背景下应该具备哪些素质？是应该多掌握新技术还是多掌握广告方面的知识？

聂辰晟：互联网是一个很大的概念，一个互联网公司有很多的岗位，包括技术、销售、设计岗位，还有管理岗位。首先，要具备比较全面的综合素质，我刚刚提到了创意，这些创意可能很多学设计的人都没法想到，你必须具有丰富的知识，要对事物有深刻的认识。其次，你要善于思考，要敢想，很多大胆新颖的创意就是由无关的东西结合起来的，因此思路要开阔。另外，技术也十分重要，现在做互联网创意一定要懂技术，不懂技术就没有这种理念，像 AR 技术，如果没有听过怎么知道它可以去实现这个功能？因此，我说技术是户外媒体发展的驱动力，而且不仅仅局限于户外媒体。

从《市民与社会》看市民社会的成长

时　　间：2014 年 7 月 8 日
地　　点：上海交通大学闵行校区光彪楼 1 楼多功能厅
主讲人：秦畅

秦畅

　　秦畅，上海文广新闻集团广播新闻中心首席主持人，其主持的《市民与社会》节目是中国首批新闻名专栏（1999 年），上海首批优秀媒体品牌（2005 年）。这档开办近 20 年的节目在长三角广播市场始终保持着很高的收听率和广泛的影响力。

秦畅：各位好，谢谢大家。今天我演讲的题目是——《从〈市民与社会〉看市民社会的成长》。

我主持的节目叫《市民与社会》，我们把"与"字拿掉，看看从这个视角可以发现些什么。我相信你们一定会成为未来媒体行业的引领者，所以我今天除了分享之外，还想提出一些问题。因为你们绝大多数都是研究生，所以我很希望今天的问题可以成为你们未来的研究主题，那将是我参加这次中国传媒领袖大讲堂最大的收获。

作为一个传统媒体人，当下我的体会用"恐慌"这个词来形容一点儿都不为过。进入中国传媒领袖大讲堂之前的一个月里，我已经进行了20多场各种各样的演讲和培训。在最近的半年时间里，当我以传媒人的身份在各种各样的人面前讲课时，我有点"气短"。有一段时间我经常会听到周围的人说："你以为你是 CCTV 啊！"这背后的隐含意义是什么？是你别那么不厚道，别觉得自己怎样，想拿谁开涮就拿谁开涮。有时候当我去给领导干部们上课时，他们经常会对我说："我对你们媒体的爱已经没了，只剩恨得牙痒痒。"尤其是有一次，我跟一些医务界人士在交换意见的时候，他们说，今天医患关系变得紧张全是媒体造成的。他们没有看到整个医疗体系背后的问题，没有看到医生的确收受红包，医生在这样的环境中不得不开大处方这些事实，却说医患关系紧张全是媒体人造成的。再加上我们媒体界的确不断地出问题，所以我以一个传媒人身份出现的时候真的有点"气短"。今天我很高兴能有这样一个机会在我们传媒人自己圈子里面，聊聊我在一线工作时候的一些感悟，甚至是一些恐慌。

第二点是，我们广播这两年的发展跟汽车工业的发展密切相关，感谢商业部对汽车工业的大力扶持。广播从1998年的经济危机过后经历了三四年的低迷期，大家那个时候认为广播几乎没有市场了。但是2002年上海的赛欧下线，代表中国第一辆为家庭专门生产的汽车下线，在这之后全国的广播收听率大幅度增长。众所周知，2013年所有的电视媒体广告量是大幅度下降的，平面媒体就更惨了。从上海报业的整合大家就可以看出问题。据说上海报业集团2014年可能还有2家报纸面临关张歇业。大家所看到的那么多真人秀节目中，没有几家是真正能够获得盈利的。在传统媒体里唯有广播在2013年依然保持了所谓的增长，全国的平均增长幅度超过了2%。像北京、上海这样的大城市，虽然受新媒体的挤压很严重，但也达到了1.4%的增长。由此我们可以预测广播媒体在新媒体的挤压之下新的发展态势。上个星期我特意问了我们广告部经理2014年上海的广播广告形势怎么样，他说我们台现在已经完成了全年广告任务的80%。因为我们的广告进行了整合，专门为可消费人群制定了广告线路。在早晨8点到9点、下午3点到4点、晚上8点到9点，我们推出了"全职太太"套餐，给在路上送孩子、跟女友喝下午茶、晚上应酬完回家的人制定了新的广告套餐。我们在2014年上半年能够完成全年80%的广告任务，那下半年一定是远超全年的任务量。我们将是上海3个单频率创收超过亿元的广播频率之一。上海的FM 100.1，一个频道有不到20个人，一年的创收达到1.3亿元左右。所以，广播媒体可能是所有媒体中性价比最高的，或者说"最暴利"的媒体。据不完全测算，广播的利润超过50%，利润非常高。但是，在这样的现状之下，我知道很多内幕，所以我没有我们的广告经理那么乐观，这将是一会儿我会跟大家分享的另外一个视角。

广播这两年来的发展真的应该归功于汽车进入家庭。汽车进入家庭是人类进入现代工业文明社会的一个必然趋势。这样的发展脉络今天也延伸到了上海、北京、广州这样的大城市，所以我们看到广播近两三年以来处于高速发展态势。

我想跟大家分享一下，一个在一线工作的广播人，在新旧媒体融合时代有怎样的感受。我的节目叫《市民与社会》，这个节目自1993年开播到2014年，已经整整21年了，在全国的广播系统中是一档老节目。一档节目诞生超过8年，它的生命就会走下坡路。我觉得这有点像狗的生命，活到12岁的时候是最艰难的，相当于90多岁的老太太，3岁到5岁的时候是最活泼、最有蓬勃生命力的时期，好像所有广播节目也都是这样。所以在上海，一档活了20多年，像是一位百岁老人的广播节目的生产制作和发展是相当不容易的。

从我个人来讲，我做这个节目已经有14年了。现在很多人都会问我是否会转行，因为就广播行业来说，我得过范长江新闻奖、广播新闻奖、金话筒奖、全国广播大奖，广播领域所有的奖项我都得过，再待在这个岗位上没什么意思了。我个人认为我前十几年所积累的经验，那些所谓的规律性的运作方法，可能都是阻碍我进一步往前走的山岭。这有点儿像新旧媒体之间的冲突。你在传统媒体里做得越好，你向新媒体转型将越难，你自己永远是自己最大的敌人。因为你已经习惯了以前的那套运作模式、思维方式、话语表达样态，一旦变成新媒体模式，将会很难适应。比如让我在节目里或者在微信、微博上用"小伙伴儿"这样的词，我会觉得很困难。当大家说"童鞋们"这个词时我还是可以接受的，但是当大家说"小伙伴儿"时，我就无法接受。我的实习生们都是"90后"，他们有时候写的一些东西我都忍不住想要修改，但我经常会按捺和压抑自己。我想，这些东西如果是放在新媒体上，那就随着他们"90后"去吧，毕竟这是"90后"最易接受的一种话语方式。

除了这些不能接受的方式以外，还有什么呢？是市民社会的成长。什么是市民社会的成长？我给大家举一个例子。我的节目是全国第一家邀请省部级干部参与的节目。1992年12月8日，节目请了当时上海市副市长夏克强进行直播，谈当年上海冬季交通难的问题。2001年，节目正式推出了"市长热线"专栏，成为市政府的工作人员尤其是市长的固定工作机制，他们每年至少有一次走进《市民与社会》，回答市民的提问。最开始做"市长热线"的时候，听众打电话进来会说："哎呀市长，我太荣幸了，今天能跟您对话。市长您百忙当中能够抽空来接受我们的咨询，太谢谢您了。您真是人民的好公仆。"全是仰视的，就像我们跟习大大握了手几天都不想洗的感觉。随着时间的推移，这种状况逐渐改变了。2005年，上海市副市长杨雄在节目里面做嘉宾，讨论上海市市容环境卫生问题。一个听众打电话就直接说："我想跟杨副市长对话。上海应该进行垃圾分类。我对垃圾分类进行了研究，我认为垃圾分类有好处。我曾经给市政府写了一封信，到现在杳无音信。台湾从2012年开始推行垃圾分类，据说已经初见成效。我希望上海市政府将垃圾分类当一个目标推进。"这样的发言完全没有仰视，是平等的对话，是从市民的视角出发对政府工作人员进行的质询。

还有一次，一个市民打来电话讨论上海的交通问题。他说他刚从欧洲回来，欧洲有一个公交系统叫BRT体系，他认为上海应该推行BRT。我作为主持人坐在旁边，听不懂什么叫BRT，然后我立刻就去观察坐在我旁边的副市长脸上的神情。因为我很担心，如果市长不知道BRT是什么该怎么办。那位市民觉得BRT有几大好处，比如对于人流集中度高的城市，大容量的公交系统和专用线路开通BRT非常奏效。他讲得慷慨激昂、头头是道，甚至还用了一些数据。然后杨雄说："我们考察过这套体系。你刚才说的几点是对的，但是有几点是有问题的。BRT体系对候车站要求特别高，因为大容量交通系统一定要有车站。经过研究这个系统最好在路的中间开，在两边开的话会有很多实际的问题，在路中间开的话效率是最高的。上海就一条马路适合做这个系统，那就是延安路。可是在延安路的致命伤就是高架系统都在中间，也不适合开BRT。"那个市民回答："哦，我还真没考虑过上下车站的问题。"

在2005年之后，我们接进来的市民电话很少是感恩戴德、抒发对领导的崇敬之情的。大多数市民都是很平静地跟领导干部进行对话交流，提出对于城市发展的公共意见。

还有一次上海市市委组织部原部长沈红光在节目里讨论上海首次把所有处级干部的岗位拿出来公开选聘的问题。以前我们的处级岗位，只有单位里知道有几个处级岗位在进行招聘。这次是上海80多个处级岗位全部拿出来晒在网上公开选聘，当选的人也都在网上公示。我邀请沈红光部长来节目中讨论这一次的公开选拔和选聘是否走形式，会不会成为一场秀，能不能成为挑选干部的真正样式。我的节目就是这样，不断有市民打来电话参与。我会跟我的嘉宾讲，您来到我们节目当中，您个人的话语量可能占到节目的1/2不到，更多的意见需要由公众来构成。现在很多领导干部已经接受了这一模式，是来听而不是来说，是来回应和满足需求，而不是来发表施政报告。就在那次节目中，有一个市民打来电话说，如果经过这样的选拔，一些被选上的处级干部在之后的工作中被证明是贪官，那么组织部门会不会承担相应的责任？如果事后发现选拔过程中出现问题的话，部长你会不会因此引咎辞职？就在这次直播节目当中，我们发现市民的对话不仅仅是一次平等的交流，它已经变成了一种监督，监督政府的权力是怎么使用的，在权力使用不当之后会不会为此负责，公共服务系统、党政系统的问责制有没有开展。

我听到越来越多的市民对于政府干部的工作提出了更高的要求。尤其是这几年，特别是2011年微博盛行之后，公众有更多的渠道和场合来发表自己的见解，表达样式完全发生了变化，从以前的仰视到平视再到今天的俯视，这就是市民社会最重要的一部分。市民社会是一个政治经济学的概念，在我看来就是当人们具备了一定的物质生活基础，并且社会的基本规则确立了之后，人们要求进行公共意见的表达，自然而然地衍生出了权利意识。所以十七大报告中把公众的知情权、参与权、表达权和监督权作为其重要的权益。党的方针政策具有引领作用，所以十七大把这四个非常重要的权利在文件中确立了下来。

《市民与社会》之所以能运行21年，虽然老态龙钟，但还能以青年人的步履在广播平台上往前一步步地走，我想恰恰是在 20 多年前设计这档节目时跟我们时代的发展需求是合拍的。在这样一个公共议政平台上，公共意见得到了表达，他们的声音在这里得到了回应，所以《市民与社会》在今天仍然能够得以存活和发展。

那么，在《市民与社会》运行这么多年之后，我为什么还恐慌？我想给大家讲一个故事。这件事情对我的触动很大，引发我作为一个媒体人的一些思考，甚至可以延续到未来很长的时间里。药家鑫案大家一定知道，不用我再讲其中的细节。我的节目一直秉持这样的原则：倾听不同的声音，多元思维的交融，不同观点的碰撞。这是节目的宣传语。每到节目中，我总要启发大家有不同的视角。因为在一个节目中呈现不同的声音、不同的视角，是一个媒体人的追求。如果一档节目从头到尾都是一种声音的传达，它就和新闻报道没什么两样。既然是一档讨论节目，那就必须要有不同的声音，节目才能讨论起来，这样大家听起来才会有收获。虽然节目有舆论引导的功能，但真正好的舆论引导应该是润物细无声的，润物细无声的引导是在和大家交流的过程中一起讨论的结果，不是直直地、生硬地告诉大家要践行社会主义核心价值观。

药家鑫案发生并在微博上热烈讨论了一个月之后，我才决定进入讨论。因为这个案子发生的时候有太多不清楚的问题，太多的说法混杂在一起，不知道方向是什么。当时微博上所有的声音都是"杀"，在新媒体上都找不到其他的声音。尤其是中国人民公安大学的李玫瑾教授用了"激情杀人"这样的词后，据说整个公安大学网站都被封了，李玫瑾本人也在网上被"暴力"了一番，把她的祖宗八代都快骂遍了。当时我给一个刑法专家打电话，问他怎么看药家鑫案，药家鑫必死无疑吗？因为尤其是在要慎用死刑、减少死刑的环境下，最高人民法院进行最终审核能不杀的都不杀，这是政府和世界的一个潮流，也是世界文明进步的一种方式。我问刑法专家，从刑法角度讲而不从"激情杀人"的角度讲，你觉得药家鑫是不是必杀无疑？他说要看药家鑫是否长久以来有预谋，有长期准备，而且手段极其恶劣，给社会带来影响巨大。药家鑫的家人对被害者家属有足够的悔罪表现，给对方相对满意的经济赔偿，有可能不杀。但是现在舆论吵得太厉害了，不杀很难。

我邀请这位专家到我的节目，还邀请了我非常尊敬的华东师范大学的王晓玉教授。做节目时，我和电话编辑沟通，让他不要用自己的价值观来判断谁的观点有价值，谁的观点没有价值，谁对谁错，只要听到不一样的观点就给我送进来。那天电话接到了12点半，屏幕上一堆的电话，但是观点基本一致，一律都是杀。我长期以来的原则就是，主持人必须要有足够的开放度，容纳不同的视角，一个节目才会有它的丰富性和价值。到12点半的时候，每当王老师发表一次观点，微博就会被刷新一次，甚至有一些特别恶毒的语言。

这是我在职业过程中第一次失去自己的原则和操守，第一次用案例的方式表达一种观点和可能性。我在节目中给大家讲了两个例证。第一个发生在上海，两年前有一个法国女模特在家里遭入室抢劫后身亡。这个案子很快就被侦破了，入室抢劫的罪犯是一个外来务工青年，在春节前想捞一票。公开审理这个案子的时候，被害人的母亲千里迢迢从法国来到上海。当她看到那个年轻人比她的女儿还小将近10岁，并且得知这个年轻人在城市生活艰辛，只是希望过年回家能多带点钱，能让他爸爸盖房子的梦早日实现的时候，她在法庭上请求法庭给这个年轻人一次改过自新的机会，她说："我女儿的生命逝去已经不可复得，我相信她不愿意让另外一个人用生命来为自己赎罪。我相信留着他的生命对这个世界、对其他年轻人的启示会更大。"

我在节目中也讲了美国校园枪击案的例子。在美国，一个青年拿着枪，扫射了一群同龄人，造成了17人死亡的悲剧。但是案件的最后，被害人的家属竟然给杀人者的家属以抚慰，甚至同意这个孩子同被害者安葬在同一个墓区里。我把这个案例拿到节目中介绍给大家，是想让大家知道除了"杀人者抵命"这样的意识外，我们还应该有其他想法。

在这期节目之前我未必有明晰的观点认为药家鑫是该杀还是不该杀，但当我发现节目中有那么多不同的观点的时候，我自己的观点更加明晰了。我把这些材料呈现在大家眼前，想让大家有不同的选择。可是事与愿违，当我呈现了这两个素材后，反对的声音更加明显了。那档节目做完之后，不要说多元的讨论了，我几乎被打蒙了。我们三个人在直播间里就像是药家鑫的辩护律师，而公众是公诉方。公诉方从气势到正义感再到法律运用和对案情的了解程度似乎完全在我们三个之上。那个节目之后的一个月里，我沉思良久。

药家鑫案过后几个月，中央电视台柴静在她的《看见》节目里采访了本案的双方父母。在那之后，舆论发生了一个转向，甚至很多人在网络上反思药家鑫是否非杀不可。在那一个月的反思中，我真正地理解了人们杀的不是药家鑫，人们的喊杀声不是针对他这个个体，药家鑫变成了人们担心社会不公、司法腐败、权力和利益勾结的一个可能。大家的担心、不信任、不安全感，最后累积成了一种情绪，而这个情绪让我们忽略了法律原本应有的理性和规则，让我们忽略了在这个事件中除了冲突和碰撞，还有一个活生生的生命。我真正地意识到了，我只是随着思维惯性，没有考虑过那么多的问题，没有对社会语境、社会心态有足够的把握和了解，单纯地认为拿这件事情用法律来做决断，加一点人情味就有了不同的视角。

在药家鑫案中，我看到了一个非常重要的问题，就是如果你想做舆论引导，你有本领做吗？有能力让人们回归到多元视角和理性分析上吗？很明显这次是失败的。但是一段时间后我又有点开心。因为整个社会在反思，面对这样一个事件的时候，我们应该创建怎样的情绪环境和社会空间来做真正有价值的讨论。

在药家鑫案当中，我思考为什么我在节目中听到的声音越来越单元，越来越朝一个方向发展。这个案件给了我太多思考。第一个思考是在众声喧哗的语境当中怎么认真认识多元。所谓的多种声音就是多元吗？药家鑫案突出的单一声音的背后才是今天必须真正面对的，是市民社会成长到今天我们必须面对的现实，即市民对于整个社会的信任程度问题。还有今天社会治理必须面对的政府与民众彼此之间的不信任问题。这让我想起了西方的"塔西陀效应"，无论政府说什么民众都不相信了。这是西方社会经历的一个历史阶段，我们在现代化过程中也正在经历。政府职权不被信任，司法不被信任，公众彼此也不信任，却又要维护自己的权利，这样很可能演化为单一的情绪，出现不安全感的表达。这些不信任给今天的民众心理带来了巨大的震荡，他们无论碰到什么问题都宁可选择不信任，人们都在反向思维中寻求对自己最大的保护。这是我们今天要面对的市民社会的最重要的一个特征。

怎么能够让大家信任？我们媒体需要让大家重新发现、体会到微观的真实之间巨大的差距感，在做公共话题引导的时候，摒弃自己听从主流声音的想法。媒体确实有自己的利益，我们自身利益可能是收视率、收听率、发行量，所以我们可能会不由自主地顺从民意，认为随大流就安全了。包括我自己在内，会反思自己最近是不是谈得太正经了，是不是需要一点八卦的东西来提高一下收听率。从药家鑫案到林森浩案，我的坚持就是不管当下语境表达样态是怎么样的，坚持在节目中呈现不同的观点。一个消息至少要有两三个信源甚至更多，让利益相关方为这件事情提供不同的信息源，这样的报道才更有价值。一件事情只有容纳更多的视角、更多的声音，才有可能逼近真相，逼近于全面、客观。以往的听众听到节目的反应肯定是直接叫好，而现在听众会怀疑。所以现在我每次做这样的话题都会思考大家会怀疑什么，大家在这个问题上的不信任是从哪里出现的，会有哪些多元视角，我们的做法给别人心理的影响是怎么样的。

曾经有一个教授写过中国社会的十个阶层，我看现在远远不止这些。在整个社会演进的过程中，族群的分化已经越来越明晰。简单地说，一个小区里，养狗的和不养狗的，有车的和没车的，年轻的和年老的，他们的需求就完全不一样。一个公共话题展开的时候，就会出现各种不同的声音。所以在做一档讨论类节目的时候，基本价值走向的引导都显得特别困难。我经常告诉我的同事们：第一，咱们还是要尽量让不同的声音走进来；第二，我们应该更多地走近普通大众，进行一些满足普通大众诉求的研究；第三，我们不能仅仅在节目中呈现冲突。以前我做节目都是提前两三天甚至一周把要做的节目做一个脉络梳理，但是在最近两三年我从来不做这样的事情。因为在这两三年突发事件太多，新闻性话题太多了，昨天落定了话题，肯定今天就得重新修改。

讨论的过程中媒体还有一个最大的诉求是：好听。什么好听？不一样的观点好听，冲突好听。可是我们的媒体里呈现了太多的冲突，尤其是在很多电视节目中，有了冲突才能让观众不换台。可是进入市民社会，让市民成长的一种方式是，我们要懂得妥协，要知道退让。其实民主就是在协商、不断妥协中形成的。今天的媒体在制作节目和制造话题的过程中太擅长制造冲突了，太擅长将不同的东西碰撞在一起，这是做广电的人固有的思维。但是这在今天的社会语境中还合适吗？这些真正符合市民社会、符合市民成长的需求吗？一档节目能给听众的启发有多少，甚至是否能够带动民众共同成长，我真的不敢奢望。但是能不能在我们的节目中体现出愿意倾听别人的意见的姿态？所以我经常跟听众说希望他能听听接下来的跟他的观点完全不一样的观点。

今天我还准备了一个非常有趣的案例，是一个"50后"的妈妈写给我的一封信，我特意摘抄了信中的一段。在信中这位妈妈说她现在最大的苦恼是女儿不愿意结婚，不愿意谈恋爱，不愿意交朋友。她给女儿相了好多次亲，女儿每次都是表面上应付她，实际上没有去。她说，现在有一批年轻人不愿意结婚，不愿意谈朋友，不愿意生孩子，违反了我们中国"男大当婚、女大当嫁"的规律。这是这批年轻人不肯担当、不肯付出、不肯为自己的将来负责任的表现。等他们年老的时候，让政府和社会承担养老的责任，他们有脸这样活着吗？落款是一个大龄女青年的"50后"母亲。我一看这封信就想这里面一定有一个巨大的冲突，是"50后"和"80后"的冲突。这个冲突是由各种各样的因素造成的。"50后"是很痛苦的一代人，刚开始长大的时候碰上了自然灾害，刚上小学就上山下乡，好不容易小学毕业回城了，没读多少书就顶替上班了，上了10年班等孩子长大了，刚稳定又下岗了，下岗后好不容易国家出台了一项政策，拿着很高的退休金回家养老就遭遇"80后"不肯结婚。我曾经把上海人民广场相亲角的一位阿姨请进了直播间，请她谈一下给女儿相亲的事。这位阿姨在陈述的时候简直痛哭流涕。在这样一档节目中，有很多"50后"与"80后"激烈的争执让人听着很欢乐。但是讨论到40分钟的时候，我突然觉得不能让这期节目只是充满欢乐，于是我就让"80后"和"50后"进行换位思考，站在对方的角度思考问题，在这之后，有许多"50后"和"80后"纷纷表示了对对方想法的理解。

所以，当我们发现族群和族群之间巨大的利益冲突的时候，我们可以做出一档冲突味儿非常浓烈，甚至还有火药味儿的节目。我们自然或者不自然地去制造冲突的时候，我们还觉得这样的节目做出来真好听。但是，这么多年来我发现了一个最大的症结：每一个人都说自己是对的，每个人都说自己的权益是应该受到维护的，谁都不肯站在对方的立场和视角上想，那社会永远就只有冲突存在，永远只有对抗，发生问题的时候就只有弱肉强食、优胜劣汰。这样发展下去，我们的社会发展是很危险的。所以，作为一个传媒人，我们不能简简单单地呈现不同，必须在不同中让人们懂得倾听、包容、接纳，甚至学会退一步，学会妥协。所以，我鼓励自己，这样的公共论坛做得好可以为民主协商打下基础。

我们要对各种各样的人有足够的尊重。可能随着学识、经验的积累，你会觉得某个问题一定是怎样的，甚至有时候会自然地站在一个道德的制高点上批判某个人、某个群体、某种做法。我经过这么多年在《市民与社会》听取各种意见的讨论发现，即使再卑微的个体都有值得尊重的理由。我在节目中接触过各种各样的人，有曾经被判了死刑然后又努力减刑的，有出柜的同性恋者，有年仅10岁却拉了7年小提琴的小女孩，还有一个月收入1万块而将9000块都捐出去却让自己的儿子、孙女睡草席的老人……各种各样的人，当你真正走近他们，换一个角度倾听他们的观点，就会发现每个人都值得尊重。所以我们不能用自己的知识和经验去判断事物的边界。当你走得越深的时候，你会发现这个边际远远不像你想象的。

这非常难办到，因为有的时候我们要和自己的价值观做碰撞，有时候你虽然没有表现得那么激烈，但是心里多多少少会有自己的判断，这会影响你对某件事情的理解。所以，今天，面对市民社会的成长，面对市民的变化，面对社会转型期市民独特的心理构成和他们对于社会公共事务的判断，再加上市民有了新媒体传播工具，在微博、微信上形成了各种各样圈子和团队，信息来源不再是传统媒体，这些变化对于传统媒体人来说都是一个巨大的挑战。比如前一段时间很多人都在转发一条信息，就是说有小孩子在大润发门口被带走，家长出门的时候一定要照看好自己的小孩。从一个新闻人的角度来看，这个消息一定是假的。但是有些人明知道是假的也会转发，因为他觉得给大家提醒是有好处的。但是转发的人没有想到这样的行为带来的负面效应。本来孩子在四五岁的时候有一个非常自由的空间，但是所有的家长都因为恐慌而紧紧地把孩子拉在自己身边，不让孩子有自由活动的空间，形成了剑拔弩张的、紧张的社会氛围。

今天的受众需要有一个非常明晰的表达方式和途径，面对这样的新需求，传统媒体人该怎么去满足？今天的听众都在移动的情况下收听广播，而收听环境的变化对人们心情的影响是不一样的。我们现在能看到一些专门针对地铁一族的电视剧，半小时一集，也就是大多数人坐地铁的时间。上班看一集，回家的路上看一集，路途长的话可以看两集。人们生活方式的变化就是基于大数据研究的结果。但是广播在这方面的研究推进得还是非常缓慢的。

最后，我给大家说一点。我认为喜马拉雅听这样的应用会替代爱奇艺这样依靠电视渠道生产内容的应用。据我所知，喜马拉雅听正在设计一套设备，能让硬件系统直接插入汽车中去。2011 年我去美国考察的时候发现，美国的很多广播已经改变了传统的传播样式，把节目制作好以后拿到网站上供听众下载，听众下载三四个节目就可以拿到车上听。这说明收听广播节目未必要通过收音机。当听众打开收音机时会发现，喜马拉雅听不仅可以听广播，还可以听郭德纲的相声、听书、听各种各样的诗朗诵和段子，把电视节目做成一个广播集锦。

新媒体通过技术改变我们原有的操作平台。传统的收听和播出渠道可能被移动互联网技术所替代。我们上海广播正在做自己的网络 APP "阿基米德"，可能意在"给我一个支点，我就能撬动地球"。但是说实话我个人对此不太乐观，因为身在此山中看到的只有问题，包括芒果台成立的APP，我也不太看好。作为传统媒体人，我们不仅要思考内容怎么改革，还要思考在新的语境下新的平台怎么转型才能顺势而为，符合市民社会成长规律，怎么多元，怎么协商，怎么赢得尊重，怎样去更多地融合。

嘉宾：老师您好，请问您认为在新媒体时代广播未来的发展方向有哪些？

秦畅：我们这些年一直在做很多不同的尝试。其实，与新媒体最接近的传统媒体就是广播，广播最大的特点是互动性，公众的参与性与平等性在广播媒体中体现得很明显。一个非专业的人在报纸上发表一篇文章很困难，在电视上发表成本又很高，只有广播是最贴近广大民众的。所以我个人觉得，在民生类节目中，实证类的新闻话题节目在未来可能会成为一个发展趋向，并且讨论的话题会越来越细分，比如在美国一档节目可能只讨论宗教、建筑、园艺、育儿话题，甚至只讨论驾驶这一个话题，不过在我们国家应该不太可能会细分到这种程度。

另外，今后服务类节目应该会越来越多，如上海电台做了一个尝试，开通了一档"990"服务类节目，这档节目形成了一个广播社区。比如，一个人在广播中说想找到几十年前帮助过他的一个人，想通过节目跟他说一声"谢谢"。广播找人很灵通，据说连公安局户籍警察都不如我们快。而且，当老百姓有需求的时候，未必一定要依靠公共政策、社会组织和政府，因为有时候成本会很高，像这样通过广播大家也可以互相帮助。"990"节目的主持人特别可爱，比如有一次他在节目里讨论一天吃一个鸡蛋好还是吃两个鸡蛋好。这样的话题门槛儿很低，听众都可以参与进来，节目讨论的最后把营养学家、食品安全专家都吸引来了。服务类节目在未来发展的过程中会形成一个广播社区，大家可以互相提供帮助，这可能也是未来广播发展的一个方向。

第三个方向就是后来衍生出来的比如经济类、亲子类、求职类、相亲类节目，像我们还衍生出军史类节目。总之，未来广播会成为专业的议事平台，衍生出更多专业类节目，这也是广播的一个发展方向。

嘉宾：老师您好，请问媒体人应该如何对自己进行定位，在追踪案件的同时保持平衡报道，减轻网络暴力对事件当事人的伤害？

秦畅：在很多事件中，媒体为了自己进行了议程设置，媒体为了自己的利益不仅伤害到了个体、群体，甚至对社会公益也造成了伤害。我一直觉得，不管媒体怎么进行议程设置，始终逃脱不了对社会真实的反映。就拿医患关系来说，如果 60% 的人去医院时对医生绝对信任，媒体报道就不会对医患关系造成影响。但是 80% 的人去医院都遭遇了痛苦、冷遇，甚至是讹诈，就会很可怕。所以媒体的一些报道可能确实存在不负责任的地方，但是关键还是在于要进行整个医疗体制的改革。但是我对媒体行业内部人还是会说，最后推波助澜的是我们媒体人，我们把微观真实放大成为宏观真实。我们要尊重每一个个体、每一个行当、每一个领域，不要轻易注入我们的常识和所谓的知识。在做节目的过程中，不预设观点其实并不容易，尤其是在媒体行业做得时间越长、积累的经验越多、变得越自信的情况下很难，因为我们要顾及自身的利益，不仅要跟自己的常识、主观意念做对抗，还要跟行业的运作规律做对抗，而且要快速地做出反应。所以，在这样的语境之下我们做平衡报道、做客观分析、做建设性意见的提供者，真的不是一件容易的事情。

学术前沿・智慧火光

从大数据到数据新闻

时　　间：2014 年 7 月 7 日上午

地　　点：上海交通大学闵行校区光彪楼 1 楼多功能厅

主讲人：祝建华

祝建华

　　祝建华，长江学者，香港城市大学媒体与传播学系教授、传播与新媒体硕士专业主任。自 1998 年至今任职于香港城市大学媒体与传播学系，为传播与新媒体硕士专业创始人。先后获得国际传播学会等颁发的 7 项学术荣誉奖，现兼任《美国人类传播研究》等 3 家 SSCI 期刊编委、北京大学网络实验室访问教授、中国科技大学客座教授等。

祝建华：各位同学，大家好！两年前，我给第三届中国传媒领袖大讲堂的学员讲过"数据驱动新闻"。今天，我在之前的演讲主题前再加上一个词"大数据"，从大数据到数据新闻。我主要讲三个方面内容：一、大数据本身，大数据现在非常热，但是热的过程中也存在对它的误解；二、新闻传播的新形式——数据新闻；三、当前的数据新闻实践与存在的问题。

什么是大数据？较早被人们引用的定义是由 IBM 公司提出的"4V"，即：Volume，海量的数据；Velocity，快速地处理，快速地搜集；Variety，多样；Value，价值，这也是最重要的。

有关大数据的书，我比较熟悉的有三本。第一本叫作《大数据时代》，是两个英国学者写的，主要作者是维克托·迈尔·舍恩伯格（Viktor Mayer – Schönberger）。这本书是由电子科技大学周涛教授和他的学生翻译的。第二本是由一位在美国工作的华人学者涂子沛写的《大数据》。最后一本书是负责主办中关村大数据日的机构——云基地的首席科学家郑毅写的《证析》。这三本书从专业程度上讲是逐步升级的，《大数据时代》是普及版，涂子沛的《大数据》这本书比《大数据时代》要略专业一些，最专业的是郑毅的《证析》。"证析"这个词其实是郑毅自己创造的，对应于英文当中的 Analytics，不是 Analysis。Web Analytics 是最近十几年随着互联网研究的发展兴起的一个词。郑毅觉得把这个词翻译成"分析"会少掉证明、验证、求证的意思，所以译成"证析"。

但是，像我们很多知识门类一样，越专业的可能知名度就越小。这三本书中知名度最高的应该是《大数据时代》。按照我的理解，这本书里讲的故事都是对的，但是其基本观点全是错的。书的第一章讲到大数据给我们带来的变化，有三个观点，一是认为我们有了大数据就不需要再追求样本，只需要有总体就够了；二是认为不需要有精确的数据，只要有粗糙的数据就够了；三是认为我们不需要去追求事件背后的因果关系，只需要知道相关关系就够了。我想说，这三个基本观点都是错的，是为绝大部分科学领域的学者所不认同的。作者维克托·迈尔·舍恩伯格是记者出身，不是一个科学家，他对什么是精确、什么是粗糙、什么是因果关系、什么是样本、什么是总体这些基本概念没有理解清楚。

我今天讲大数据的四个真相与误解，就是把这本书的几个基本观点加上大家对大数据的误解抽离出来，简单地对现在流行的大数据的四种看法做一解释。

第一个观点就是现在的数据量越来越大。什么叫"数据量"，一个数据最起码是二维的东西。一个维度就是讲这个数据里面记录的个案，比如网民访问新浪微博或者淘宝网站，这是一个海量数据，每个人都在贡献流量，每个人每次访问网页都会被作为一条记录记下来。那么这个个案绝对是在与日俱增的，以数亿、数十亿、数百亿甚至数千亿的量在被记录，比如说像光棍节那天，淘宝的点击量可能是上百亿、上千亿的。这是我对《大数据时代》这本书比较认同的一个观点。

第二个观点是数据量越大越好，大就是不同。绝对来讲，数据量是越大越好。但是，经济学里有一个边际效益衰减概念，数量的增加给我们带来的效果、效益或者价值也可能是逐步衰减的。

第三个观点是数据起码是一个二维的物件，一个维度是指它记录的个案多，没有人会反对这个说法。数据量的另外一个含义，就是它记录的每一个个案的特征值，这就是它的信息的丰富程度。像《大数据时代》的作者，或者其他的很多人都认为，我们的数据信息特征值越来越丰富了。其实真正在做大数据研究的人，真正了解大数据的人知道，信息的特征值其实是越来越少。

第四个观点就是处理大数据的技术。尤其是做大数据的、以计算机科学与技术为主的学者或研究人员会告诉你，技术已经不成问题了，事实是技术跟数据的发展规模之间的差距与日俱增，不是在逐渐减少。

数据量为什么越来越大？我们的数据，笼统地来说，有两个来源——传统来源与最新的来源。传统来源的数据有各种各样的来源：政府统计机构、金融业、工业到农业到证券股市银行等，天文、地理、交通、运输，包括我们传统媒体每天都在生产数据。那么，这种数据，50年前就有，30年前也有，10年前有，今天有。随着经济规模的扩大，社会人口的增长，自然现象逐渐被我们掌握，数据量在增加。但是它们的增加，仅仅是一个量的增加。如果仅仅就由这些机构采集、发布的数据来说的话，我们今天的大数据的量其实还没有达到我们今天面临的这种困境。在技术上和认知上，我们有足够的能力来解决这些数据问题。

问题是所有数据的增长全部来自这些新型的数据。互联网是大家首先想到的第一个来源。移动网，我们每个人都在用。大部分人的一个共识就是，移动网很快就会超过互联网，成为发展跟使用最快的一个数据来源。

比如媒体实业界，尤其就广电业来讲，现在越来越开始关注智能家居。除了电视、音响以外，包括游戏、家庭的电器设施以及健身器材等，现在越来越普遍地被网络化，被整合到"智能家居网"当中，统管这些家居网的经常是"智能网关"等。这些名词现在在广电行业中是非常受关注的。一年前他们还在讲"三网融合"，现在"三网融合"已经被认为是更大概念的智能家居的一部分，而智能家居产生的数据量也是前所未有的。物联网的概念已经有好几年了，而且跟现在人的来往、跟媒体的使用的关系也越来越密切。

　　除此以外，生物工程、DNA 等这些数据量都是前所未有的。所有这些新型的数据来源才导致了我们看到的数据爆炸。"数据爆炸"这个概念跟我们以前讲的信息爆炸或知识爆炸有类似的地方，更有物理意义上的概念。因为知识和信息只是理念上的东西，数据需要有物理的存储设备和处理的硬件和软件。从这个意义上讲，数据量越来越大，而且它的量的增加不是一个数学增加，而是呈几何级数增加。

　　数据为什么会越来越大，我举例解释。电视收视率不是今天才有的，它远远早于互联网。电视收视率的搜集跟分析，从来都是一个大数据行业。

　　电视收视率经历了三个阶段：20 世纪五六十年代，包括 70 年代，那时候完全是靠人工，用日记的方法人工记录。比如在上海，或在任何一个大都市，假定这个大都市有上千万人口，有 300 万、400 万、500 万个家庭。在日记调查期间，无非通过随机抽样的方法，抽取比如 600 户、800 户、1000 户，向这几百户或上千户家庭里 5 岁以上的成员，每个人发一个问卷表，让他们记录每天收看电视频道的时间。比如我今天早晨 7 点起来，看了 1 个小时中央一套的《朝闻天下》，那我就在这个日记上画 4 个格。这个调查表每行代表一个频道，当时我们做的时候，在上海一共有 9 个频道，包括 CCTV – 1、CCTV – 2、CCTV – 3 与上海市的 6 个频道。一天有 24 小时，15 分钟为一个单位，一共有 96 列。一页代表一天。如果你早上 7 点到 8 点，看了中央一套，那你就在 7 点到 8 点这 4 个格下面画一下。中午 12 点的时候，我看了半个小时的《东方卫视》，就画两个格。晚上 7 点钟以后，我又看了 CCTV – 1，然后又画了两个格，就靠这种方法。为什么 15 分钟一格？你想一下，如果要 1 分钟一格的话，这个表就要 1440 列，根本没法打印，96 列已经是高清打印机才能够打印出来的。那么按照这样的规模去估算的话，有 1000 个家庭，平均每个家庭 3 个人的话，就是 3000 人。假定所有的时间里都有活动，那么数据量有 96000 条，存到一个文件里，所以这个不能算是大数据。

到了 80 年代，出现了一种机器监测，翻译成"人员测仪表"，首先在英国，然后到美国，到 21 世纪初被引进到中国。这个机器就像我们现在用的机顶盒，它是接到你的电视里面的。如果假定这个样本还是这么多的话，用人员记录仪，时间精度就可以大量提高了。所以一般情况下，时间精度可以提高到 15 秒，从 15 分钟到 15 秒，精度大幅提升。15 秒这个单位，在当时，大家觉得够精确了，因为电视节目都是以分钟为单位的，如 30 分钟的新闻联播，60 分钟的电视连续剧等。原来的广告，15 秒是少见的短广告，30 秒是常见的，长的是 1 分钟。大家想一下，你现在看到的广告，很多是 5 秒的，因为广告费用越来越高，很过厂商希望多做 5 秒钟的短广告。

现在又发展了，我们都是在跟数字电视或者数码电视打交道。在国外叫 Digital TV。现在在我国传输的网络基本上还是单向的，你能下载高清电视，但是你的电视机不能反馈，你所有的收视行为是反馈不到电视台或者网络公司的。但在国外，大部分地方都是双向的。那这种双向的电视系统不再需要做抽样，就是总体了。当你在下载电视节目的时候，你下载的所有记录也就立刻反馈到电视台或者网络公司的服务器上。假定这个城市有 300 万户，300 万户就是总体了，而且时间的精度也可以大概精确到毫秒，不是 1 毫秒，而是能精确到 10 毫秒。毫无疑问，由于这个数据从 1000 户到总体，从样本到总体，扩大了近 3000 倍，然后时间单位又扩大了近 100 倍，所以现在每天搜集的数据量是人员记录表的 450 万倍，这个就是大数据。数据为什么会大？因为我们对总体的抓取量和时间单位精确度的提高等，会带来海量的数据。

第二个流行的观点是数据量越大越好、越多越好。对不对？自然对。这里讲的是抽样误差和样本量的关系。如果你抽一个样本，这个样本跟要研究的总体，多多少少总归有一点差别，样本不等于总体，那么它们之间的差别叫作误差。这个误差有两个来源，一个是抽样过程中的随机误差。简单地说，随机误差使得你对总体的估测变得不够精确。大数据带给我们的是精确，也就是说随着样本的增加，从小数据到大数据过程中，获得了精确度的提高，但这个提高不是直线的。除了这种随机误差以外，还有一种叫系统误差，系统误差是没法用计算方法来计算的，也跟数据量无关。大数据，只要不是总体数据，都有偏差。这个偏差多半是系统偏差，也许数据量越大，这个偏差越有害，所以我说《大数据时代》这本书的基本观点是错的。它说大数据时代我们只需要粗糙的数据，不需要精确的数据，其实这话讲倒了。大数据给我们的一定是精确，但是不能保证我们的数据没有系统性的偏差。

在美国，有一些长期做商业智能的公司，提出了"medium data"（中数据），它们认为中数据的性价比最高。它们认为，在 10 万以下的叫小数据，10 万到千万的叫中数据，千万以上的叫大数据。当然，这种划分都是人为的，根据不同的需要你可以随便切。按我们电视收视率来讲的话，1 万个就可以是中数据了。因为我们讲的是 1 万个家庭，每个家庭平均有 3 个人，所以 1 万个家庭已经有 3 万人。数据越大，不是一定越好。因为从精确程度上来讲，它在无限被提高，但对成本、资源、设备的要求提高了以后，同时还会带来很多意想不到的误差。

为什么现在的数据并不丰富？我要给大家讲一下数据的基础知识。一个数据其实就是一个二维的表格，每一行代表的是一个个人，比如第一列就是记录了每一个人的网络 ID，学生编号，身份证，手机号，也就是网民的用户账号等。每一列从 X1、X2、XJ 到 Y1、Y2、YK 等，记录的是个人的特征、年龄、性别、教育程度、个人兴趣爱好、平时使用习惯、旅行习惯、朋友个数等信息。做传统调查成本很高，每一次好不容易抽到一个个人，问卷经常有 10 页、20 页，调查半小时是很经常的。我见到过的一个最长的调查，大概给你一些毛巾、香皂，然后就问 3 个小时，被调查的人已经完全麻木了，你问什么都是对，或者从头到尾都是 no，质量是另外一回事，但以个案的数字来讲是很丰富的，这种数据我把它叫作胖数据，fat data，高度有限，宽度极大。

我们理想的大数据是什么？也是一个二维的表，这个表跟上面的表相比，宽度一样宽，但是长度可以是无限长，这个量可以是无穷大。所谓无穷大，比如人口总数，中国多少亿，印度多少亿，全球多少亿，而且每天的事情在发展，所以，这是理想状态的海量的个案、海量的变量。但是，实际上，大家千万不要以为，我们现在的大数据都是长成这样的，其实不然，极少的网站有这样的数据，淘宝有这样的数据，百度没有这样的数据，腾讯夹在淘宝跟百度之间，其他绝大部分的网站都是这种类型的数据，就是高度无限高，但是特征值或变量的个数非常少。

为什么百度没有？百度拿到的是搜索数据，搜索能够告诉你的信息：第一是你的 IP 地址，相当于我们的 ID；第二，你输入的关键词；第三，你搜索的时间；第四，它返回的 URL，你点进的 URL。你在别的地方的一切，百度都不知道的。我们看的数据差不多就是两三列，第一列基本上是没有意义的，一个 IP 地址。由于现在 IP 地址都是不够的，所以大家用的都是动态的，这一分钟是你的，下一分钟就是另外一个人的。那些做数据挖掘的 IT 公司，下了极大的功夫，希望通过你的其他行为的特征，来判断一个 IP 地址上面每一次行为是不是同一个人，不同的 IP 地址背后是不是同一个人。这种事情一直在做，我们有时候也在做这种事。但是这种事没有 100% 准的，就会造成系统误差。

系统误差有各种来源，其中一个来源就是，我们并不知道真正的用户是谁，我们跟进大量的数据去推测，我们不知道这个推测是对还是错。这就是系统误差的一个可怕的地方。随机误差，我们可以用公式来计算多大多小，我知道我的误差有多大。系统误差不知道是多少，我也没有办法传达给我的用户，用户看了这个值以后，一看这是大数据上挖出来的东西，大家就信了，这才是问题。

现在讲大数据的人都把这个作为现实去讲，我的一个疑惑就是，这些写大数据书的人、讲大数据的人，难道他们从来没见过大数据是长成什么样的吗？有两种可能，少数人真的见过大数据，但他不愿告诉你，真的大数据还是很悲惨的。大部分在讲大数据的人，这一辈子没见过大数据是什么样子。

大数据处理技术其实并不成熟，所谓的成熟应该涉及三个方面，存储、提取和最后的统计分析。我只讲存储，因为这是物理意义上讲的硬件，大家能感受到。一个大型网站，还不要到淘宝、百度、腾讯这种规模，比如旅游、银行、点评这种网站，它一天的数据差不多就是 1PB，PB 是 TB 的 1000 倍。1TB 是什么？现在大家的硬盘，较大的硬盘大概是 4~5TB，一天就要 200~250 块硬盘去装一天的数据。到分析的时候，你的数据要读到你的内存里面去，你们现在的电脑的内存标配是 4G，稍微好一点的是 8G，还可以加到 32GB、64GB。那时候，你内存的钱已经是你其他所有钱的几十倍了，你仅仅是一个 TB 的几十分之一，是你一天的数据的零头的零头。内存的大小取决于你对数据运算的速度。所以，真正看到大数据的人才知道，我们现在要处理大数据其实是很慢的，就是因为要把这个数据读到内存去的话是很慢的。

在一个大数据会议上，中国联通数据中心的主管跟大家介绍他们的数据量大到什么程度，每隔 40 天要把第 41 天的数据删掉。中国联通没有足够的数据存储中心来存吗？他说有两个问题，第一，确实没有办法无限地增加数据存储量。他们现在的规模就是三四十天，已经运行了十多年。如果你要把所有的历史数据都保存下来的话，就是要盖几千个现在的数据中心。第二，这些数据保存下来等到你哪一天想到要找它的话，找不回来。理论上绝对找得回来，但可能要几年时间才能查到，所以他们不是把所有数据简单地就删掉了，要做很多压缩、提取、简化，然后把大数据变成小数据，然后把不要的数据删掉。联通是中国第二大移动公司，仅次于移动，比中国电信规模大一点，是一家上市公司，钱、硬件对它来说其实不是问题，但它受到的制约有能耗的制约、空间的制约，还面临实际应用的问题。这就是为什么我们现在的存储量跟不上数据发展的量，不是说我们做不到，而是在经济上、在实用价值上没有必要这么做，这是真相，这是《大数据时代》的作者不告诉你的，他也不知道。

我们讲有存储、有提取、有分析，我们现在研究大数据所用的统计分析方法还都是经典的统计分析方法，从 19 世纪七八十年代开始发展到 20

世纪初，到 1920 年已经完成。我们现在用的工具都是有 80 年至一百二三十年历史的工具，这些工具都是好工具，非常稳定成熟，但是它们是为小数据而制作的。真正适用于大数据的工具现在还在襁褓之中，还在开发之中。

2011 年《科学》杂志发表了一篇分析大数据的相关计算、大数据条件下相关系数的文章。相关系数是卡尔·皮尔逊提出的，我们现在用的还是这种方法，现在还在被各种人鉴定、批判、挑战、完善，如果这种方法能够被普遍接受的话，也就是说现在大数据时代的研究工具相当于 1890 年时的研究工具，绝对不是说我们现在从硬件到软件到方法都已经完全具备了，we're not ready yet。

大数据用来做预测的研究个案很多。Google 用 search 的关键词来做对于流感的预测，2009 年有一篇文章轰动全球。这几年大家不断地用这种方法在预测，一开始觉得很准确，现在大家慢慢知道其实它不准的时候远远多于准的时候。大数据是真的正在发生，我们面临的是海量数据。但是对大数据的了解、处理大数据的能力，其实还处在早期。

实际上数据新闻不是随着大数据产生的，两年前的这个月，我在这边讲数据驱动新闻，那个时候大数据还不是一个流行词，但在国外已经讲了一段时间了。数据新闻大概走过了这么几个阶段：20 世纪 70 年代叫精确新闻，即 Precision Journalism，80 年代叫作 Computer Assistant Reporting，到 90 年代叫作 Data Base Journalism，到 2000 年就是我上次讲的时候叫 Data Driven Journalism。现在讲的数据新闻其实更多的是讲 Visualization 这部分。当然我想强调一下，它们之间的关系不是一个方式取代前面一个方式，只是在每一个时代又加入了新的内容，把这五种合在一起也许就是我们现在讲的数据新闻。

所以数据新闻不仅仅是可视化新闻，虽然现在可视化新闻最火，也许这恰恰是现在的一个问题，很多记者误以为数据就是可视化新闻，把前面的这些传统都扔掉了，但数据新闻基本上跟大数据是独立发展的。当然，我们没有必要排斥大数据所提供的各种工具、数据来源，两者的结合可以使得我们的数据新闻做得更好。

Precision Journalism 是 Philip Meyer 于 1973 年写的一本书，它是针对民意测验、总统选举和各种社会调查产生的大量结果，媒体自然要报道，但是在报道的过程中，因为涉及调查方法有关的问题，怎么把这些社会科学研究的结果用精确的方法准确地告诉读者，这是 Precision Journalism 一直关注的，所以它是一个目标非常明确的专业的课程，这个课程主要就是训练大家学习社会调查方法、了解社会调查方法，在写新闻报道的时候如何如实、准确地报告。比如在报道的时候，你必须要提供技术性的细节，再调查是不是有人赞助，有人赞助的话必须要报告，调查的时间、地点写清楚，调查的对象要写得很明确，是成人居民、常住居民还是选民，这些概念互相之间有交叉但是又有差别，不同的研究总体、研究对象，你的结果也许是不一样的。调查方法可能是最重要的，样本的来源是随机的还是便利的，是街上拦截的还是在餐馆、机场、车站调查的，抑或通过随机方法找到门牌号或电话号码调查的，这是会影响研究结果的。随机调查也有误差，误差来自抽样误差。如果你用便利方法，除了抽样误差外，还有系统误差。例如，你去机场调查的都是坐飞机的人，一定是有钱的、时间稀缺的人。调查的人数一定要报告，因为这是你来计算抽样误差的一个基本的信息。访问成功率很重要，你访问 1000 人到底是你成功访问 1000 人，还是只成功访问了其中的 80 个人，那差别就大了。成功率是怎么计算的，谁被算进去、谁不算，美国民意研究协会都有专门的公式。你的问题是在问卷的上面出现的，还是中间出现的，这些信息都要提供。这基本上构成我们讲的 Precision Journalism 里面的主体。所以它是非常专业的。到现在为止，这种信息对我们传媒专业的同学来讲，仍然是挑战，因为你必须要了解这种技术，最好是做过几次调查，就知道好的调查跟差的调查完成的难度相差很大。强调的是所有的信息要公开、透明，目的是要防止误导，也防止有意操纵、控制。

从 20 世纪 80 年代开始，电脑辅助报告，即 CAR（Computer Assistant Reporting）开始被充分利用，如通过电脑软件怎么来写作、采访、编辑等。到了 90 年代又出现 Data Base Journalism，这也是互联网兴起以前已经有的。这是通过电话线联网，以政府为主开放的各种各样的数据库。一个政府的预案被通过了，哪些人是支持的，哪些人是反对的，他们这些人背后的家庭、投资跟这些被通过的预案涉及的公司之间千丝万缕的联系等，都是可以通过这种方式来挖出的。所以这种电脑辅助新闻、数据库新闻，一直到我上次讲的 DDJ（Data Driven Journalism），这三者其实讲的是一个问题，就是充分利用现在的网络数据，来寻找新闻采访的线索，或者是寻找故事的背景，通过对数据的分析来写新闻。

新闻的写作制作生产过程一开始是采访，采访以前也许还有选题。采访完了以后有分析，最后是写作和发表。最早的 Precision Journalism 讲的是写作，要写对，不要将调查的方法与细节弄错。后面讲的从 Computer Assistant Reporting 到 Data Base Journalism 到 DDJ，其实讲的都是采访，或者是采访前面的选题。当然这个采访不是跟活人采访，主要是跟数据库采访，必要的时候自然也会面访，采访一些个人，这些个人仅仅是为了补充、说明、比照你数据分析的结果，数据本身是新闻的主体。

其实，今天讲数据新闻的人大部分是跳过了这一部分，好像数据新闻就是可视化，就是到网上去抓一些数据。后面这种对数据新闻的理解是非常狭隘的，也是很快就会走到头的。因为可视化是很漂亮、绚丽的，但是你如果没有内容，过一阵大家就腻了。内容从什么地方来？我觉得 Data Driven Journalism 这个词就强调了新闻是从数据里面来的。

现在讲可视化大概有这么几类，一类是一个可视化的图，也许是静态的，也许是互动的，这个图本身就是一个新闻，叫新闻主体。这可能是数据化程度最高的，或者叫可视化程度最高的新闻。比它低一点的是，主题是一个数据故事，再往下新闻导语是一个数据，最低程度的就是一个插图。这种分类本身没有错和对，每一种都有它的需要，比较重要的是你作为主题也好，作为主体也好，故事在哪儿。我选了几个例子，比如有一张图告诉你中东政局的，这就是一个主体。再比如，上一次人大结束的时候，有用户对李克强的记者招待会进行实时反馈的抓取，这是个大数据工作，它基本上就是一个主体，还有一些补充材料。

比较一下我刚才讲的三大范式，从精确新闻到所谓的 CAR 到 DBJ 到 DDJ 到现在的数据可视化新闻，从表现形式来讲，第一阶段强调文字，现在讲的是图像，而当中这二三十年强调的是数据分析，它最后还是要通过文字和图像来表示的，但当中这个阶段讲的是数据的灵魂。如果各位有志于做数据新闻的话应该要花时间去学习 Data Driven Journalism。可视化并不难，而 Data Driven Journalism 是难的，因为你要知道怎么分析数据。

可视化的应用要适当，不是任何一个东西都要配上一个图。当然各自追求的目的不一样。第一阶段强调准确、严谨、公开透明，第二阶段要探秘，要通过数据去找采访线索，故事在什么地方、线索在什么地方，要深入、要强调，要进行数据比照，保证数据确凿。当然可视化是一种艺术展现，形象、简化、互动等，各自都存在一定的局限。

做数据新闻对大家学习的知识、技能有很多新的挑战，你们现在还来得及，还有机会，要充分利用现在学校的条件。我原来是一个数据可视化盲，艺术素养很差。但最近几年我们跟微软研究院的数据可视化组一起在做项目，我才知道可视化下面分为这两类。微软研究院是全球做可视化研究水平最高的一个机构，研究员没有一个是读艺术出身的，当然不等于他们都是艺术白痴，他们也知道基本的艺术作图技术、构图、颜色搭配等，但主要的工作是把复杂的数据用一种最容易被理解的方法展现出来，通过对比展现，是新闻可视化应该走的方向。

大家反思一下，你们每天在平面媒体、网络看到大量的数据可视化作品，应该能看到很多差距，大部分作品是为展现而展现，为形式而形式，因为这些作品的制作者都是美工，对美工来讲，他们的第一要务是美感，是艺术震撼力。这些作品第一感觉确实很震撼，之后就觉得不过如此，再后来就是审美疲劳。像一些一看上去没有任何震撼力的作品，但是你仔细读会发现很多内容。

嘉宾：大数据的发展一方面为我们的生活提供了便利，但是另一方面会带来一些隐私和国防方面的安全隐患。所以我想请老师能不能从专业的角度来为我们指点迷津，怎么才能解决大数据时代给我们带来的生活上、安全上的危害？

祝建华：你的提问已经把问题都点出来了。现在碰到的就是一对无法协调的矛盾。作为用户，我们希望得到两件东西，第一是便利，第二是安全，这是非常美好的愿望，但事实是鱼与熊掌不可兼得。你要便利一定要牺牲你的隐私，你要最安全的话就是拔掉你的网线，永远不上网。这个矛盾怎么解决？应该是所有的利益相关者坐在一起，达成一定的基本准则。用户是利益相关者，电商希望数据越多越好、隐私越多越好，为此它们愿意买单、愿意提供免费的服务，还有政府，至少是这三方。政府与这两者其实是没有利害冲突的，政府的责任是在用户跟电商或者更广义的数据收集者之间成为一个仲裁者。政府本身又是第三方利益相关者，所以这个问题不是学术问题，是一个政治问题，需要全球人类用共同的智慧来解决这个问题。

嘉宾：老师您好，我们这些学媒体的学的很多都是理论性的东西，应该怎样提高自身能力去适应大数据时代？第二个问题，很多时候收视率调查结果是不一样的，对此您怎么看，或者说在互联网时代有没有一个更公正的第三方利用大数据确保收视率客观公正？

祝建华：后一个问题是电视收视率在大数据媒体的环境下怎么找到各种不同的研究方法与不同指标，我想答案是肯定的，今天的市场不是央视—索福瑞能够垄断的。央视—索福瑞推出一个微博电视指数，与此同时，我知道的就有很多其他的机构也在做类似的数据，因为微博的数据是公开的，每个人都可以拿得到，所以这样的研究慢慢就会出现，多了以后自然方法不一样，结果会不一样，这反而是一个健康的现象。

前面这个问题我想各位更有兴趣。作为学生，我们来参与或者迎接数据新闻时代或者大数据时代，我们应该学习哪些知识？首先，大家要学好定量研究方法，虽然目前定量研究方法讲的还是传统的方法，调查、内容分析、做实验，自然这当中会讲到做传统的统计分析。大数据时代最重要的就是要懂怎么分析，知道统计分析的基本原理以后，自然了解数据。我

们的目的不是做分析，是讲数据故事，但讲数据故事必须要知道一些分析
的基本原理。其次，在这个基础上，根据个人的兴趣和个人的条件，应该
多多少少去学习怎么通过各种现成的工具或者自己写程序来获取网络数
据，这方面有很多现成的教程或者视频。现在的网络资源非常多，各种各
样的学习机会也多，所以建议大家把眼睛睁得大一点，学会利用各种资源
和机会。

中国的软实力追求：迫切性、障碍与不可调和的矛盾

时　间：2014 年 7 月 12 日

地　点：上海交通大学闵行校区陈瑞球楼 100 号

主讲人：赵月枝

赵月枝

　　赵月枝，博士、教授，中国教育部长江学者讲座教授，中国传媒大学传播政治经济研究所所长，加拿大国家特聘教授，加拿大亚太基金会高级研究员，全球媒介检测与分析实验室主任，曾任中华传播协会研究主席，《全球媒体与传播》的创刊主编之一，十几本杂志的编委，华东师范大学出版社即将出版的《批判传播学说》的主编之一。因其在传播研究领域的杰出贡献，赵月枝教授被 UDC 授予 2013 年度达拉斯·斯迈思奖，而且是 2014 年度国际传播学会埃德温·贝克奖获得者。

赵月枝：我演讲的题目叫作《中国的软实力追求：迫切性、障碍与不可调和的矛盾》。

10多年前，传播学术研究聚焦于跨国传媒在中国的扩张及其对于中国政治和社会的影响。2001年中国加入世界贸易组织前后，这一研究主题最为突出。但是，近几年来，学术前沿发生了急剧的变化，西方媒体对中国的渗透已经不再是研究的焦点，中国的国家形象建设、中国媒体的"走出去"策略以及中国政府追求的"软实力"在全球的意义与影响，成了传播学研究最热门的话题。

在学者以及利益集团众说纷纭背后，是发生在全球传播地缘政治方面实质的和想象的变化。一方面是真实的变化，但更多的是想象的变化，而且美国政府等西方国家也非常重视这些变化。2011年3月2日，在美国外交政策优先事项委员会一个听证会上的发言中，美国国务卿希拉里·克林顿强调了这种转变："我们正处在一场信息战当中，而我们正在输掉这场战争。半岛电视台正在赢得胜利，中国中央电视台已经开通了全球性的英语和多语言电视网络。俄罗斯也已经开通了它的英语传播网络。"全球金融危机以来，关于"美国衰落"与"中国崛起"的论调更为盛行，而一个仍将处在共产党统治之下的中国大力追求软实力这一点，更重新激活了美国政治决策层以及西方学界和舆论界对"中国宣传"的冷战式成见。

当下的中国，对内面临着持续转型过程中复杂、深刻的政治经济与社会文化矛盾，对外则面临着在布满危机的全球资本主义秩序中如何自我定位的挑战。中国是谁？谁能代表中国？这是我们在制定具体发展策略时需要首先思考的问题。中国的软实力追求具有迫切性，与此同时也遇到很多的现实障碍，其面临的挑战以及可能的出路需要结合中国的内外矛盾去研究。我希望创新一种理论范式，从一种更为宏观、整体的跨文化传播政治经济学的研究视角来分析和理解中国软实力追求问题，立足于历史语境从上述内外矛盾交汇中来检视中国软实力追求的紧迫性、实现的障碍以及潜在的、也许是不可调和的矛盾。

"软实力"一词由约瑟夫·奈在其著作《注定领导世界：美国权力性质的变迁》中最先提出。根据约瑟夫·奈的定义，"软实力"是一种"可使一国不依靠强迫和惩罚便获得其所需的能力"。近年来，中国越来越注重国家软实力建设，在政策制定和实施层面进行了一系列的努力。在媒体和文化政策领域，这一努力开始于2001年中国媒体产业的"走出去"工程，该工程是为应对西方媒体进入中国市场而制定的。另外，2006年1月中共中央和国务院关于"深化文化体制改革"的指导方针、2007年10月胡锦涛在中共十七大上的报告等也都有对加强国家软实力建设的战略性表述。原中共中央政治局常委、负责宣传工作的李长春同志曾提出，在当今时代，哪个国家的传播技术最先进，哪个国家的传播能力最强大，就对世界有最巨大的影响，这一观点被当作中国追求软实力的范例式表达。

在实际操作层面，中国的软实力追求包含了全方位的举措，从2004年开始在全世界范围内建立"孔子学院"和开设"孔子课堂"，到对官方媒体机构的政府专项资金投入，包括2009年用于增强中央主要传媒机构国际报道与全球业务能力的450亿元人民币投入等，传媒机构开始在全球的扩张行动，目标很明确，要将自己的声音传到全世界。例如，中央电视台的跨国卫星电视快速扩展并不断重新调整：从2000年9月开播的24小时英文频道CCTV 9，到2010年4月CCTV News的重新开播以及2012年

2 月 CCTV American 的正式开播；新华社海外机构扩展迅速，其北美总部已落户纽约时代广场，由其主办的通过卫星和互联网传送的 24 小时英语新闻频道 CNC World 已于 2010 年 7 月正式开播；中国国际广播电台（CRI）近几年加快发展，包括通过当地合作伙伴进行的海外落地等，在 2009 年 9 月增加 6 种新语种进行广播后，目前中国国际广播电台通过 61 种语言进行播送，成为在所有国际媒体中使用语种最多的媒体；*China Daily*（《中国日报》）近年来也在不断扩展着它的海外办事机构和发行渠道；《环球时报》作为《人民日报》旗下一份市场导向的子刊，于 2009 年 4 月 20 日发行了它的英文版 *Global Times*，成为继 *China Daily* 之后的第二份国家级英语日报；为了"向西方社会，特别是西方理论和学术界阐明党的核心价值"，中共中央的理论刊物《求是》也在 2009 年 7 月发行了它的英文版。这些举措的最初目标都是要"确保能在西方媒体上立足，让西方主流读者们接触到并理解党的声音"。

同时，我们也看到了中国希望参与改革全球传播治理秩序的愿望。2011 年 6 月 1 日，新华社社长李从军在《华尔街日报》发表了题为《构建世界传媒新秩序》的文章，强调全球传播中不平等的信息流动，并提议"建立一个长效机制来协调全球传媒行业，比如建立一个'媒体联合国'"。① 2012 年 9 月中旬，在北京举行的"新兴国家互联网圆桌会议"则是中国在全球互联网治理这一重要传播政策领域的新举措。类似努力还集中在公共外交和各种旨在增进中外媒体间相互理解的传媒论坛。例如，2009 年，由新华社在北京联合主办的世界媒体峰会，吸引了包括新闻集团、美联社、路透社、BBC 在内的西方传媒集团的参加。2012 年 8 月，国家广播电影电视总局在北京主办的以"交流合作，共同发展"为主题的首届中非媒体合作论坛。另外，从提供诸如无线电广播发射机之类的传播基础设施，到与国外传媒机构签署内容共享协议，中国与其他发展中国家

---

① 李从军：《构建世界传媒新秩序》，人民网，2011 - 09 - 29，http：//media. people. com. cn/GB/192301/192359/192362/15785120. html

的传媒发展合作不断增加。从有关中国记者如何活跃于全球新闻热点，从而提升了中国记者职业荣耀的媒体报道，到各大顶尖新闻学院开设的旨在培养合格国际传播人才的专业学位课程，再到一系列探讨如何改善中国在海外的国家形象、如何提升中国软实力的学术论文，中国追求软实力的努力也涵盖了新闻专业理想、新闻教育和应用学术等方面。

那么，从历史与地缘政治的语境来看中国的软实力追求，就要讲一个连续性和新角度问题。

如果以更深远的历史眼光来审视，中国自 1978 年以来的"开放"并不是一个新概念。在中国共产党的草创时期，"对外宣传"就一直是其革命策略中不可或缺的组成部分。在 1949 年之前的革命年代，埃德加·斯诺（Edgar Snow）等一批进步西方记者就是中共卓有成效的"第三方"传播者。在冷战初期，即 20 世纪 50 年代，西方对中国采取政治孤立和经济封锁的战略，中国向苏联和社会主义阵营的其他国家"一边倒"大开国门。此后的 20 世纪 60 年代不但见证了中苏意识形态大辩论（1963~1964 年），也见证了以"毛泽东思想"为核心的革命意识形态，作为既区别于西方资本主义现代性又不同于苏联官僚社会主义的两条老路的"第三世界"社会主义另类方案的广泛传播。当年那些支持第三世界反帝反殖运动，甚至美国国内黑人民权运动的宣传品见证了那个时代中国在国际层面争取葛兰西意义上的"文化领导权"的努力。

然而，中国官方拥抱"软实力"这一概念本身是新近现象，文化政治主导逻辑从实现"民族解放"和"无产阶级革命"到增强"国家综合实力"的深刻变迁也很明显。首先，这一源于美国的术语被中国的精英阶层明确采用本身就意味深长。在美国减少对"美国之音"资助的背景下，增强"软实力"这一由约瑟夫·奈向作为当下世界霸主的美国统治者提出的策略为中国统治精英所挪用，也让关于"美国衰落"与"中国崛起"的言论变得更加有据可依。

另一种变化也伴随而来。中国当下对于软实力的追求，并不关注资本主义或社会主义的意识形态之争，而是与改革时期搁置国内意识形态争论互相配合，对全球范围内的意识形态纷争采取低调处理甚至直接回避的做法，转而将注意力焦点集中在国家形象的营造上面。同样的，中国对于软实力的追求并不支持将文化这一概念理解为对抗性社会力量就社会发展走向这一根本性问题进行纷争的场域（正是在这一意义上，毛泽东将他发动的最后一次革命命名为"文化大革命"），而是将文化这一概念明显地去政治化了。恰恰是在这种语境中，我们可以理解"文化"如何被严格地限制在那些对诸如"和谐"等被本质化了的"中国"文化价值的赞许和颂扬，或者把孔子当作中国文化的海外大使来宣传推广。另外一种新的、更加工具理性化的对于文化的解读也伴随而来。这种解读不将文化理解为一种生活方式，而是将它视为"策略性的"、"工业化的"甚至是功利主义意义上的可供开采和获利的资源。在"文化体制改革"的旗帜之下，是商业对文化的重铸，而追求软实力的目标被认为可以在中国文化产业在市场导向的全球扩张过程中得以实现。正是出于这种思路，作为资本主义的盈利场域和美国软实力的化身，好莱坞成了中国文化规划者和软实力追求者所认可的最终模型。

从传播方式的角度来看，毛泽东时代极力宣导"自力更生"的原则，并且十分强调实质性的理论斗争，中苏两党在 1963～1964 年的那场意识形态大辩论就是在当时《人民日报》刊载的《九评苏共》中呈现的。今天，新自由主义逻辑支配下的全球传媒生产与奇观化消费相配合的中国国家形象营造和软实力规划，则依赖于高价制作、技术创新、公私协作以及全面调动国内外跨国广告与公关机器。例如，CNN 就曾充当过中国商务部和国新办的广告平台。在 2011 年 1 月到 2 月间，引人注目的纽约时代广场大屏幕播放了中国国家宣传片，以支持胡锦涛主席访美，这部宣传片是由国新办筹拍和上海灵狮广告公司制作的。这是一家由《光明日报》和伦敦的国际广告商 Lowe & Partners 组成的合资企业（Lowe & Partners 后来归入世界四大广告商控股企业之一埃培智市场咨询的旗下）。此外，与毛泽东时代作为中国国家代表象征性符号的工农兵形象不同，现在中国国家的代表人物是电影明星章子怡、NBA 球星姚明、钢琴家郎朗、电影导演吴宇森、"杂交水稻之父"袁隆平以及阿里巴巴创始人马云等精英名流。

在当下对软实力的寻求背后，国家、市场、精英和大众诉求呈现会合之势，我们可以从这几个方面思考中国追求软实力的动因。

在国家层面，正如上文提到的新华社社长李从军的文章所反映出的，中共领导层早已认识到，全球传播的失衡状态与中国在全球舆论场上的弱势地位十分明显。一个普遍的观点是，当下中国的话语与文化实力已经无法与其快速提高的经济地位相匹配了。更重要的是，随着中国被更深入地卷入全球资本主义经济体系，随着这一体系的内在矛盾不断深化，中国的精英阶层对国际舆论场中中国的处境倍感沮丧。从侵犯人权、新闻审查制度到环境威胁与抢夺全球资源，似乎中国越是发展，就越是因其内部缺陷和威胁世界而受到指责。西方媒体对于北京2008奥运会火炬传递仪式的报道不仅显露了它们对于中国的敌意，更显露出在西方负面舆论与中国精英的自我意识和愿望之间，有着巨大的鸿沟。中国社科院研究员黄平曾用这样的方式来阐述中国在不同历史阶段面临的问题："通过30年的革命和30年的建设解决了'挨打'（近代以来受人欺凌、任人宰割、割地赔款）问题，通过30年的改革和发展解决了'挨饿'（摆脱了贫困、走出了温饱、进入了初步小康）问题，下一步是要通过确立文化自觉来解决'挨骂'（文化自觉性和正当性）问题。"在经历了30多年与全球经济的整合和高速发展之后，中国发现自己身处于不断升级的全球政治经济危机当中，而部分因为这种危机，中国在西方跨国传媒巨头主导的全球舆论环境中更成了批评对象。总之，"自由""人权"的整套话语已经成为西方批评中国的一种意识形态。向西方解释中国并为中国辩护已经成了一个迫在眉睫的国家目标。

传媒产业集团对于开拓海外市场的迫切需要同样明显。中国的国有媒体都已成为以市场为导向的商业集团，共享着同一种支撑着西方媒介集团向外扩张的市场扩张逻辑。对于中国的国有传媒企业来说，对外全球扩张既是一种商业策略，又是一项国家使命。例如，新华社进入电视市场的意

图一直受到中国广电系统的压制，这是因为新闻出版广电总局作为中国电视市场的监管者，一直保护着它的下属单位 CCTV 的垄断地位。对于新华社的扩张行动，尤其是新华社对于电视行业的追求，美国爱荷华州立大学新闻与大众传播学院教授朱迪·波伦鲍姆（Judy Polumbaum）的描述十分精准地抓住了其特征，即这是一种构建传媒"帝国"的努力。乘着国家提升"软实力"的东风，新华社越过了新闻出版广电总局的权威，直接获得中央领导层的许可，最终建立起了它的电视网络 CNC World。由于新华社最初瞄准的是境外市场，这就迂回地避免了与 CCTV 正面竞争国内观众。

　　国家主义者和传媒集团对外扩张的动机与专业诉求相吻合，同时也迎合了在社会阶梯上正在向上流动和不断国际化的传媒职业人与管理者的文化情感。中国的知识分子和传媒人一直怀着一种与西方进行真诚对话的热切愿望，这个目标与国家主义式的目标有不少重合，但并不完全一致。此外，中国正处于在快速全球化和两极分化的消费社会之中，越来越多的中国城市中产阶级将目光投向国外（更具体说就是西方），而不是关注中国国内的底层，也就是说，他们并不愿意与国内较低的社会阶层进行交流。在这一语境下，不断扩张外国传媒业务，不断增强与西方"主流"受众的交流，符合中国传媒精英的文化情感。而对于个别已经移民到了西方的媒体从业者和管理者而言，中国媒体的"走出去"战略刚好适合他们的跨国流动模式。

　　最后一个相关因素是整个中国城市迅速崛起的中产阶层，他们的民族主义诉求在持续增长。在这里，有必要在狭隘民族主义甚至沙文主义、民族认同、民族尊严政治之间作出区分。由于国际秩序依然在不平等的政治经济和文化关系中被不断塑造着，这种区分一方面必不可少，另一方面却难免是复杂和困难的。中国的民族主义是一种复杂的、不稳定的、多维度的现象。民族主义的主流话语主要是从"国家利益"的视角演化而来的，这种"国家利益"旨在从全球权力关系中获取更平等的机会。中国当下多被描述为在软实力竞争中处于弱势或背负赤字。此类的大量话语源于希望中国能不断增强"综合国力"这一现实主义框架。还有一些民族主义情感也可能被表述为沙文主义或仇外倾向。

然而，也有不少来自中国的声音对准了西方霸权力量、资本掠夺和种族歧视。中国社会迫切希望让自己的声音能够呈现于国际舞台，这种愿望在抗议西方媒体对于 2008 年 3 月至 4 月的西藏打砸抢烧事件报道中得到了强有力的体现。其间，海外华人连同成长于改革时代的年轻中国城市网民发挥了领导作用，他们在全球舆论场中捍卫着中国对于西藏的主权，为祖国尊严而斗争，并指出西方媒体在西藏示威事件报道中的歪曲和偏见。在全球的媒介研究论著中，"活跃受众论"曾对"文化帝国主义论"提出过挑战。然而，在这场运动中，活跃的跨国中国受众却自我动员起来，反抗在西方媒体报道中他们所认为的"文化帝国主义"和种族主义。正如汪晖提到的，将整个运动简单地概括为"狭隘的民族主义"显然没有弄清它的本质，"平等与尊严政治的逻辑"才是整个运动的基础。

因此，提升中国软实力这一自上而下的国家主义努力，至少是部分地与自下而上的、中国的全球化了的中产阶层（尤其是其中的青年人）的精神情感产生了共鸣。例如，一部在美国最大视频门户网 YouTube 广为传播的视频《西藏过去现在将来永远是中国的一部分》（*Tibet WAS, IS, and ALWAYS WILL BE a part of China*）就出自一位在加拿大学习的中国大二学生之手。而著名网站 anti‒cnn. com（即现在的四月传媒）的创办者饶谨，是一位互联网创业者，毕业于清华大学工程物理专业。针对国内自由派知识分子贬称其为"五毛党"（受政府雇用、在网络上发表有利于政府政策言论的网络评论员），这些人反而得意地自称为"自带干粮的五毛党"（又简称"自干五"）。对中国软实力追求更全面的理解，必须将国家主导与平民自发之间的变动且复杂的生态与张力纳入考量当中。

下面讲中国软实力追求过程中政治经济意识形态和专业方面遇到的障碍和问题。

中国领导层的策略是始终强调商业与市场关系，将表面上显然被去政治化了的文化概念推向前台，并一直以低调处理的方法对待意识形态分歧。尽管如此，中国对软实力的追求仍无法轻易逃脱出全球地缘政治的整体格局，也无法避免来自西方意识形态的重重阻力。中国的信息科技企业华为就是一个例子。在试图通过并购来拓展海外业务的过程中，华为屡遭挫败，原因竟然只是美国、加拿大和澳大利亚等西方国家出于对本国"国家安全的考虑"。2010 年，当美国华盛顿邮报公司有意出售连年亏损的《新闻周刊》时，南方报业集团连同私营的博瑞传播和一群"纯粹的金融投资人"组队参与了投标。然而，它们的竞价从一开始就被拒绝了，原因却与投标价格毫无关系。最后的成功投标者是 91 岁的美国本国音响设备大亨悉尼·哈曼，他同时也是美国国会议员简·哈曼的丈夫。哈曼称《新闻周刊》为"国宝"，最后以象征性的 1 美元的价格成了这份刊物的业主。显然，不管中国某些市场改革者的如意算盘如何，传媒生意并非普通买卖，钱并不是总说了算的。

当然，西方媒体的强烈竞争动机也是不可低估的。对这些媒体来说，与中国媒体竞争最有效的方法就是持续将它们描绘为中国政府甚至是中国情报系统的延伸，以此来暗中损毁中国媒体在全球市场中的公信力。新华社是一个间谍机构吗？这是 2011 年初一位加拿大主流媒体记者将我当作备用专家信源而通过电子邮件提出的问题。还有一个中国媒体系统除了把自己改造成符合西方想象之外可能很难克服的问题。具体地说，由于中国媒体的"政治紧身衣"及其在意识形态上的动机不明，其内容几乎很难吸引西方的政治精英和知识分子，而由这些精英组成的"意见领袖"阶层却正是中国软实力追求希望优先争取的目标人群。

此外，虽然在扩大中国的海外新闻采集能力和提升记者专业素养方面，国家投资在不断增长，但是，中国新闻机构的国际事务报道仍严重依赖于像美联社、路透社这样的西方通讯社。这背后是严重的新闻人才培养方面的问题。改革开放之后，中国的新闻院校实现了爆炸式的增长，具有西方教育背景的"海龟"（海归）也在源源不断地归来。然而，能够将外语技能、新闻报道训练、全球事务专业知识相结合的复合型人才仍然奇缺。而且，官方媒体的工作岗位始终比不上政府、其他对外经贸部门或外企的工作岗位受到追捧。简而言之，对于中国的传媒机构来说，能够招募并留住最优秀的人才来为它们的国际部门工作，仍然是一个不小的挑战。

中国媒体的精英主义倾向和明显的阶级偏见，也无助于在全球舞台上呈现一个开放和包容的中国。如果中国追求软实力的一个目标是反击西方媒体对于中国人权问题的持续批评，那中国媒体展示出来的，应当是一个不同阶层都能安居乐业的中国。在这个中国里，"平等与尊严政治的逻辑"能够扩展出去。出于同样的原因，中国媒体希望在海外推进的所谓"国家利益"，也是由占优势地位的中国政治、经济、文化精英定义出来的。讽刺的是，西方媒体常常将它们自己定位于中国弱势社会阶层利益捍卫者和代言人。这里，也许最明显的例证是中国政府在时代广场宣传片里的主角和 2009 年《时代》周刊封面人物的巨大反差和错位：作为一个社会主义国家宣传者的前者，推出的是充满个人主义气息的经济、社会、文化领域的精英，而作为西方"资产阶级媒体"的后者，则讴歌了一把作为一个集体出现的整个中国农民工阶层！

这转而提出了中国软实力努力中深刻的且可能无法调和的张力。

诚然，这一努力的目标是缓和国际社会对于中国崛起的焦虑情绪，强调中国"和平发展"的承诺。在这个意义上，中国对软实力的追求构成了国际政治中一种积极主动且值得赞许的策略。但批评家们已指出，约瑟夫·奈将权力资源二分为软实力和硬实力并不妥当。而且，美国无须帝国主义式的军力和财力就能展示其"软实力"的假定是相当幼稚的。更重要的是，这种观点可能是帝国主义统治的意识形态烟幕。在某种意义上，"软实力"这个概念是建立在循环论证的基础上的。文化、意识形态以及价值观在本质上并不是天然就有魅力、说服力和吸引力，它们也有可能导致"仇恨、排斥、敌意甚至冲突"。另一方面，在某些情形下，硬实力也可能会产生魅力、吸引力和令人愉悦的情感。

在当下，中国对软实力的追求在很大程度上是一种被动之举。它的目标是平衡外部对于中国的批评，这种批评对准了中国的市场威权主义发展模式所带来的政治和社会层面的消极后果。这一努力还旨在"塑造形象"，包括为一种不可持续的发展路径塑造有利的国际形象。从这些意义上来说，这一努力不仅是"不可能的任务"，而且是劳民伤财，甚至是违背人民利益的。无疑，中国的改革转型过程在意识形态上挑战了"资本主义同自由民主制必然紧密相关"这一西方神话，使得西方媒体一直受困于自身的意识形态牢笼。尽管不少中国统治精英极度期望中国能被视为（西方定义的）"国际社会"中的一员，但西方媒体依然时不时将中国描绘成"暴徒的国度"（the Goon State）。这种情形还将持续下去，只要中国国家政权还保持着现有形式，只要中国政府在面对跨国资本时试图促进国内利益。与希拉里·克林顿的恐惧截然相反，美国好像在同中国的"信息战"中继续连连得分。

正如前文所论及的，最大问题在于中国政府无力去清晰阐明其价值观系统的吸引力。事实上，在这个危机四伏的、社会关系深刻分化的全球资本主义秩序中，问题绝不仅在于中国的软实力，而更多在于对立的全球政治经济与文化想象之间的根本冲突。归根结底，中国需要在两种发展路径之间做出抉择，其一是，试图用"儒家资本主义"与在社会和生态两个层面都难以为继的资本主义现存秩序整合；其二是，通过复兴社会主义来迈向后资本主义和后消费主义的可持续发展路径，这也是另类全球化方案中不可缺少的一部分。由这一观点可延伸出另一种根本性抉择：是取悦全球人口中的少数精英还是用一种替代资本主义全球化的另类政治经济与文化想象赢得全球绝大多数民心？换言之，中国需要从西方"占领运动"所区分的"1%"和"99%"之间做出自己的选择。

事实上，左翼学界和民间重新涌现出了为社会主义奋斗的声音。但是，这些声音通常被国内自由派知识分子、西方媒体以及西方主流学者贴上"拥护政府的"和"民族主义的"标签而受到排斥。以畅销书《中国站起来：我们的前途、命运与精神解放》为例，作者提出，中国是时候该从"与国际接轨"（也就是与资本主义的重新整合）转向"转轨"甚至转向"迫使"西方转轨了。换言之，中国应当彻底改变西方主导的"高能耗、高消费、高污染"的发展模式，从而走上一条可持续的发展道路。而由四位具有代表性的左翼学者合著的《人间正道》一书，更进一步对中国的革命历史予以肯定，对 30 多年来的资本主义整合给予了适度但批判性的评价，并提出中国应超越资本主义市场社会。

在危机重重的当下中国，如何能让知识分子的这种批判性认识演变为新的改革共识，是一个深刻的挑战。关于中国未来发展方向及其在全球社会中的角色问题，不仅在中国的精英和大众之间有深深裂痕，而且在超越国内政治和国家"形象营造"范围的国内外媒体表达与精英协作中存在复杂的动力。当下，以民族国家为出发点的"软实力"概念，实际上很难描绘出事件中的国内与全球传播的实质性模式。在中国的未来发展方向及其世界定位的问题上，精英共识与社会共识层面都有许多亟待解决的问题。在这种情形下，任何旨在对外展示一套统一的价值观的"软实力"追求都显得力不从心。事实上，追求"软实力"最重要的"不是如何走出去影响别人，而是我们自己得有一个大家都视之为天经地义、理所当然的文化—伦理格局，然后广大人民身在其中能自得其乐"。也正因为如此，中共十八大提出的要坚定"道路自信、理论自信、制度自信"这一命题可谓意义深远。

中共十八大以我们既不走封闭僵化的"老路"，也不走改旗易帜的"邪路"的宣称重申了"中国特色社会主义"道路，而"中国梦"的提出也为激发民众在国家政治和社会生活层面的主体性想象提供了契机。但是，如何弥合制度承诺与实践间的鸿沟，如何把建设社会主义变成各阶层社会主体日常工作与生活的自觉实践，如何不把"中国梦"演绎成根植于当下全球资本主义现代社会关系之中，以美国的帝国主义军事力量为后盾，以牺牲各国下层民众的美好生活梦想和竭尽地球不可再生资源为代价的"美国梦"的中国翻版，都是巨大的挑战。当下的中国，一方面仍需谨慎处理社会平等和国际主义等革命政治遗产，另一方面不得不面对资本主义的全球性问题。中国增强软实力的努力需要清晰地表达出一种批判性的政治与文化自我觉醒，从而引领出一种超越资本主义和消费主义的可持续发展路径。最起码，这一努力能够对全球秩序中是追随占统治地位的愿景，还是探索其他路径的国内外异见与争鸣有所反映。否则，中国的软实力努力可能会只受益于媒体机构和媒体与文化精英，并在此过程中成为造就英国社会学家莱斯利·斯克莱尔（Leslie Skair）所描绘的"跨国资产阶级"中的文化分支的一种途径。毕竟，软实力与阶级权力密不可分，外交是内政的延伸。

嘉宾：老师您好，我的第一个问题是您提到中国的软实力问题，现在我感觉有一个现象是中国的传统文化，像中国独有的书法、诗词在慢慢地被国人所忽视。我想问：这样的传统文化能不能走向世界，是不是有必要在中国传承、发扬下去？第二个问题，老师您刚才也提到了半岛电视台、新华社这样的媒体机构，我特别想问的是：现在网络上对共济会的一些传播和言论是不是有些把共济会给妖魔化了？谢谢老师。

赵月枝：第一个问题，不是说应不应该传出去，而是我们早就将中国的传统文化传播出去了。比如说道家的"无为"的概念实际上就是后来"放任自由"概念的前身。比如说中医，美国、加拿大公民的医疗保险都可以报销一部分的。我们自己不断地在西化，这是一个复杂的问题，这涉及我们自己内部的民族自信的问题，还有一个机制的问题。把西方的大制药商都引进来了，中医当然会受到冲击，更不用说书法之类的传统文化。所以就是我们自己的文化体制机制的问题，还有国人民族自信问题。

第二个问题，半岛电视台与共济会，这两个是有区别的。共济会是一个很特殊的机构，我们有没有将共济会妖魔化，这个问题是要进行具体分析的，有人可能会将其简单化，但是妖魔化本身就是一个问题，但是不排除对它们的分析。我们现在是分析少了，而且一有分析马上就有人说你是宣扬阴谋论，然后就没什么可说了。西方媒体不准被批评，一批评就是妖魔论，共济会也好，美国民主基金会也好，所以我觉得我们现在缺少的是全面的分析和批判。但是有些分析又做得很粗浅，粗浅的结果是做出来的东西不可信，这样一来就陷入了一个恶性循环的境地。比如你说对共济会的批评是不是将其妖魔化了，你举出来是哪一家的批评？那家的批评妖魔化别人了没有？还有我们的媒体，也就是在座的未来的媒体领袖们在报道这样的新闻、叙述观点的时候，有没有将其简单化、妖魔化？很多学者是不愿意跟媒体见面的，为什么？因为一说观点就被媒体简单化。这个本身跟媒体的机制也有关系，媒体要吸引眼球。你说的妖魔化是学者本身研究的妖魔化，还是媒体报道的妖魔化？不愿让你去研究共济会的人，把对立的观点妖魔化，这都是很复杂的，而且原则上我不希望进行妖魔化的分析，老老实实讲清楚就够惊心动魄的了。妖魔化本身是一个问题，但是它并不影响事实本身的一些逻辑，你要把这个逻辑揭开还要查出来谁在妖魔化，是被妖魔化了还是妖魔化，知识分子在其中起了什么作用。

全球化与信息社会的文化传播

时　　间：2014 年 7 月 7 日

地　　点：上海交通大学闵行校区光彪楼 1 楼多功能厅

主讲人：王宁

王宁

　　王宁，上海交通大学人文艺术研究院致远讲席教授，我国外国文学与比较文学、文化研究及翻译研究等多个学科领域的著名学者。1992 年 8 月至 2002 年 2 月，任北京大学英语系教授兼比较文学研究所教授，北京语言大学比较文学研究所所长，比较文学与世界文学博士点第一带头人和首席导师。2000 年 12 月起任清华大学外语系教授，英语语言文学博士点第一带头人兼首席导师，人文社会科学学院学术委员会副主任兼外语系学术主任。

王宁:各位老师、同学,大家上午好!我们生活在一个全球化时代,今天我演讲的主题与全球化时代的信息传播、文化传播密切相关,题目叫《全球化与信息社会的文化传播》。讲座分为三个部分,第一部分讲全球化的悖论、混杂性和地方色彩;第二部分讲信息社会的文化传播、文化安全意识;第三部分讲大众文化的审美特征和价值。

全球化及其在信息社会的影响,已经成为当代中国人文社会科学领域内的一个热门话题。全球化给人文社会科学带来了直接影响,使西方的文化和价值观念逐步渗透到非西方国家,在文化上呈现趋同现象。与此同时,全球化还加剧了南北差距,使得贫富差距越来越大。一些人认为既然美国始终处于世界经济、政治和文化的中心,那么,在文化上抵制全球化竞争实际上就是抵制美国的政治霸权和文化帝国主义的入侵与渗透。还有一些人将全球化等同于西方化,将西方化等同于美国化。但是,他们忽视了重要的一点,即中国也是全球化进程中的受益者。例如,2008 年北京奥运会和 2010 年上海世博会使中国迅速崛起于世界的东方。

那么,如何定义"全球化"?从 20 世纪 60 年代开始,尤其是 20 世纪 80 年代起,"全球化"这一术语在各种语言、社会部门、职业与学术学科之间迅速传播,90 年代开始逐渐在汉语中出现。全球化暗含了一种发展、一个过程、一种趋势和一种变化。我们可以从四个方面来描述全球化：国际化、自由化、普遍化和星球化。这四个概念相互重叠、互补，广义上它们都指超越民族、国家界限的社会关系增长，但是又有不同的侧重点和含义，有些含义迥异。因此，在这些含义中选择不同的侧重点对我们了解和实践全球化概念极其重要。"国际化"主要指跨越国界，常用于描述不同民族和国家之间在政治、经济、贸易上的往来，带有跨国的和国别间的意思，比如中美双边贸易、中韩双边贸易。"自由化"常为经济学家所用，新自由主义是完全按照市场经济规律运作的自由主义模式，经济学家用"自由化"指代完全摆脱了政府行政干预的一种市场经济。"普遍化"主要涉及特定的价值观念，全球化被解释为一个普遍化的观念，常基于这样一种假设：一个更加全球化的世界在本质上是一个在文化上趋向于同质的世界。这种论述经常将全球化描述为西方化、美国化和麦当劳化。但在文化全球化的过程中，更为常见的并非同质化，而是一种文化多样性和差异性。以麦当劳为例。在美国，一般是经济并不宽裕的打工仔到麦当劳用餐，而在中国，民工不会去，老人不会去，去的是一些小孩、大学生或白领。"星球化"涉及信息的传播和文化安全问题。例如，电话和互联网使横穿星球的通信成为可能，大陆间弹道导弹锻造了贯穿星球的军事联系，未来战争不再是真刀真枪的近距离肉搏战，而是一种远距离信息战。气候变化包含横穿星球的生态联系，比如全球气候变暖，比如北京有雾霾，整个中国都会遭到波及。还有货币，美元和欧元等货币已成为全球性货币，人民币也逐渐成为一种全球性货币。我们所生活的星球变得越来越小，几十亿人仿佛就生活在一个硕大无垠的地球村里，彼此之间交流便捷，在很大程度上得益于现代发达的通信技术。所以说，从技术的层面来看，电信和通信业应该是全球化的最大赢家。

关于全球化还有另外一些观点。西方的左翼知识分子和马克思主义研究者对全球化研究得比较多。马克思、恩格斯最早研究全球化，在《共产党宣言》中描述资本的无限扩张对世界经济带来的直接后果，论述了经济全球化对文化带来的后果。当代西方马克思主义者在这方面继承了他们的研究并加以发展。例如，美国的新马克思主义理论家 F. R. Jameson 认为全球化是一个传播学的概念，当今时代存在一些既浓缩又扩散的传播网络，这些网络一方面是各种传播技术更新所带来的成果，另一方面则是世界各国或至少是一些大城市日趋壮大的现代化基础，其中包括技术移植。

通过对西方学界的研究、关注和分析，加之全球化在中国的实践，我本人提出了自己的全球化理论建构，从七个方面来界定全球化：第一，作为一种经济一体化运作方式的全球化；第二，作为一种历史过程的全球化；第三，作为一种金融市场化进程和政治民主化进程的全球化；第四，作为一种批评概念的全球化；第五，作为一种叙述范畴的全球化；第六，作为一种文化建构的全球化；第七，作为一种理论话语的全球化。从第四到第七都是跟文化有关的，所以全球化不仅仅是一个经济问题，它也是一个政治和文化问题。从马克思主义立场出发，全球化所带来的不仅是文化趋同性，它还加剧了文化多样性。辩证地看待文化领域内全球化的二重性，可以帮助我们有效地抓住这一契机来发展我们自身的文化，此外也有利于实施中国文化走出去战略。所以，中国文化走向世界已经不再是一个神话。

那么，全球化和本土化、地方色彩是什么样的关系？它属于一个悖论。首先，关于全球化与文化问题的研究在国际学术界已经取得了突出进展，但国内学者对此知之甚少。可以说，大多数中国学者在全球化与文化研究方面并没有掌握应有的话语权。现在，我们从文化的角度描述全球化，将全球化话语作为现代性的一个对立物，与现代性和后现代性有着密切关系。所以，全球化对于有着鲜明欧洲中心主义色彩的现代性起着强有力的消解作用和批判作用。全球化进程并非始于 20 世纪，而是如马克思、恩格斯在《共产党宣言》中所提到的，始于 1492 年哥伦布发现美洲新大陆，资本运作和海外扩张从那时起就开始了。在文化方面，这一过程也许开始得更早，比如中国大规模地从印度翻译佛经，以及中国文化通过丝绸之路向欧洲传播。所以马克思、恩格斯在《共产党宣言》中指出，从经济的角度，资产阶级开拓了世界市场，使一切国家的生产和消费都成为世界性的。古老的民族工业被消灭了，并且每天都还在被消灭，它们被新工业排挤掉了。新工业的建立，已经成为一切文明民族生死攸关的问题，这些工业所加工的已经不是本地原料，而是来自极其遥远地区的原料，其产品不仅供本国消费，同时也供世界各地消费。过去那种地方的、民族的、自给自足和闭关自守的状态被各民族和各地区的相互往来和互相依赖所代替了。所以全球化也出现了一种理论叫依附理论，各国之间都相互依赖，中国离不开全球化，也受益于全球化。

虽然马克思、恩格斯在《共产党宣言》中并未明确指出，但是他们却隐约指出全球化绝不是孤立的、只存在于经济和金融领域的现象，它在其他领域中也有所反映，比如说在文化和传播领域，所以就出现了文化上的全球化。马克思、恩格斯总结文化全球化，并提出了"世界文学"的构想，认为各民族的精神产品都或许会成为公共财产，民族的片面性与局限性日益成为不可能。马克思、恩格斯所说的"世界文学"并不局限于精英文学，而是一种更为宽泛意义上的世界文化和知识的生产和流通。在某种程度上，他们把歌德所鼓吹的世界文学大大扩展到人类知识领域的所有方面。因此，文化全球化和文化趋同性之间是不能画等号的。另外，从西方引进的文学理论概念翻译成中文之后，本身也发生了变化，已经不能完全涵盖其本意。比如说悲剧，悲剧在英文中是 tragedy，但如果说tragedy 等同于悲剧的话，那么就如钱钟书和朱光潜所言，中国古代文学是没有悲剧的。

一般来说，全球化在文化进程中呈现两个方向：一个方向是随着资本由中心地带向边缘地带扩展，殖民文化价值观念和风尚渗透到经济不发达的地区；第二个方向，即全球化的渗透从中心向边缘运动，同时也导致了边缘向中心运动，原先被殖民的边缘文化与主流文化的抗争和互动，即反殖民性或者非殖民化。这种运动并不是单向的，而是一种双向运动。一方面，强势文化向弱势文化辐射并对其产生影响；另一方面，弱势文化也在不断地对强势文化进行反渗透和反影响。就像美国后殖民主义理论家霍米·巴巴所提出的论述，少数人化也就是弱势群体化，和全球化形成了一种对峙，或者说是另一种形式的全球化。原先被压抑的边缘化语言要崛起，与占主流地位的西方霸权话语进行抗争，导致了一种文化上的本土化趋向和反殖民或非殖民趋向。所以，全球化不仅有利于西方强势文化向弱势文化的侵略和渗透，也在某种程度上为弱势文化对强势文化的抵抗和向弱势文化的反渗透提供了契机。

对于文化研究和传播研究而言，全球化带来的影响也是十分明显的。全球化话语在相当程度上取代了传统的现代性和后现代性，形成了一个可以覆盖两种学术话语的新视角，消解了现代和后现代之间的人为对立。这是全球化之于文化上的含义。

下面来看看当代信息社会的文化传播和文化安全。尽管我们生活在一个信息技术高度发达的全球化时代，但国内仍有不少人对这一客观现象认识不清。一些保守的人文学者抵制电脑和电子邮件，更大一部分习惯阅读报纸和纸质的读者抵制电子出版物。

对于文化全球化现象，学界始终有不同的看法。有人认为根本不存在这种可能，另一些学者认为这已成为不争之实。例如，英语的普及、麦当劳在全球的落户和美国好莱坞影片对另一些弱小民族文化和电影的冲击、大众传媒及国际互联网无所不及的影响等，一切事实都说明，文化上的全球化趋势正在向我们逼近，它迫使我们思考某种积极的对策。文化全球化使得文化研究成为一个跨学科的理论话语，它崛起于英语世界，迅速地波及世界各地，其发展也不尽相同。在英国，文化研究更多地指对大众文化进行批判性的研究；而在美国，则很大程度上与道德文化相融合。实际上，我这里所讨论的文化研究并不是写在书页里的高雅的、精致的文化产品——文学，而是当今仍在进行着的、活生生的文化现象，包括消费文化、都市文化、社区文化、网络写作以及信息社会的文化传播，这些都是文化研究者研究的课题。关于文化研究的内涵，一般认为它包括几个方面，包括种族和族裔研究、区域研究、亚太地区研究、性别研究以及传媒研究。文化研究虽然崛起于英国，但传到其他英语国家后，根据各自具体情况而各有侧重。总之，文化研究有着强烈的非精英意识，它对大众文化的分析研究是颇有见地的，所以我们借鉴文化研究的视角来对当代出现的一些大众文化现象进行分析研究。比如说社区文化、消费文化、流行文化、时尚、影视文化、传媒文化、互联网文化，这些都是每天发生在我们周围且对生活产生无法回避之影响的文化现象。

文化研究已经堂而皇之地进入了多个学科，如社会学、传播学、比较文学等。对于上述文化现象，过去的精英文化研究者是不屑一顾的，他们认为这是不登大雅之堂的。在他们看来，我们所研究的文化应该是高雅文化的结晶——文学艺术作品，但他们却忘记了另一个无法否认的事实，即追溯文化研究本源的话，它应该是从早期文学研究演变而来的，特别是始自英国新批评学派学者 F. R. Leavis 的研究。Leavis 作为精英文化的代表人物，其精英思想是根深蒂固的，他始终认为要想提高整个劳动人民群体的文化修养，必须开出一个文学名著书目，通过阅读和欣赏来起到对广大劳动人民进行启蒙的作用，最终使人民大众逐步提高自己的文化修养。按照 Leavis 的规定，文学经典作品是要培养高雅绅士和淑女的文学作品，一些中规中矩的经典作家被囊括在内，而一些具有前卫意识的作家则不被列入。今天指向大众的文化研究正是从早期 Leavis 主义精英文化研究发展而来的。所以文化研究的主要特点是反体制性和批判性，就这点来说，西方马克思主义对文化研究在当代的发展起到了不可替代的作用，如英国的威廉斯和伊格尔顿以及美国的詹姆逊等马克思主义理论家都对英语世界的研究和文化批评的发展和新生起到了很大的导向性作用。

最后，我们来看看大众文化的审美价值。全球化在文化上的反映就是大众文化和消费文化的崛起，这引起了精英文化研究者的恐惧。大众文化究竟有无价值？不同的人会做出不同的回答。文化研究的反击性和指向大众等特征对文学研究构成了严峻的挑战和冲击，致使不少恪守传统观念的学者出于对文学研究命运的担忧，对文化研究抱有一种天然的敌意。近几年来，伴随全球化进程的加速，中国文化也不同程度上受到了波及，其显著标志就是精英文化受到严峻的挑战。过去有一种说法叫曲高和寡，但现在，有时候会出现一种反弹，曲高和众。

过去，由于网络文学的崛起，传统的、依靠纸媒为传播工具的精英文学受到挑战，各种曾经有过"蜜月"的精英文学期刊只能在少数恪守传统阅读习惯的读者和文学爱好者中流传，大批网络写手活跃在虚拟的赛博空间。一方面，包括高雅文学艺术在内的精英文化领地日益萎缩；另一方面，大众文化的疆界却变得越来越宽泛，甚至越来越不确定。一度被精英知识分子奉若神明的高雅文化，已被放逐到了当代生活的边缘，大众文化越来越深入地渗透到人们的日常生活中，不仅影响着人们的生活，而且影响着人们的审美趣味和取向。大众文化和消费文化的崛起从根本上改变了人们固有的精英文化观，为大多数人欣赏和消费文化产品提供了可能。对此，人文学者应有充分的思想准备，否则就会成为大众文化的弃儿和牺牲品。

对于物质生活水平率先提高的社会群体来说，如何才能满足他们的精神文化生活需求？仔细分析这部分人的成分，我们不难发现，知识精英并不占多数，而不少人甚至没有接受过高等正规教育，因此他们很难去消费高雅的精神文化产品。既然国内文化产品市场无法满足他们的需求，他们便把目光转向西方社会，一些进口的、高档的、在西方也鲜有人问津的名贵商品便昂首阔步地进入了中国市场，成为这部分先富起来的人的消费品。一些颇能刺激眼球并容易为中等文化水平群体所欣赏的大众文化产品也进入了消费市场。这种产生于消费社会的大众文化或通俗文化，无疑对曾占主导地位的现代主义精英文化及其产品、文学有着某种冲击和消解的作用。

法国思想家鲍德里亚很早就关注消费文化及其对当代人们生活的影响，他在写于1971年的《消费社会》中就开宗明义地指出：今天我们到处被消费和物质丰富的景象所包围，这是由实物、服务和商品的大量生产造成的，在现代构成了人类生态学的根本变化。严格来说，富裕起来的人再也不被另一些人所包围，而被物质商品所包围，70年代的法国就处于这样的情况。他的这番描述至少说明了后现代消费社会的一个明显特征：人已经越来越为商品所左右，商品的消费和信息的交流主宰了人们的日常生活，因此生活在当代消费社会的人们所关心的并不是如何维持最起码的日常生活，而是如何更舒服地、审美地享受生活。

大众文化的一个重要特征就在于其媚俗性和消费性，但这并不代表大众文化丧失了所有审美特征。在后现代社会，人们的物质生活大大地丰富了，这使得他们在很大程度上不再单纯依赖于物质文化生活，而是更多地崇尚对物质文化进行享用和消费。在现代主义时代，如果说人们的审美观念主要在于注重文化产品的生产和实用性，那么在后现代社会，人们的审美观念则更多地体现在文化产品的包装和消费上。后现代社会为人们提供了审美的多种选择，他们不需要花费很多时间去阅读厚厚的长篇文学名著，只需要在自己的家庭影院花上两个小时的时间，就可以欣赏一部世界文学名著。比如《安娜·卡列尼娜》厚厚三卷本，如果仔仔细细地精读翻译本，没有三个星期是读不完的，但在家里两个小时就可以把电影看完，并知道大概情节。所以，文学名著也受到了一些冲击，莎士比亚也遭到人们的解构，但很多人对莎士比亚戏剧的了解都是出自恶搞、戏仿和模仿。

同样，不少从事精英文化产品、文学研究的学生也改变了过去那种沉浸于书斋中阅读经典名著的做法，代之以观赏和研究更容易激发审美情趣的电影或电视。相当一部分大众文化作品是以对经典的戏仿开始的，但是结果却使得文学经典得以走出狭隘的领地，面向更为广大的受众。大众文化不一定是坏事，它对文学名著产生了冲击，但反过来也使得文学名著能够走向千家万户，为普通人所熟悉。比如莫言的作品能够走向世界，跟张艺谋是大有关系的。同时，网络也对大众文化起到了推动作用。我们从网络上获取很多信息，网络提供了内容提要吸引眼球，然后迫使你想看全书，但它不给你看，要么买，要么下载。所以在网络上，各种大众文学作品参差不齐，其中一些文化快餐经过消费者的一次性消费就被扔进了垃圾箱。网络艺术也是如此，每个网民都可以上网，发挥自己的艺术家功能，但不可否认的是，网上也存在少数真正优秀的艺术作品，它们终究会展现自己的独特艺术魅力和价值。它们也许会被当下的消费大潮所淹没，但会被未来的研究者所发现，就如天天写博客的人最后也能够产出一本集子。未来的读者会发现，这些作品也可能最终跻身经典的行列。此外，网络文学艺术也能使少数真正优秀的但在当代经济市场被边缘化的艺术作品被广大网民欣赏，进而重返经典。再者，网络也可以帮助文学名著普及千家万户，从而使人们可以在电脑上感受文学艺术的魅力。这就是网络，我们不能对它一概而论。

这些都表明，在后现代社会，人们需要审美地而非粗俗地实现对文化产品的享用和消费。正是出于这一目的，大众文化产品往往特别注重外观的包装，通过华丽的外表来吸引读者或观众，使他们心甘情愿地花费时间和金钱去消费和享用这些产品。现代主义的文化产品往往通过精雕细琢而具有持久魅力。而在后现代消费社会，指向大众的文化产品往往具有短暂的效应和暂时的价值，指向大众就得符合大众的审美情趣，吸引他们的眼球，使他们在较短的时间内做出消费的决定。既然大众对文化产品的内在价值缺乏深入细致的了解，那么他们必然会追求已经有了广泛声誉的名牌产品和流行时尚。这一点尤其体现在当代青年学生当中。同样如此，我们目前读文学作品，一般不会去读非名家作品，写论文也会去读一些学术期刊上的名家论文。这就造成了"马太效应"，越是有名的人其作品越是被人们引用，名气就越来越大；越是没有名气的人，他要异军突起，就越是艰难。有两种情况，一种是站在巨人的肩膀上，在前辈的提携之下逐步有名；另外一种就是向名家发起猛烈进攻，引起人们的关注，让大家认为他是一匹黑马杀出来了，慢慢地也就成名了。

此外，大众文化往往精污并存，一般人很难在短时间内做出去粗存精、去伪存真的辨析，因此，人们对它的消费和享用常常是盲目的。也许，当他们在消费实践中有所体会后，就会做出正确的判断和选择。我们不应该一味地指责消费大众的盲目性和追求时尚性，而要正确地引导他们去对一些外表华丽而内里空洞无物的奢侈品进行辨析，进而从总体上提升他们的欣赏趣味，使他们真正能够有选择地并且审美地享用文化产品，而不仅仅为它们华丽的外表所吸引。

另一方面，大众文化产品自身也会发生某种变化，生产者在激烈的市场竞争中发现他们的产品竞争力下降，就会不遗余力地在他们产品的质量上下功夫，这样一来，大众文化本身也可以不断地趋于成熟和完美。其中粗俗的东西也许经不起时间的考验，而被淘汰，其他少数确有审美品位和保存价值的精品也将成为新的品牌。因此，对大众的审美价值应该取一个发展的、辩证的看法，而不应该将其一棍子打死。人们的眼球都会发生审美疲劳的，所以有时候希望出现一个新东西，包括读书也是一样，就希望有更多新的作家出现。今天的大众文化也许经过未来的筛选，也将成为经典文化。

嘉宾： 欧美国家凭借雄厚的经济基础在全球文化传播领域占有一定的话语权，日本、韩国、印度也有良好的文化传播渠道。请问中国文化在对外传播、走向世界的过程中有哪些优势？

王宁： 中国在文化传播方面的优势并不是很多，但是我们要善于把它发掘出来。以中国的人文学术著作为例，我们现当代的东西大都受到国外的影响、受到西方的影响。假如说你完全模仿、片面地接受它，那么创造出来的东西显然是不被西方人欣赏的。但完全是古典的东西，除了几个有名的经典之外，大部分被认为是过时的，对于当代没有任何现实意义。所以我想采取两个办法。一种情况下，对当代的东西进行深化和发掘，创造出具有自己特色的精品，比如像印度的、日本的、韩国的，跟当地的文化结合在一起，运用一些西方的方式，但其内容都是本土的，实现一种本土全球化，本土在全球化的过程当中也能够走向全球。还有一种就是对传统文化中一些确实具有活力的东西进行激活，比如说奥运会就有很多把中国儒家文化激活的内容，包括击缶、"有朋自远方来，不亦乐乎"等，都是通过非常形象的方式把它在当今时代激活。

中国文化走向世界，在海外传播处于低层次，还没有到达比较高的层次，即使像莫言这样获得诺贝尔文学奖的作家也是凤毛麟角；即使是莫言的作品，它在国际图书市场上也并不占有很大的比重。所以，中国文化走向世界确实需要每个人的努力。

当前我国新闻学研究的现状与特点

时　　间：2014 年 7 月 10 日

地　　点：上海交通大学闵行校区光彪楼 1 楼多功能厅

主讲人：郑保卫

郑保卫

　　郑保卫，中国人民大学新闻学院教授、博士生导师，教育部国家重点研究基地中国人民大学新闻与社会发展研究中心主任，全国新闻学研究会会长，中国气候传播项目中心主任，教育部社会科学委员会委员兼新闻传播学科召集人，中国少数民族地区信息传播与社会发展论坛副理事长，国家二级教授，中央联系专家和享受国务院政府特殊津贴专家。《新闻学论集》主编，《中国少数民族地区信息传播与社会发展论丛》主编。他主讲的"新闻理论"课先后被评为北京市精品课程和国家精品课程。

郑保卫：很高兴来到上海交通大学，来到中国传媒领袖大讲堂，和在座的各位同学见面。中国传媒领袖大讲堂在全国都很有影响力，它提供了一个让大家学习交流的平台。我也很荣幸受主办方邀请，前来和大家共同探讨一些问题，讲一讲当前我国新闻学研究的现状、特点，另外介绍几个当前学术界比较关注的重要的论题。

从研究的现状来看，首先，研究的领域不断扩大，由传统媒体研究向新媒体研究拓展。大家知道，近代报刊出现之后才出现现代媒体。一直到现在，出现了很多新的媒介形态。400 年来媒体的格局发生了重大的变化，从报纸一枝独秀到报纸、广播并驾齐驱，后来又出现了与电视三足鼎立，又出现了与互联网四强相争，现在我们概括叫多媒体融合并存的媒体格局。现在已经说不清到底有多少种媒体，有人说博客也是，微博也是，微信也是，移动媒体也是。如果这些都算是媒体的话，那就太多了，比如大家的手机等。所以我们叫多媒体融合并存的时代。在传统媒体时代，就是在互联网出现之前，我们主要研究传统媒体。最早的学术研究是研究报学，所以我们中国最早的新闻系不叫新闻学，而叫报学系，因为当时只有报纸。后来出现了广播，出现了电视，出现了通讯社，所以传统媒体时代主要是研究这些。20 世纪 90 年代，互联网出现，并呈现独特的优势，互联网的发展非常迅速，社会普及率很高，影响越来越大，人们对新媒体的关注越来越多，因此我们新闻学研究也逐渐向这方面拓展。

其次，由主流媒体研究向社会化媒体研究拓展。主流媒体就是我们讲的党报、党刊、电台、电视台、通讯社。社会化媒体以20世纪90年代中期都市报的出现为标志。在西方，市民报、都市报叫大众化报刊，出现在19世纪中期。而在中国出现是150年之后了，我们叫都市报、市民报，也有人叫民间报，它和官方报纸相区别。都市报的出现是中国传媒业发展进程当中的一个重大事件，就像大众化报刊的出现在世界新闻业特别是在西方新闻业中是一个重大事件一样，因为它改变了传统的媒体格局，改变了官办党报一统天下的传播局面，出现一份面向社会、面向市民、面向公众的大众化报纸。中国第一家都市报《华西都市报》，湖北的《楚天都市报》，广东的《南方都市报》，福建的《海峡都市报》，这几家都市报办得都非常好。很多报纸一开始是筹款办起来的，一年以后就实现盈利，两三年后净营业收入就超过一个亿甚至几个亿，发展得非常快。更重要的是报纸内容上的变化，适应了社会与公众的新闻信息需求，受到了社会的好评，公众的欢迎，也使整个报业体系发生了重要的变化。紧接着又出现了网络媒体，应该说网络媒体也属于一种社会化的媒体，因为它是为社会和公众所把握、所利用的。这些年我们关于社会化媒体、都市报还有网络媒体的研究越来越多。

再次，由国内新闻媒体研究向国际新闻媒体研究的扩展。过去，我们主要研究国内新闻传播。对于国际新闻传播的研究范围很小，成果也不多，影响力非常有限。这几年随着我们国家经济的发展，政治地位与外交地位的提升，特别是进入全球化时代、新媒体时代、信息化时代之后，国内、国际已经很难严格区分了。所以国内的也是国际的，国际的也是国内的。遥远的贵州，偏远的山区，发生了一起突发事件，一旦经过网络传播，全世界都知道了。美国某个小镇发生了一起枪杀案，一上网，全世界都知道了。所以国内、国际已经很难严格区分开来了。因此，在这种情况下，研究国际传播、国际新闻，是一种必然的趋势。

再其次，由面向行业内研究向面向行业外研究拓展。新闻学科过去有一个最大的弊端，它只关门研究自己的事，怎么采写编评，怎么制作节目，怎么做好传播，怎么提升新闻从业者的素质和修养，是新闻行业自己关起门来的研究，很少面向行业外研究，特别是面向社会的研究。那么这些年有了很大的变化，比如中国人民大学新闻与社会发展研究中心，专门研究新闻传播对社会发展的影响。这是学习了传播学的应用。传播学传到中国才三十几年时间，中国新闻学已经百年时间，但传播学发展速度非常快，和新闻学共同成为一级学科，这是新闻学奋斗了几十年甚至近百年的奋斗目标，它几十年就达到了。为什么？很重要的一个原因就是传播学是面向社会的，为社会服务的，为公众服务的。这对新闻学是很大的启示。

复次，由新闻传播研究到大众传播研究的扩展和向分众传播研究的扩展。过去我们主要研究新闻传播，新闻传播的研究范围相对来说小一些，当然广播电视出现以后，它已经是一种大众传播研究。新媒体出现以后，这种大众媒体研究的趋势更加明显。当然大家现在意识到了，只研究大众传播不行了，媒介竞争太激烈了，所以怎样定制一些分众的、小众的，适合某一些人、某一群人甚至是某一个人需要的信息并传播给他，也成为我们研究的内容。

最后，注重定性研究向定性、定量研究相结合的扩展。过去，新闻学研究很少用定量研究的方法，主要是定性研究。这个定量研究也是学的传播学的研究方法。当然定量研究不是传播学的发明，社会学早就用定量分析的方法，它也是借鉴别人。我们中国现在新闻学主要是借鉴传播学的研究方法，通过问卷调查、田野调查收集大量的数据，进行科学分析，特别是应用现代科学技术手段、计算机来分门别类，深入分析，总结研究结论。这样的研究结论应该比纯定性的研究结论更让人信服。

综上所述，说明新闻研究领域在不断扩大，研究方法也在日益丰富，这对新闻学的提升起了很重要的作用。

此外，研究质量明显提升。大家可以看看以前的新闻学论文和新闻学著作，再看看这些年来出现的一些新的新闻学著作和论文，结论是在量的基础上，质量也在提升。这也体现在几个方面。第一，总结以往研究中的经验和教训，这点非常重要。一个聪敏的人，他要很善于总结别人的和自己的经验和教训，特别是教训，其实教训往往比经验更重要，失败乃成功之母讲的就是这个道理。这些年来我们总结了历史上新闻学研究的很多经验，包括教训。比方说我们学术研究有时会受到政治的冲击，我们新闻学研究也有这方面教训，对新闻学的学术发展起到一种损害作用。

第二，注意学习和借鉴国外的研究经验，这也是研究质量提升的一个很重要的原因。从20世纪70年代末80年代初传播学传入中国后，它的一些评论、一些观点、一些研究方法、研究思路对我们新闻学的研究很有启示。另外还有很多学科，像信息论。信息论传入中国之后，给我们新闻学的研究带来了一些重大的变化和提升。信息论使我们知道了新闻报道的不是事实本身，而是这个事实的信息。任何事物，只要它存在，只要它运动，它就会生发出各种信息，所以人们对这个事物的认识是通过它生发出来的信息来认识它。媒体做传播、做报道，也是来报道这个事物生发出的相关信息。系统论让我们知道社会是一个大系统，新闻传播是一个大系统。在这个大系统中，新闻传播怎么发挥作用？如果社会是大系统，新闻是子系统，怎么促进新闻与社会的发展，这都是新闻学研究的主题。控制论——有人一听控制，就觉得不是个好词。我们新闻工作控制得太厉害了，管得太严了。其实控制是一个中性词，控制论是一种理论。人类社会、自然界，到处都有控制现象。如果失去控制，这个社会、这个自然界、这个地球乃至宇宙很难说是什么情况。其实控制是无处不在、无时不有的。但是要看什么样的控制，良性控制、科学控制、规范控制，还是其他控制。所以各种学科的理论、很多国外的理论传进来之后对新闻学都有很大的帮助。

第三，注意学习借鉴其他学科的研究经验。新闻学经过30多年的研究，出现了很多边缘交叉学科，新闻社会学、新闻心理学、新闻经济学、新闻统计学，包括新闻传播学在内，都是借鉴了其他学科的原理和方法。比如统计学，把它的理论和方法应用到新闻学的研究中来，不但拓展了新闻学的研究领域，而且丰富了新闻学的研究方法。

　　第四，注意增强学术研究的学术性、科学性和规范性。长期以来，中国的新闻学术研究，受政治的影响比较大。我要说明一下，新闻和政治的关系比较近，这是客观存在的，不只中国是这样，国外其实也是这样。新闻传播，它是一种意识形态工作。什么叫意识形态？意识形态里有价值观，有政治倾向。政治的因素必然会对它起到一定的作用。当年恩格斯批判巴枯宁的无政府主义。巴枯宁是无政府主义的代表，他崇尚绝对自由，不要政府，不要任何人干预，每个人可以自由地去做他想做的任何事情，说他想说的任何话。报纸也是这样，想登什么登什么，想怎么登怎么登，别人不要管，尤其政治不要管。恩格斯批判巴枯宁的观点，有段话讲得非常精彩，他说绝对放弃政治是不可能的，这是第一句话。第二句话，主张放弃政治的报纸也在从事政治。以巴枯宁为例，他提出不要政府，就是在做政治，这也是一种政治。他要办一张报纸专门反政府，这也是在搞政治。第三句话，问题在于从事什么样的政治和怎样从事政治。这讲得很透彻了，不是不从事政治，而是在于你从事什么样的政治和怎样从事政治，你是用暴力手段从事政治，还是用其他手段从事政治。所以恩格斯这句话把政治和新闻的关系概述得很清楚。我讲这段是想说明什么问题呢？确实我们受政治的干预比较多，但由此得出结论，我们摆脱政治、拒绝政治、放弃政治，这又不现实。政治对于新闻的制约应该是科学的、规范的、合理的，最基本的要求是要符合新闻传播的规律。学术研究要尊重事实，服从真理，要讲究科学，而且学术研究有自己的学术规范。我专门做的教育部的重大课题，就叫新闻学学术规范研究。学术研究有很多规范，我们这方面在不断地努力，取得了一些成效。所以说，研究质量明显提升，研究效果越来越好，这些成果产生一定的社会效应，收到了一定的效果。

　　但要得到业界同行认可不容易。学界和业界经常会出现脱节、矛盾甚至对立的现象。业界的人不认可学界研究的那些理论，业界往往从实用、快用这样一个角度，要求新去的学生上手快，忽略了一些基本的东西。其实新闻院校，不管是理论课的老师也好，业务课的老师也好，交给学生的东西，都不是这个老师个人的，或者说主要不是这个老师个人的一种观点和研究成果。特别是一门系统的课程，是要总结提炼许许多多的新闻从业者、新闻研究者的研究成果，形成教材里的一些基本观点。而这些东西，到媒体工作之后，有的马上就能用上，有的可能短期内用不上，但经过长期的新闻实践后会顿悟当年大学老师讲的那些理论是太有道理了，这就是理论研究的价值所在。但是这些年有变化，业界越来越认识到，学界的学术研究对他们来说太重要了，新闻学的学术研究，理论和实践结合得越来越紧密。

学科地位也得到巩固。新闻学科长期没有什么地位，不少学校，最早成立的新闻专业在中文系里，好不容易成立一个新闻系又放到文学院里，再提升一步，文学与新闻学院，总是处于从属地位。而现在独立的新闻院系越来越多。关键是从 1987 年开始新闻学科发展为一级学科，并成为国家重点扶持发展的九大社会科学学科之一。2004 年中央制定了《关于进一步繁荣发展哲学社会科学的意见》，就国家怎样繁荣发展哲学社会科学提出了很多指导性意见，其中提到要重点扶持九大学科的发展。九大学科中，有六大学科叫门类学科——文学、史学、法学、哲学、经济学和科学社会主义（现在叫马克思社会主义）。这都是门类学科，最近艺术学也成为门类学科。有三个非门类学科，即政治学、社会学、新闻学。新闻学为什么这么重要？现在已经进入媒介化社会，媒体传播无处不在，无时不有，无所不包。任何团体、单位、个人，在现代社会中都离不开媒体新闻。新闻传播现象在社会上的地位越来越重要，所以中央把新闻学科也作为重点扶持的学科之一。中央确实非常重视新闻学科，社会地位的提升对新闻学科的发展非常重要。

"新闻无学论"明显收敛。"新闻无学论"的观点说新闻没有学问，新闻工作是雕虫小技，新闻是政治宣传，没有自己的东西。这个现象不仅仅是在中国，也不仅仅是现在，以前就有，国外也有。但是发生在中国，发生在现在，有点说不过去。1918 年，北京大学成立新闻学研究会——北京大学新闻学研究会。北大校长蔡元培兼任名誉会长，亲自参加成立大会。它的主要创办者是中国第一本新闻学专著《新闻学》的作者徐宝璜，这本书 1919 年出版，这一年标志着中国新闻学的正式诞生。蔡元培校长介绍说，有了这本书，新闻有学就有证据了。也就是说 100 年前新闻有学这个问题就已经解决了。

但在传播学引入中国之后，因为发展很快，影响很大，加上这些年我们新闻学研究碰到很多问题很难深入，所以大批新闻学者转向研究传播学。这和国外是不一样的，西方最早的传播学者，不是学新闻学的，大多是学心理学、社会学、政治学等。中国最早的传播学学者几乎清一色都是新闻学学者。最早把传播学介绍到中国来的有三个人。第一个是中国人民大学的张隆栋教授，他已经过世了，是教世界新闻史的老师，曾经担任过燕京大学新闻系的代主任。他第一个把传播学（当时叫公共通讯）介绍到中国来。复旦大学也有两个老师：郑北渭和陈韵昭老师。也可能是因为最早是在中国人民大学和复旦大学的内部新闻学刊物上登出来的，所以最早接触到的都是新闻院校的老师或者是一些学生，大家觉得很新鲜，对传播学的很多新观点、新内容很感兴趣，慢慢地研究起来。加上新闻学研究本身就有困难，无法深入，无法突破，没有进展，所以干脆就去从事传播学研究了。20 世纪 80 年代，我开始研究传播学，也写过一些文章。这种现象很正常，当时大家都在关注。正因为这个原因，传播学发展得很快。因此有人就提出来，用传播学取代新闻学。我们就研究传播学，把新闻学放在传播学里头，作为传播学的一个分支。这个观点很时髦、很盛行。2003 年中国新闻教育学会在安徽大学举办年会。这次年会的主题是"新闻学和传播学的关系"，会长是中国人民大学新闻学院的老会长何梓华，他专门定了这个题目来让大家研究，因为大家分不清新闻学和传播学到底是什么关系，不清楚传播学能不能取代新闻学，新闻学能不能作为一门独立学科存在，各种观点交锋。我在会上做了个发言，主题叫"维护新闻学学科地位，促进新闻学学科发展"。我认为"新闻无学论"对新闻学科的发展是极其有害的，"新闻无学论"是否定中国新闻学有学，因为它不是讲美国新闻学无学，它是讲中国新闻学无学，所以我们可以来研究中国的新闻学到底有没有学问。

判定一个学科能不能成为一个独立学科要看以下几个因素。第一，它有没有独特的研究对象，即唯有新闻学科研究的内容，别的学科不研究。新闻学研究采写编评、节目制作，而传播学不研究。当然业务的内容、理论的内容有些是相通的，但是新闻学理论中的一些内容，传播学是没有的。特别是新闻学科非常强调其独特性质，它是一种带有人文科学性质的社会科学，而不是一种纯应用的社会科学。西方学者中也有很多人主张这个观点。美国哥伦比亚大学著名教授卡莱，他写的一篇论文叫作《美国新闻教育错在哪里》，他认为错就错在美国一些新闻院校的新闻学教育把新闻简单地等同于媒体、等同于传播、等同于公关、等同于广告，简单讲，把新闻传播纯粹地看作一种技术性的东西，没有认识到它的文化内涵和人文内涵。这对新闻从业者是极为不利的。你是当一个机械的写手、写匠，还是可以脱离生活、脱离实际、脱离群众，从网上一搜，就能写出东西来？这种现象有没有？有，但如果你把新闻工作当成这样一种工作来做，那问题就大了。新闻从业者首先应该成为一个有人文精神、有社会责任感的社会人，还要有道德，否则你很难当记者。美联社有一个著名记者拍了一幅照片获了普利策奖。画面上是一个非洲黑人小女孩，瘦骨嶙峋地蹲在地上，左边是一只秃鹫要袭击她。照片获奖之后，这位记者的知名度就高了，大家都知道他了。但是很多人越看这张照片越不是滋味，开始谴责这个记者。问得最多的一句话是：你是人吗？是人能这样做吗？你不觉得这样做不配作为人吗？这位记者面对巨大的舆论压力，后来自杀了，但是他留下了话作为解释，说拍完照片就把这个秃鹫哄走了。但是照片上反映不出来，别人也不知道。所以说，记者要有责任感，要有道德意识，要有人文情怀和人文精神，要成为一个有情感的人，要用真实的情感来讲述人间的故事。

新华社著名记者穆青说过：没有感情怎么写作？他这个观点是对应着客观报道原则的一些观点提出来的，大家非常认可客观报道这个理论。客观报道里头有一句话，不带感情和偏见写作，听起来这句话没错，如果你带着感情和偏见写作，感情色彩太浓，又有偏见，写出来的东西不客观，人家不相信，这讲得有道理。那么我们回头再看穆青的这句话有没有道理，也有道理。一个人一点感情都没有，你怎么能够写出打动人心的作品？大家看穆青写的《焦裕禄》，采访的过程当中，向穆青他们讲述焦裕禄事迹的干部群众边说边掉泪，记者们也边听边掉泪，激动的时候穆青坐不住了，站起来在院子里兜步，采访中断。后来穆青自己写，写作的时候，泪水把稿纸湿透了，所以这篇报道写得非常感人。用了大量焦裕禄的话、干部群众的话，用了大量很有说服力的细节材料，倾注了很多情感。中央人民广播电台的记者带着感情读完了这篇通讯。从规定来说，他违规了，按说播音员在播送稿件的过程当中心情要平静，这是有规范化要求的，但有的地方播音员几乎是念不下去了，但是播出效果奇好。我当时正在人大新闻系一年级读书，在外面早晨锻炼的时候听到的，也是热泪盈眶，被焦裕禄的事迹所打动。2013 年我主编了一本《中国百年通讯选》，收录了 100 年来 50 篇通讯，大家有时间看看这些。有人说新闻是易碎品，通过这些报道我们发现新闻也可以和文学作品一样传于后世。所以穆青用自己的实例证明新闻写作必须用情感，他还提出用散文式的写作手法来写新闻，讲的也是这个道理。散文式，带情感，这样你才能激励人、鼓舞人。当然我们这么说不是说客观报道就不好了，客观报道是一种理念、是一种目标，也是一种手段和方法。客观报道在很多情况下应该说更容易让人信服，但是它不是唯一的，更不是像某些人所说的纯客观、完全客观、绝对客观，有闻必录，这都是办不到的事儿。美国有一个学者讲，选择客观报道本身就已经不客观了。客观报道是什么意思呢？不要直白地表达你的观点，把你的观点藏在客观事实里，用事实说话，他讲得太对了。这件事我不要表达观点，被人听出来反而不好，我掩藏起来，这本身就不客观。另外，关于新闻，陆定一下了一个定义，新闻是新近发生事实的报道。这个定义，最关键的词是报道。什么是报道？报道是主观对客观的一种判断的结果，就是新闻传播者把他所观察到、采访到、收集到、了解到的事物、事实、细节，通过他的筛选、判断、写作展示出来，这个过程当中，已经带着价值判断，所以不可能是纯客观的东西。所以说新闻学科有它的独特性，新闻学应该是有感情的，甚至应该是有立场的。

刘少奇当年用这么一段话来概括，叫真实、客观、公正、全面、有立场，这样的报道才是好报道。第一，要以真实为前提；第二，用客观方法；第三，评论要公正；第四，报道要全面。你只报道一个方面不行，一个侧面不行，它不能全面反映事物。最后他又加了一句，没有没有立场的人在进行报道，就是说想客观报道的人，他其实也有自己的立场。比方说美国新闻界，他们非常崇尚自由环境，认为他们是最自由的，不受任何制约的。其实也不是这样，价值观随时在起作用。"9·11"事件之后，美国的媒体清一色地反恐。金融危机期间，包括美国市民占领华尔街，这样一些行动在美国媒体上都很难找到。伊拉克战争期间，美国专门组织了一个 20 人采访组，都是美国记者，连路透社记者都没有，所有的新闻由这 20 个人采编，由新闻发布官统一发布，别人不能去采访，它总有所限制。所以我们要正确认识这样一些问题。

经过这些年的努力，"新闻无学论"有所变化。刚才我提到的那次会议，会后大家也都还在逐步深入讨论。我在会上发言之后，当时有一个兰州大学的老师开了个玩笑，说郑老师在保卫新闻学。所以从那以后，我走到哪，保卫新闻学来了，我的学生也是，保卫新闻学的学生来了。这本来是一句玩笑话，但后来我一想，觉得这不能当作一句玩笑话，还真的要做点事儿。后来我每年给博士生、研究生上的第一节课就是给他们讲新闻学学科的地位和学科发展。我的第一个研究生是从中国传媒大学招的，雷跃捷老师。他当时是中国传媒大学电视新闻学系的党委书记，就在他会议室里，我们面对面，讲这个内容，希望他跟我一起来维护新闻学学科地位，促进新闻学学科发展。这些年他一直在跟着我做工作。他是新闻学研究会的常务副会长。我还有一个博士生，也在中国传媒大学当老师，叫唐远清，他的博士论文写的就是对"新闻无学论"的回望与反思。他跟我讲，我们不能简单地否定"新闻无学论"，"新闻无学论"有它积极的东西。他讲得是有道理的，比方说新闻学不够成熟、研究不够规范、方法不够完善等。那么我们看待这个问题，关键是通过传播新闻学想达到什么目的，是为了帮助新闻学更科学更完善呢，还是要取代新闻学、否定新闻学？这就是两回事了。经过一段时间的努力，2007年我写了一篇文章叫《从保卫新闻学到发展新闻学》。我认为不用保卫了，发展就行了，关于发展提了几条。2008年春天，我看到了一篇文章，题目是《走入黄昏的中国新闻学》。看完之后，脑子突然一片空白，这是一个大学老师，副教授，浙江大学在读博士，他研究了30年的新闻学，最后得出这样一个结论，确实让我有点伤感，也有点恼火。我突击写了篇文章，题目叫《迈向辉煌的中国新闻学》，我就问编辑部这个作者的联系方式，因为我俩的文章是发表在同一刊物上，人家告诉我了，我就跟他联系，把我写的文章给他看，跟他说他的这个文章存在几个问题。第一，基调不对，太悲观。第二，结论不对，也不符合现实。现在全国大概有500所大学有新闻学专业，几千名老师，20万在校生，大家整天忙忙碌碌，就为一个已经走向黄昏的学科在努力，在座的同学们你们赞同吗？显然不现实，对吧？我说，你研究这个大问题，用这么短的篇幅，下了这么绝对的断语，这样不好。所以后来我把他这个文章作为一个典型案例来教育我的学生，写论文一定要注意"小题大做"，不要"大题小做"。他就"大题小做"了，几千字一篇论文，研究30年做出这样绝对化的结论，不行。这也给在座的同学们提个醒，不管你们将来读博士也好，读硕士也好，将来搞研究也好，要掌握这些案条，要实事求是。任何结论要有充足的证据，另外尽量"小题大做"，不要"大题小做"。"大题小做"，你做得再好，不可避免有一个毛病：不够全面。"小题大做"做得再差，你有一个优点：写得很全面。当然写博士论文，你题目太小也不行。找一个恰当的题目切入，口气不要太大，你就是一个年轻学者，羽毛还没有丰满。现在，我觉得我们这个学科已经得到了大家的认可，研究环境得到了改善，研究人员地位提高，经费大幅增长。我这个研究中心，这几年，已经有上千万的研究经费，包括横向课题，这在过去不可设想。原来我们国家的社科基金项目，重点课题才十几万。

　　当然，新闻学研究还存在问题，正因如此，"新闻无学论"的有些观点是有道理的，值得我们很好地去吸收借鉴，如怎样使体系更加科学，研究视野更加开阔，研究方法更加完善，有更多创新成果，有更好的研究环境，能够产生更大的国际影响力，这个很重要。我们要在国际学术舞台上掌握发言权。

新闻学的研究特点，总结几点。

第一，坚持问题导向。学术研究一定要带着问题进行，要带着问题做导向，要瞄准社会国家公众，以及媒体亟须解决的问题开展研究，要解决国家经济发展中的重大问题，要解决国际传媒发展竞争中的重大理论与实践问题。发挥好智库的作用。学术研究的主要任务、主要使命就是要为促进国家的社会经济发展服务，为提升国家的竞争力服务。我为我们中心确定了"三服务"的方向：第一是服务传媒改革，第二是服务社会发展，第三是服务学科建设。要强化服务意识，要为传媒改革提供理论支撑，为社会发展提供有效服务，为学科建设提供学术依据。

第二，注重社会效应。新闻学的每一项学术研究，要能够解决一两个新闻工作和经济社会发展过程中的理论和实践问题，而且研究要有实际的成效，解决实际的问题。不是写篇文章就完了，你还要看看这篇文章反馈怎么样，评价怎么样，有没有收到好的效果。当然对在座的同学来讲，这个要求可能高了些，但是确定这样一个方向，你来选择题目很重要。人大每年都要实施一些大学生创新的项目，我都要求他们瞄准一两个实际问题来研究，要解决实际问题。

第三，实现学科交叉。现代随着科学的发展，随着社会的发展，随着技术的发展，学科交叉交融的现象越来越明显。仅仅靠自身的东西来研究已经不够了，必须搞学科交叉，和其他人文学科交叉，和自然科学学科交叉。这些年来很多重大项目，之所以能取得成效，就和我们注重学科交叉有很大关系。

第四，发挥团队作用。特别是将来你们读博士或者读研究生，老师都在做一些课题，希望你们参与，你们要积极参与，因为有很多东西需要靠团队作战，靠一两个人不行。

下面讲一些重要的论题，就是媒体格局变化和传媒竞争力提升的问题，这个需要大家来关注。新媒体出现之后，互联网出现之后，媒体格局发生了重大变化，传媒之间的竞争越来越激烈。在这种状况下，怎么来深化改革，怎么来促进传统媒体和新媒体共同发展，是我们值得关注的一个问题。6月初，我在浙江大学参加一个研讨会，研讨全媒体背景下传媒的改革问题。到会的有很多传统媒体的老总，也有一些新媒体的老总，大家探讨的问题都是同一个，就是现在已经进入全媒体时代、媒介融合时代，怎样互相借鉴来促进自身更好地发展。

传统媒体面临巨大的压力，很多不利的消息不断传来。比如说，美国《华盛顿邮报》被收购了，还有的报纸停刊了。我们国内这几年总体看，很多传统媒体，尤其是纸质媒体，呈现下滑的趋势，但和国外比，还不是很明显。面对这些问题，应该怎么办？有人说，现在传统媒体，不改革等死，改革找死，反正没活路了。但是我在会上听了很多发言后觉得，不改革等死是对的，改革，找活。没有一家传统媒体老总说等死吧，都在千方百计地改革创新，寻找新的发展路径、新的发展空间。

所以我们不要去研究传统媒体，特别是纸质媒体什么时候消亡。我们要研究在目前情况下，传统媒体怎么样扬长避短，取得新的发展，新媒体怎么保持现有的发展优势，进一步创新继续发展，特别是有一个互相借鉴的问题。

嘉宾： 请您介绍一下这些年我们在新媒体形式上，在新的国际形势下，新闻学的这些业务理论，包括马克思主义理论取得了怎样的进展和突破。

郑保卫： 这个问题提得非常好。我要说明一下，传播学有它独特的研究对象和研究优势，在中国发展得非常好，当然传播学也有它的问题，比如说它有比较大的功利性，它的学术含量体现得并不是很明显。另外，中国的传播学研究，一直没有实现本土化，没有达到本土化的境界和目标，所以中国的传播学研究还有很多继续发展的空间。这两年我对传播学领域的一些相关课题也比较关注，我做的气候传播研究基本是从传播学角度来着眼的，而且现在已经做得非常火了，2013 年举办的首次大规模的气候传播国际会议，是由我牵头和耶鲁大学共同举办的，第二届是在耶鲁大学举办，第三届是在欧洲学院举办。大家可能不知道欧洲学院，但是 2014 年 4月 1 日它一下子出名了。因为习近平到那儿去访问，发表了演讲。我应邀参加欧洲学院的研讨会，研讨会的主题是"中国的改革对欧盟和世界的影响"。这个研讨会是专门为了迎接习近平的访问而设计的。我在会上的发言题目是《全面深化改革背景下的中国生态文明建设》，是从气候变化、环境保护这个角度来讲的。他们为什么要研究这个主题？我们中国特色社会主义道路已经得到了世界很多国家的认可和信服。我们改革开放初期学美国、学欧洲、学日本、学亚洲"四小龙"，现在人家开始学我们了。作为一个中国人我非常自豪，特别是在现场听习近平讲话，非常受鼓舞。我们国家的地位在提升，影响力在扩大。

习近平很善于演讲，赢得了阵阵掌声。他一上来就说，欧洲学院的所在地在布鲁日，布鲁日在弗拉芒语中是"桥"的意思，我这次来就是要搭建中国与欧洲的合作之桥和友谊之桥。他说他去参观了沃尔沃汽车厂，沃尔沃就是中欧合作的一个象征，中国出资，瑞典提供技术，最大的工厂在比利时，中欧合作的前景非常广阔。昨天下午我参加了中欧社会论坛的一个学术会议，从会场直接来到这儿，这次会议的主题就是研究气候变化以及中欧合作的问题。

这些都说明我们的研究领域要随着国家社会的需要逐渐拓展。新闻学与传播学有些东西是可以打通的。在我的研究项目中就有新闻学的部分，比如研究媒体的环境报道。从更大的范围来看，气候传播是更大的概念，研究政府、媒体和 NGO 怎么在国际平台上通过媒体传播来实现自己的目标。所以新闻学的研究要拓展思路，扩大领域，完善方法。比如说，我们进行了公众调查，调查中国公众对气候变化的认识和了解。在 2012 年的多哈气候会议上，我们提供了这个调研数据，联合国气候官员引用了我们的数据，数据显示 93% 的被调查者认为他了解气候变化，美国的数据是60% 多，英国为 70% 多，这个联合国官员说，中国的这项工作做得非常好，表扬了中国政府。我们的一个调研为中国政府助了力。你天天说工作做得好，人家都不信，人家说你是世界上最大的碳排放国。但是我们的确下了很大力气，我们做了很多工作。所以说不要把新闻学和传播学截然分开，它们是有联系的，有些项目可以一起来做，方法可以共同使用。

另外，我们还做了一项民族地区新闻传播的研究，它既是新闻学的内容，也是传播学的内容。为什么呢？在民族地区搞地方志田野调查，用的是传播学的方法，但是如果要研究传媒生态，要研究民族地区受众对媒体的一些反馈，它又属于新闻学的内容。所以新闻学作为独立的学科有它基本的一些条件，但它要去借鉴其他学科。而传播学也同样需要借鉴新闻学的内容。最早的传播学学者都是研究媒体的，研究在一战或二战当中广播对士兵士气的影响，研究媒体对选民心理变化的影响等。这些都离不开媒体，离不开新闻学。所以要相互借鉴、相互融通，共同发展。

新闻学要解决创新的问题，有些东西是要创新的，而有些东西是要保留传统的，马克思主义新闻学原理性的东西不可能完全创新。原理性的东西不会有很大的变化，但是它的内容是不断更新的。从马克思到列宁到毛泽东到邓小平到江泽民到胡锦涛到习近平，这些领导人，你去研究他的思想会发现，都不断地在发展变化。习近平最近的几次讲话讲得很好，我们用原理来分析、来研究、来指导我们当前的实践，这本身就是一种创新形式。因为用理论为当前的实践服务也是一种创新。不能用理论来印证历史，要用理论指导当前的工作。所以创新是我们的目标，而且新闻本身是一个天天都要创新的工作，创新是新闻的基本命题，也是基本特征。我们新闻学研究也是这样，我上新闻课时，每堂课都会组织学生评报，评一周的报纸，最新的报道有哪些特点、有哪些问题，我们用什么办法来解决。它不能离开实践，不能离开当前的实践。所以我觉得不能太局限、太狭隘地去看创新，不只是完全提出新的观点，新的角度、新的事实、新的方式、新的方法都是一种创新。年轻人，浑身充满了创新细胞，在老师们的带领下，在掌握基本原理的基础上，特别是在马克思主义新闻观的指导下，能够运用创新的方法，在新闻学研究领域不断拓展。

特别要强调的是对马克思主义新闻观要有一个正确的认识。现在全国都在进行马克思主义新闻观教育，已经做了 11 年，是从 2003 年开始的。媒体在做，高校在做，而且现在很多没有这个课程的高校都准备开设相关课程。这个课程该怎么讲？学习马克思主义新闻观，不是背诵哪一段词句，当然好的东西要背，比如说恩格斯讲的那一段话，我都记得很清楚，有的经典东西需要背下来。比如说马克思讲，"要根据事实来描写事实，不能根据希望来描写事实"。马克思又讲，"报纸具有连植物也具有的内在的规律性"。像这样经典的原理，它是不会改变的，我们要记住它。用这些经典的原理来分析当前的现象完全可以，用它的基本原理、基本方法，特别是用辩证唯物主义、历史唯物主义的立场和世界观来分析。有这些东西和没有这些东西，用这些东西和不用这些东西来分析、认识新闻现象，得出的结论是不一样的。我写的很多文章或书上都有，你们可以看看。我推荐两本书，一本是《新闻理论新编》，我主讲的"新闻理论"课是国家精品课程，这个教材就是精品课程的配套教材。还有一本书，叫《论新闻学科地位及发展》，中国传媒大学出版社出版，这是我这些年来研究成果的汇集，里面有很多内容大家可以看一看。谢谢大家。

"传播时代"的传播学研究与发展趋势

时　间：2014 年 7 月 12 日
地　点：上海交通大学闵行校区光彪楼 1 楼多功能厅
主讲人：洪浚浩

洪浚浩

洪浚浩，美国纽约州立大学传播系教授、博士生导师，哈佛大学费正清中国研究中心研究员，马萨诸塞大学传播与社会可持续发展研究中心高级研究员，中国教育部长江学者项目评审专家，中组部千人计划项目评审专家，香港社科研究基金会评审专家，曾担任国际中华传播学会会长。自 1988 年出国以来已出版中英文著作数部，发表中英文各类学术文章 160 余篇，并担任美国出版的英文《中国大百科全书》传播与媒介方面主编、清华大学出版社出版的《传播学新趋势》一书的主编、中国人民大学出版社出版的《传播学》一书的联合主编。

洪浚浩：今天，我要给大家讲的题目是《"传播时代"的传播学研究与发展趋势》。传播学是现在社会科学领域里少数几个发展最快的学科之一，不仅在西方国家是这样，在亚洲国家也是，中国就是一个很明显的例证。20多年前我刚去美国的时候，中国只有少数几所学校设有新闻传播学专业，现在已经发展到1000多所了，所以说传播学的发展势头很猛。但是现在中国存在这样一个情况：虽然开设新闻学或传播学专业的学校越来越多，但是学科本身涵盖的"面"的发展不够快，即目前中国传播学主要是在"量"上发展得很快，但是学科内容建设方面发展得不够快。我们需要一步一步来，首先要有一个"量"的发展上，但是不能只停留在"量"的发展上，与此同时，还要了解国际上传播学研究的发展趋势、方向。所以我今天讲的主要内容是传播学发展的一些新趋势。

清华大学出版社将出版我主编的一本书，这本书大概在2014年下半年出版，书名叫《传播学新趋势》。今天，我把这本书的主要内容先跟大家分享一下。这本书是由来自10个国家与地区的50多位学者共同撰写的，由44篇文章组成，从各个方面介绍了传播学发展的新趋势。最近几年里，在几乎所有的人文和社会科学学科中，传播学不仅是少数几门发展得最快的学科之一，也是少数几门变化得最快的学科之一。它既在发展，也在变化。现在的时代是全球化的时代，或者叫信息时代。信息时代的意义是什么？为什么把现在的时代叫作信息时代？哪位同学能回答一下？

嘉宾：我们随时随地都可以接收到我们想要的信息，而且现在的信息非常多。

洪浚浩：这位同学讲得很好。信息时代跟全球化时代好像是两条不同的线，全球化时代是指世界上很多国家好像逐渐变成了一个"地球村"，相互的关联度越来越大；而一些学者把现在这个时代叫作信息时代，既强调全球各个国家相互联结在一起，更强调信息的大量存在，爆炸性地存在，信息量相比以前是以几何级数在增长。可是，信息时代跟全球化时代又是相互关联的，是什么东西显示了国家与国家紧密关联在一起呢？就是信息互通、信息共享，包括政治信息、经济信息、人文信息等。所以，全球化时代跟信息时代听起来似乎是两回事，但是实际上它们是相互关联的。现在，西方学者又提出，现在这个时代应该叫作传播时代。大家想想，既然叫它信息时代，为什么又要叫它传播时代呢？信息时代与传播时代又有什么区别？你们根据自己的想法来想象一下，比如说，一些学者提出，叫信息时代还不够确切，更确切点儿讲现在这个时代是一个传播时代。那么，大家想一下，这些学者在什么样的基础上提出这样的观点，他们的理念是怎么来的，为什么他们觉得"信息时代"这个词还不能够准确地形容现在整个世界发生的情况，而要用"传播时代"觉得更准确？先请这位女同学讲一下，另外一位男同学补充。

嘉宾：信息时代和传播时代的侧重点不一样。信息时代相对更侧重于信息的内容，而传播时代侧重的是传播的工具、传播的技术。比如慢慢踏上这个社会，你可以借助信息，我觉得更重要的是，技术的发展对人们认识传播媒介产生了影响。

洪浚浩：你的意思我基本上听懂了。你说，信息时代主要只是集中在信息方面，传播涵盖的东西比信息多。谢谢，我们看看后面那位同学有什么补充。

嘉宾：在信息技术高速发展的今天，人人都能成为一个传播者传播信息。传播时代更侧重人，研究人与社会的关系，而信息时代的话，信息只是一个基础，它的主体还是人，所以用传播时代来定义更合理一些。

洪浚浩：讲得非常好，强调了人跟社会。再找一位同学补充一下。讨论就是这样，越讨论越完整。

嘉宾：老师，您好。我的理解是，信息时代跟传播时代，其实并没有说哪个更好，只是后者加入了一种方法论的思维，好像我们在传播学里学到的最经典的"五个W"，即内容研究、渠道研究、受众研究等，就是加入了新的思维范式，还有研究范式等，可能是基于这样的理解，学者提出传播时代以方便他们更好地进行研究并发表他们的思想与观点。谢谢。

洪浚浩：好，你更加细化了一点。请这位女同学讲。

嘉宾：我用一句话来表达一下我自己的理解。信息时代不一定是传播时代，但传播时代一定是信息时代。

洪浚浩：具体一点呢？为什么信息时代不一定是传播时代，但传播时代一定是信息时代？

嘉宾：我感觉，信息时代是一个存在，它是一个内容，信息里面肯定有很多内容，但传播的话，它是一种动态的，它包含着信息，传播肯定是传播信息，但是信息可以一直存在，就算没有传播工具的话，信息也不会消失。

洪浚浩：好，谢谢，你做了一些补充。这位同学呢？

嘉宾：老师，你好，我的理解是，在信息时代，相对而言，人是被信息所包围的，所以人在这个时代中是被动存在的。而在传播时代，人成为一个主体，拥有话语权，可以选择渠道去发表自己的声音，人的这种主体性地位得到了增强，这是我的理解，谢谢。

洪浚浩：好，谢谢你，补充得很好。来，这位男同学。

嘉宾：我的理解是，在信息时代，信息成为一种能源、一种物资，甚至是比能源更重要的一种资源，强调的是信息的重要性。而传播时代，指的是传播有没有通过传媒这个媒介把信息传播出去，这是我的理解。

洪浚浩：好，谢谢。这边还有一个同学。

嘉宾：我觉得这两个概念并不是相违背的，我认为应该这样理解，信息所存在的意义就是为了传播，没有传播，信息就无所谓信息了，这是我的一个理解。

洪浚浩：好，我来给大家小结一下。刚刚大概 5～6 位同学谈了自己的看法。首先是没有人反对这个问题，我没有听到一个人说，觉得这个说法没什么意义或是觉得这个说法不科学。其次，我觉得大家的看法、解释加在一起还是挺全面的。为什么提出"传播时代"？它有几个原因：从宏观的角度来看，传播时代是指这样一个时代，传播作为时代的一个要素，它已经可以跟政治、经济等平行了，已经到这个高度了。传播在现在这个社会当中，它可以像政治、经济等一样来影响这个社会，这是以前所没有的。在人类历史上，一个环节一个环节走过来，直到现在，传播突然一下子上升到这样高的一个地位。从具体的角度讲，传播的不仅仅是信息，刚才至少两位同学已经明确地提到，传播是人、社会以及人与社会之间相互作用、产生关系的一种行为，这种传播行为以前所未有的形态、速度和力度在影响着社会结构的重组和人的行为方式的改变。这里的传播包括刚才一些同学提到的传播技术、传播行为、传播方式和传播效果等，这些都在影响着社会结构的重组以及人们行为方式的改变，这些改变反过来又促进了社会的变革与转型。

"变革"这个词听起来比较激烈一点，"转型"这个词比较好接受一点。但是，在英文里面，这些词的意思是差不多的，我们把它翻译成中文这两个词都可以翻，但是中文听起来"变革"似乎厉害一点，但在英文中讲"social change"，即社会变化，既可指变革，又可指转型。但是如果你要说得具体一点，有时会说"social change"是指社会变革，"social transformation"是指社会转型。不管怎么样，我们看到，在世界范围中，传播的作用越来越大，不管对何种社会，它都在产生以前从来没有过的作用，一个是浅层次的变革，一个是深层次的转型。现在你去看，任何社会，不管是发生浅层次的变革还是发生深层次的转型，都离不开传播这一要素。所以一些学者提出，更准确地说，我们应该把现在这个时代叫作"传播时代"。当然，这在国内提得还不是很多，因为这是一个比较新的理念。

刚才说过，传播学是少数几门发展得最快也是变化得最快的学科之一。原因是什么呢？不仅是因为传播学的研究对象几乎涉及现代社会的方方面面，更是因为传播学的理论、研究内容、研究方法都与社会的发展和变化紧密相连。这就是传播学能成为少数几门发展得最快也是变化最大的学科之一的原因。传播学的理论、研究内容、研究方法都与社会的发展与变化紧密相连，不仅不同程度地受到社会各方面变化的直接或间接、明显或不明显的影响，而且也以不同的程度、不同的方式影响着社会的发展与变化。我刚才讲到，不管是浅层次的社会变革，还是深层次的社会转型，不管是中东地区、南美地区还是亚洲地区，包括中国，任何社会变化都离不开传播。这种影响已经开始，并不断地在传播学学科中清楚地表现出来。我觉得你们能够参加中国传媒领袖大讲堂是一个非常珍贵的机会，从全国那么多学校、那么多学生中被选中，有机会来跟这么多学者交流，而且都是一流的学者，他们在各个方面都非常优秀，能够跟他们直接交流真的是一次非常珍贵的机会。

上面所讲的这种双向影响已经开始并不断地在传播学这门学科中清楚地表现出来，最主要表现在四个方面。第一，传播学的领域里面增添了不少和社会变化紧密相关的新的研究分支。我知道，现在在座的你们大部分还是在念本科，但是我相信未来你们中不少人会念研究生，甚至念博士等。比较早地接触一些传播学理论，不管你今后是从事学术研究，还是当公务员或是在公司工作，只会对你有好处，不会对你有坏处。知识是不能马上看出它的价值来的，腹有诗书气自华，如果你受到很好的教育，你的气质会更加不一样。你们一定要相信这一点。所以，首先是传播学领域里增添了不少和社会变化紧密相关的新的研究分支，而且这些新的分支近些年迅速发展壮大和成熟，并且得到其他学科和社会各个方面的广泛重视。后面我会具体讲到和哪些性质的学科相结合。第二，在传播学的传统领域当中产生了许多重要的新的研究方向，从而充实和扩大了传统研究的领域，推动了传统领域的发展。比如说，组织传播，可能在座的还没有太多地接触到。组织传播是传播学中非常重要的一个传统学科，但组织传播现在有了许多新的研究方向，比如说，企业文化，一些大的企业怎样更好地进行内部交流和外部交流，这些都属于组织传播，它是一门非常有应用价值的学科。传播学的另外几个传统学科，如人际传播、大众传播等，现在都有了新的研究方向，比如说公共外交等的研究。第三，传播学越来越成为一门被广泛承认和运用的交叉学科，不但受到其他学科的重视，而且已经表现出它对社会的贡献。比如说企业责任，企业怎样体现其社会责任的，这也跟传播学有关。第四，通过不断学习和借鉴其他学科的理论和研究方法，传播学从整体上完善了自身的理论体系、研究范畴和科学研究方法。任何一门学科想要成为一门独立的学科，它必须要有自身的理论体系，同时也要有自己的研究方法。很多人认为从事新闻研究就是把报纸上的东西拿来分析一下，其实不完全是这样，这只是非常小的一部分。传播学的研究，包括对新闻学的研究，要做大量的科学论证，不只是对新闻报道的范本做一些简单的研究比较。

我在美国任教 20 多年，有过不少中国的学生。现在中国学生到国外留学的越来越多，我也带过不少学生。但是他们都存在一个毛病，就是他们去了国外之后，把国内原来的那些思维方法也带到国外去了。其实，就目前来说，尽管国内的研究已经改进很多了，但是，在社会学科的理论研究方面，从理论训练到研究方法上跟国外的研究差距还是挺大的。许多学生因为在国内接受不到国外的研究方法和研究内容，这不怪他们。但是国内学生习惯了国内的研究方法，出去以后写的论文、想的题目等都是习惯性地像原来那样去做。比如，比较《纽约时报》和《人民日报》对同一个事情是怎么报道的，像"钓鱼岛事件"和"中国南海事件"等，学生搜集了很多例证，把许多例证和所谓的差别分别列了出来，最后进行了一些小结。你觉得这样的比较，这样的一篇论文有没有什么问题呢？中国的学生，尤其是学传播学专业的学生，出国以后，一写论文就常常是比较这些东西，或者类似这样的东西。比如说对奥运会的报道进行比较，他就拿一份《环球时报》和《纽约时报》或者《泰晤士报》等来进行比较。你们觉得这样的比较研究站得住脚吗？为什么站不住脚呢？我看有同学要说，请讲。

嘉宾：我觉得，不同国家、不同报纸的文化背景以及意识形态是不同的。对于同样一件事情，如果站在不同国家的核心利益角度来考虑、来进行报道的话应该是有一定区别的，一些国家的官方媒体报道这件事情的出发点、视角以及其他各个方面是有很大不同的。另外，不同国家媒体的体制也有很大差距，所以单纯地对比中国和美国媒体的报道内容有时候得不到一个比较全面的判断和结论。谢谢老师。

洪浚浩： 好，谢谢这位同学。

嘉宾： 老师，您好。我是这么认为的，他们一共才对比了两家的报纸，我不清楚他们是用定性研究还是用定量研究的方法或是两者结合，我也不清楚他们是怎么做的。但首先作为一项研究来讲，他们的样本量过少了。如果继续这样做研究的话，样本不能很好地代表或说明整个情况，还会直接影响结论的客观性。

洪浚浩： 好，谢谢。还有什么想法？其他同学还有什么观点？

嘉宾： 我觉得他们选择研究的媒体不太合适，现在谁还看报纸呀。我想了想，因为现在毕竟那些报纸的受众是有限的，真正在看他们研究的那些报纸的人是很少的，研究出来的结果对现实并没有指导意义，所以这个研究是不必要的。

洪浚浩： 好，谢谢。我先回应一下，我挺喜欢这样的讨论的，这样大家有什么想法都可以说出来。首先，我们不能说他们研究的报纸没有价值，如果说现在报纸没人看，我们也可以研究为什么没人看。但是，实际上，报纸并不是处于这样一种境况，这也是国内不少人的一个误解。在美国，虽然报纸的读者数量在锐减，但是报纸作为主流媒体所起到的作用没有受到太大的影响。报纸所发挥的作用与它的影响力大小是成正比的，而未必与发行数量成正比。以后我可以专门再讲这方面的内容。

我以前跟一位在我那儿访问的学者专门做过一个研究，就是西方的主流媒体如何能成为主流媒体。因为西方的媒体跟中国的媒体不一样，它们有自由竞争。所以，我们就想专门研究这块儿内容。这篇文章后来发表在复旦大学的《新闻大学》上。虽然这些年美国报纸的读者数量锐减，但是并没有影响其作为主流媒体这一种媒介形式。美国的知识分子主要还是受几家大报的影响。美国普通老百姓主要是受电视影响比较大。美国电视的主流媒体地位现在也没有受到太大的影响，虽然美国三大电视网（美国广播公司、全国广播公司、哥伦比亚广播公司）的观众人数也减少了很多，但是其主流媒体的地位没有动摇。那么，观众到哪里去了？很多观众通过互联网、手机观看电视节目，还有相当一部分观众去看 FOX。FOX 虽然现在有很多观众，但是它并没有能够成为 ABC、NBC 和 CBS 那样的主流媒体。所以，回应刚才那位同学的这个说法，不是说因为现在读报纸的人少了，这个研究就没有意义了。

关于刚才那个同学说的，我觉得你考虑的角度挺好的，就是思考是不是研究方法上有问题。但是，我假设他们的研究方法没有问题。其实，研究方法是比较容易训练的，它是一个技术性的东西，像一个程序一样，你跟着它走就是了，最关键的是一个理论思维问题。所以刚才那位同学提到的，我不是说你考虑的问题不对，只是说假设他们的研究方法没有问题，不管它是定量研究还是定性分析，我们都假设它是可行的。而且，做 case study 的时候，不是说一定要研究 20 家报纸才可以，各选一家最具有代表性的报纸也是可以的，但是它们必须具有可比性。那么，从主流性来看，这两家报纸也是具有可比性的，《纽约时报》代表美国的主流媒体，《人民日报》代表中国的主流媒体。

现在回到第一个同学讲的，那么，它们不可比的地方在哪里呢？它们在形式上有许多可比的地方，许多中国学生会认为这两家报纸都是两个国家的第一大报，相对来讲，也都是代表主流的声音。但是研究者忽略了媒体背后那些看不见的不可比的东西。那些看不见的不可比的东西就是这两家报纸后面支撑它们的媒体体系，这是不可比的。所以，忽略了不可比的东西而去比较这两家报纸，那么做出来的研究只有在什么样的情况才是有意义的呢？比如说，比较两家报纸在报道同一件事情上是不是一样。如果比出来的结果是一样的才有意义。因为它们表面是一样的，背后的东西是不一样的，所以就很需要研究。

第四个方面是讲传播理论体系是在不断得到完善的，研究范畴与科学的研究方法也是在不断得到完善的。传播学的新趋势就是从以上这四个方面体现出来的。

《传播学新趋势》这本书就是希望把传播学在这些年的新变化和新发

展系统地、第一手地介绍给中国读者，通过书中各篇文章，向中国的学生、老师，还有政府部门、传播界的人士，全面地、客观地介绍世界传播学在这些年发展变化中呈现的新趋势，并加以深入透彻的评析。概括地说来这本书一共包括三个方面的内容：第一是传播学这些年新出现的重要的分支领域；第二是传播学传统研究领域里面近些年出现的一些重要的新的研究方向；第三是一些迄今尚未向国内系统地、权威地、第一手介绍过的传播学研究的传统领域，虽然它们不是最近出现的新趋势，但是没有在国内被很好地介绍过，我也把这些内容放在这本书里面。这本书的每一个章节都集中地介绍或分析了一个新的传播学的传统分支领域，或是一个传统领域的新方向，或是一个尚未向国内介绍的传播学分支领域。整本书成为一个有机整体，力求体现传播学近些年变化和发展的新趋势、新方向和新议题。

这本书一共有 44 篇文章，由美国、英国、加拿大、德国、澳大利亚、新加坡以及中国大陆、中国台湾、中国香港和中国澳门共 10 个地方的 50 多位传播学者一起合作完成。其中，有已经在世界传播学领域享有盛名的领军型人物，比如说这本书里的第一篇文章就是我们华人传播学者中的顶尖学者写的，也有的是在这些年里上升得很快的学术新星，也集中了一大批在传播学界令人瞩目的中流砥柱。非常有意思的是，这本书完成以后，我看了一下，发现比较年轻的学者研究的都是比较新的东西，资历比较深的、已经成名的学者研究的都是比较传统的内容。但是研究的传统的内容中也有新的东西，这本身也反映了传播学这 20 年来的变化与发展。比如说，我 20 多年前出国留学接触传播学的时候学的比较新的东西，现在看来已经成了比较传统的东西了。我 90 年代初的时候是在研究国际传播与国际政治，这方面的研究在当时刚刚兴起，但是在这几年就已成为很热门的研究了。在我之后，其他学者研究的内容比我更新一点，比如说，研究公共外交、健康传播等。但比我更早进入传播学研究领域的学者研究的东西又比较传统一点。所以，这本书里很好地体现了三代传播学者研究的领域。从这里面可以看出传播学自身的发展状况。

　　这 44 篇文章分为五个部分。第一部分有 9 篇文章，主要介绍传播学理论研究的一些新动向和传播学领域中近些年来出现的一些日益受到重视的新的宏观性议题。这部分可以就传播学的新趋势到底体现在哪些方面给大家做一个全面的介绍。这几篇文章看下来，大家对传播学的新趋势就会有一些初步的印象。其中包括由中国香港城市大学媒体与传播系讲座教授李金铨撰写的《关于传播学领域的新思考》，这篇文章主要分析了美国早期媒介研究两个学术范式的兴衰轨迹。大家知道，传播学主要是在美国发展起来的。这篇文章可以比较好地向大家介绍主流传播研究发展的趋势。同时，这篇文章特别强调传播学的研究要把本土经验与全球理论结合起来，希望在座的同学中以后可以出一批这样的人才，在把本土经验与全球理论结合方面做出一些贡献。

　　第二篇文章是由联合国教科文组织任命的美国马萨诸塞州立大学传播与可持续社会发展研究中心主席扬·塞万斯教授和另外一位学者合写的，文章叫《发展与社会变革传播学》。这篇文章主要是讲传播在社会发展中的作用，从基本理论、具体政策制定和实施层面等不同角度对发展及社会变革传播这个新领域作了论述。

　　第三篇文章是由美国天普大学媒体与传播学院托马斯·杰格伯森教授等撰写的《传播与公共领域研究》。公共领域（Public Sphere）是一个比较新的非常时髦的词，是由德国哲学家哈贝马斯提出的概念。公共领域这个概念是什么意思呢？学者指出哪怕在西方社会，像美国、德国、英国这些西方民主社会中，公众的利益还是不能得到完全的体现，因为社会的一大部分被商业集团的利益所驱使，另一大部分被政治集团的利益所驱使，而公众的利益则受到了挤压。所以那些学者们提出，在这样的社会中，即在西方民主社会中，也要有一个为公众服务的领域，即公共领域。那么，传播与公共领域之间是怎样的关系呢？这篇文章就是针对传播与公共领域进行的研究，主要介绍了公共领域的标准定义以及这些定义产生的历史背景和研究公共领域的主要方法。所以，这篇文章是非常重要的，这些理论是不会过时的。现在我们讲传播学的发展是没有国界的，它是人类社会的一部分，只是有些社会走在前面一点而已，因此这些理论的东西还是很有参考价值的。

中国华侨大学文学院王琰教授和我合写了《传播与软实力研究》这篇文章。大家知道，提升中国的软实力是目前中国的一项国家政策。我们中国目前主要是从文化的角度来提升国家软实力的。不同的国家是通过不同的做法来提升它们的软实力的，比如，简单地讲，美国是通过传播政治理念来提升它们的软实力的。日本主要是通过丰田汽车等日本的产品品牌来提升它们的软实力。韩国基本上走的是日本的道路。西方一些国家走的是美国的道路，包括加拿大、澳大利亚等，但是其政治理念又跟美国的政治理念不一样，它们坚持的是和平发展的政治理念，美国则是自由民主的政治理念，它们都是利用政治理念这样的东西来提升其软实力的。中国现在的国策是通过文化来首先提升文化软实力，继而达到逐步提升国家软实力的目标。我们这篇文章主要是研究传播与软实力方面的内容，即中国如何通过传播来促进国家软实力的提升。

美国佐治亚州立大学传播系李红梅教授和美国亚拉巴马大学传播系汤潞教授联合撰写的《传播与公共外交研究》，主要是讲公共外交的发展与传播之间的关系。还有中国台湾中山大学行销传播管理研究所王绍蓉教授写的《对外媒体研究的理论发展》，这篇文章是跟我一起写的，她是我的学生，现在回台湾做了教授，主要是研究对外媒体的。对外媒体的定义是专门对外进行宣传的媒体。大家都知道，现在中国也特别强调对外媒体，也在大力地发展对外媒体。实际上，世界上比较强大的国家都有对外媒体。第一部分还有美国和其他一些国家的教授写的一些东西，包括我写的一篇《国际传播研究的新重点》，主要研究国际传播与国际政治。国际传播与国际政治在大概 15～20 年的时间里经历了很大的变化，它的研究重点出现了三个新的变化，具体哪三个新的变化在这篇文章里有很详细的论述。以上这些文章从不同的角度分析了公共外交与大众传播、文化外交、国家品牌、公共关系、软实力等的关系，并阐述了这些研究存在的问题、争议以及未来的走向。

除了以上这些文章，第一部分还包括英国威斯敏斯特大学国际传播学院达亚·萨苏教授写的《全球传媒产品流通研究》和德国德累斯顿国际大学迈克尔·亨勒教授写的《国际商务传播研究》，这些文章的内容都比较新，分别考察了当下关联度越来越大的数字媒体世界中的全球信息流动及其逆流性问题。所谓逆流性问题，实际上是指现在世界信息和文化产品的流通不仅仅是单纯地从第一世界流向第三世界，常常有一些产品是从第三世界流向第一世界。还有一篇文章则从文化维度阐述了国际商务传播是如何影响组织结构和冲突反应方式的。

第二部分由14篇文章组成，主要是介绍和评析传播学领域里近些年出现的一些重要的新的分支领域，其中包括由著名的媒介批评创始人、美国旧金山州立大学广播与电子传播艺术系荣誉退休教授亚瑟·伯格撰写的《媒介批评研究》。媒介批评这几年在国内也发展起来了，比较有代表性的如清华大学的王君超教授，他在这方面做了很多研究，写了很多文章。另外，广州的暨南大学在这方面做得也不错。

这一部分还有中国香港中文大学新闻传播学院罗文辉教授撰写的《新闻伦理研究》。新闻伦理问题在国内是一个迫切需要解决的问题。说得理论一点，就是新闻专业主义到底应该怎样培养；说得通俗一点，就是新闻人应该怎样保持他们的道德操守。现在，一些媒体人做的事情不少是违背道德操守的，这些问题是非常值得研究的。我们不能说西方的媒体人都是道德操守很好的，但是他们绝大部分还是很好的，因为他们的准则放在那里。如果被发现违背准则了，会把他们开除。另外，制定了很多媒体相关法律。而这在中国是相当缺失的一个部分。

美国加利福尼亚州立大学吴国华教授写了《危机传播研究》。危机传播现在是非常热门的研究，危机传播本身也是非常新的一个领域。危机传播有两个含义，一是在发生危机的时候如何进行传播；还有一个实际上是危机管理，即在危机发生的时候，如何通过传播、管理来消除这个危机。

另外，中国台湾中正大学传播系林淑芳教授撰写的《传播心理研究》，也是传播学领域比较新的东西。新加坡国立大学传播与新媒介系张丽元教授写的《健康传播研究》，也是现在非常热门的研究。还有由美国亚拉巴马大学传播系汤潞教授和美国佐治亚州立大学传播系李红梅教授联合撰写的《传播与企业社会责任研究》，都涉足非常新的研究领域。这5篇文章详细地介绍了这5个研究领域的范围与定义，讨论了这几个领域的最新研究走向、主要理论、重要研究结果与常用的研究方法，并对未来研究的重点提出了建议。

另外还有几个领域，包括"修辞传播学"研究，以前在国内不是很重视，现在慢慢开始重视起来了，就是如何在传播当中更好地、更准确地表述自己。其中还包括澳大利亚皇家墨尔本理工大学黄成炬教授写的《传播社会学》以及由中国澳门科技大学人文艺术学院章戈浩教授写的《媒体人类学》。这几篇文章主要介绍了三个与其他学科交叉的传播学新领域的理论框架、内涵和外延。这些文章反映了传播学和其他学科的不断融合，也显示了传播学朝交叉学科发展的趋势。

这一部分还有由中国台湾政治大学刘幼琍教授写的《电讯传播政策研究》。另外，《媒体法规比较研究》是我和另外一位学者合写的。这两篇文章对媒体政策和法规的研究与发展趋势做了探讨，并对它们的基本原则和管理模式等做了评析。

这本书里还有几篇非常新的传播学领域的研究，包括李沛然教授等撰写的《女性主义对传播研究的影响》。西方对女性研究非常重视，但在中国还没有把它着重列出来。这篇《女性主义对传播研究的影响》就是探讨女性和传播之间的关系。中国香港中文大学新闻与传播学院梁永炽教授等写的《新媒体与青少年研究》，是作为一个专门的研究领域。还有中国台湾政治大学传播学院臧国仁和蔡琰两位教授联合撰写的《老人传播研究》。这几篇文章分别研究了妇女、青年、老人三个阶层与传播之间的关系，分别介绍了这些年来迅速发展的从性别和年龄的角度研究传播学的几个重要的新领域，归纳了这些领域常见的研究主题、运用的理论和代表性学者，同时对目前的研究状况、不足做了介绍，并对未来的研究思路提出了建议。

从总体上说，第一部分主要是比较宏观的内容，第二部分是一些新的研究领域。第三部分一共有 8 篇文章，主要是对传播学一些传统的研究领域里近年来出现的新的研究方向的介绍和评述。这里面包括中国香港浸会大学赵心树和陈凌教授、中国香港中文大学苏钥机教授、中国烟台大学齐爱军教授、美国罗德岛大学传播系陈国明教授、美国杰普曼大学传播系贾文川教授、美国萨凡纳艺术设计学院田德新教授、中国香港中文大学冯应谦教授以及中国香港浸会大学李玉月莲教授的文章。这些教授分别就政治传播、组织传播、新闻学研究、西方主流媒体研究、跨文化传播、人际传播、流行文化研究和媒介素养研究的新观点、新内容和新方向做了介绍和评析。大家可以看到，这些都是比较传统的东西，但这里面出现了很多新的研究方向。政治传播在西方是一个比较古老的研究领域，近几年这方面的研究在中国发展得也相当得快。组织传播，我前面已经提到过了，还有西方主流媒体的研究等。文化传播、人际传播、流行文化研究等也都是比较传统的研究领域，这些年都出现了新的研究方向。这是第三部分。

第四部分也由 8 篇文章组成。第四部分非常有特点，它主要介绍和评析新媒体和各种网络传播的新方向、新议题，主要侧重于新媒体对社会的影响。你们可能知道，此次中国传媒领袖大讲堂中间还穿插了一些论坛和会议，其中一个就是"新媒体与社会"全球论坛。所以，新媒体对社会的影响是各个国家都在关注的。第四部分主要侧重这一方面的研究，包括由美国布法罗纽约州立大学传播系迈克尔·斯坦凡罗教授写的《社会化媒体研究》。所谓社会化媒体，国内翻译为社交媒体、社会媒体或是自媒体等，在英文里就是"Social Media"。"Social Media"翻译成中文既可以指社交媒体，也可以指那些社会化的、面对社会的类似大众媒介、大众传媒这样的媒体。其实"Social Media"在不同的社会中它的主要功能不完全一样。为了避免区别，我故意用英文"Social Media"。大家知道，它主要是指微博、微信这些东西，既可以是社交媒体，也可以作为社会化媒体，目前微博、微信在中国主要是社交媒体还是社会化媒体，可能每个人的回答都不一样，可能大部分人把它作为社交媒体，就是"Social

Interaction"。但也有人使用"Social Media"的，主要是把它当作一种自己的媒体来使用的，主要用来跟这个社会进行交流，而不是跟朋友之间进行交流。这之间的区别就是，社交媒体主要是跟认识的人、朋友或者其他个人之间的一种交流方式，而社会化媒体主要是面对社会来进行交流的，它面对的对象是整个社会，使用的目的是想对这个社会产生一定的作用。刚才我听到，在中国，大部分人认为"Social Media"是社交媒体。但是这个问题，每个人的回答不一样，每个时期的回答可能也不一样。可能两年前很多人认为"Social Media"是社会化媒体。那个时候，很多人用它去看新闻、发新闻、转新闻，那时候它主要是社会化媒体。但现在很多人用来在圈子里发微信，群里面交流或者朋友之间联系，那可能主要就成了社交媒体。

"Social Media"有两个主要功能，在什么时候主要体现的是哪一种功能呢？这取决于一个社会的体制以及所处的发展阶段。可以用一个理论公式去分析"Social Media"在什么国家、什么时候它的主要功能是什么。"Social Media"在一些阿拉伯国家造成了"茉莉花革命"，造成了"阿拉伯之春"，因为那时它是一个强大的社会化媒体。但它在一些比较稳定、比较成熟的国家，可能就是一个社交媒体。那么在美国，"Social Media"主要是社交媒体还是社会化媒体呢？应该说主要还是社交媒体。为什么"Social Media"在美国没有也不可能成为社会化媒体呢？其中一个原因就是老百姓不需要把"Social Media"当作一个社会化媒体来使用，因为他们已经有丰富的媒体信息来源，不像在其他一些国家，公众需要依靠"Social Media"来获得一些从其他渠道不可能获得的信息。所以，"Social Media"在一个国家的主要功能可以通过这个公式来判断。

第四部分除了迈克尔·斯坦凡罗教授写的《社会化媒体研究》外，还有新加坡南洋理工大学郝晓鸣教授写的《互联网研究的演变与展望》。我希望大家到时候可以好好阅读一下这篇文章。我到国内很多大学去讲学的时候，也参加过一些学校的答辩，看到很多学生都在写关于互联网这方面的内容。我觉得这篇文章可以给大家带来一些启发。另外，还有新加坡国立大学张玮玉教授写的《新科技对政治传播的影响》，也就是新媒体对政治传播的影响，这也是一篇很重要的文章。此外，这一部分还有美国宾夕法尼亚州立大学钟布教授写的《新媒体时代的网络新闻研究》。这些研究都集中在新媒体领域。另外，还有加拿大卡尔顿大学一名学者写的《网络传媒经济研究》。传媒经济也是一个热门的研究内容，那么网络传媒经济这方面的研究怎么样呢？还有中国香港中文大学黄懿慧教授写的《网络公关研究》和美国加州大学吴国华教授写的《网络广告研究》，这些都是从网络的角度来研究传媒的。这几篇都是与实际联系很紧密的研究，包括公关、网络、传媒经济、网络新闻等。这些文章系统地介绍了这些年来有关新媒体和网络的重要研究领域，阐述了新媒体和网络对这些领域的影响。

最后，第五部分的 5 篇文章都是关于研究方法问题的。量化研究在西方传播学研究中用得比较多，但是大家不要产生误解，不是所有的研究都要量化，研究方法不止这一种。你们也不要产生错觉，认为只要做传播学研究，就一定要进行量化。我在国外带研究生的时候，特别是带中国的研究生，他们就问我该怎么办，是不是一定要用量化的方法做传播学研究。我说，这不一定，主要看你是做什么方面和内容的研究，就是传播学领域里面你具体是做哪方面的研究。不要不管三七二十一都用量化研究方法，有些研究是不适合用量化研究方法的。比如说宏观理论的东西就不适合量化。有些重要的研究课题也不是量化可以做的，但是可以通过量化来提供科学的依据。

第五部分的 5 篇文章主要是介绍和评析一些新的传播学研究方法或者关于传播学研究方法的新的议题。第一篇是由传播学界社会网络分析法权威之一、美国加州大学戴维斯分校传播系乔治·巴内特教授撰写的《社会网络分析法在传播学中的应用》。你们都很年轻，如果今后要读研究生或者在学术上不断发展的话，一定要很好地掌握至少一种研究方法，同时还要通晓其他一些研究方法，但至少有一种你需要掌握得很好。乔治·巴内特教授的这个社会网络分析法，不是"Social Media"，而是"Social

Network Analysis"。这篇文章详细介绍了国内还了解不多的基于系统元素之间的关键模式来确定系统结构的这一研究方法，并且探讨了社会网络分析法的一些优势、弊端和发展趋势。这个研究方法现在对你们来说可能稍微深了一点，但是如果想读研究生的话，这是比较有用的东西。

另外还有美国亚拉巴马大学周树华教授写的《心理生理学研究方法在传播学中的运用》，把心理生理学中的一些实验方法引进传播学的研究中来。这篇文章介绍了这一新的研究方法的原理、理论、测量手段、应用性案例和这个研究方法在将来传播学中的运用。美国威斯康星大学陈昊教授撰写了《伽利略定量研究系统的发展与运用》，用了另外一种研究方法，是用意大利一位天文学家的名字命名的。这篇文章向国内读者介绍了一种新的传播学定量研究方法，就是通过让受访者对调查研究现象的主概念进行配对比较来收集数据，然后运用多维测量的计算方法得出主概念相互之间的空间关系。这些都是稍微深一点的定量研究方法，这在国内是第一次介绍。

另外，这部分还有中国澳门大学陈怀林教授写的《媒体框架分析法的变化趋向》。在国内，很多学者的研究都是运用第五部分的"Frame Analysis"（框架分析法）。这篇文章主要对框架理论进行了探讨，对传播学研究中这一常用但是又充满争议的研究方法，从定义使用、方法执行到提升理论性等方面分别作了介绍、梳理和分析。

最后一篇文章是由中国香港浸会大学赵心树教授写的《传播定量研究的新议题》，主要介绍了三项传播学定量研究方法的新进展和新议题，包括可复度的计算、中介效应的分析以及效果的测量，并对传播学定量研究的一些新议题作了探讨和评析。这些大家听起来可能还比较生疏。这些文章写得都比较深，但是提出了一些新的想法。

总体上，我个人觉得这五个部分可以比较完整地反映出传播学发展的新的趋势。我相信你们都可以在这本书里面找到跟自己有关或者将来可能有关的一些研究内容，尤其是对将来要读研究生的同学来说，这本书可以帮你们开拓一些思路，选择一些你们感兴趣的、有潜力的领域来锁定自己今后的研究方向。

我刚才用了一个半小时，结合这本书的情况，把传播学发展的新趋势给大家做了一个比较简略的介绍。我的演讲就到这里。下面有一些时间可以进行交流。你们可以提跟这方面有关的问题，也可以提跟这个不直接有关的但是你们感兴趣的问题，我尽我的力量来回答。好，谢谢大家！

嘉宾：今天上午赵月枝老师从批判的视角认为在某些方面我们对一些传统文化的认识和理解存在偏颇。我想问：怎样在多元社会里寻找一个相对正确的客观的主流价值观，因为我们未来从事媒体行业需要我们形成正确的价值观，如果我们自己都没有认识到所要认识的问题，那又怎么能正确地引导别人呢？

洪浚浩：我跟赵老师挺熟的，但我们的学术派别不一样。她是批判学派的。有一些学者是从事批判研究的，中国批判学派的学者不是很多。这里顺便要提出一下，批判学派与用批判的视角做研究不是同一回事。美国的绝大部分学者都是用批判的视角做研究的，但他们不是批判学派。属批判学派的学者只是很少一些人。但是批判学派主要批判的东西还不是你刚刚讲到的这些，他们批判的主要是比较宏观的东西，比如制度问题、理念问题、传播权力问题等。比如说他们认为发展软实力是不对的，这是一个霸权主义问题。一个国家要提升它的软实力，这是针对其他国家而言的。因此从本质上讲也是一种霸权。学术研究之间应该是相互交流、互通的，不同流派思想进行交流以后可以擦出火花，擦出火花才可以得到进一步的发展。比如方法派就特别强调量化。我这里不是说哪个学派好，哪个学派不好，我不做价值判断。我只是告诉你们，有些学派特别强调方法，不是通过实验得出的东西，他们就认为毫无价值。有些学派特别强调批判，一定要有否定的东西。有些是独立学派，美国大部分学者都是实事求是地去分析问题。所以，学界有各种各样的学派，大家的侧重点不一样，但是目的都是一样的，那就是去寻求真理，看看事实到底是什么样子的。社会科学研究主要有三个目的：一个就是去挖 "what happened"，简单地说，就是了解发生了什么事情。第二个就是去弄清楚 "why did it happen in that way"，亦即为什么是这样发生的，而不是那样发生的。第一个是要找出这个世界在这个方面发生了什么事情，第二个是弄清楚为什么它是这样发生而不是那样发生的，是发生在这个地方而不是那个地方，为什么会导致这样的结果或是那样的结果。但是，仅仅从事这两个方面的研究还不够，第三个是最重要的，英文里叫"so what"，就是它发生了，原因也找出来了，那么这到底说明了什么，就是它的意义所在。简单来说，就这三个目的，你把它记住了，今后你做任何学问，从事任何一门科学研究，研究一个现象，主要就是这三条：什么发生了，它为什么这样发生，它发生的意义是什么。不管是批判学派也好，方法派也好，可能研究的路径不完全一样，但是目的是一样的。所以这样回到你提的问题：要在复杂的社会中确立自己的价值观，我觉得这没有一个公式，只是得有一个寻求真理的诉求。你抱着这样的目的，不断努力，你就会有自己正确的价值观。

嘉宾： 老师，您刚才提到，现在国内的传播学研究跟国外还是有很大的差距的，我们应该在哪些方面努力来缩小差距？

洪浚浩： 学科本身是不断发展的。我认为我们学传播的是比较幸运的，它不像其他一些社会学科在萎缩，几乎没有新的东西。传播学不断有新的东西出来，这是个好事，不用因为东西那么多而一筹莫展。你看看，刚才讲的，那么多新的东西出来了。一些年轻的学者都做得很好的，如公共外交、健康传播、企业责任等，他们也不断地在跟上新的形势。你现在去读研究生有一个好处就是在这么多新的东西中，你可以先好好地浏览一下，然后选几个自己比较感兴趣的领域。做学问要有一种"咬住青山不放松"的精神，不能东拿一点，西拿一点，那是不行的。要有系统的训练，一步一步地走下去，只要坚持，就会有收获。

嘉宾： 老师，我想问：您刚才讲定量研究不是唯一的方法，那作为学生而言，在没有数据的情况下，我们该怎么把定性研究做好？谢谢老师。

洪浚浩： 我刚才没有讲得特别清楚，有些定量方法，比如心理生理学研究，现在国内绝大多数高校还没条件做，不是光指你，很多大学都没有条件做。以前华中科技大学有个教授跟我做访问学者，她当时就想来学一种新的研究方法，但是到美国看了以后觉得很难把它移植回去。因为这个不是光造一个实验室就可以的，还需要把一整套的人员一点点地培养起来。这已经不仅仅是一般的量化研究了，它还包括各种实验研究。比如说，美国麻省理工学院有一个专门做媒体影响研究的实验室。我们总是说媒体可以影响我们，那么，媒体到底是怎么影响人和社会的？你要把它精确地研究出来就需要做实验，而不是分析一下，填几个数据就可以了。数据，最多只能表明你每天看了几个小时报纸等，这都是太肤浅的东西，测不出真正的影响。所以，要测出真正的影响是要通过做实验来进行研究的。我去过国内很多学校作交流，大概将近 100 所大学，凡是比较成规模的传播学院我都去过。目前来看，中国很多学校还没有达到这些条件。所以，这不是你个人的问题，你不用感到 depressed。这是第一点我要重申的。

第二点我也重申一下，不要以为做定性分析是很没意义的一件事。现在我们可能会觉得我们做的不是定量分析的话就是定性分析了。其实定性分析是需要有定性分析的一套规范的训练的。在国内，真正做定性分析做得很好的，在我看来还不是很多。所以，在国内，现在都是用了一点定量分析，也用了一点定性分析，绝大部分还不是很规范，因为还没有真正的很规范的研究方法。同时，也不要以为做定量分析就要很多数据。这是大部分人做不到的，就是在国外也需要拿到很大一笔研究经费才可以去做。在一般的情况下，要因地制宜，也就是量化的研究范围、样本是可大可小的。是不是样本越大，做出来的东西就越准呢？有可能，but not necessary。最关键的是方法是否科学。比如说，量化分析美国做得已经非常科学了，所以他们在每次总统选举时，测试谁最有可能当总统的时候，调查的样本只需要 1000 多个就行了，因为它的样本选得非常准。不是说要调查 30 万人得出的结果就准，这个不一定，如果你的方法不是很准确的话，你调查 100 万人得出的结果也不一定准确。而美国学者只要 1000 多个样本，误差控制在 3% 之内，他们基本上就可以测出谁得票数更多，可以当选。

我个人曾在美国六大民意调查机构之一工作过 3 年。我读博士的时候，就是一边写论文，一边在那里工作，我对此非常了解。那里所有的问卷都是由 20 多位专家将每个问题逐字逐句地反复推敲后定的结果。这样做的目的是什么呢？就是确保这个问题被问出去以后不会产生歧义。比如说同样一个问题，100 个人来读，其中 99 个人可能会有不同的理解，这样得出来的结论是不可能准确的。你问同一个问题，100 人中有 95 人都是这样想问题的，这基本行，这叫 5% 的误差，要是有 98 人都是这样想问题，不管他怎样回答，但他是这样理解问题的，那才是准确的。你们明白这个意思吧。我当时在那个机构里做什么工作呢？那个民意调查中心有几十个严格挑选出来的用电话进行访问的人，就是用计算机辅助的电话调查。我是坐在调查人看不见的地方负责监听的，只要发现问问题的人中有人的腔调或声调不对，那么这份调查问卷就会被作废。这样才能确保所有的调查是不带偏向的。调查者不能一开始就去套近乎什么的以求完成这个问卷，或者态度不好，这都不行。发现这些情况，这份问卷就 pass 掉了，就不要了，然后再补另一份样本。这些要求都是非常严格的。在这样的情况下才能保证电话调查的质量，但一般研究单位很难做到。刚刚讲的都是全国性的问卷调查，但也不是说你就不能做这一类的研究。

现在很多人做个案调查。个案调查有它的局限性。个案很难把它上升到带有普遍意义的高度，所以你一定要写明这是一个个案，个案只能在一定程度上反映问题。做学问不是你没有这个条件就不能做了，只是说一点点来。国外也是这样的，助理教授、副教授做的东西小一点，到了正教授、名教授才可以做得大一点。反正你们都年轻，一步一步来。

提升中国传媒国际竞争力的路径与策略

时　　间：2014 年 7 月 10 日
地　　点：上海交通大学闵行校区光彪楼 1 楼多功能厅
主讲人：李本乾

李本乾

　　李本乾，上海交通大学媒体与设计学院院长、教授、博士生导师；传播学博士、管理学博士后。国家社科重大项目首席专家，教育部"全国卓越新闻传播人才教育培养指导委员会"委员，上海市社会科学创新研究基地——上海文化创意产业发展战略研究中心主任。获上海交通大学"校长奖"、教育部科学研究优秀成果奖（人文社科）、国务院学位委员会和教育部"全国百篇优秀博士论文"提名奖。

李本乾：各位同学，上午好。非常荣幸，今天能有这样一个跟大家交流的机会。我今天演讲的题目是《提升中国传媒国际竞争力的路径与策略》。中国传媒领袖大讲堂已经办成了一个品牌，来这里学习的同学也是全国各个高校非常优秀的学生。我觉得这样一个优秀的群体既要脚踏实地，又要仰望星空。之前很多传媒业界领袖为大家带来了精彩的讲座，多是侧重于具体的传媒实务或业界动态。今天我给大家讲的内容，是希望能够引发大家对整个传媒行业的宏观形势和未来发展趋势的思考。我讲的内容有些涉及管理学或数理统计方面的问题，同学们要马上理解这些问题可能会稍有困难。只要大家知道在传播学里可以用这些方法进行研究即可，感兴趣的同学可以继续深入学习。

随着经济的发展，中国已经成为世界第二大经济体。有些研究机构按照购买力的口径计算，甚至认为中国已经是世界第一大经济体。但是在经济迅速发展的背景下，我们国家的文化、传媒的影响力远远跟不上国家整体经济实力的发展。下面我就怎样提升中国传媒的国际竞争力，进而从整体上提升中国文化的国际传播能力发表一些看法。我主要从三个部分来阐述我的观点：第一部分，目前中国传媒所处的战略环境；第二部分，我先讲中国传媒与国际传媒之间的差距，然后给大家介绍一些我们课题组的研究成果；第三部分，怎样提升中国传媒的竞争力。我们不能认为我们国家的传媒竞争力比不上别国与我们自身没有任何关系，其实，中国传媒的竞争力的提升和我们在座的同学、老师都是息息相关的。所以，我希望同学们一定要想办法、出主意，思考怎样提升中国传媒的竞争力和中国文化的竞争力。

首先，简单介绍一下中国传媒所处的战略环境，主要讲两点：第一点，全球数字技术浪潮带来的冲击；第二点，西方传媒对中国传媒造成的竞争压力。

数字技术浪潮带来的冲击是全球传媒所面临的共同问题，为世界传播业带来了新的挑战。在数字化浪潮的冲击下，传统媒体的广告额下跌得很厉害。

如果说报纸、出版业出现的问题是全世界媒体所面临的共同问题，那么接下来要讲的应该是中国所特有的问题，即中国传媒受到西方传媒带来的巨大的竞争压力。我们看一下，2012年中国电影票房收入已经达到很高的水平。但问题是，在这么高的票房收入里，过亿的影片我们只占到将近一半，另外的半壁江山都是被美国、韩国、日本等影片所占据，也就是说在票房过亿的影片中外国影票几乎占了中国电影市场的一半。一般流行的节目方面，问题可能更严重。从这一点上来看，中国传媒业正面临着双重压力，既有数字化造成的全球传媒共同面临的压力，又有西方传媒业发达国家对发展中国家的文化传播，特别是对中国文化传播造成的巨大压力。这是中国传媒目前面临的两方面严峻的挑战。

在这样的环境下，中国传媒在国际上的竞争力究竟处于怎样的水平？为了让大家对中国传媒的国际竞争力有所了解，我们先来了解一下中国整体的国际竞争力。国际上将各个国家的竞争力发展分为三个阶段：第一个发展阶段是要素驱动，第二个发展阶段是效率驱动，第三个发展阶段是创新驱动，目前我们国家正在进入第二个发展阶段。中国的竞争力水平比处于同一阶段的其他发展中国家的平均竞争力水平要高。中国提高国家竞争力具有以下几点优势：一是中国的市场空间非常大，这是中国现在提高国家竞争力最大的优势；二是中国整体经济环境较好；三是中国劳动者的平均教育水平较高。当然，中国的教育水平与世界发达国家的教育水平相比还有很大的差距，但是我认为一味对于中国教育持批评的态度也不全面，改革开放30多年来整个中国经济的飞速发展和所创造出来的巨大财富大部分还是依靠中国教育培养的劳动者。

下面讲一下中国传媒国际竞争力评价体系。这里我要特别强调一下，国际竞争力评价这一部分是我的一位博士生的博士论文成果，我已经注明，同学们如果要引用相关内容写报告的话，也请注明。这篇文章已经收录在我主编的《中国传媒国际竞争力研究报告》里，大家如果想更详细地了解，可以看这本书。要评价一个产业的竞争力，我们必须构建一个评价模型。中国传媒国际竞争力评价模型把国际竞争力分为三部分：第一部分是外显竞争力，第二部分是基础竞争力，第三部分是创新竞争力。声明一下，这一评价模型的建构是以电影产业为主，没有包含电视、报纸以及其他一些产业。我们的整个评价体系就是按照这三个一级指标、这三个大模块来做的。确立指标以后，我们把收集到的原始数据代入计算公式进行处理，最后得到电影产业国际竞争力的指标值（FRC）。因为这里牵涉很多数据统计的知识，一节课没法全部讲到，在此就只把最后的结果跟大家分享一下。我们通过三大维度几十个指标的计算，对40多个国家电影产业的竞争力进行了综合评价。当然，全世界有200多个国家和地区，但是像非洲一些国家的电影产业几乎是空白，所以这里的数据收集对象主要是那些在世界电影产业中发展得比较好的国家。我们的研究并不仅仅是想了解中国电影产业在世界电影产业中所占据的位置，主要是希望通过这一评价体系找出中国电影产业在哪些地方有优势，哪些地方有劣势，更重要的是找出中国电影产业今后的发展方向。最后得出的结果显示，中国电影产业的国际竞争力得分是37.27分，排在第18名。排位后，再用统计方法进行聚类分析，把前面40个国家分成五大阵营，结果显示，中国排在第二大阵营的最后一名。总体来说，这一研究结果跟实际情况还是比较相符的。中国电影现在已经发展起来了，有了一定的基础，但是相较于世界电影强国，中国的电影产业发展还比较落后。

前面讲到一级指标有三个大类，每个大类里还有九个子类（即二级指标），二级指标下面又分三级指标，我主要把二级指标的划分给大家介绍一下。二级指标分为产品要素、国际贸易、产业资源、产业需求、产业关联、生产能力、产业政策、科技创新、文化创新等九类。我们具体来看这些指标下各个阵营的得分情况。在产品要素上，第二大阵营的平均得分是 2.59 分，而第一大阵营的平均得分只有 2.25 分。也就是说，虽然我们处于第二大阵营，但是我们在产品要素上不亚于第一阵营，这是我们的优势。而在国际贸易上，我们则和第一阵营有明显的差距。接下来我们要思考的问题就是中国电影产业在第二大阵营里有哪些优势和不足之处，进一步思考相比三、四、五大阵营我们的优势体现在什么地方，我们还要看到跟第一大阵营相比中国电影产业发展的劣势又在什么地方。只有弄清楚这些问题，我们在国际市场竞争中才能扬长避短，才能提升我们国家电影产业的竞争力。

今天，我们的主要使命就是要把中国的传媒产业发展起来，提升上去。为了做到这一点，我把我整个研究里面有关中国的九个二级指标专门拿出来，跟亚洲同类型国家和世界电影强国——美国进行一些比较。首先看一下产品要素。中国电影产业在产品要素方面的得分比 40 个国家的平均值要高，甚至比日本、韩国的得分都要高，但与美国比较的话，相对来说较低。提升传媒的国际竞争力不是说只靠一个指标的提升就能实现的，最好是所有的指标都能提升起来，这样中国电影产业的整体实力才能提升起来。那么，同学们先来看一下产品要素，敞开思路想想怎样从产品要素方面提升国家电影行业的竞争力，利用哪些资源、采取哪些措施才能把产品要素的竞争优势发挥出来。如何才能提升产品要素方面的竞争力？谁来讲一下？

嘉宾：老师，我有个疑惑，想向您提一个问题。产品要素主要包含哪些内容？因为产品要素是一个非常大的概念，可能是指产品的数量，也可能包含产品的质量。比如就电影产业来说，产品要素可能包含每年电影产品的数量、电影获奖的情况，也可能包含票房情况。您这里提出的产品要素是如何界定的呢？因为我看到中国电影产业在产品要素方面的得分甚至比韩国等国家都要高，对这一概念有点疑惑，想具体了解一下。

李本乾： 这位同学提的问题比较好，因为他抓住了实证研究的关键。在实证研究里，往往存在这样一个问题，我在谈竞争力，张三、李四也都在谈竞争力，但是这里有一个问题，由于各自的指标体系不一样，你谈的竞争力和我谈的竞争力是风马牛不相及的两回事。所以你的竞争力是由哪些指标构成的，这是最重要的，也是首先要弄清楚的，另外各项指标的权重也非常重要。如果我在这里更改指标构成或权重，可能美国的得分会高起来，中国的得分又低下来，或者中国的得分高起来，美国的得分低下去。随着指标体系的不同，获得的评价结果都可能会随之发生变化。我今天讲的中国电影产业的国际竞争力是在我的指标体系之下获得的结果。产品要素包含以下几个方面：第一，国产影片所占的比例；第二，国产电影的产量；第三，国际合拍电影的数量；第四，本国发行商的数量；第五，三大放映公司所占市场份额。我这里界定的产品要素主要包括这些方面。还存在一个问题，电影产业的比例和电影产业的产量这两个量没办法进行加减乘除，所以在统计上要进行一些量化处理，最后得出最终的评价结果。

中国电影产业在产品要素方面的得分比日本和韩国都高，甚至快接近美国的得分，但实际上，我们跟美国电影产业在世界上的地位相差很大，这里涉及数量性指标评价存在的问题。以中国的电视剧市场为例，可能观众都不喜欢看中国的电视剧，但是中国电视剧的产量排名全球第一，如果把这个数量性指标加进来，那么在产品要素方面的得分马上就上去了。另外牵涉一个问题：在国际竞争力评价体系里面，数量性指标到底应该占有多大的权重？这就牵涉研究者怎样选择研究策略的问题以及不同策略下获得的结果的有效性和解释的有效性问题。现在大家对这项研究的指标应该清楚了吧？

嘉宾： 请问您制定的竞争力指标是如何得来的？您研究的是电影产业，如果我们去研究演艺产业，那么这个评价指标应该如何设定才比较合理？

李本乾：这位同学问的问题又是一个在进行实证研究的过程中很关键的问题。在进行实证研究时往往要设置一些指标，这些指标并不是拍脑袋想出来的，喜欢这几个指标就用这几个指标，喜欢另外几个指标就用另外几个指标，随便凑起来最后得出结论。并不是这样，我们在研究之前，必须对前人的国际竞争力指标理论进行研究分析，在分析别人指标体系的优点和缺点的基础之上，根据研究者自身的学术判断，取其精华、去其糟粕，对别人遗漏的指标进行补充。在对前人的研究进行梳理的基础上，形成研究者自己的判断，然后构架出较为合理的指标体系。这个指标体系在管理学的实证研究里面叫作"概念模型"。我使用的这个概念模型通过隐性的、显性的、基础的这三大指标全面衡量电影产业的竞争力。有的同学可能会认为，应该把其中两个指标合并，因为它们讲的是一回事儿，可以只定两个维度来评价。还有的同学可能会认为，这个指标体系并不全面，还应该把效果指标放到里面进行评价，因为同一个电影看或不看的效果是不一样的，这样就应该制定一个包含了四大指标的评价体系。如果你能把效果指标放进去，那肯定比我现在做的这个研究要好。但是有一个问题，我们在实证研究的过程中，很多时候是没有办法按照理想的环境进行的。比如说效果研究，一个博士生根本没有办法到全世界 40 个国家去进行问卷调查。目前只就这三大指标来进行评价。

这里我和大家再讲一下，实证研究并不是一个体力活，研究的价值就在于在前人大量研究的基础上形成你自己的学术思想和学术观点。为了印证你的学术思想和学术观点，你必须要通过数据来证明它正确与否。所以，实证研究里的定性研究和定量研究并不是截然分开的，它们是一个有机的整体。如果定性研究的水平上不去，定量研究很难做出有效的成果。所以一般情况下，好的定量研究其实都是建立在思辨的基础上。先提出好的假设，然后再通过数据分析方法对这一问题进行检验。所以，我们虽然提倡同学们做实证研究，但是希望同学们认识到在有价值的假设的基础上进一步做研究才是有效的研究，如果我们为了收集数据而收集数据，为了研究而研究，这样的实证研究是没有任何价值的。

在中国电影产业里，我们在产品要素方面是比较有优势的。刚才我们已经讲到了原始的指标体系，这个指标体系主要包括关注量和规模等方面，对质和效益方面的考量则较少，所以这个指标体系和中国电影产业的实际情况还是比较相符的。我们的电影、电视剧产量都上去了，但是好的大片、观众喜欢的片子、赚钱的片子不多，这是我们的一个特点。在产品要素方面，中国电影产业比日本或韩国得分都要高，比世界的平均水平也高，只是略低于美国。针对这一现象，请同学们进行一些讨论，这到底是有利还是有弊？应该怎样看待这一指标？

嘉宾：老师您好！我觉得目前这个对电影产业产品要素的衡量，主要是从数量上进行衡量的，所以得出的结果是中国的得分比世界平均水平、日本、韩国都高。中国，相对来说，地大物博、人口众多，从这个意义上讲，我觉得我们是在人口上占了优势。影片数量虽多，但内容、题材的选择范围很有限，这就导致了虽然产品数量上去了，但是质量上没有保证。我觉得数量多并不必然代表国际竞争力就强，比如中国的电视剧，其产量虽多，但真的播出的很少，而且播出后观众给予的良好评价也比较少。另外，中国出口国外的片子数量也比较少，我们谈国际竞争力，如果我们的产品走不出国门，就不能彰显出它所应该代表的价值。而且我觉得，中国影片的数量虽多，但它没有形成一个完整的体系，比如说美国的影片，它所彰显的大片的价值，还有欧洲的影片所彰显的欧洲风格都特别明显，但是中国内地的影片定位并不是很明确，所以数量上多，我感觉没有什么实际意义。

李本乾：刚刚这位同学有一点讲得非常好，也是以后同学们做实证研究时非常重要的一点，即对于同样一个数据，如何解读它的意义，这是研究者必须具备的素质。比如我身高 1.71 米，那么这个 1.71 米有什么意义？没有意义。只有跟姚明一比，你才发现我有多矮，跟幼儿园的小朋友比，才发现我有多高。所以，只有将所有人口的身高作对比，才能对 1.71 米给出一个有效的意义。刚刚这位同学虽然没有把这段话讲明白，但她讲出了竞争力来源一个非常关键的地方。我刚刚讲的这个产品要素是由大量数量指标构成的，那么为什么以数量为指标体系，中国获得的得分就高呢？这与我们国家整体的特点有关，因为我们地大、物博、人多，所以在数量指标上的得分就高。这位同学还提到，中国的影视产品只是中国人自娱自乐，它的高产量根本不能代表其国际竞争力强，因为它没有走向国际。我们怎样思考国际竞争力？狭义的国际竞争力是说我们的产品能够进入本国以外的国际市场。但是从另一方面来讲，如果把我们国家放在整个传媒市场里面来看，那么中国也是国际市场的一部分。在目前这种情况下，我们的国际竞争力的发展水平仍然处于初级阶段，能够把国内市场保住也是难能可贵的。从长远来看，我们的产品能走出国门才能彰显国家竞争力的强大。不同的研究者可以在这两个方面进行选择，可以剔除国内产量这个指标，也可以保留。我们这个研究是把本国的市场作为国际市场里面的一部分来进行评价的。

嘉宾：老师你好，刚刚那位同学提到统计产品数量的问题，在评价国际竞争力的时候，这个数量好像没有考虑到走出去的产品数量和在国外造成影响的产品数量，这是第一个问题。第二个问题，电影是一个文化产品，它的竞争力不仅体现在数量方面，比如说伊朗的电影，数量不多，但是有获奥斯卡奖的影片，它的竞争力也很强。所以上面的产品要素指标会不会有缺失或没考虑全的地方？

李本乾：这个问题是搞实证研究的时候，文科同学经常提出的问题。首先，这里面牵涉这样一个问题，即在理想情况下，精确的研究是最好的，但是社会科学做不到精确，那么研究者就面临着一个选择，要么做近似的研究，要么就不做。在这两个选择里，可能做了比不做要更有意义。虽然每一个实证研究的指标都可能存在这样或那样的问题，但是这些指标总比凭空想出来的指标要好很多。其次，同学们要注意一下，在实证研究里，最后所有的问题都要归结成数量指标来进行判断。当然，这些数量指标对整个问题研究的有效性能发挥多大作用另当别论，但一定是可量化的指标。到目前为止，世界上还没有找出来一个有效的方法，能够把文化产品的价值像工业产品那样精确地量化出来，所有的研究能达到近似就已经相当不错了，如果想做到像数学 $1+1=2$ 那样精确，社会科学研究是没有办法进行下去的。所以，大家要把握一个原则，就是要将严谨性与量力性结合起来，不能为了严谨性我们就不做了，我们要在量力性的基础上追求严谨性。

刚刚我讲的是产品要素市场，产品要素指标是以数量计量为主的。下面我们看一下国际贸易。中国在国际贸易方面的得分比国际平均值要高一点，但是比美国低很多，跟日本、韩国比较接近。我们根据指标体系来具体看一下。国际贸易依据两个指标，一个是贸易的竞争力指数，一个是市场的出口份额。出口份额这个指标刚好解决了同学们前面提出的那个问题，它反映了我们国家产品走出国门的情况。对整个竞争力的评价，不可能用一个指标就解决所有的问题，一个指标能够准确地反映问题的一个方面就已经很不错了。关于贸易竞争力指数，这里用的是整个国家的指数，这个指数可以通过其他一些资料找到，市场出口份额这个数据大家也可以找到。这里我举一个例子，不久前和我们学院签订协议的一家游戏公司在2009年的时候只有20多个年轻人，发展到今天成为上市公司，市值达到200多亿元。他们开发的游戏产品的玩家遍布全世界40多个国家。我们看到中国的文化产品，虽然在电影方面与第一强国还有一些差距，但是就我们自己的发展来说，相比于过去，现在还是有了很大的进步和优势的。再看产业资源，中国的得分比韩国、日本要高一点。根据指标体系，产业资源包括两部分内容，一部分是公共基础指标，比如GDP的增长率、城镇化人口数量等，还有一些是与产业发展基础有关的内容，比如电影院数、幕布数、座位数、3D影院数等，这些都是我们的产业资源。这里要注意，我们的产业资源的得分虽然比韩国、日本要高一点，但是同学们也都知道这是因为中国人口基数和国土面积比较大，所以在产业资源方面我们比日本、韩国有明显的优势。再看产业需求，中国的产业需求指标得分比40个国家的平均值要低一点，产业关联性指标得分更低，生产能力指标得分也是比较低的。再看一下产业政策，中国的产业政策指标得分是比较高的，政府在产业政策方面的扶持力度也是比较大的。再看文化创新指标，它主要包括研发支出、版税许可、研发人员数量等方面的内容，这些指标有类似的地方，就是以数量型、规模型指标为主，评价质量和效益的指标不是很多。在这一指标体系下，我们发现，中国电影产业总体竞争力比较高。显然，这一竞争力与我们的产品数量和规模级数有很大的关系。

前面我们把中国电影产业竞争力的几个指标跟世界平均水平和美、日、韩等国进行了比较。现在请同学们概括一下，通过对这九个指标的解读，中国电影产业的竞争力最突出的特点有哪些？

嘉宾：最主要的特点就是总量大、基数大。不管是电影的产量，还是影院数或者是幕布量，都非常大。

李本乾：好！这一点确实是中国电影甚至是整个中国传媒市场最大的一个特点。中国传媒产业用一句话概括就是"块头大"，我们怎么在这么大块头的基础上把我们的电影产业做强？从我们的指标体系来看，中国电影产业最大的特点是"大"。但是同学们之前也提出很多质疑，认为显示我们"大"的指标不少，但是显示我们"强"的指标并不多。在这种情况下，我们中国电影竞争力能够排在第二位，只是因为块头大，而且这个"大"可能持续发展下去。

嘉宾：第一大特点是块头大，第二大特点我认为是产品质量普遍比较低。前面提到的国际合拍片数，以及后面提到的生产能力、产业资源，还有文化创新能力，我觉得我们在这些方面产品质量都不是很高。

李本乾：好。我们在看到最大的特点以外，我们最大的缺点就是质量不太高，效益也不太高，影响也不大。总的来看，可以概括成两点，就是"质"和"量"的问题。中国电影竞争力最大的特点，就是"量"已经达到一定规模，但是"质"还有待于提高。

嘉宾：您前面讲到，产业要素的三级指标里有一个是国际合作拍片数。其实我觉得国际合拍应该是目前中国传媒提升国际竞争力一个比较方便、可行并且快捷的途径，我认为通过这个途径，可以从三个方面来提高中国电影的"质"。第一方面就是利用别人的资源和市场，因为如果中国和美国合作拍片，那么片子可以在美、中这两个比较大的市场产生较大的影响力。第二方面是借助别人的制作水平和影响力，如果中国和美国合作拍片，这些片子在国际贸易方面的竞争力肯定比国产大片要高一个档次。最后，我觉得我们可以借鉴国际上比较先进的文化理念，包括创新能力。所以我认为这应该是目前一个比较快捷、可行的方法。

李本乾：好，谢谢。前面讲我们的现状可以从"质"和"量"这两个方面来概括。另外，我们的"质"怎么推上去，这位同学们提出国际合作拍片。如果把合作拍片的问题再深入推进一步，就牵扯文化交流和文化保护问题，文化保护问题里又牵涉国家文化安全问题，我们国家的价值取向就是在安全发展的基础上给出电影和整个文化发展的思路。原来伊拉克保护得好不好？它绝对保护得好，但你看它脆弱不脆弱？它很脆弱。所以这样来看，保护并不一定带来安全，最后发展起来才是安全的。美国原来要开放市场，现在开不开了？不开了，为什么？因为中国的产品在美国市场有绝对的价格竞争优势。它让我们开放文化市场，为什么要提文化市场？因为人家对自己的产品很自信，想要进入你这个地方的市场绝对是长驱直入。所以，我们在文化发展保护政策上面要建立一种发展的安全观，只有我们的产业发展起来了，国家竞争力走在世界前列了，我们整个社会、整个产业才是安全的，否则所有的保护都是无济于事的。同学们总结得都比较好，"质"和"量"的问题是中国电影产业，甚至是中国整个传媒业、文化产业的一大特点。

中国的电影产业、传媒产业、文化产业究竟应该怎样发展？这个问题我们必须要好好地思考。我们前面已经看到，中国的电影产业或文化产业要发展必须要形成一个完整的体系，我认为在整个产业体系里面，要形成全产业链整体提升的策略。为什么？我给大家举一个例子。中国电影界动不动就爆出丑闻，为什么会出现这些问题？从深层次来看，是因为我们电影产业的价值体系和整个产业链发展不顺。哪里不顺？中国电影产业，票房收入的大头被放映院线拿走了，大量的钱都在流通领域。而且票房收入主要靠炒作、请名演员，名演员把钱拿走以后，拍片子的钱就很少了，就没有钱买剧本。写剧本的人赚不到钱，那他为什么还要写呢？而剧本恰恰是这个产业里最核心的创意部分，我们的产业链价值体系在这里是失灵的。美国的电视剧制作谁的权力最大？写剧本的人权力大，比如编剧对某个演员不"感冒"，那么他可以在下一季里面设计一个场景用一辆汽车把这个演员所饰演的角色碰死，后面几季这个演员就干脆别出来了。为什么编剧可以这样做呢？因为创意部分的价值很大，所以编剧的权力也大。我们整个产业发展过程的扭曲正是由于流通领域过分垄断了价值，而真正的文化产业的核心部分——创意的价值却没有得到体现。由于这些原因，我们的产业体系是不利于整个产业向质量型产业发展的。

这是我提出的整个文化产业全产业链发展这样一个思路。前面同学们看到，中国电影产业的块头大，除了块头大，其实我们还有一个巨大优势，就是我们的历史悠久、文化意识源远流长，但是目前我们没有很好地把历史资源挖掘出来。所以我提出的全产业链发展，其中第一个重要问题就是对历史文化资源的开发。我们知道，《宝莲灯》、熊猫这些本身是中华文化元素，但经西方拍摄以后，它就带来了超额价值。而我们还有很多历史文化资源没有得到合理的开发和利用，这是产业链发展最关键的一个问题。目前，我们常常把历史文化资源狭义地理解为四大名著，四大名著被翻来覆去拍了很多遍，一遍比一遍没创意，第一次看觉得非常好，第二次、第三次就没有了新鲜感。所以，我们能不能在历史文化资源方面进一步开发和保护，这是很重要的一个问题。第二个问题，我们要明白，电影产业或传媒产业并不能单单依靠本产业而发展起来，它必须依靠整个文化产业的发展才能发展起来。比如视觉艺术或表演艺术对电影产业的发展是非常重要的，如果表演艺术和视觉艺术不发展起来，传媒产业、电影产业也没办法发展起来。一个产业要发展，一些支撑性的基础产业也必须要提升起来。第三个问题是传播媒体。最近一段时间，中国外交出现了一些非常棘手的问题。在这种情况下，世界听不到中国的声音，所以国家的传媒业发展跟不上，对整个国家的文化传播和对外发声都会产生负面影响。而传媒的发展必须以前两个产业作为基础支撑，如果没有前面两个产业做基础，传媒产业也是很难发展起来的，它的发展会没有后劲、没有支撑。第四个问题，传媒业以外的一些延伸产业和服务产业也要发展起来。比如我前面讲的例子，几个年轻人在四五年的时间内，把一个二三十人的小企业变成现在有 1000 多名员工的游戏企业。游戏产业是传媒业的延伸产业，目前全世界的游戏产业都处于起步阶段，中国由于块头大、文化悠久，所以在这方面有很大的优势。另外，传媒业还能带动相关的一些服务业的发展。反过来，如果服务业发展起来，也有利于从整体上提高传媒业的实力。所以我希望中国传媒业的发展能够有一个全产业提升，而不能"头痛医头，脚痛医脚"，否则我们永远走不到世界强国的前列。

当前，全世界的媒体都正处在大变革的过程中，对中国传媒业的发展来说既是挑战也是机遇。传统的媒体都在走下坡路，但新兴媒体则如雨后春笋般崛起。前几年我们觉得 QQ 很厉害，但这两年我估计同学们早上一睁眼就是摸手机看微信，微信几乎把手机变成了我们身体的一部分。但是世界传媒的发展远不是我们看到的那么具体，它正变得越来越抽象，与传统媒体越来越差异化。"谷歌眼镜"的出现意味着人类即将进入一个新的时代——可穿戴传媒时代。比如我在这里给同学们上课，如果同学们戴着"谷歌眼镜"，你们就可以看到哪里拍到哪里，然后用无线网发射到自己的服务器上，就可以传播到全球任何地方。通过"谷歌眼镜"这个例子，我们是要说明世界传媒的研发方向已经越来越抽象，已经越来越超过人们的传统思维可能想象的地步。在上一届中国传媒领袖大讲堂上，我跟大家讲，未来的传媒其实就是软件，所有的媒体都是一个计算机，QQ、微信两个媒体之所以不一样也是由于它们的软件不一样。

在新媒体刚刚起步的今天，中国传媒业怎么样迎接新媒体变革这样一个趋势？我认为做好新媒体研发对中国传媒业是非常重要的。所以我提出，提升中国传媒业的又一条路径，就是要建立新媒体协同创新体系。这个协同创新是指人文社科、自然科学、工程技术以及产业、高校、政府等的协同创新，不是某个主体单方面就能做到的。未来的传播形态将是由技术和我们的传播方式密切结合共同形成的。

前面讲的是外国的、离我们很远的例子，下面我们讲一下中国的例子。上海交通大学已经研发出来了裸眼 3D 电视，就是说我们以后看立体电影、电视，在家里就可以做到，而且不用戴眼镜。另外，上海交通大学研发的可弯曲折叠的显示技术，可以模拟传统的书或杂志。我们可以想象，未来可裸眼的 3D 技术、可折叠的显示技术、可穿戴媒体技术等这些技术普及以后，整个传媒业就不再是今天这个样子了，最后都将变成

"传播就是生活，生活就是传播"，生活和传播、媒介和生活等密不可分。在这种情况下，中国应该在技术研发和内容创意两方面同步努力。这就是新媒体、新媒体形态、新媒体传播方式、新媒体内容方式等怎样进行协同创新的问题。

前面跟大家讲的第一个问题就是我们整个国家的产业体系，第二个是我们要有传播的物质载体，要进行新媒体传播模式的改进和技术的研发。但是有同学一直担心一个问题，就是前面这些东西都只是我们的工具，我们的产品最终是要以内容取胜的，而我们最薄弱的地方就在于我们的内容产业上不去。举个例子，我见过一个澳大利亚的"中国通"，她的普通话讲得比我好，她问我："李教授，赵本山的喜剧我听着好像没什么意思，为什么中国人哈哈大笑 10 分钟合不拢嘴？"这个问题我们可以用两种方式看，一种是认为我们中国人自己乐就好了；另外一种就是要看到其中说明的问题，外国人不知道你中国人在讲什么，也就是说我们的传播方式还没有达到会说话的水平。

2013 年，我和一位英国教授聊天时问："英国人对中国有什么看法？用几个关键词说说。"英国教授说："那要看是哪个群体了，不同的群体对中国的感受不同。"我说："就你这个群体呢？"他讲："第一，共产主义；第二，食品安全；第三，环境；第四，人权。"我就想不通他为什么把共产主义放到第一条，后来我就说："我们不说你这个年龄的，请谈谈青年学生对中国是什么样的印象。"我原本以为年轻同学比较容易走极端，可能对中国的负面意见更多，但是他的回答让我非常意外，他说："年轻的同学认为中国充满着活力，中国充满着机会，中国经济高速发展，中国很繁荣。"没有提到一个负面的词语。我问："为什么你这个年龄的人群和年轻学生对中国的看法差别这么大？"他给我讲了一个原因，年轻学生主要看网络，在网上负面新闻能看到、正面新闻也能看到，虽然看到负面新闻，但是外国人一般在负面舆论环境下生存的素质比较高，他自己会判断。尽管网上有很多对中国不利的负面新闻，但是年轻学生看了正反两方面的内容以后，会最终得出结论，中国还是比较繁荣的。我就想，年龄大的人群应该是比较稳重的，因为有这么多年的阅历，他看待问题时应该更加客观，但是为什么结果会是这样？年龄大的人群对新媒体运用不多，受传统媒体影响较多，而国外传统媒体的报道内容里对中国持负面的态度比较多，所以才会造成这样一个结果。今天当中国发展成为世界第二大经济体的时候，我们没必要像以前那样，因为怕别人笑话我们而把最好穿的、最好吃的都给客人拿走，客人走了以后我们自己挨饿受冻。以前我们是迫不得已，但是今天中国已经有了自信，我们要敢于把一个完整的、真实的中国展示给世界。这样做不但不会受到西方的批评和质疑，反而会让西方认为我们比较真实。

所以从这个意义上来讲，在前面两个条件都没有达到的前提下，我们在座的同学要立志至少把第三个条件，即把内容产业的创新这点提升上去。我给大家举个例子，拜登访问中国时想要跟国家主席谈人民币汇率问题，但是汇率问题不是一个副总统就能搞定的，所以拜登没有谈汇率问题，但是他来做了一件什么事儿呢？人家来吃了碗炸酱面，引发了全世界媒体的关注，我们国家的媒体也纷纷转载这一事情。但是转载完以后我们就感到很不是滋味，因为两点：一是人家副总统一行五人，一人吃了一碗炸酱面，总共花了79元钱。全中国人民听到这个消息牙都咬起来了，为什么咬牙？因为和我们国家存在的一些贪腐情况形成了鲜明的对比，美国的副总统一行五人一顿饭才吃79元钱，一下子就形成了反差。二是人家吃了几碗面，总共79元人民币，全世界人民一算觉得很合算，一顿饭平均每个人只花了十几块钱。在美国，麦当劳快餐跟中国的炸酱面差不多，都是家常便饭，但是去麦当劳或者肯德基吃一顿也需要十几美元。肚子和肚子是能画等号的，从这两个一样饱的肚子大致得出1美元的购买力等于1元人民币的购买力，那么，1美元兑6元人民币的比值是不是该升了？从这个事情就可以看出，美国人在搞传播时，它能把一个非常抽象、非常宏大的问题变成一个具体的、全世界老百姓都能够理解的问题。在这个例子中，全世界智商再低的人都能看到人民币还是值钱的，虽然大家都没明说。后来我把这个现象写成了一个简报，向国家有关部门进行了报告。当然，我们国家还是出现了一些新的迹象和非常好的现象，比如，习近平和连战吃陕西羊肉泡馍这件事。大家都看到国民党的主席和共产党的主席是同一个地区的老乡，其他问题根本不是问题。我觉得类似这种现象，会让全世界人民知道中国人民的一些意见和思想。

嘉宾： 老师您好，我有两个问题。第一个是关于文化产业的问题，前一阵美剧被禁播，网友一片吐槽，有人说是保护国家文化电影产业，有的说是保护央视，您是如何看待此事的？第二个问题，相较于中国，韩国的电视剧或者文化产业的优势有哪些？

李本乾： 不管韩剧、美剧、日剧，它们的兴起一定程度上是因为迎合了人们的社会心理或满足了人们的社会欲望。有些人在现实生活中的发展受到了一定的阻力，便想在虚拟世界里得到快感和满足，韩剧盛行其实是反映了当代社会人们的一些心理问题。我们国家的文化产业应该怎么发展才能既满足人们的一些社会心理需求，又能向更好的方向发展，这是值得思考的一个问题。

另外一个问题，关于国家新闻出版广电总局禁播美剧，我觉得要从两个方面来看。首先，从竞争的角度，我们要建立一种发展的安全观，只有我们的文化产业发展起来才是安全的，如果发展不起来，再下架、再保护都不起作用。其次，当前国际形势相对来说比较复杂。以前美国喊人权保护的时候，好多同学感觉美国在呼吁我们要保护人权，但是通过伊拉克战争、阿富汗战争，同学们就把美国喊人权保护的实质看得更清楚了。所以，禁播美剧的背后可能有一些复杂的国际政治因素在里面。总之，这个问题我觉得要从两个方面来看，一方面我们自己要发展，另一方面必须要对一些非正常现象采取措施。

21 世纪新闻教育的共性与个性

时　　间：2014 年 7 月 16 日

地　　点：上海交通大学闵行校区光彪楼 1 楼多功能厅

主讲人：郝晓鸣

郝晓鸣

　　郝晓鸣，新加坡南洋理工大学黄金辉传播与信息学院教授，毕业于中国首都师范大学、中国社会科学院研究生院和美国密苏里大学新闻学院，曾任新华社记者，1993 年以来在新加坡南洋理工大学黄金辉传播与信息学院任教，先后担任系主任、副院长等职务。曾任国际中华传播学会会长，现任《亚洲传播学报》主编，《新闻学研究》《新闻与大众传播教育》《中国互联网传播研究》《亚太传媒教育工作者》《传播学与社会》等刊物编委或顾问。主要研究方向包括新闻理论、媒介效应、国际传播、新传媒技术对社会的影响等。

郝晓鸣：今天我演讲的题目是《21 世纪新闻教育的共性与个性》。

我不知道在座有多少同学是学新闻专业或者是将来有可能从事新闻工作，当然其他同学有可能将来会去从事广告行业或者公关行业。但是，如果你是以赚钱为目的选择做新闻工作的话，恐怕你选错了行当。如果你是想做一个被人人都喜欢的人，那么你也是选错了行当，这个行业不会被人人都喜欢的。很多人不喜欢新闻这个行业，特别是政治家，非常不喜欢记者。美国总统里根曾经骂一名记者：son of a bitch。而新加坡前总理李光耀也曾经说过，记者这个行业都是一些走投无路、干不了别的事情的人才去做的。所以说，一个人想当记者，要是抱着想挣钱和讨人喜欢的心理去选择这个行业，那你就不要做这个行业。如果你想讨人喜欢，美国人给你提供的工作是去当幼儿园的阿姨、叔叔，既受孩子喜爱又招家长喜欢。对新闻行业来说，记者本身会喜欢自身的职业，但你的当事人或者你所接触的人很多都不会喜欢这个职业。因为你的工作很多时候是在揭露社会黑暗的一面。

我今天就是想探讨今天所学习的新闻专业与过去有哪些不同的地方。因为我们这个社会的变化是非常之快的，你们的老师教你们的东西可能并不能适应你们将来的工作。换句话说，没有哪一个行当，大学这几年就可以教会一辈子所使用的技能的。当今的教育，我们更加强调的是学校教会学生如何去思考，或者是将来如何面对社会的变化。因此，我们今天学习新闻专业相较于以前来说，会有一些新的特点来尽可能适应当前社会的变化。但是，万变不离其宗，新闻工作是一个非常富有挑战性，非常需要大家不断去改变思考方式的行业，以上是我的开场白。

大家都知道，超人是一个超越时空、能够改变社会的人，是正义的化身，超人在电影里也是扮演一名记者。和超人这个理想化的角色一样，有时候记者也是个非常理想化的职业。现在，新闻并不是一个很时髦的行业。但是，20世纪70年代到80年代，在"水门事件"之后，我所在的密苏里大学里要求读新闻专业的学生数量空前之多。密苏里大学除农业之外最强的专业应该就是新闻学，它也成立了世界上第一所新闻学院。密苏里大学的本科生并不像我们今天的学生，一进学校就知道修读什么学科。在密苏里大学，前两年会要求修读完所有的公共课，后两年才会选择读什么专业。在密苏里大学这样的学校，70%以上的学生都希望进入新闻学院，而新闻学院招的学生又非常少，所以学生质量很高。

那么，为什么当时的学生对于学习新闻学有这么高的热情呢？最主要的原因在于，"水门事件"之后，大家普遍发现这个行业是非常重要的，当时的"水门事件"就是一两个小记者通过连续性报道将总统拉下马。所以，当时在美国，新闻行业是非常有正义感的行业。另外，选择这个行业的人又有各自不同的原因，比如有的人想出名，有些新闻工作者能够在很短的时间就变成明星，这也造成了这个行业具有很大的诱惑性。当然很多人选择这个行业大多是因为比较热爱这个新生行业，喜欢新鲜的事物。今天我想问的第一个问题是：作为一名优秀的记者有共同的标准吗？

嘉宾：一个好的记者有共同的标准。无论时代如何变化，一名优秀的记者必须要给他的受众提供有价值的内容和选题。另外，一个记者要有自己的社会责任感和底线，要知道自己在做什么，我觉得这是一个好记者无论在什么时代都要遵守的共同标准。

嘉宾：我认为不同国家对于记者的标准可以是相同的，不论是中国还是美国，对于记者可以有统一的标准。但程度上有一些差别，每一个国家可以根据自身的实际情况来进行调整，但原则性的问题是不应该改变的。

郝晓鸣： 谢谢你的回答，我赞同你的想法，但实际运作中会发现并非如此。比如在 20 世纪 80 年代，新华社规定对记者要评等级，开始是助理记者，然后是记者，记者之后是主任记者、高级记者。但当时有一个被破例提拔的记者，他是我们新华社上海分社的一个女记者，当时大概刚刚40 岁。她为什么被破例提拔成高级记者呢？因为她的文章在新华社乃至全中国来说，都是被中央批示最多的，她写的文章能够引起领导重视。当时，她是在新华社上海分社负责上海市纺织业报道，专门报道企业的生产活动，她对纺织企业非常熟悉，又做了很多很深入的工作，不断去挖掘，当然也有她自身十几年的积累。那么，她做这么多工作都为了什么？她每次看到中央文件的时候，都会深刻领会文件的主要精神，然后通过企业活动中的变化来证明中央的决定和政策是对的，所以她之后的报道就很符合中央想看到的情况，领导很重视，因此她也理所应当地成为当时新华社最年轻的、最有干劲的一名记者。这是 80 年代的情况。

今天好记者也很多，但以我们今天的工作意义来看，一个真正的好记者在不同国家都能适应工作，他必须改变自己的运作方式来适应不同的制度。我们说世界上有各种不同的新闻政治制度，但没有一个制度是十全十美的，每个制度都有它的运作方式，你不能说完全改变这个制度，但是你要不断努力去使它变得更加合理、更加理想化，但是在这个过程当中，你必须通过这个制度来完成。我是一个记者，我对很多事物非常不满，但是作为一个理想化的新闻工作者，你必须在这个制度下去充分发挥你的能量，帮助这个制度进行改变。同时要使得这些改变必须被这个制度所接受，能容忍这个制度你才能运作。反之，你就不要当记者，不要进这个行当。所以，有一些共同的标准可以使一个记者成为一个国际性的记者，或者说他能够在四海之内充分展现其才能。

我是社会科学院新闻所的研究生。很多人觉得新华社是个衙门，是个官办机构，可是当时我们新华社领导却并不这么想。我们新华社有一个部门叫对外宣传部，后来改成对外新闻编辑部，任务就是把我们中国的事情用文字向全世界报告，这种做法可以追溯到延安时期广播电台的对外播报。我们这个对外宣传部有一个很大的问题，当时的报道通过外编转播之后才能在国外被当地的报纸报道，我们叫作新闻落地，但是当时新华社并没有多少人去采编，没有人去将这些内容报道出来，所以这样一个对外宣传实际上是处于名存实亡的状态。当时新华社的领导研究发现其中最主要的问题是我们这些新闻采编人员不会用西方讲故事方式来讲我们中国的事情，而当时美联社等西方通讯社会把中国的事情用故事的形式讲得特别有意思。当时我们领导认为我们新闻行业中缺少一批类似于西方那种能讲故事的人，所以在高考恢复之后决定进行研究生培训的时候，新华社领导积极参加社会科学院的招生工作，利用社会科学院研究生院这个平台去打造一批新闻专业人才。

我们这个院第一届、第二届的研究生教学方式在当时也是史无前例的，教学大纲全是由一个美国人编写的。新华社领导对他说，这些学生交给他了，所有的新闻专业课全由他管，所以我们三年的研究生专业课程都是由美国老师来教授的。三年之后，应该说我们这些学生离这个国际水准差得很多，但是我们也学会了西方讲故事的方式，有些人写的稿子跟以前不一样了，更有意思了，采访方式也改变了。当时有些在美国工作的人员跟我们的工作人员接触之后都惊讶，原来这些稿子是你们写的啊。总的来说，我们培养了这么一批人，你说能够改变中国或者新华社对外宣传的效果吗？我觉得不可以，而我离开新华社其中一个原因就是这个制度是无法改变对外宣传效果的。

回到根本问题，我今天想讲的是，这个时代变化过程中根本的东西还是不能变的，虽然现在很多新闻工作中提出要支持个性，认为新闻要有自己的特点，要根据自己国家的特殊情况来设定不同的新闻写作方式，对新闻的标准也有不同的认可。很多理论也都支持这种观点，比如最早的时候学马克思新闻理论就是认为所有新闻工作都是阶级斗争的工具，就是为阶级服务的，那么这个阶级就限定了什么叫新闻。当然，不光马克思认为新闻是要依据经济划分的，有着不同的观念，西方也有四大新闻理论。直到今天，将这四个体系用于描绘世界上其他体系其实并不适用，但是这四大新闻理论的内部思想和其中的哲学意义不容忽视。20 世纪七八十年代，一些发展中国家提出发展传播理论，这些理论通过新闻和媒体来宣传发展，然后表彰发展中的一些功绩，希望借此改变世界。它们提出的这些想法之所以行不通，是因为整个国际体系是被西方控制的，也就是说不同的传播方式有非常明显的界限，不可能混为一谈。

新加坡前总理李光耀宣传的是亚洲价值观，认为亚洲人的观念和其他地方人的观念不一样，每个地区人的价值观都有它的长处，也有它的缺点，在亚洲地区不能按照西方的观点去判断什么是新闻。比如说在亚洲我们强调集体，在西方强调的是个人，当然不是所有人都是这样，但总体来讲，这个分类方法是对的，是有区别的。我们通常认为，由于社会阶层的差异性，不同地区新闻报道方式并不相同。

我在印度尼西亚工作的时候，有一个新闻工作者有一句名言，他说当一辆自行车和行人撞上之后发生冲突，我们不能讲这个人是华人还是印尼人，如果讲了之后就会发生更大的冲突。在新加坡的报纸上也有相似的例子，两群青少年打群架，报纸不会说这两组人是华人还是马来西亚人，偶尔他想讲印度人又不敢讲，报纸只会描述说这个人皮肤黝黑。总结这么多，就是在说新闻具有阶级性，具有国家社会特点，不能用统一的方式来进行。当然，我们有很多人支持共性，认为基本功能都是传播信息，对民众进行教育，既然基本功能相同，就应该有些共同的价值，有些共同的标准，这也是无可厚非的。

下面谈新闻的专业化。新闻行业在美国争议非常大，为什么一个记者一旦变成一个专业人士大家会反对呢？因为在美国，所谓一个专业队伍，必须有非常明显的集体感，要有非常明显的集体标志。比如说医生，是个专业队伍，在美国你千万不要认为医生这个专业队伍的成立完全是为了大众社会利益。美国医生这个专业队伍普遍认为是一个集体，是可以当家做主的圈子，病人需要根据药物的用量和类型来找专门的医生就诊，这就拒绝了他人来抢饭碗。所以美国专业化也不见得都是好事。另外，反对新闻工作者专业化的一个重要原因就是社会大众普遍认为新闻应该是各种各样的，不能用一个统一的标准去衡量。像新闻教育一样，美国有一个非常大的组织叫新闻教育协会，这个新闻教育协会做的一个工作就是对新闻教育的学科进行认证，认证的过程就是他们派一个队伍来看你们是怎么进行新闻教育的。这个组织有一些非常严格的标准，比如说教新闻写作课人数不能超过 21 个人，因为人数过多会造成教学水平的下降。在美国，例如密苏里大学，会提前做很长的报告来通过这个 AJMC 的认可。但也有些名牌学校坚决不参与这个认证过程。一些学校认为新闻教育应该多样化，不需要用某个标准来衡量。所以对于是否认证、是否认同新闻专业化，各方意见存在很大的差异。

另外一个是新闻的商业属性问题。在最开始，西方很多国家办报做新闻并不都是为了赚钱，而是出于宗教目的、政治目的，希望达到政治宣传、宗教教化的目的。在宣传的过程中，很多人发现这个行业能够赚钱，开始变得更加商业化，很多报纸倾向于被财团购买之后成为商业工具，成为商业工具之后理所应当地有一些共同的标准去对该行业进行约束。而科技的进步也使得这样一些标准变成共同的属性，使得世界变得更为紧密，比如我们所谓的"地球村"。我们过去说，看新闻看的就是国内的《解放日报》《人民日报》，听的无非就是新华社、中央人民广播电台。而今天的信息来源是非常多样化的，这样一种环境变化很难保持传统的、没有太多信息来源的情况，比如我们中国在 20 世纪五六十年代到我们这一代成长时的那种相对闭塞的状态。也很难想象，在那个年代，那么多的少年会用同样一种方式看待世界。为什么那个年代会是这样的状态呢？这与我们媒体运作有非常大的关系。当时中国社会是与世界完全脱节的，很多人能够接触的信息来源只有一份《参考消息》，而这样一份报纸也只有当时司级以上的干部才能够看，所以当时对社会、对整个世界知之甚少。而今天信息渠道四通八达，世界也变得更加紧密，越来越多的共性展现其中。

我们有些原则，无论在中国还是美国等其他国家，新闻工作者都是公认的。比如新闻报道的真实性原则，没有哪一个国家的新闻工作者可以有理由去反对。有些新闻理论认为新闻的真实性并不是第一，党性才是第一。什么叫真实性呢？就是有闻必报，是什么就是什么，但党性有些东西你看的表象是真实的，但是内涵不真实，所以这就造成一个很难的判断，但总的来讲，新闻的真实性应该没有人反对。另外，新闻的公正性也没有人反对。例如，在新加坡，整个社会很讲究基本的价值。有一个学生来我们校报编辑部工作的时候，他根本没采访当事人就随便写了一篇报道。他老师知道后立即要求他写个检查。老师说，如果你是个新闻工作者，搞假新闻，就应该永远不要接触新闻工作。对于这点，无论是西方还是东方要求都是一样的。

下面，我想谈的一点是坚持群众路线代表最广大人民的根本利益。这点也是不容怀疑的，记者要把受众与社会的利益看得高于自己的利益。郑保卫老师就曾提出，报纸是针对当权者的孜孜不倦的揭露者。他还说，出版自由是基本自由，所谓出版自由也是言论自由，包括新闻自由。这些原则都是无可非议的。我们在实际工作中针对新闻行业的运作有很多研究，我不再一一列举，这些研究表明新闻工作者有一些非常重要的工作标准，但是每个新闻机构都应当根据它自身对读者的需求判断来做出一些个别的区别。

综上所述，我们社会是趋向一个共体。首先是世界经济一体化。马克思主义提出上层建筑与经济基础，经济基础决定上层建筑。假如世界有一天变成全球化的经济体，你希望政治制度不会改变吗？一定应该是改变的，除非你觉得马克思主义是错的。假如你觉得马克思主义是对的话，那么我们世界经济必然领导着政治、文化等很多方面。其次，过去几十年不仅是冷战的结束，也是冷战思想的结束，我们会发现思想意识形态的斗争变得越来越弱，文艺产品、媒体产品传播越来越流畅。最后是现代技术的发展进步很难把世界分割成一个个像冷战时期似的团体。传媒越来越商业化，结果大家都是为了钱，其实赚钱不一定是坏事。新加坡的很多传媒公司纯粹是以赚钱为目的，因为一个上市公司，股民不关心新闻运作，关心赚钱不赚钱，首先你要服务好，如果服务不好别人不会读你的报纸，所以商业化并不是一件坏事。不论怎样，我们都会发现当今的新闻行业还是要求信息准确、真实、客观、公正、独立、自由，还应当加上要对这个事业忠诚、热情。你一旦失去对这个行业的热情，你做不好这个工作。忠诚就是在一定情况下你要为了这个事业或所服务对象失去你个人的一些利益。这些基本的价值观念不是教学当中可以全部教会的，却是教育当中必须要强调的。

以上我们谈了很多关于新闻的共性与个性，我们尊重共性，不否认个性。其实，新闻行业中共性的东西我们可以把它叫作新闻的普世价值，普世价值应该是我们全世界新闻工作者所能接受的共同价值。这些共性中最大的问题是我们不能完全依照这个普世价值，因为每个国家的情况不太一样，国情是新闻工作者不得不考虑的一个问题，很多时候我们会因为我们国家或社会特点的不同去牺牲普世价值中的原则，这也是实际工作中不可避免的。但是我们必须认识到共性是我们新闻工作者的共识，而且是我们新闻工作者应该长期追求的终极目标。新闻所谓的个性或共性，这些都是为了适合国情的权宜之计，不是永久的事情。当国情和普世价值发生冲突的时候，我们最终不是改变普世价值，而是要尽力去使其适应国情的发展。所以，新闻教育的重点应该放在如何在不同的国情下，教会学生坚持普世价值，要看到国情，但是不能一味适应国情。

接下来我想讲新闻的基本社会功能和预警性功能。在美国有三所传统的新闻学校，一个就是密苏里大学，另外一个是哥伦比亚大学，还有一个是西北大学。三个学校是美国老牌的新闻学校，它们各自的教学侧重点不一样。密苏里大学侧重于新闻学的本科教育，哥伦比亚大学只有新闻学研究生的教学点。哥伦比亚大学因为在纽约，离华盛顿不远，所以在这个大学可以请一些非常著名的人，比如说美国前副总统戈尔下台以后就在哥伦比亚做兼职教授，给学生们讲课。哥伦比亚大学有一些非常出名的教授，但是基本只有研究生的课程。大概十年前，哥伦比亚大学新闻学院的院长退休了，需要一个新的院长，就把计划跟校长汇报，校长看了以后提出一个问题：我们在哥伦比亚大学这样一所名校创办新闻学院是否有意义？这位校长认为，如果看新闻的话，绝大多数新闻都是有闻必录，记录发生的事情。这些事情可能供读者茶余饭后消遣是有意义的，但是这些新闻很少能够帮助社会预测将来会发生什么，这是新闻行业非常重大的失误，所以新闻行业对社会的贡献是非常有限的。校长认为应该把新闻学院留给三流的学校去办，并让这些新闻学院的老师回去思考他所提出的问题，得到满意的答案才允许他们去招院长。

这位校长的问题提得很切合实际。新闻报道究竟应该报道什么呢？通常我们都是进行日常性报道，而日常性报道，一个普通的新闻工作者是非常容易上手的，但是真实的新闻工作和平时的学校学习是有区别的。比如我在新华社工作的时候，虽然是在美国老师的教育下训练了三年，但是一看到新华社记者写稿就被震撼了。这些在前线工作的记者写稿打字速度极快，毕竟打了十几年了，老记者写文章的时候速度比我打字的速度还要快。那时候错了一个字就得重新打，所以当时也不能出错，字还得拼对，所以打得非常快很不容易，谨慎准确是非常重要的。要达到准确也是很难的，有些事情你经常防不胜防。比如说在新加坡时，有很多小笑话。当时在新华社工作的一名记者，看到4月1日一份很严肃的报纸头版上的一篇文章就照抄下来打出来发给新华社。文章内容说新加坡航空公司经过很多年的奋斗，已经变成非常优秀的航空公司，并且十分赚钱，所以新加坡政府决定不但要发展国际航线，而且要发展国内航线。我们那个记者，说新加坡要建立国内航线了，新加坡总社也不知道就发出去了。发出去之后，香港就说新华社上当了，为什么呢？因为新加坡面积很小，航班刚起飞就要降下来了，不可能建立国内航线。这是4月1日别人开的一个玩笑。这个故事说明日常报道是很容易出错的，但是也是工作几年后很容易上手的。比较难做的是一些调查性报道，就是说深度地挖掘，人们不想让你报道实际上对社会有很大影响的事件。这是第二个层次，这个层次不是每个记者都有能力或有机会做的。最后，更重要的就是所谓的预警性报道，就是通过现在发生的情况来预测将来可能会发生的情况对社会的影响。这个做起来就很难了。很多做新闻的没有想过应该怎么去事先给人们一个预兆，这其实在新闻中是很难做的事情。比如说1997年的亚洲金融危机和

2003 年的 SARS 等这些事情，你说是突然发生的也是可能的，但所有这种突发事件都有前兆，都有可以判断它的机会。有些新闻工作者很懒，不仔细去深究这些问题。所以记者应该高瞻远瞩，能够通过现在的现象预测将来发生的事情。如果你能够做到这些，那么新闻行业将会成为一个社会上非常受尊重的行业，工作也更能够被社会所接受。

下面讲科技的发展对我们行业的影响。我们通常说媒体是具有融合性的，也是具有分解性的。分解就是分成很多群体，现在我们见到的媒体比以前多得多，人们也被分成不同的读者群体。另外一个跟我们相关的是媒体的移动性。现在，大家随时可以拿手机到处去拍，拍的片子其实画面质量不高，但是新闻不太讲究画面的清晰度，抓住重要信息、抓住新闻点才是关键。还有就是媒体的互动性，这其实是一个很简单的道理，就不去讲了。

媒体的这几个变化导致现在所见的新媒体，无论是微博、博客还是微信都变成了新闻信息的重要来源。现在很多企业会有几个专门的工作人员盯住网络上的信息，去发现当中的新闻点。这些网络提供了很多新闻平台，最后的结果也使得媒体更加专业化，把人们分为各种不同的类型。现在，一个小小的手机就可以使每个人都能够进行即时报道，也可以同时同步通过手机在线观看。现在一些主流媒体，包括像 CNN 这么大的媒体，也会主动跟公民进行合作，它专门有一个网页就是老百姓推送自己拍摄的视频。所以强调新闻的专业化，可能你们训练几年出来后，人人都可以干你干的事。每个人都有这个机会，但是你不必担心，如果你掌握了最关键的东西，你会发现你还是有事情可做的。最关键的东西包括以下几点。第一，相对于新闻的采集者，应当更倾向于编辑或组织者，管理新闻、编辑新闻可能是将来从事媒体行业的一个重要工作，所以要学会到处去搜集新闻进行编辑。第二，做资料的挖掘者。有些事情是这样的，不是人人都知道去哪里找什么样的信息来说明你想说明的事情，作为一个记者如果你去问被采访者很简单的问题，比如说你问一个人他的名字怎么拼写，被采访人通常会很不高兴。一个记者连基本的东西都找不到的话是做不好记者的，要具备非常强的挖掘能力。第三，信息的处理能力。大家可以将信息转化为知识，这就要进行信息分析。新闻界也很早就有人做这个事情，比如说美国的一个电台，这个电台就是有闻必报，整天播报交通事故。他们那儿有一个记者就动了个脑筋，他说整天报道死人也没什么意义，可以找一下过去发生的交通事故看有什么规律性。于是他就把过去20年发生的交通事故找出来，最后发现这些交通事故发生的致命原因。报道出去以后，政府采纳了报道中的意见，结果这个城市发生交通事故死亡的概率大大降低，这就是通过信息处理发现别人可能不知道的原因、状况的典型案例。

我们处于网络时代，是谣言四起的年代，如何去判断真假？我们新闻人作为一个专业的队伍就是要去寻求什么是真的、什么是假的，而不是说我们跟着一起整天发些东西，这是没有意义的。其实，我们新闻工作几个世纪以来最大的难处是只能提供有限的内容。记者能够采访到的东西非常少。很多记者百分之七八十的精力是放在我们传播学中所谓的"伪新闻"上，就是知道这件事情要发生，所以派记者去。伪新闻不是假新闻，就是这个新闻是以新闻报道为目的，并不是真正的突发事件，而真正的突发事件我们记者是很难采访到的。我们会发现这个社会上的很多重要新闻并不是专业记者采访到的。例如，30多年前发生的唐山大地震，电视台放了一个画面是大桥断裂后汽车纷纷坠毁的场景。你想那是记者拍的吗？不可能，没有记者知道当天会发生地震，也不会在大桥周围蹲点，很多新闻都是由公众提供的。

接下来，我想谈一谈全方位新闻。我跟很多工科的老师都进行过合作，工科的老师很有意思，他研究一个项目，但是不知道这个东西可以干什么，所以工科老师在申请研究经费的时候说不明白所研究的项目究竟有什么用途。对很多工科老师来说，他们更多地关注解决这个问题对他们来说有没有挑战性，但是解决这个问题干什么他说不清楚。有个工科老师研究了一个扫面侦测系统，就是专门防止地铁逃票的。他找到新加坡地铁公司想让他们试用这个软件，但地铁公司说用不到这个软件，每年逃票的就没几个人，根本没必要。后来我给那个老师讲了个故事：当初"9·11"

的时候你看那个飞机撞大楼，为什么会看到这么一个景象呢？当时记者在那等着吗？没有，当时一个法国的电影人正在那儿拍东西，忽然看到就把这个景象拍下来了。但是可惜的是，因为只有一个摄影师，所以你只能看到一个角度的画面。将来可能同样一个事件，上百个人同时在拍，所以就需要从全方位的角度审视事件。

还有一个问题就是将来从事新闻或者媒体行业的人会大大缩减。假如说全世界有很多人在上网找新闻，就不需要那么庞大的记者队伍整天在外面去跟踪报道了。所以媒体将来可能是从"泰坦尼克号"这么大的一个舰船变成独木舟。

总之，媒体现在的发展趋势是回归公众。你们会发现我们的媒体，即便在不同的社会制度下，也会变成一个更加有民众影响力的媒体。所以，如果在座的同学们想要考虑得更为长远一点的话，不要满足于课堂中的东西，这是我给大家的一个提示。

嘉宾：老师您好，2014 年上半年《今日头条》上市了，您怎么看这些以新闻聚合或者新闻推测为主的新的媒体形式呢？这些新的媒体形式会对我们新闻工作产生什么影响？谢谢。

郝晓鸣：根据大家的需求，现在这种媒体形式很多了。我们以前做报纸的一个难处就是说要迎合大众的口味，但并不一定意味着适合每一个人，所以这个新的媒体方式是没错的。很多媒体公司现在都在上市，但是上市究竟好不好？首先，对于公司来说，财源多了肯定是件好事。但是上市公司对媒体的影响也是非常大的，因为你的股东关心的是赚钱，是以营利为目的的。其次，对于新闻工作来说，获得盈利相对容易了，但是压力也会很大。最后，对个人来讲，可能也有不好的地方，但好的地方是公司会给你提供很好的待遇。像新加坡，非常赚钱的公司也是上市公司，从业人员希望得到更多的自由不一定能实现，但是公司能够给你很好的待遇。所以说关于上市好不好，我给予一个中性的回答。

民意调查的方法、要素和品质

时　间：2014 年 7 月 15 日
地　点：上海交通大学闵行校区光彪楼 1 楼多功能厅
主讲人：张荣显

张荣显

　　张荣显，澳门互联网研究学会会长、澳门民意调查研究学会会长，易研方案（澳门）有限公司总监、易研网络研究实验室研究总监，澳门大学社会科学及人文学院传播系助理教授、澳门大学调查研究实验室创立人、澳门互联网研究计划主持人、世界互联网项目成员、世界民意机构（澳门）执行统筹、亚太地区互联网研究联盟副主席。研究范畴涵盖民意调查、公众咨询、网络挖掘、满意度与消费者分析等。

张荣显：各位同学，大家好。今天我演讲的题目是《民意调查的方法、要素和品质》，这个课题跟我的教学内容是相关的，所以今天我也想借此机会跟大家分享一下我在教学和业务方面的一些研究和收获。

首先我简单地介绍一下我所在的机构的情况。我在澳门的两个研究学会工作，一个是澳门互联网研究学会，一个是澳门民意调查研究学会。澳门民意调查研究学会是亚太区民意调查研究联盟的理事成员，是一个由大中华区的专家学者组成的非营利性质的学会，主要是组织一些专业的研讨会，引荐一些外来的研究，意在推动澳门社会调查和民意调查的科学发展。我们现在在澳门、香港、珠海、台湾都设立有分部，建立了信息技术、网络挖掘舆情分析系统等，主要从事民情追踪、政策研究、企业研究、市场研究和数据处理等方面的研究，采用的研究方法也是多种多样，包括大数据挖掘，还有各种社会科学研究方法等。这些都跟我的研究息息相关，我在大学里教授的是研究方法和民意学，我们采用的研究方法有包括定量研究和定性研究在内的多种科学研究方法。另外，我们还自行研发了一些产品，比如用手机来进行面访调查等，也拥有自己的面访调查实验室。除此之外，我们也帮助客户建立自己的实验室，建立社会调查中心，为他们提供咨询和维护服务。

接下来我们谈谈民意。在社会上，每个人都有说话的权利，民意是无处不在的。无论是在商业领域还是社会层面进行的民意调查，其背后的理念也都是一致的。现在的民意调查是很广泛的，比如，大家经常在商场或是街头被拦截填一份问卷，或者是接到电话推销，或者是应同学要求在网站上填问卷。每个人都可以做出一份调查问卷，你可以用 Google，设计一份简单的调查问卷挂网上去，也可以通过微信，在微信群里做一些简单的调查。现在，做民意调查的门槛降低了，大家都可以做，由此也就产生了一些问题，民意调查的专业化水平很容易被忽视，调查水平难以提高。民众可能觉得民意调查做起来很简单，但是，当调查结果跟民众想法不一致时，民众就会对调查结果产生怀疑，进而怀疑研究方法是不是出了问题，最终上升到公信力问题。如果你做了一项民意调查，这项调查非常有新闻价值，那么你自己不用做广告，媒体都会争相进行报道。在港澳地区，通常一项民意调查做出来后，都会被登在很重要的版面。媒体记者、编辑不会关注你的数据是怎么来的，你的调查问卷是怎么设计的，只是认为这项调查易于吸引读者的注意力，有新闻价值，所以纷纷对其进行报道。

人可以分为三种：乌合之众、大众和公众。"乌合之众"是情绪上的反映；"大众"是有共同的愿景；"公众"对各类事物的关注是比较明智的，也是比较分散的一类人。每个人都有自己不同的想法，我们在了解民众意见时，应该征求公众的意见，而不是乌合之众的意见，因为他们的意见受情绪的影响比较大。所以，要真正了解一个社会，真正了解民众对事物的真实看法，我们需要多倾听、调查公众的意见。

有很多民意叫"哈哈镜的民意"，就是说你所看到的民意都是变了形的，带有特殊的目的。比如在港澳地区有一家经营生发水的公司，为了推销它们的产品，做了一项调查，得出的结果是 90% 的女性不喜欢光头的男士。为什么会出现这一调查结果？因为受调查对象都是从这家公司的会员中选取的，为的就是通过这一调查结果告诉秃发男士，90% 的女士都不喜欢他们，以此来吸引消费者购买产品。

那么，究竟什么是民意？在国内也叫舆情，就是公众对共同关心的事物所表达出来的意见。简单来说，就是在一个时间节点，人们对于同一个议题的看法。总的来说，民意调查就是通过系统、客观的分析来调查民众对于时事的态度、意见。民意的概念是广义的。

民意调查的特征包括以下几点。第一个是分度和方向。任何调查得出来的结果都有分度或是方向，比如说百分之多少是赞同的，百分之多少是反对的，这就是一个分度。第二个是强度。有人赞同，有人反对，有人稍微赞同，有人强烈反对，是有不同强度之分的，强度在了解民意程度方面是非常重要的。

在进行民意调查时，需要考虑以下一些影响因素。首先是民意的稳定性问题。有句话说"民意如流水"，那些有争议性的话题更容易会随着某些意见或是事件而改变，而有些就会很稳定，比如价值观等；其次，民意所具有的潜伏性要求民意调查要透明化、模式化，通常很多民意调查不是针对一些具体的微观议题，而是关于宏观发展、政策导向的评估。我们经常提到的一个典型案例就是，1996年美国总统大选，克林顿击败老布什，就是因为选民们感觉克林顿带领美国朝着一个正确的方向前进，尽管克林顿本人有一些丑闻，但是民众考虑到他总体的领导方向是正确的，就忽略了他的丑闻。最后，还有议题的重要程度。议题的重要性也会影响到民意调查的分度和强度。

那么，民意调查到底有什么作用呢？看起来好像每个人都能做，真的是这样吗？有些人说，不就是做一个电话调查访问吗？不就是做一个选举预测吗？问一些问题就行了。其实，做民意调查远没有想的那么简单。教科书上也都有讲到，一个调查可以通过面访、电话或是邮寄的方式进行，但是主要的是做什么？是要去访问一些有代表性的少数人或者团体。一般的调查是针对知识、态度、行为的研究，目的是重现研究母体的结果。其实，我们做民意调查就是通过对具有代表性的少数人进行调查研究，来推测对应的母体是什么样的情况，这才是民意调查最核心的部分。

人们会质疑街头访问、网络调研的可信度，通过网上问卷系统做的调查，能保证受调查者是少数具有代表性的人吗？能保证调查结果反映母体的情况吗？大家可以思考一下这个问题。少数具有代表性的人群叫作样本，如果你的调查结果仅仅是反映你所调查的那些人的情况，整个社会又是另一种情况，那么，你的受调查者就不具有代表性，你的调查结果也就不能反映母体的情况。

至于调研方法的选择，定量研究可以通过面访、录入、定点拦截、电脑辅助面访和传统电话访问形式进行调查。所谓传统电话访问，就是调查者把抽出来的电话号码用各自的电话打出去进行调查，现在一般没有人用这种方式进行调查了。现在研究者一般都通过计算机辅助电话调查系统（CATI）进行调查，借助这一系统提高整个流程管理的方便性。自填问卷法包括现场向受调查者派发问卷以及网络调查等。

调查首先要做好前期准备，包括问卷设计、人员培训管理、资源设备的准备、问题数据的处理和抽样等。关于抽样，有一个经典的案例。1936年美国总统大选期间，《文学文摘》杂志通过电话调查对总统大选进行预测，调查样本包括100多万选民，它预测兰登会击败罗斯福，但是最终结果是罗斯福赢了。大选结束不久，这家机构就倒闭了。之前这家杂志做过好多次预测都成功了，为什么这次失败了呢？因为1936年正值美国经济大萧条时期，订阅《文学文摘》杂志的人大部分都支持共和党，而且一般都是有钱人，兰登是共和党的候选人，杂志所做的调查抽样偏向它的受众，所以得出的结果就有偏差。而当时，有一个被称为"民意调查之父"的人，他的调查样本只有几千人，但是是通过随机抽样的方式选取的，受调查者既包括支持共和党的，也包括其他类人群，就成功地对大选结果进行了预测。现在随着抽样的完善，我们用的这些方法都是从当时演变过来的。

什么叫抽样？抽样就是在总体里面抽取出一小部分样本进行调查。但是，在这个过程中肯定会有误差出现，你通过抽取一小部分人来推测另一部分人，这叫抽样误差。我们用少数样本来推测母体情况的时候，会存在几方面误差，所以在解读任何数字的时候都不能给出一个绝对值，只能给一个参考界限。当然，这些误差是很难具体量化的，所以一般是用抽样误差来代表这个界限有多大。它有一个参考点，比如说有65%的受调查者赞成，误差如果是5%的话，应该解读为赞成的民众占60%~70%，有可能是60%，也可能是70%。

理论上抽样跟实际抽样是有很大差别的，因为没办法做到绝对理论化、精确化。比如，现在我们这里有300位同学，我抽50位同学出来，那么，无论是从实际上还是从理论上，结果都是一致的，因为不会漏掉这里的每一个人。但是，在进行社会调查的时候就不能保证了，所以只能采用各种各样的方法使实际情况尽量接近理论。你怎么喝一杯鸡尾酒？不可能服务员一端上来就喝吧，那样的话，可能喝到的是最表层或者是最底层的蜂蜜，你要先搅均匀了，才能喝到真正的味道。同样的道理，在抽样时，做随机抽样，不是随便、随意，而是随机，所谓随机，就是说要均匀。举一个关于六合彩的经典例子。现在有49个号码，每一期拿出6个号码，那么，按照随机抽样原则，每个号码被抽中的概率是相同的，这就是随机抽样。在街头进行拦截式调查可能做到随机抽样吗？不可能。所以，我们一般不将街头拦截式调查作为一种严格的、科学的、代表民众的方法。这里说明一下，母体的组合量很大，样本是从母体中抽出来的成员；每个样本抽到的个案数不一定一样，样本是个案的集合；抽样框从母体而来，可能一致，也可能不一致。抽样就是这么一个过程。

通过计算机辅助电话调查系统进行电话调查时，有些被访者会很纳闷：我家的电话并没有印到电话簿上，为什么能打到我这里来，你们是怎么找到电话号码的？其实，在做电话调查时，拨出去的电话号码是由系统随机生成的。包括通过身份证号码选取样本进行调查时，最好都是采用随机抽样的方法。

在进行民意调查时，经常会陷入一些误区。比如，受调查者是怎么选出来的？是通过街头拦截，还是人们自愿接受调查，还是通过研究者的筛选？这中间会出现很大的差异。即便是在街头进行拦截式访问，即便是做一个相对随机的调查，比如做旅客调查，你能找到母体吗？但是，现在很大政府部门都在这样做，因为不做就无法知道旅客的消费行为习惯。那就不得不采用拦截式访问方式，采用系统抽样，每隔几个人抽一个出来。但是，最后获得的样本结构会产生问题。随机主要是讲在统计上可以计算概率的问题。我们之所以做随机抽样，按照中央极限理论，在抽样的情况下，通过计算每一个样本落在哪一个区间里，就可以做一个推测，按照被抽中的概率算抽样误差，这个误差在我们最后推测母体的时候会被作为一个很重要的条件。如果没有这个的话，你在无穷无尽地重复一件事情的时候，如铜板被无穷无尽掷出来以后，正、反面出现的概率基本上是一半一半。抽样原理也是这么来的。因为母体跟我们的抽样框、样本之间有误差，所以最后样本的组成理论上应该跟母体一致，但绝大部分是有偏差的。这个偏差怎么解决，学术界有很多争论，依照国际惯例，提倡做加权处理，计算的偏差跟母体之间有一个权重，这个权重放到样本里，让总体分布跟母体一致，就是加权处理。

上面说的是第一个误区。第二个误区，在进行民意调查时，样本数量越大，访问的人数越多，调查的准确率越高吗？很简单的道理，你到医院里抽血需要把全身的血都抽出来吗？不需要，抽一小部分就可以了。小到什么程度呢？这里有三个影响因素：第一是可容忍的误差；第二是调查人员对结果的信心有多大；第三是你拥有的资源有多少。这三个因素决定了调查样本的大小。另外，投入调查的花费越多越好吗？钱多就多用一点，作为一个执行机构是很乐意这样做的。但是，我们作为一个负责任的执行单位，不会建议客户这么做。我会跟他们解释，有个信息水准，也就是置信度，社会科学研究里经常是95%，意思是说用同样的方法来做，100次里有95次在误差范围之内。如果是99%，就是100次里有99次在误差范围之内。一般我们选择95%，这是用公式计算得出的。在置信度不变的情况下，样本数据越大，抽样误差越小，需要用的资源就越多。但是如果我需要很精确，比如在选举期间进行调查，那就需要加大样本量，同时提高置信度，这时需要的花费也就更多。所以，可容忍的误差跟资源的利用、金钱的投放有关系。不是说我有钱我就尽量多调查些样本，有时候是没有必要的。我们是针对一个总体进行调查的，即便是1亿人口、14亿人口，有代表性的样本，一般来说，1000个就够了。

还有就是回应率问题。我经常听说，在国内进行调查，回应率是一个很令调查者苦恼的问题。电话调查拒访的比例很高，如果是进行面访调查，现在城市社区管理得都比较严格，很多小区不让其他人随便进去，所以拒访情况也是越来越严重。我们在国际研讨会上讨论到这一问题时，大家也都是摇头，表示没有办法，这也影响了民意调查的发展。所以，一些商业调查机构在互联网上建立了一个固定的网民样本库，每次从样本库里抽出一部分人作为样本进行调查，但是这个样本库的维护成本是非常高的，就像会员制一样，有些是职业回答者，所以这中间也会存在很多问题。

关于回应率，美国舆论研究协会（AAPOR）给出了详细的计算回应率的方法。所谓的回应率，就是平时讲的合作率，就是由接受访问的人和拒访的人形成的母体做分母，用接受访问的人做分子，分子除以分母，得到的就是回应率。但是，在实际调查中通常用合作率来代替回应率，将不符合资格的、没有机会接受访问的人也算进去。那么，回应率和调查结果有什么关系？回应率是一个很值得注意的问题，如果回应率太低，对于调查结果是有影响的，高低不同的回应率和没有回应率都会影响调查结果的准确度。

在设计问题时要考虑很多因素。例如，通常，在对公众进行调查时，如果问他知不知道政府目前在做的一件事或正在推行的一项政策，很多人都会回答说"知道"，因为如果回答"不知道"的话会显得他很无知。所以，我们在做调查时，如果受调查者回答"知道"，我们会再追问一个知识性问题，比如这项议题有哪些明显的特征等。如果他能回答出来，就是真的知道；如果回答不出来，就是他迫于社会压力进行的调查。

我举一个澳门的案例。有一篇新闻报道说，很多居民都表示听过《残疾人权利国际公约》，证明政府的政策宣传是有效的。这个结论不知道是如何得出的，但是，大部分人都不了解这项公约的内容，以至于不能有效配合政府推行相关措施和理念。你只是知道，但是并不了解具体内容、措施有什么用？所以，后续调查就要继续追问受访者是否了解应该做些什么，对政策或事件了解到什么程度。

再举一个我在《澳门日报》上看到的例子。"你支不支持'2 + 2 + 100'方案去推动民主政治的发展"和"你支不支持'2 + 2 + 100'方案",这两种问法之间有什么区别?第一种问法是存在误导性的,问题设计者在问题中加入了一个价值判断,问的时候就已经表明了这个方案可以体现民主。这样的问法就完全扭曲了问题的中立性,也就是所说的带有引导性的问法。

除了"2 + 2 + 100"方案这个例子,还有问"立法会直选和间选议员是否应该同时增加两席"的,这个问得就比较具体,相对于上一个案例来说,这种问法问得更清楚,没有偏向性。

问卷的问题设计还有很多值得探讨、注意的地方。例如,问题排列的顺序也可能会对调查结果产生影响。比如调查你属于哪个政党以及你的父母属于哪个政党时,对问题设置的先后次序进行调整,得出的结果会有12个百分点的差异。比如先问你属于哪个政党,再问你的父母属于哪个政党,这就是从受访者的角度出发,没有干扰的情况。如果倒过来,先问你的父母属于哪个政党,再问你属于哪个政党,就可能会使受访者产生个体意识问题,就是说你调查我父母和我的情况,我就偏不让你知道我和我的父母所属的政党是一样的,可能会给出相反的结果。在商业调查中,为了得到偏向研究者的答案,是可以通过调整问题设置的顺序去影响结果的。但是,在进行调查时也要注意,要多加小心,因为都是些私人问题,会牵涉受访者的隐私。

统计调查是常用的分析方法,频数百分比的分析是看分布,均值交叉分析看差异,因素分析看影响因素之间的关系,还有聚类分析、联合分析、对应分析、线性回归分析等,大致就是这些,都是比较常用的分析方法,所以大家平时使用时也不用害怕。

给大家介绍一个我们在澳门做过的案例,是协商式民意调查。从分析方法的角度来看,这是一种大规模的、崭新的、结合了定量研究和定性研究的调研方法。这个案例是关于澳门传媒法律问题这个议题的。先是通过随机抽样抽取2000个澳门市民,对其进行电话访问,然后随机抽取几百个市民，约他们在某日某时某地见面，将其随机分成几个组来讨论这个议题，在受访者来到现场时先让他填一份问卷，在他完成讨论后再给他一份问卷，最后比较这三次调查结果有没有明显差异。整个过程是几百个人同一天同一个时间到同一个会场，先填一份问卷，我们会提前向受访者提供充足的背景资料，让他了解这个议题，在讨论的时候有主持人站在中立的角度引领他们讨论社会问题。讨论完了之后，几百个人来到另一个会场，台上有专家、学者、政府官员等会回答每个小组提出的问题。听完之后，他们再回到讨论的会场填一份问卷，这样一来，离开时他们所填的第二份问卷就是他们最终表达的态度。这个调查过程从研究方法的角度来讲，既有定量的，又有定性的，又有随机抽样，这是一种研究方法。

另一种定性的研究方法叫"世界咖啡馆"，也是一种讨论会式的研究方法，前提也是随机抽样，即随机邀请一些市民到一个地方讨论事情。为什么叫"咖啡馆"？是有咖啡、饮料喝的，给水果、糕饼吃，然后讨论事情。每个组的成员都是随机抽取的，每个小组也都安排有主持人，讨论的过程中给受访者提供机会表达他们的意见。但是，这个讨论最大的特点是，第一回合讨论结束后，会将所有人都打乱，再进行随机分组，进行第二回合的讨论。经过两个回合的讨论，每个组都提炼出小组成员的意见，由每个组的组长分享各自组得出来的结果，然后将所有的意见综合处理，让受访者做最终议题的选择。最后再让每位受访者填一份问卷。这是我们在社会调查之外，为了弥补社会调查无法深入探讨问题和民众意见的不足所做的补充调查，所以是定量和定性方法相结合的调查。"世界咖啡馆"调查法比传统小组讨论更有效，因为每一组形成意见以后，就把这一组的意见带给另一组，每一组参与的成员都是打散后随机分配的，在现场由受访者和主持人共同提炼出意见。而在传统小组讨论中，则是研究人员负责提炼意见，但研究人员并不是直接参与小组讨论，所以在提炼意见时也可能产生偏差。所以，上面说的这种方法是很不错的。

好的，谢谢大家！

自动化行为与隐性社会传播

时　间：2014 年 7 月 11 日

地　点：上海交通大学闵行校区光彪楼 1 楼多功能厅

主讲人：葛岩

葛岩

　　葛岩，上海交通大学人文艺术研究院教授，兼任深圳大学传播与文化发展研究中心研究员。其研究和写作涉及艺术、考古、媒体经济、媒体制度和商业传播效果测量等多个领域。目前的主要研究兴趣在于利用实验心理学方法分析、测量和解释信息传播的过程与效果，在行为科学的范式中观察和理解传播行为。曾主持国家社科基金重大项目子项目"广告产业：现状与选择"。

葛岩：很荣幸有这个机会跟大家分享我的研究内容。我主要做心理学方面的研究，侧重于认知心理学，以及用神经心理学的方法来解释人的行为。我今天演讲的题目是《自动化行为与隐性社会传播》，英文为 *Automatic Behaviors and Implicate Social Communication*。

大家看一下上面的字，请努力记住它，作为咱们讲座的一个开始。2005 年，有几个心理学家做了一个实验，实验电脑上的 interface（界面）分两种情况：右边是一个一般的电脑界面，大致有几个图标，管理员会告诉你把它打开；左边是它的实验状态，它上面的图标跟控制状态下的一模一样，唯一的区别是它用了一个人脸设计。了解显微经济学的人都知道，有一个游戏叫 Dictator Play——独裁者游戏。你和别人一起玩游戏，现在给你 100 块钱，你愿意给别人分多少钱？如果你分给别人的太少了，别人拒绝你，最后你们两个就都没得玩。实验者发现了一个有趣而令人兴奋的结果，即在实验条件下，也就是说当这个人脸设计出现时，人们分给别人的钱就会变多。为什么会这样？

嘉宾：这个人脸设计会表现得像有第三个人在场。

葛岩：对，研究者也是这么猜测的，但是为什么会这样？

这牵扯到我们记忆的方式。我们看到相关的事物会存在大脑里，它们彼此之间有某种联系。当其中的某一个事物接受了某种刺激，在大脑里被激活的时候，可能不是一对一的，可能激活的是一个跟它相关的区域，除了最明显地被感知到之外，其他的是你没有意识到的，我们把这叫作下意识或潜意识。但它一旦被激活之后，在你执行下一个任务的时候，它就会影响你，这个现象叫作"扩散激活"。古人很早就已经意识到了这一点，书房挂着一个条幅，写着"慎独"，就是有人的时候你会表现得好一点，没人的时候你就不那么自律了。

下面给大家介绍一个眼睛实验，我用这个例子来讲"隐性事物的传播"。麻省理工学院的研究者采用类似的范式，在其中一组的电脑屏幕上显示出机器人，而且机器人脸上的 monitor（显示屏）做得正好有点像人的眼睛，另外一组什么都没有。这个游戏的名字叫作"公共产品"。这是一个很重要的行为心理学的游戏，就是若干个人在电脑前面，一人给你10美元或者20美元，但你现在要捐给公共产品，公共产品包括公路、水库等大家共用的东西。你可以根据自己的意愿捐，管理人员在看到每个人的捐款之后，会把结果乘3，乘3以后得到的东西平均分给所有人，所有捐赠的人都是有共同利益的，即公共产品。这个时候使个人利益最大化的行为是什么？就是你什么都不捐，因为你什么都不捐，但是均分的时候你还能分到东西。经济学和社会学里有一个悖论叫"公地悲剧"，就是说假如这个东西是公共的，它就要毁掉。研究者做了这么一个游戏，然后发现，当一个似乎是有人的眼睛的机器人在屏幕上出现的时候，人们给公共产品捐的钱就多了。

实验室是完全由人控制的，那么这些实验在我们的现实生活中能否起到作用呢？这是2006年发表的文章，被诺贝尔奖获得者、心理学家卡尼曼称为一个"完美的实验设计"。到国外当过交换生的学生都知道，在一些系里，老师们有一个教职员工休息室，里面会放点儿咖啡、饮料等，这些地方叫 suggested contribution，你可以捐一点，在旁边会放一个盒子叫"诚实盒"，也没人看着你，你不捐没人知道，你往里面放钱，好，你不放，也没关系。就像我们大家去旅游区的庙里，放一个盒叫"随喜功德"，功德你愿意做就做。这个实验中，研究者所做的一个操纵是什么？是在旁边挂了一个周历，每周翻一页，在第一周出现人的眼睛，第二周是花，第三周是人的眼睛，第四周是花，这样轮换了 10 周。每周他们计算一下，消耗了多少饮料，同时也计算一下获得了多少捐款，然后可以得出每个单位消耗多少饮料，获得多少捐款，10 周后这个实验结束了。结果显示，在有眼睛的情况下获得的捐款是没有眼睛的情况下的 2.7 倍。在一个学校的咖啡区，有人告诉你走后请把桌子收拾干净。然后会设计一个变量，有时候出现的是眼睛，有时候出现的是花，计算在这个时候有多少张桌子是没有被收拾干净的。研究者发现，在眼睛出现的时候，人们会变得更负责。瑞典的一个超市，就放了两个捐献桶，右边的桶把盖子合上出现两个像小眼睛一样的装饰，左边的桶出现的是三个点儿，在实验了一个月后发现，眼睛会影响捐赠结果。

那么，我们的概念化是怎么联系在一起的呢？街道和车辆联系，可能也和救护车有关，红色可能和植物有关，也可能和火灾有关，火灾可能又跟房子有关，这在理论上提供了可能，我们找到了它们之间的某种联系，找出一条信息线索，在人们没有意识的情况下，他们就会做出亲社会的行为。

自动化行为是怎么形成的？我们一般的认知心理学和社会行为学认为，当我们进入一个情境中时，包括广告学、营销学，涉及消费者行为研究时，也会告诉你当一个人进入一个情境之后，会做出这个选择或者那个选择，会分析情感权重和价格权重。事实上，经验证据表明，我们进入这个情境之后，你可能就这么做了。你根本不知道是怎么做的决定，仅仅是凭感觉。有趣的是，这种近乎自动化的行为是怎么形成的呢？谁愿意说一下。

嘉宾： 老师，我觉得是这样的。最开始的时候，它是有一个情境，产生一个短时记忆，以吃东西为例，吃的时候人们会产生一种感觉，是好吃还是不好吃，然后它会对你之前的记忆产生一种影响，并强化对事物的认识。在多次强化之后它会进入你的长时记忆系统，然后就会对你的整个行为和性格产生影响，即产生一种类似于刻板印象的东西，在之后的行为中，你会首先想到这个印象，然后再做之后的行为。

葛岩：好，谢谢！非常好！我们概括一下，我们的自动化行为的形成一般分为两类：一类是有意识的，比如打字、开车、游泳，你想达到某种境界，需要通过反复的训练；还有一种是无意识的，刚才那个眼睛实验，我相信你不会因为这个眼睛这样看着你，所以要表现得更好，它出现了，你注意到了。这时候很可能我们就要寻找更深层的心理原因，可能和遗传及进化有关。

对于眼睛的反应，很多人理解成可能和进化有关。一般来讲，面部特别是人的面部，是提供最多精神状态信息的。我们可以猜想，在进化的过程中，我们的祖先，对他同类的面部所透露的信息更敏感，因为这个提高了他存活的概率，也就提高了他们的基因复制到我们身上的概率。假如是这个原因，我们就会对这类东西比较敏感，哪怕它是内隐的。因此，对这类自动化行为要研究它的生成机制，要考虑"社会学习机制"。

我利用这个案例来讲现在的行为研究、心理研究的方法。20世纪90年代开始，研究大脑的设备一下子变得强大了，例如，核磁共振，在医学里主要是研究脑的结构，慢慢地大家发现，还可以来研究它的功能，就是我给你一个任务的时候，看看大脑发生了什么变化，就知道每一个脑区是和什么有关。这方面的研究也是非常引人注目的，在社会科学领域，用它来研究社会行为问题的论文，在2001年只出现了9篇，到2005年是5万多篇，差别巨大。大家注意，从2005年到2006年可谓一个转折期，原因是处理大脑成像的软件变得很好用了。

法国学者做了一个关于传播学的特别有趣的议题——阈下广告的研究。我们假定，你们什么都听不到，原因是鼓膜在接收外面声波的时候，它必须有一个阈值，就是门槛，阈值必须大到一定程度，人才有反应。阈下广告是我们接受到视觉刺激以后，大脑开始处理这类信息，然后把它从顶叶和突路再送到前面来进行判断。20世纪50年代的时候，美国有一个开电影院的人，在每天的新片预告里放了很短的可口可乐和爆米花闪动的镜头，它在你的阈值之下，就是你根本没有知觉看到它，但是电影院的可口可乐和爆米花的销量增加了，这就是阈下广告。这引起了很多人的兴趣，研究者发现，阈下广告在某些情况下是有用的。你不知道你看到了，那它怎么会影响你？下面这个实验就是一个证明。"5"只要一出现，你就按键，"5"有出现快的时候，有出现慢的时候，但是实际上"5"出现得特别快，没有按键的时候，它后面的电极，就是顶叶活动的电极，表示这个信息已经开始做视觉处理，但是没有能够送到前颚域来形成你的直觉判断，这就使你没有意识到信息已经进来了。

相关研究也开始对人的大脑的各种功能有了更多的认识。我们现代人的大脑和猫与耗子的大脑相比，最明显的区别是大小不一，人脑褶皱特别多。回忆一下初中物理，体积相同的情况下，褶皱多带来的效果是什么？表面积大。我们有10亿个大脑的神经元，从这个神经元到那个神经元的联系的可能性有1000种，10亿的1000次方是什么概率？这就是人比别的动物都厉害的原因。还有一个区别，人脑前面部分特别发达，耗子几乎没有。人的大脑一开始的时候应该是更像猫、耗子，然后脑干这个位置一层一层地往上和往前来垒，这就是人类进化的一种证据。

20世纪90年代就有研究发现，设法让人高兴、愤怒、悲伤、痛苦的主要活动脑区是大脑的下边。比如说亲人去世、和男朋友分手了，你就哭了，或者看到一个美女你马上就兴奋起来，这些情绪化的东西是跟我们的进化有关的。我们一方面借助理性的部分，控制、评价和指导人的情绪；但是通常，理性有时还不如情绪那么强大，它经常充当的是情绪的助手。

下面介绍几个用神经学的方法研究人的社会认知和判断的实验。这些实验是在2004~2005年进行的。大家知道，种族歧视是一个很严重的问题，而且各民族接触得越来越多，相互之间怎么相处就是一个问题。种族歧视是先天的，还是后天形成的？有的时候，觉得可能和先天有关，比如说我们在进化的过程中也是非常血腥的群体。一个小部落里面，大家分享很多共同的基因，对群体认同可能会对繁衍基因有利。两个族群发生冲突的时候，你肯定要向着自己族群。但是也有实验表明，把小孩放在国际幼儿园里，小孩也没有必然要歧视别人的倾向。各方面的证据都有，而且有一定的冲突。我讲的这个研究是给一些白人看黑人的照片，一种情况是只给他看 50 毫秒，也就是说他都不会清楚地意识到他看到了；另外一种情况是给他看 300 毫秒，让他清楚地看到。主要观察他的俯侧前额叶，我们做事情要控制自己的时候这里活动得很厉害；还有就是观察脑弯，即观察你的内在冲突，最重要的是观察杏仁核区。结果发现，在 50 毫秒内，就是人还没有清楚意识到的时候，杏仁核区就启动了，就是产生警惕和恐惧。然后对比看到 300 毫秒的情况，发现杏仁核区启动了以后，下面紧跟着就是俯侧前额叶运行，最后隐形的种族歧视这种情绪持续 2 秒。研究发现，杏仁核区启动的程度跟这 2 秒是呈正相关的，也就说明，这些人，你要是一般性地问他种族歧视的问题，他不歧视，但是他隐性的这种歧视是存在的。这就给我们提供了一个理解，就是他自己都不清楚的认知可能导致他的自动化行为，也可以探索当他接触到特定信息的时候，他实际的内在反应是什么样的。

还有一件很有趣的事情，一个人去帮助你，对你笑，你会觉得他的笑容很温暖。但你去摸他的脸了吗？那你怎么知道他是温暖的？温暖就是先让你看一些诸如描写亲情等温暖的文字，看你的大脑是怎么反应的。然后，在你手里放一个比较烫的球，很温暖的球，看你的大脑怎么反应的。前面叫"社会温暖"，后面是"物理温暖"。研究发现，激活的大脑活动有相当一部分是重叠的。同样的，人们经常会说"恶心"一词，这人真恶心，你怎么会恶心？吃什么不好的东西要吐的时候，你也会感到恶心。吃了脏东西很恶心与形容人恶心怎么联系到一起呢？因为大脑活动的重合使你做的情绪判断和感受判断一样，因此创造了一个词——体验认知，认知嵌入你的身体。

举一个政治传播上的例子，在美国用了共和党、民主党的实验。给受试者看同样的政治信息，最后发现他们的脑区活动是不一样的。特别关心政治的人，脑区活动频繁；不关心政治的人，大脑那个部位根本就不活动。这些研究给我们提供了一种可能，在不同信息刺激下，不同类型的人产生心理感受和判断的神经机制，第一个是低处理机制，第二个是机制发生原理。

和传播学最有关系的是可口可乐测试。可口可乐好喝还是百事可乐好喝？可口可乐在美国饮料市场占到 70% 以上的份额，百事可乐永远不会超过 10% 的份额。究竟谁更好喝？在 20 世纪 80 年代，一个市场研究公司把可乐分给受试者喝，然后把牌子调换，或者没牌子。研究发现，在没有牌子的情况下，并不是那些喜欢喝可口可乐的人就一定能尝出来它们的不一样。但又指出这个实验方式是百事可乐提出的，大家觉得研究结果不可靠。于是几个神经学家和营销学家又做了一个实验，让受试者躺在机器里边，然后给他滴入可口可乐和百事可乐，同时存在屏幕上出现牌子、不出现牌子、出现假牌子等多种情况。研究发现，当所有的线索都没有的时候，只是让你喝，百事可乐在处理味觉的地方激起的活跃程度是可口可乐的 5 倍。一旦可口可乐的牌子出现以后，海马区的活动就很强烈，信号回来以后再激活你的味觉，你的味觉区的活动变得非常强。我们看到的是什么？是品牌的力量。实际上你的认知和记忆、对可口可乐的认同感，反过来强化了你的生理感受，也就是味觉？这个实验发表在《神经元》杂志上，引起了轰动。

回忆前面同学讲的，人们是不是在别人看的时候会变得更愿意帮助别人？这个是日本人做的实验，一组在测试的时候给受试者录像，让他以为真有管理员在看他，当他进来的时候，正好碰到该管理员，另一组是没有的。在这种情况下，看受试者大脑的活动。当受试者把钱分给别人的时候，如果有人看的话，他分给别人的钱会相对多一些。有人看着你做好事的时候，感觉会比较好，这证实了我们这个机制。信息进来以后，应该是先从枕叶的这两个地方，它们对人的面孔的反应非常强烈。看来识别对方的面孔，对人的存在是非常重要的，而你发现人记忆别人的能力是非常强的。《最强大脑》有人看过没有？有人辨别人脸的能力简直是不可思议。信息进来以后会把它送到两个侧叶，这牵扯到一个很重要的东西叫作"theory of mind"，"theory" 在这里不要当理论讲，实际上是在讲对别人心智状态的推测，这是人的一个特别重要的能力。

在百万年前，实际上有两类人，一类就是我们的智人，就是现在的人，还有一类是直立人。直立人后来被消灭了。我猜想是被我们消灭了。我们最近的亲戚是谁？黑猩猩。黑猩猩跟我们的基因差别有多大？少于2%。但我们是有很大差别的。奇怪的是，你看别的动物，都可以看到形形色色的，很相近，包括老虎、豹子，是一个类别的。我们和黑猩猩差得很大，有一种可能是，跟我们差不多的都被我们消灭了。智人和直立人的一个重要区别是，他们脑这个地方比我们小，扁平得多。这个是怎么测量的呢？你躺在机器里头，给你呈现一张照片，然后我看你脑部活动，就是你在推测别人心智的时候看你的脑区。头盖骨的化验发现，直立人和智人相比，那个地方就没有发展起来。这个是很重要的。你们在听我讲话，我在看你们的表情，我无时无刻不在推测你们是什么反应。

这是一个很简单的实验。两三岁的小孩，让每人坐这儿，然后放PPT，第一个PPT，给小朋友 Tom 一个苹果。他有两个盒子，蓝盒子和红盒子，他把苹果放在红盒子里了。Tom 走了，然后 Tom 的妈妈来了，把红盒子里的苹果放在了蓝盒子里。然后 Tom 回来了要找苹果，问底下被测的小朋友，Tom 会在哪里找？小孩儿 80%～90% 说，会在红盒子里找。但是你注意，小孩子们知道苹果在哪里，他可以想象 Tom 的知识和心智状态，所以他们这样推断，这证明人很小的时候就有这个能力了。这是很经典的、很简单的实验，但是很说明问题。我们和任何人接触，第一要推断别人的心智状态，第二要体会别人的感受。比如告诉你我指甲被砸掉了，你什么反应？现在我们知道这个反应在哪儿发生的。它的实验也很简单，躺到一个核磁共振扫描仪里面，手伸着，拿针扎你，一个就是看我们讲的痛感，还有一个是看身体的反应。然后就是让你看录像，一个人的手被扎了，看你大脑什么反应。发现管身体活动的那部分反应不强烈，但是情绪活动那部分，你看到别人被扎跟你被扎高度重合，证明我们有这种能力，而正是有这个能力，才能使我们在一起交流，才能使我们在一起形成一个越来越大的社会，这就是它的共同表现。

我们讲了自动化行为的行为、心理、神经方面怎么进行研究。另外还有一个原因是，可能是更深刻的——遗传。如果你小时候在家里受到虐待，你长大以后有反社会人格的概率增加，听说过这种说法没有？信还是不信？正常的，我们对全社会调查的话，大概有反社会人格倾向的人有 2%～4%。假如小时候受到虐待的话，这个概率可能增长 50%～100%，如果增长了 100%，从 4 个人到了 8 个人，这只是问题的一方面。还有另外一些方面，剩下的人，受到虐待之后怎么就没有反社会倾向呢？有一个伟大的实验，我觉得非常伟大。实验者找了 1058 个 3 岁的小孩儿，那些小孩分布在不同的家庭，从 3 岁的时候就开始对他们的父母、所在的幼儿园做记录，同时每个人抽了血样。到 2003 年的时候这些小孩儿 26 岁，研究还没有结束，现在还没有结束。2003 年发表的文章说要研究到 45 岁。每过四五年，有一些人会表现出反社会倾向，那如何评价这些有反社会倾向的人？这些人有没有受虐待？受虐待的话，是严重虐待还是轻微虐待？受虐待的这些人是不是有反社会的倾向？最后他们发现，有一种叫作元胺的基因，这种基因极大地调节了虐待和反社会人格之间的关系。大家有点生物学的知识就会知道，基因体一个是锁，一个是钥匙。你要用钥匙打开锁，打开得好，叫表达充分，打开得不好叫表达不充分。表达不充分的人带来基因病理，那么这个基因，如果在样本身上表达不充分的话，形成反社会人格的概率特别高，如果表达充分的话就不高。我们就发现，这个表达不充分的，从很低一下子就增高了很多；如果表达充分的，那就相对迟缓，和正常人的差异微小。这就解释了以上倾向是受外部环境影响，但是一些因素是我们完全控制不了的，比如基因。

基因当然是自动化的，我上课讲这些的时候，有些同学觉得很失望。在研究基因的时候，基因和环境的影响是很难区分的。因为我们说什么是受基因和遗传的影响，什么是受后天的或文化的影响，真的都是概念化的。因为我看到你们每一个人，既是文化人、社会人，也是基因人，那你怎么把它剥离开？谁能猜猜研究者怎么把它剥离开？西方很多国家都做全国性的双胞胎研究，双胞胎有同卵双胞胎和异卵双胞胎，你可以做对比。

同卵双胞胎和异卵双胞胎，如果在同一个家庭里长大的，幼年生长环境是很接近的。然后你会发现，同卵双胞胎相似的地方比异卵双胞胎多得多，这就说明基因的作用。最珍贵的样本，同卵双胞胎，其中一个出生以后在另一个家庭生活，两个人从来都没有见过面，这时候发现有高度一致的地方，即受基因影响。

我们实验中用了眼睛和花，想看一下大脑是怎么活动的。我们确实发现，在不同的线索出现的时候，大脑活动的差别很大。我们以眼睛为例，梳理一下它的警卫和心理措施，做神经质的探讨，我们还可以去追踪遗传里面的原因。美国的民主制度，它鼓励更多的人去参加选举，但实际上大部分人都对选举没有兴趣。一般的美国人对谁当总统还不如中国人这么有热情，因为总统变来变去，他们的总统在国外影响很大，但在国内影响不太大。美国的民主制度就是换了谁也是换汤不换药的。但是民主制度希望更多的人参与进去，让更多的声音被听到。于是怎么样鼓励人们参加这些地方选举，正是传播的任务。

再讲一个例子，20世纪90年代末纽约有一个黑人，后面有四个警察在追他让他停下来，他就跑，跑的时候他又爬墙，然后手里掏东西，警察就觉得他在掏枪，于是四个人一起开枪，把黑人打成筛子。结果他掏出来的是一个钱包，于是人权组织，少数民族保护组织，起诉警察蓄意杀人。大家觉得是蓄意杀人吗？怎么证明不是？华盛顿大学的一个学者做了这么一个实验，他让白人对视，坐在电脑前。然后给你闪动黑人的照片和白人的照片，最后看阈下现实，就是你都没感觉到看到了，比方说让你稍微感觉到，别的什么都看不清。然后，比较快地闪动两类东西，一类是武器，一类是工具，要求你判断，这也用的是我们刚才的隐性认知。结果是什么？对白人而言，当前面在闪动黑人的照片的时候，他把这个工具辨识为武器的概率一下就增高了。这个证据说明，我们不能认为他把这人打死是对的，这是一个生命。但是，我们会认为不存在"蓄意"，因为我们知道这个自动化隐性认识并不是由他们控制的。

发掘人的记忆源，或者是和人的遗传、生理等的某种隐性关联，用它来激活你的某种行为，使它符合某种社会目标，这是现在一个挺有趣的研究领域。在 2009 年的时候，芝加哥大学商学院的 Richard H. Thalerr 和哈佛大学法学院的 Cass R. Sunstein 写了一本书叫作 *Nudge*，翻译成中文叫《轻推》。就是从管理的角度，讲你这个东西怎么放，放得多高，其效果是不一样的。就是不断地寻找一种让人没有压迫感，同时又符合我们希望达到的目标的行为规则，我把它叫作 implicit social communication。

嘉宾：葛老师，您好！您讲的多是国外的跨学科发展情况，比如社会学和心理学相结合等。请问：在中国，行为心理学研究与跨学科发展的情况怎样？

葛岩：发展得不好。这方面的研究涉及的知识领域很广泛，包括神经学、数学、普通心理学等，有人在做这方面研究，但是发展得不好。有关这方面的研究国外也不是特别多。行为心理学对人的行为提供了一种更深刻的解释，它可能提供一些和你的直觉判断恰恰相反的结论。有学者就研究人的精神失常是遗传还是后天导致的，各自所占比例有多大，做得非常好。

嘉宾：老师您好，听了您的演讲受益匪浅。我想请问的是，如果想将行为心理学和传播学结合起来进行研究，哪些选题比较有研究价值？请您给我们一些建议和指导。

葛岩：在国际传播学界，尤其是在市场广告这个领域，主要的研究都是通过心理实验进行的。有关实验、行为测试等方面的文献很多，像 *Journal of Advertiser Research*、*Journal of Market*、*Journal of Consumer Research* 等期刊上 60% ~70% 的研究都是通过行为测试进行的，可以找来学习。谢谢！

香港传媒生态——发展与功能

时　　间：2014 年 7 月 9 日

地　　点：上海交通大学闵行校区光彪楼 1 楼多功能厅

主讲人：王伟

王伟

　　王伟，1985 年 7 月毕业于上海大学文学院，同月进入上海《文汇报》，在要闻部任夜班编辑，后任版面副主编；1995 年 1 月，任上海《文汇报》要闻部副主任；1996 年 10 月，调上海市委宣传部，任新闻出版处副处长；1999 年 1 月，调上海市政府新闻办，任新闻处（后改称新闻发布处）处长；2004 年 4 月，调香港《大公报》，任副总编辑兼大公网总编辑；2013 年 4 月，调上海《解放日报》任副总编辑，兼《新闻晚报》主编，现任上海报业集团副社长。

王伟：今天跟大家介绍一下香港传媒生态。我是 2004 年 4 月到的香港，2012 年底回到上海。在香港待了 8 年多，主要是在《大公报》工作。关于香港传媒生态，我主要从以下几个部分进行介绍：第一部分，介绍香港媒体的一些基本情况；第二部分，总结香港媒体的一些特点，我主要介绍的是香港报业的特点，兼及电子媒体、网络媒体和杂志等；第三部分，介绍在香港创办媒体所需考虑的影响因素。

香港素有"东方之珠"之称。在不到 200 年的时间里，香港由一个小渔村发展成为国际化大都市。现在提到香港，人们对它的印象是国际金融中心、国际贸易中心和航运中心。但是可能很多人并不了解，香港其实也是一个著名的信息中心和情报中心。大家知道美国在香港有领事馆，但是美国驻香港领事馆的官员人数，据说超过驻北京大使馆的人数，其中很多就是在香港了解各方面情报的人员。这也从一个侧面说明，香港在信息和情报方面的重要地位。香港是各种信息流汇聚和激荡的地方，香港社会比较多元化，香港市民受教育程度较高，识字率也很高，这些特点都决定了香港传媒业的高度发达。各种形态的媒体，比如报纸、广播、电视和新兴的互联网媒体，在香港均衡占据市场，均衡发展。

从历史来看，作为中国近代最早开埠的地方，香港受到西方文化的深刻影响，也是中国现代传媒业的滥觞之地。鸦片战争之后，中国境内第一份中文报刊《遐迩贯珍》就诞生于香港。另外，中国最早的中文商业性报刊《香港船头货价纸》也是在香港创刊，并且随着这份报纸的诞生还出现了中国最早的商业性广告。经过 100 多年的发展，目前，香港仍然是我国传媒业最为发达的地区。

香港是一个高度商业化的城市，传媒业受到这一特点的影响竞争也十分激烈。据统计，以报纸为例，目前香港各种日报，总数超过 20 种，每天的发行总量在 300 万份左右，而香港的人口只有 700 万，也就是说，在香港，不到 3 个人就可以看到一份报纸。如果按照香港实质成年人口计算，即还要刨除一些老人和还没有受过教育的儿童人数的话，差不多就是 2 个人就可以看到一份报纸。如果按照香港 18 岁以上拥有选举权的 320 万选民来计算，差不多就是人手一份报纸。如此高的报纸发行量和覆盖率在中国的其他地区是极其少见的。上海目前的常住人口超过 2400 万，主要日报有 10 多种，其中大部分属于我所在的上海报业集团，包括《解放日报》《文汇报》《新民晚报》《新闻晨报》《东方早报》《时代报》《上海法制报》，其他的还有《青年报》《劳动报》《上海商报》，还有跟《成都商报》合办的《每日经济新闻报》等，上海同样是个国际大都市，但其每日发行报纸的数量只占香港报纸的一半左右。我们从内地到香港去，经常可以看到香港的一些茶楼、酒市，包括街头的公园，或者在巴士、地铁上，随处都有拿着报纸阅读的人，其中年纪比较大的人居多。这样的情景在全国的其他省市可能也是比较少见的，可以说这是香港的一大文化景观。

下面我就给大家详细介绍一下香港传媒发展的基本情况。香港传媒发展到今天，应该说还是处于传统媒体范畴的报纸最具有代表性。目前，香港有近 20 种主要的中文日报，主要是《大公报》《文汇报》《商报》《星岛日报》《香港经济日报》《晨报》《新报》《明报》《东方日报》《太阳报》《苹果日报》等，这些都是收费的报纸。目前，如果加上英文报纸的话，香港大概有六七家免费报纸，包括《都市日报》《头条日报》《AM730》《晴报》《爽报》等，2012 年还推出了一份报纸叫《新晚报》。这个《新晚报》，有的同学可能知道，历史上的《新晚报》是所属于《大公报》的一份晚报，但是这份《新晚报》跟《大公报》原来的《新晚报》不是同一份报纸，只是报名相同而已，这也是香港报业的一个特点，因为《大公报》的《新晚报》在香港 1997 年回归以后是作为香港最后一张晚报停办了，按照香港的法律规定，如果一张报纸长期不出版或停止出版的话，别人就可以用这个报名，所以现在又出了一份《新晚报》。香港的《地铁报》一会我也会跟大家介绍。除了中文日报，香港还有 4 份主要的英文日报，包括《南华早报》、《亚洲华尔街日报》、《中国日报》的香港版和《英文虎报》，《英文虎报》也是免费发行的报纸。除了日报，香港也有社区类报纸，上海有两份社区报，《新民社区报》和由《新闻晨报》创办的《社区晨报》。在香港，这样的社区类报纸其实早就出现了，而且数量比较多，往往刊登一些本地区相关的实用类信息，香港居民居住的私人楼宇里都有这种报纸，便于市民自由取阅。

下面我按照不同标准对香港报纸进行细分，主要从以下四个方面：第一是从发行方式上分类；第二是从发行量分类；第三是从报纸内容和办报风格分类；第四是通过报纸的政治倾向分类。

从报纸的发行方式上来看，可以分为收费报纸和免费报纸两种。香港主要的日报有 2/3 都是收费的，日发行量大概是 100 万份，原来统一定价为每份 6 港元，这主要是为了避免同行之间用价格手段进行恶性竞争而协商制定出来的标准，无论报纸厚薄，一律统一定价。有的报纸厚度可以达到六七十页甚至上百页，有的报纸不到 40 页，《文汇报》《大公报》属于中等厚度的报纸，像《苹果日报》《东方日报》都是相对比较厚的报纸，像《信报》《晨报》相对来说薄一点。但是在香港无论厚薄，统一定价为每份 6 港元。但是这个价格确实令一些报社无法承受，从 2012 年开始香港就一直在议论报纸加价的问题，目前，一些香港报纸已经涨价，不再是原来统一的价格了，像《大公报》涨到了每份 7 港元。2005 年，随着《头条日报》《AM730》等免费报纸上市发行，加上之前的《都市日报》，香港的免费报纸发行量很快超过了收费报纸，且在此后二者间的差距越来越大。

从报纸的发行量来看，主要的日报可以分为两个或三个等级。第一个等级是发行量超过 10 万份的报纸，即《东方日报》、《苹果日报》和《太阳报》这三家报纸，在香港简称为"东苹太"。这一等级的三家报纸的总发行量占到香港所有收费日报的八成左右，其中，《东方日报》和《苹果日报》的规模相当，日发行量均在 30 万份左右，《太阳报》是东方日报集团办的一份走小报化路线的报纸，其规模相对较小，日发行量有 10 多万份。第二个等级就是其他的各种收费报纸，其发行量一般不超过 10 万份。其中有几家历史悠久的报纸目前市场萎缩严重，发行量有时甚至不到 1 万份，大概在 1 万份上下，那么这些发行量在 1 万份上下的报纸也可以把它从第二等级里分出来归为第三等级，比如《晨报》《信报》等。但是这些报纸的舆论影响力仍然存在，特别是《信报》，被公认是香港办报水平较高的报纸，其读者多为知识分子和财经人士。香港还有很多报纸是同一报纸品牌在北美和东南亚市场都有发行，另外一些报纸发行数量就没有统计在这个大的数值里面。

从报纸的内容和办报风格上来看，可以分为所谓的走市场报纸和严肃类报纸。《东方日报》、《苹果日报》和《太阳报》这三家发行量较大的报纸一般被认为是走市场的报纸，它们在内容上偏向于迎合香港市民的口味，比如一些耸人听闻的社会新闻、娱乐新闻都可以登上头版头条，使用煽情的大字标题，争夺眼球的大幅照片，有的报纸甚至还保留有色情版面。

从报纸的政治倾向来看，可以分为左、中、右三派。第一类是左派报纸，如《大公报》《文汇报》《香港商报》等都是坚持爱国爱港的立场，在一部分读者中具有很高的公信力，对香港的政府官员，政治立场倾向于爱国爱港的香港企业家、商界人士、教育界人士等具有较大的舆论影响力。第二类就是右派报纸，像《苹果日报》《东方日报》《太阳报》等。介于二者之间的《星岛日报》《晨报》《新报》等属于中间派。

这是报纸的一些情况。除了日报，香港还有几家重要的电子媒体，电视台主要包括无线电视、亚洲电视、有线电视、凤凰卫视、无线亚视、有线香港卫视等，还有开播只有三四年，目前只在有线网络上能够看到的香港卫视，它是由内地一个浙江商人投资几个亿创办起来的。这些香港的电视台，内地的受众更多地知道一些娱乐性的节目，实际上它的新闻类节目，特别是有线电视，每天滚动播放新闻，半小时一档，如果碰到突发新闻反应非常快，全景式聚焦，马上直播，而且同时有几个频道播这个新闻。另外，香港主要的广播电台有香港电台、商业电台、新城电台。

香港的电子媒体在舆论体系中也有重要的影响。这跟内地的情况有点不太一样，内地广播电台在舆论影响力上相对比较弱一点。但香港不同，广播比电视更有舆论影响力。我在香港有个感觉，香港听广播的人特别多，你看香港的一些小店，无论是年轻人还是年长者，往往都在开着广播收听新闻信息。另外，在香港如果想学粤语，我建议可以听广播，因为广播的语速比较适中，语调也比较平稳。香港国波电台的一些政论节目特别受到特区政府高官、立法会议员、社团领袖的重视。前两年，左派的舆论集中攻击一些香港的电台主持人，说他们霸占了"大气电波"——广播，攻击其为反对派宣传政治主张，抹黑特区政府。这些电台的节目在影响观众上是具有非常大的作用的。从政治倾向上看，电子媒体当中有不少是持偏右的立场，除了批评特区政府、攻击爱国爱港人士外，还集中对内地的恶性事件和"维权"人士、意见人士进行报道。这一方面是政治上的原因，另一方面也是由于受不同新闻理念的影响。内地比较讲究和谐，对一些非常规类的事物，总是觉得不应该炒作。而香港的媒体信仰，一般来说是非常规的，就是认为"人咬狗才是新闻"。从受众的阅读心理上来讲，我想大家在一定程度上是认同这种观点的。另外，香港还有一个比较特别的现象，就是香港政府出资办的香港电台却持批评政府的立场，违背解释政府政策的宗旨，也遭到特区政府官员和一些舆论的批评，但电台的人员标榜这是"新闻自由"，所以特区政府对它出钱办的香港电台也无可奈何。

那么，香港的网络媒体现在的发展情况到底怎样呢？可以用 8 个字形容——发展迅速，遍地开花。但是，现在香港的一些网络媒体，比如《主场新闻》《八五二邮报》《热血时报》等，目前的发展模式还不太成熟，一般是以 10 人左右的小公司形式运作，没什么广告，主要靠一些赞助维持，内容方面以社会评论、八卦新闻为主。目前，这些媒体的读者群多为记者，普通市民很少，多通过"脸谱网"（Facebook）转发，以此来扩大影响力。

另外，香港还有数百种杂志，主要以周刊、月刊等形式出版，包括《亚洲周刊》《信报月刊》《明报月刊》《镜报》《广角镜》《争鸣》《前哨》《紫荆》《经济导报》，《紫荆》和《经济导报》实际上都是中资背景的左派刊物。其他比较有影响的杂志还有《东周刊》《壹周刊》等。

这是对香港媒体的一些基本情况的介绍，比较多地偏重报纸媒体。第二部分我对香港传媒发展的几个主要特征进行总结。香港的传媒业是在高度商业化的环境中，在崇尚自由竞争的资本主义制度的环境中发展起来的，秉承的是西方的新闻理念，同时香港的传媒业也是在中西文化相互激荡、交融的文化环境中发展起来的，所以这些因素使香港的传媒生态呈现一些鲜明的特征。我将其概括为以下四点。

第一个特点是高度激烈的商业化竞争。关于这一点，上面我在介绍一些媒体的情况的时候也有所涉及。具体到报业来说，就是所谓的"商人办报"。香港的媒体隶属于不同的机构，老板投资办报，虽然会有多重目的，且目的各有不同，但是有一点是共同的，就是要讲求回报，是为了赚钱。有的报纸本身可能亏本，但是服务于它的整体商业经营的需要，有远利可图，或者有其他方面的利益可以弥补，这些报纸也在勉力支撑。我刚才向大家介绍的时候说有些报纸发行不到 1 万份，应该说它的影响力是非常小的，但是老板还是愿意去办，因为他有其他方面的考虑。在残酷的商业竞争中，许多有悠久历史的或者火极一时的报纸消失了，现在香港的报业格局可以说是自 1995 年《苹果日报》创刊形成了一种冲击波后，经过不断的调整，逐步稳定下来的一种格局。我再讲讲报业商业化竞争的一些不良后果。香港的报纸多数是商办的，私营为主，广播电视也是这样的，它的观点不依从官方，批评政府及其施政错误被报界认为是理所当然的事情，媒体享有相当大的新闻自由。商业竞争促进了报业的繁荣，也造成了一些不良后果，突出表现在香港的主流媒体有鲜明的民粹主义色彩，迎合或部分迎合民众的喜好，这也造成了一些人担心香港报业的竞争及全面的市场化，导致传媒公信力的下降。

第二个特点就是香港的媒体具有强烈的政治倾向，这种政治倾向超过了我们在内地所能感受到的。香港人长期处于商业化氛围，原来人们对政治比较冷淡，但是从中英在 80 年代末就香港未来进行谈判之后，由于涉及个人的利益和前途，香港人对政治新闻由冷淡转为敏感。出于私利考虑，港英当局有意识地挑起一些政治话题，给香港回归制造障碍。为适应这种变化，香港媒体也逐渐热衷于对政治议题的报道和讨论。现在，应该说香港社会政治纷争很大，媒体上反映的政治气氛也越来越浓厚。回归之前，选举政治开始进入港人的生活；回归以后，随着基本法确立了香港的民主进程，选举成为香港热门政治话题之一，也是媒体聚焦的热点，无论是立法会的选举、区议会的选举，还是特首的选举、选委会的选举，都是媒体报道的热点。回归以后，多数港人对香港、对中央政府还是比较满意的，港人对政治新闻的关心比较多地转移到对香港内部的关注。另外，随着港人主人翁意识的加强，民众在政治选举方面的参与度明显提高，监督政府的力度明显加强。媒体对于政府部门的施政错误或者处置失当经常以大肆渲染的形式进行报道，影响公众舆论，宣泄对政府的不满情绪，扮演了监督政府的角色，发挥了媒体作为第四权的社会功能。你可以认为是对第四权力主张得有些过度，但是这就是香港的政治生态，是媒体的一种特殊情况。这是香港媒体强烈的政治特性。

第三个特点是香港媒体也承担了一些特殊的社会功能。因为香港是所谓的公民社会，政府拥有进行社会动员、社会教育的能力，但是资源非常有限。虽然各种政团在回归后在民主竞争中有所发展，发挥了重要作用，但是香港没有政党，只是政治团体，所谓的民主党、公民党，按照西方政党的标准来看，一般不能认为它们是政党，只认为它们是政治团体，因为政党有一个全国性的问题，而这些政治团体的规模也不太大，人数也偏少。香港最大的政治团体民主建港联盟，就是香港民建联，它现在有1万多会员。这些团体不叫政党，叫政治团体，所以它们的作用非常有限。实际上，许多社会职能实际上是由媒体这一特殊的机构在履行的，媒体承担了特殊的社会功能，包括我们前面提到的游行示威。不管是右派媒体还是左派媒体，都起到了强大的动员作用。2003年之后，中央政府推出一系列支持香港社会稳定、经济发展、社会和谐的举措，首先就是支持香港人到内地发展，对推动两地经济贸易发展制定了一些决策。另外还推出了自由行政策，内地居民到香港旅游，推动香港旅游业、服务业等的发展。香港的很多企业家也来内地投资，支持内地的发展。香港媒体举办了很多活动，在这些活动中，媒体不仅作为一个舆论的支持单位，而且是直接组织者、筹备者和承办者，在其中发挥着核心的作用，香港没有其他机构可以承载这样的职能，这就是我讲的第三点，香港媒体承担着特殊的社会功能。

第四个特点，我认为从文化层面上说，媒体也是香港一张比较特别的文化名片。香港曾经被认为是"文化沙漠"，实际上这样的评价是十分片面的，香港虽然是一个高度商业化的社会，在这个商业化社会里不能充分实现其市场价值的文化就难以生存。但是，电影、流行音乐等充满流行时尚元素的文化，作为香港的标志性文化在全球华人圈拥有极为广泛的受众。即使在传统的狭义的文化领域，香港也并非所谓的荒漠。表面上看，香港很少有写作大部头小说成名的作家，也没有多少有广泛影响的文学刊物，但是香港有一批专门以报刊专栏文章而享誉整个华人世界的散文大家，比如我们内地熟知的董桥、林行止、陶杰等，都是借助于报纸的专栏成名的，他们都是写报刊专栏文章的，其作品往往是在报纸上刊登后再集结出书。香港在激烈的商业竞争中出现了"大报小报化"倾向，但是媒体之所以仍然能够维持大报的声誉，就是因为有这样一批名家操持的高品位的专栏。这是香港媒体在文化上的特点。从这个意义上讲，媒体，特别是报纸，包括一些刊物的专栏文章，是最具香港特色的文化产品，足以让香港摆脱"文化沙漠"之名。

以上我主要从几个方面跟大家介绍了香港媒体的一些特点，第一是商业性，第二是政治倾向，第三是它的社会职能，第四是它的文化属性比较强，是香港的文化名片。我通过这四个方面概括香港媒体，尤其是报纸的一些基本特点。

最后，在香港办媒体必须考虑一些因素。

首先，就是香港的生活节奏很快，香港人面临的生存压力很大，人们在工作之余对报纸的要求更多的是资讯齐全、快捷高效。相比严肃性的政治时事议题，人们更愿意看一些简单诙谐，能带来轻松感的内容。香港是一个老龄化程度比较高的城市，人均寿命较长，香港的中老年人有喝早茶看报的习惯，他们在这种场合更多的是看一些比较轻松的内容。香港的报纸还是比较贴近市民的，但是这几年由于香港的政治气氛比较浓厚，所以香港报纸上的政治内容多了起来。我认为今后几年这种情况可能还会延续，但是从根本上来说，这跟香港原有的社会属性是有所背离的。这是第一点要注意的地方。

其次，香港是一个国际化的大都市，它的经济十分发达，但是贫富差距也很大，社会分层现象比较严重。有调查显示，香港中产阶级只占到香港全部人口的二成。社会成员当中更多的是中下层市民，他们也更倾向于大众化的报刊。香港还有很多外籍居民，他们热衷于英美的报刊。像BBC、CNN、《泰晤士报》和《纽约时报》在香港的影响力还是非常大的。但是，从香港整体的媒体受众来说，报纸要想扩大阅读人群，必须更多地顾及中下层居民的需求。

最后，香港曾经长期受到英国的殖民统治，一直有自由的传统，但也缺乏民主的根基。自由和民主本来相伴相生，但是在港英政府统治下被分离了，造成了一种追逐真正民主不足而对已拥有的自由不珍惜、不满足并滥用的情况。比如说前几年发生的默多克新闻集团《世界新闻报》窃听事件，实际上就是对新闻自由的滥用。而这种滥用在香港媒体中也经常发生。大家在娱乐新闻、八卦新闻中会看到，一些香港的影视明星屡屡被偷拍，香港的狗仔队非常厉害。所以，如何既保证报道的自由，又防止滥用自由，严格自律，是报纸和所有媒体在激烈竞争中要冷静思考的问题。而且，这不只是香港媒体要思考的问题，很多内地媒体也需要思考。既要开放、自由，同时也必须考虑媒体行业自律问题，肩负媒体的社会责任。

嘉宾：王老师，您好！广告代理是国际上比较通行的一种制度，我想问一下这个制度在上海的普及程度如何。

王伟：据我所知，现在广告代理制在很多报社是实行的。比如说我原来兼任主编的《新闻晚报》，它的广告就是由一家叫"佳美广告"的公司来代理的。现在我们的《新闻晨报》也实行的是广告代理制，但是是由我们集团内部的广告公司来代理的。有很多广告公司，有很多广告人，是通过代理报纸的广告发展起来的，上海有很多都市类报纸现在普遍都是采用的这种方式。

传媒经历·成长分享

成长的声音无处不在——给传媒学生的寄语

时　间：2014 年 7 月 12 日
地　点：上海交通大学闵行校区光彪楼 1 楼多功能厅
主讲人：张坤

张坤

　　张坤，博士，现任《中国青年报》总编辑，高级记者，任团中央委员、中央直属机关青联常委、首都青年编辑记者协会副主席、中国青年报刊协会会长等。先后获得包括 5 次中国新闻奖在内的多项全国性大奖，出版《跳槽诱惑》《新财富精神》等 10 余部专著，在省级以上刊物发表学术论文 30 余篇（以新闻论文为主，其中部分论文收入《中国新闻年鉴》），曾获得全国新闻出版领军人物等荣誉称号。

张坤：非常荣幸能够站在这个讲台上，今天我想和大家分享一些成长的感受，听听成长的声音。

成长的声音无处不在。我从小一直很向往能够具备理工科背景或者素养，但是遗憾的是，一直到现在，我也只能在报社招聘的时候增加一些有理工科背景的同事。如果有理工科的背景，再增加人文修养、艺术修养，将会更有利于人生的全面发展。

成长的话题真是无处不在，可以超越我们的年龄、性别，甚至超越国界。而且我们的生活之中，几乎每个人、每件事情，或者自然界的每个景物、每朵花、每棵草都有可能给我们带来成长的启迪。我们每个人都可以自问如下三个问题。

第一个问题：我真的倾听过"成长的声音"吗？

一个多星期前，《中国青年报》有一篇经典的报道，叫《毕业论文里的母亲》。可能大家不一定看到过纸质的《中国青年报》，但是这篇报道在网上、微信朋友圈里转发了很多。这篇报道和在座的大学生、研究生、博士生有关系，它讲的是云南大学一位女研究生花了两年多的时间写的一篇毕业论文，论文题目很专业，叫《母亲的故事：一位下岗女工的社会互动和自我建构》。论文的作者收获的不仅仅是如她导师所评价的"整个夏季最让我感动，最让我兴奋，最让我充满激情的一篇论文"，同时作者收获了意想不到的包括《中国青年报》的报道带来的很多年轻人的关注与分享，对于她本身来讲更重要的是收获了成长。这样一篇毕业论文，对作者本人来说，对于这位25岁的女研究生来说，意味着一次成长的仪式，是她自己成长的仪式。她在这篇毕业论文的致谢中也写到，包括我们记者在采访她的时候，她也说道："通过这二年多的时间我学会了倾听，学会了宽容。"

我们常说"常回家看看"，"听听母亲的唠叨"。在座的同学可能也一样，放暑假、放寒假期间，回家会听听母亲的唠叨。但是我们是不是真正倾听过？有没有真正地倾听完？两年多的时间里，这位女研究生非常认真地倾听了她母亲的点滴倾诉，包括她母亲身边的一些退休职工、下岗职工的倾诉。她静静地听完各种各样的倾诉后，会给他们拍张照，之后会把照片寄给这位退休的邻居大妈、大婶或者大叔。在这个过程之中，她有很深的人生感悟，她觉得自己重新活了一次。她说，人其实是没有太多的时间去倾听的，甚至也没有人愿意去说、去讲。但是总有人想听他们的声音。

其实，我们关注得更多的是各种各样的人，包括最普通的人，来自农村也好，来自城市也好，关注他们的声音如何能够传递出来。因为他们不只代表了他们自己，他们代表了一代人，也代表了我们整个中国最基础的人群。

所以第一个问题，我希望每个人都想一想：有没有自己真正的成长的仪式？人的生命中有两个生日是很重要的，一个是某年某月某日我出生的日子，还有一个"生日"也很重要，就是明白了我为什么要出生的日子。当然，探寻这个问题的答案可能需要我们一生的时间。

在今天这个时代，我们听得还不够多吗？比如在这十几天的讲座中，大家每天都会听到学者发出的专业领域的声音。每天早上起来，大街小巷都可以看到塞着耳机的人。地铁里面也都是这样的情景，比如我在地铁里碰到两个人在聊天，他们说了半个小时，仔细听一听你会发现，甲和乙说的内容好像在网上都看到过，也就是说，甲和乙交流的半个小时时间里，其实都是在讲他们从网上或者从电台听到的一些信息。

我曾经写过一篇小论文——《拒绝做信息的贩夫走卒》。什么叫"信息的贩夫走卒"呢？就是说在这个信息泛滥的时代，我们每天听到各种各样的声音，打开网络看到各种各样的信息。最残酷的就是，即便我们很想见面，但见了面之后我们还是低着头在用手机进行交流。在人和人之间以这样一种方式进行交流时你会发现，人之所以成为人，他本身肯定不是一种简单的信息的载体，人和人的交流如果仅是信息的二道贩子、三道贩子、四道贩子的话，人也就达到了最悲哀的一种层次，变成了信息的载体。

其实，现在每天在我们身边都很真实地发生着这样一些令人悲哀的事情，包括我们所谓的新闻专业主义者目前也面临着这样、那样非常严峻的考验，有的人在网上发点儿信息，组织起来就是一篇稿子。这可能是全国媒体普遍存在的一种现象，即便是像我们报社这样非常讲究专业主义的媒体，也依然存在这样的问题。

言辞比较尖锐的贺卫方先生在谈到当今的自媒体的时候说："人人都在说话，好像是在交流，其实人人都无心听。没有人用心去听别人怎么说，都是在自说自话，所以每个人都是一个孤岛。"他这番话说得真好，人人都是一个孤岛，表面上我们是坐在一起，但是我们可能只是信息的载体，我们没有自己的信息或者说是观点，我们没有自己的思想，没有自己作为一个个体的独立的批判精神，所以我们往往会成为孤岛。

我还坚持偶尔发发微博，也是属于自说自话的那一类，互动交流不是太多。几天以前我还发过微博，说："你听过花儿慢慢开放的声音么？如果没有，请你慢下来，静下来，听一听花开的声音，告诉自己生活真好，告诉自己不要等到花儿谢了，才能发现它的美丽。"其实真的是这样的，比如说我在北京，北京的污染比较严重。上海我来得不多，但是我在今年年初来上海的时候，正好赶上上海也是雾霾天。那天真的是几乎让我窒息的一天。我还感叹，上海怎么也这样让人窒息呢？在雾霾天里，人们都不会愿意去欣赏周围的一切事物。

　　我在北京的时候，我们家旁边有一个铁栅栏，我已经观察它三年了，每年铁栅栏中间都会长出一朵花，比较像牵牛花，长得很硕大。每次经过的时候，我都会观察它一会儿，听听它生长的声音，看着它生长起来，又看着它在两个月以后衰败。即便衰败，我觉得它也是美丽璀璨的，因为那朵花也许是因为我而存在、开放的，也许我是因为它而存在、开放的。每个人都有自己不同的人生经历，而身边的一花一草一木都可能是你人生成长过程中最好的小伙伴。我们的小伙伴不仅仅是我们的小学同学、大学同学，在你身边只要用心去寻找、去发现，就会发现有很多自己的小伙伴。

　　我们很容易就忽视了身边的点点滴滴，其实有时候人就是这样，让自己安静下来，让自己能够倾听花开的声音，这是一种享受。而且，在这个过程中，你会听到很多你之前没有注意到的事情。就像这位女研究生，从她的父母那儿，从她下岗的长辈那儿听到了很多他们那一代人成长的故事，同时也听到了另外一个真实的自己。

　　父母孕育我们的过程，其实也是一个花儿开放的过程。十月怀胎，在孕育的过程中，快乐和痛苦并存。当然，在倾听花开的声音中，在倾听成长的声音中，我们也能够分享很多自己的意见，学会相互理解、相互包容。

　　心灵深处最柔软的东西，存在于我们每个人成长的过程中。不管是在青年的时候，还是在中年的时候，还是在老年的时候，其实每时每刻，只要我们能够触及心灵深处最柔软的那一块儿，我们就能保持最青春、最永恒的心灵。

　　我的老家在安徽，有一次我在徽州一个小村落里面看到一副对联，可以分享给大家，这在新闻报道中肯定是看不到的。因为我是带着成长的眼光去欣赏这副对联的，所以我印象特别深刻。这副对联上联是"急不完的心事"，它的下联我觉得特别适合送给同学们，"走不完的前程"。走不完的前程，停一停，从容步出。"从容"这个词非常好，从容的心态如行云流水，就相当于我今天和同学们分享完成长的声音之后，大家走出大礼堂，突然看到天上的一朵白云，看到旁边掉落在地上的一片树叶，突然看见路边以前没有发现的一朵小花，与它们不期而遇。当然还有不期而遇一些令你心仪、心动的情感，我觉得这样才能体现出从容步出。

第二个问题，你是最真正的自己吗？

现在有一句时髦话，叫"做最好的自己"。做最好的自己有没有底？我10年前采访过李开复，他是成长的榜样，偶像式的人物，当时李开复讲了很多他成长的故事，特别是他放弃去最牛的哥伦比亚大学学习法律专业。他本来是以法律专业作为自己的学习目标的，但是在他大二已经修了很多学分的时候，他突然放弃了法律专业，转入当时很冷门的计算机系。他当时说了一番让我很难忘的话，他说："当我转入计算机系的时候，我告诉我自己，人生只有一次，不能把时间浪费在没有快乐的领域或者是事情上。"这是李开复当时分享的很打动我的一段话。然后，我就请他给中国大学生写第三封信。大家可能也知道，李开复给中国大学生写的第三封信在《中国青年报》上独家发表，标题就是我给他起的，《成功就是做最好的自己》。最后，我还建议他出一本书，这本书市场上卖得好像还是很好的。

那些年，成功就是做最好的自己。今天我想把题目改一下，我想把"成功"改为"成长"，因为成功和成长是不一样的。我们自己问自己，做最好的自己，首先我是谁？我从哪里来？我到哪里去？这是一个永恒的话题，不管是平凡人，还是伟人。

不知道大家有没有看过曼德拉的《与自己对话》这本书？这本书很好地诠释了他几十年在封闭的小岛上，在那个小监狱里，在那个小隔间里面，他如何与自己对话，如何去发现自己。他从监狱出来以后，能够宽恕当时监禁他的狱头，并且提拔他，这是一种伟大的宽恕精神。曼德拉去世的时候，引起全球媒体的关注。如果当时哪家媒体的头版没有报道曼德拉的新闻或者没有相关的评论的话，我觉得这家媒体应该是失去了一种底线了。

所以我想，与自己对话的过程其实也是倾听自己内心深处声音的过程。我们报社也举办过一些活动，其中有一个活动叫"与世界对话"，这也是我起的名字，现在这也是一个很重要的平台。我印象特别深刻的是一个诺贝尔奖获得者在我们报社的大楼里和年轻人说："年轻人成长一定要遵循自己内心深处的声音。"这句话让我记忆犹新，什么叫遵循自己内心的声音？就是说自己要学会与自己对话。

做最好的自己有没有底，还可以有三个自问。我用一个网络语言，现在有个时髦的词叫"有木有"。第一个，我的底蕴有木有？

现在新一代的出国潮不可阻挡，我们怎么辩证地去看待这个现象？我想说的是，我观察到一个现象，就是现在这些优秀的从中国出去的人，不管是在高中阶段、大学阶段还是研究生阶段出国的，其实在外国人的眼里，他们评价你的标准并不是看你英语说得有多好，对美国历史了解多少，而是越来越重视你有没有中国人的底蕴，因为这是我们中国人最独特的、最能够与西方人区别出来、最能够进入人类心灵最柔软的地方并打动别人的东西。我们中国好不容易产生了一个诺贝尔奖获得者——莫言。我们说莫言其实就是一个农民，我接触过一次，没有近距离交流，反正猛然看上去就是一个睿智的农民。中国现在强大了，只有有底蕴的中国人，或者是有深厚的中国文化衬托的中国人，才有资格谦虚，没有资格的谦虚那叫谦卑。

莫言去领诺贝尔奖的过程中发生了很多故事。比如说在德国的时候，德国雨伞的尖头都是很尖锐的，就像是武器一样，据说德国雨伞的尖头要比中国雨伞的尖头长4倍。有一天当莫言走在大街上的时候，旁边的一个老太太的雨伞尖头不小心戳到他眼睛上了。老太太一个劲儿地说"对不起"，当时莫言旁边的同事们就说要是能够起诉这个老太太肯定能够获得很大一笔赔偿。但是莫言就说了，当一个人无意间伤害别人的时候，其内心的痛苦不亚于被伤害的人。而且他很幽默地说，你们不要看我眼睛小——莫言的眼睛是很小的，小得几乎眯成了一条线——幸亏是我眼睛小，不然就戳到我眼珠子里面去了。所以他说眼睛小有眼睛小的好处，小眼睛可以起到保护的作用，以后不要嘲笑小眼睛的人。作为一个受到伤害的人，莫言能够用宽容的、包容的胸怀去接受、去原谅别人，体现了他的底蕴，并不是简单地因为他读了很多书，写了很多书，读书、写书体现的是他所拥有的知识，知识不等于素养，也不等于智慧。

我十几年前写过一篇李嘉诚的专访，在《中国青年报》登过头版，配了一张照片。当时他点名要《中国青年报》采访，我当时还是比较年轻的，只是个编委。我采访的题目叫作《智慧比知识更重要——专访李嘉诚的成功学》。当时采访了他两个多小时，他给我的感觉就是一个很普通、很和善、很睿智的老人。两个小时可以分为三个阶段，第一个阶段他谈了他怎么从学徒做起。第二个阶段是他在人生的过程中不断地感谢别人，他一口气列举了十几个人，这十几个人中除了两个名气非常大的人外，其他都是一些非常平凡的人。最后一个阶段他和我谈《金刚经》，我不知道同学们知不知道《金刚经》，他吟诵了几段，我感觉到李嘉诚老先生在最后是在忘我地吟诵。我当时刚接触《金刚经》不久，我就沉浸在他这种让我恍兮惚兮的感觉中了。其实，你可以把每次的新闻采访当作专业的采访，也可以把它当作学习人生的采访，它是一种彼此的分享，更多的是作为采访者的人生课。所以，每一次采访，不管是采访普通的母亲，还是下岗的退休工人，还是成长的榜样，像李开复、李嘉诚这样的一些人物，我们都把他们视为平等的。因为在内心深处，我们彼此内心都有相通的最柔软的东西。这些是不会变的。李嘉诚先生在最后谈到《金刚经》的时候对我的触动是非常大的。李嘉诚上个月在汕头大学做了一次演讲，老先生说他无心睡眠，其实已经看透人生了，但他还是有很多很多的担忧，其中有一个担忧就是现在人与人之间缺乏最基本的信任。其实，缺乏最基本的信任，按照王阳明的说法就是没有真诚恻隐，没有恻隐之心是谈不上最基本的信任的。这是底蕴有木有。

第二个，我的底气有木有？

什么叫"人的底气"？梁启超说过，学生问他为什么要上学，他说上学是为了求学问，但是求学问的目的还是为了做人，所以，上学只不过是做人的一种手段。我觉得这句话无论经过多少时代、风雨、岁月的洗礼，都是至理名言。

《中国青年报》在上个星期推出的头版头条讲的是上海交通大学首推高考综合素质评价体系，其中令我印象特别深的是综合测试，包括增强学习认知能力、逻辑分析能力、创新能力，特别是最后一条叫理想抱负与社会责任。这个看上去比较虚，但是这个理想抱负与社会责任确确实实是在今天我们最稀缺的。李开复当时和我说的时候，引用了美国经管学院的一个经过几十年追踪的调查，他说调查发现，其实，几十年以后，真正成功的那些人是在大学期间一腔热血、充满社会责任感、充满理想的学生。我们每天都被闹铃叫醒，我们报社有位同事说过这样一句话，说我们不单单是被闹铃叫醒，我们是被理想叫醒。这让我不断地奋进，每当我在报社内部有点丧气失望的时候，我一想到我这么年轻的同事每天都是被"理想的闹钟"叫醒的，我还有什么理由不去追赶呢？所以我觉得做人的底气是最根本的，不管是学什么专业。中国的大学教育已经发生很大的变化，包括我刚才说的上海交通大学能够首推这样的一个综合素质评价体系，把理想抱负和社会责任评价加进去，这是非常了不起的，这是一种创举式的行动。

为什么我们现在经常说民国时代？大家知道汪曾祺，他认为在西南联大的时候，大学给他最宝贵的是精神财富。汪曾祺说到这番话的时候，他是说，西南联大给他的是一种财富，一种气质，一种格调。这种影响确实存在，并且影响终身。他当时说了一句话，到现在让我去理解，我估计还是需要很长时间来消化，叫"如云流水，水流云在"。西南联大给汪曾祺留下了很多美好的回忆。他经常逃课，其实我们解读很多大师，像季羡林回忆当年在学校的时候也经常逃课。逃了朱自清的课，朱自清非常严厉地训斥他，抓到就训斥他。逃了闻一多的课，闻一多不训斥他，反而给了他高分。他唯一不逃的是沈从文的课，一堂课都不逃，而且沈从文夫妇都对他特别好。其实他的逃课，我们说是逃课，对于汪曾祺来说，一为读书，二为喝茶。读书于他是最重要的，在他所有的逃课期间都是用来读他自己想读的一些书，而且别人是在读洋文的一些书，他是在读线装的书。当时西南联大用汽车、用马运过去很多书，他把大学图书馆里的线装书一本一本找出来。所有他的这个逃课，不是我们表面上看到的逃课。我们应该看到他叛逆背后的东西。我们碰到当时考到北大的同学，现在他自己说，那时候大家都跟着他混，他经常去打篮球，看到他玩，他说他学习的时候别人不知道，看到他打篮球的时间别人都知道了，都跟着他去混了，他蒙了很多人。所以我们不能被表面现象所迷惑。所以汪曾祺逃课，最终能够成为一代大家，他还是有这种底气的，他也是西南联大熏陶出来的。为什么沈从文喜欢他？有一次沈从文在路上看见汪曾祺喝酒喝醉了，就把他亲爱的学生送回家。老师把他送回家，多么美好。现在其实很难，现在不把老师送回家就不错了。当一个人用自己的生命去影响另外一个人的生命的时候，我想他不仅对对方的成长带来巨大的影响，对老师本身来说也是一种成长。所以我刚才说，我们自问今天在大学期间有木有这种底气。

我正在让我们的记者用统计学的知识做一些调查，青年教师、知识分子其实是很弱势的群体，待遇并不高，所以现在在大学里，其实也并不讳言，老师们稍微有点名气的，有点口才的，有点学识的，有点公共关系的，有点背景的，一般总是要到外面讲讲课、教教书、带带项目，好多时间都用在和自己的学问没有关系的地方。理工科的老师有国家项目，经费多一点，文科的经费比较少。所以，这种底气我想其中还包含有一种社会底气，不是简单的个人的关系。

你看我们的青年知识分子、青年老师现在整体的待遇与整体的生存关怀，我们对大学的定位到底应该是什么？是不是大学校长批批条子就可以解决一切，还是像我们当年的民国时期，独立的大学教授能够散发出自由的光辉，在万物面前、万人面前都是平等的？在目前的中国能做到吗？即便是我们的朱清时老师，他是中国第一个能够独立发高校文凭的这样一位探索的高校校长，但是我总觉得他还是带着一种先烈式的勇气。我对他表示敬意。

但是我相信在中国未来的发展中，不是说我们想怎么样，这是人类社会发展的一种必然的趋势。就像现在正在进行的司法改革，在座的同学可能都是一些文科生，但也有些理工科背景，正在进行的司法改革具有非常重要的意义。党的十八届四中全会，对党的发展来说是很重要的。我们报社上个星期做了一个舆情调查，世界杯期间，中国人关注反腐的热情略高于看足球的热情，说明我们的反腐力度是很大的。

第三点，底线有木有？

总体来说，就是做人的底线。古人说"取乎其下，得之下下；取乎其中，得之其下；取乎其上，得之其中"，我们现在老在说"底线"，我在报社里老是讲不要失去我们新闻人的底线，有的时候想这个要求是不是太低了一点。因为你要提底线，按照"取乎之下，得之下下"推断，最终的结果肯定是在底线之下了是吧。我跟大家分享我自己的一种感受，作为一个内心深处向上、向善、充满正能量的年轻人，我们应该尽量"取乎其上，得乎其中"。而这个"中"，在我们古代传统文化中，有很多大智慧在里面，是一种"度"的把握。这样我们在内心深处问到"底线"的时候，我们就感到自己有底线、有底气、有底蕴。这是我跟同学分享的第二个自问。

最后一个问题，我们的成长有没有终点站？

同学们肯定说没有终点站，成长还有终点站？但是，我看过一篇文章叫《那些一步到位的规划》。这篇文章，我印象还是很深的。那些一步到位的规划，对大学生来讲，一毕业就买一套房子，然后找一个很好的单位，嫁一个很好的老公，最好是一步到位。现在的时间紧张，对吗？我们哪有那么多时间？所以这个"一步到位"欺骗了我们很多人，所以我们中青报也是连续两年批判成功学。我刚才已经说了，"成功"和"成长"是不一样的概念。我想到傅聪。大家知道傅聪是个大钢琴家，他的父亲是傅雷。傅聪说过这样一句话："成功和成就是不一样的。有些人这辈子，在活着的时候，他的艺术作品、人文作品很畅销，他个人名利全收，非常成功。但是死了以后，或者是若干年，他就烟消云散了。但是有些人，在世的时候，默默无闻，他的作品无人问津，但是死后若干年，甚至一百年之后，光芒万丈，流芳百世，那叫成就。"傅聪跟我们分析了一下成就和成功。但就是这样一位大钢琴家，其实他年轻的时候也遇到很多困惑。他连续谈了几个女朋友都吹掉了。他自己觉得很自卑，特别绝望。傅聪在绝望的时候，就去请教他的父亲。然后父亲把对儿子的告诫写到傅雷家书里面去了，"不要执着于自己的幻想和梦想"。所以，幻想和梦想是要有的，但是不能执着。如果执着在幻想和梦想之间，那你就被这个幻想和梦想所淹没了，就不能成为真正的自己了。傅雷老先生在多年以前说的话，多么振聋发聩！然后他还举了例子开导儿子，歌德，大文学家，大文豪，人文艺术领域的大家。他说，歌德多有成就，但是他娶的妻子是一个，傅雷老先生用的词是"极庸俗"，极庸俗的女人，但是他们平平静静地生活了一辈子。傅聪看到这些他父亲的教诲，还是振作起来了。

当然我并不是在这里说同学们，特别是男同学们，要娶极庸俗的妻子。其实，人最难的还真不是去求什么伟大，因为人人内心深处都想不平凡，人人内心深处都不想甘于平凡。其实真正了不起的还真是那些能够说"我甘于平凡"的那样一些人。仔细想一想，浮浮沉沉，起起落落，最难能可贵的其实还是平凡。当然，这可能要在成长的过程中听听成长的声音。最让你快乐的，即便是足球世界杯，你看的一瞬间的快乐也很快过去了。所以我理解这种"极庸俗"，其实就是"极了不起"，能把庸俗做到极致的时候，这个人也真是了不起。就像莫言看上去极农民化，谁能知道他是诺贝尔奖的获得者呢？我们可以看到中国很多风流倜傥、才华横溢的作家，怎么连个诺贝尔奖的边儿都沾不上？因为极庸俗里面，它有一种真诚。

所以，这种极庸俗的背后，其实它也是蕴藏着很深刻的人生哲理，这给我们很多启示。我们身边有很多这样的故事给我们启发。我讲"小伙伴"，我们可以把自然景物都当成我们的小伙伴，包括我们经历的一些挫折，也可以当成我们的小伙伴。其实这句话也不是我说的，这话是谁说的呢？朴槿惠。她受中国传统文化影响很大。

我们祖先的文化能够成就一位伟大的、也算是了不起的韩国总统，那我们自己呢？有没有真正地把它们吸收呢？我们也知道朴槿惠的经历，她本来学电子，大学期间，立志成为一位电子学家，但是她的父母，在她

20多岁的时候就遇刺身亡。父亲的朋友们纷纷离去，门庭冷落，世态炎凉，一下子从天堂打入地狱，经历的挫折是令人想象不到的。所以她在这个过程中，一步步站起来。她经常把这句话放在嘴边，就是"挫折是我的伙伴"，这是朴槿惠的一句话、一句名言。她还有很多名言，至理名言。她举例子说，溪流在流淌的过程中，如果有石头的时候，你会倾听到最清脆的流水的声音。大家想是不是这样？如果中间有石头的时候，你反而能听到最清脆的流水的声音。什么意思？就是遇到痛苦的石头，才能发出最美的歌唱。我觉得朴槿惠也是一位人文艺术家，用了这样一些比喻来反映自己成长的这样一些历程，把挫折当作自己的伙伴。我们前程似锦的同学们可以停一停，可以走一走，可以想一想，其实人生没有终点站。大家任何时候不要气馁，这句话不是空话。

最后我送同学们两句话。第一句话，我就用林徽因的句子吧，"你是一束一束的花开，是燕在梁间呢喃，你是爱，是暖，是希望，你是人间的四月天！"还有一句话是我的话，"你们正在四月天，倾听成长的声音，奋发努力吧，一定会收获整个金色的秋天！"

做有深度的新闻人

时　间：2014 年 7 月 7 日

地　点：上海交通大学闵行校区陈瑞球楼 100 号

主讲人：刘庆生

刘庆生

　　刘庆生，中央电视台上海记者站站长，《焦点访谈》原制片人，新闻中心首席出镜记者。参与了近年来所有重大新闻事件的报道，进过地震灾区北川、玉树，到过日本福岛、仙台。在《焦点访谈》工作 12 年，一直活跃在新闻一线。主要作品有《西安宝马彩票案调查》《广东走私冻肉调查》《天津贷款道路通行费调查》等。

刘庆生：孙玉胜在《十年——从改变电视的语态开始》这本书里用大量篇幅解释新闻的深度，这也是今天我要给大家讲的主要内容：新闻报道在任何社会形态下都需要深度。

《焦点访谈》作为一个栏目，20年了，形式不变，内容不变，选题不变，表达方式不变，它的收视率不如从前是肯定的。这里面有我们自身的问题，因为栏目一直没有改变，但是真的改了，它也就不是原来的《焦点访谈》了。现在，由于《焦点访谈》的首播时间比较晚，为了抢时效，我们很多节目都不放在《焦点访谈》里播出，这对栏目的影响很大。另外，传播渠道网络化之后，信息传播更倾向于碎片化传播，这对于像《焦点访谈》《新闻调查》这样以专栏或者以专题为形式的栏目的影响非常大。

但是，这两方面原因是不是就说明新闻不需要深度了？

这两年，至少从我个人的从业感受来说，有深度的节目的确越来越少，真正有影响力的节目也越来越少。在新的传播方式下，或者说在新的需求之下，媒体人并没有找到良好的新闻生产运作模式。"新"和"深度"是一对天然的矛盾，一方面追求速度，一方面要求深度报道，很难做到。久而久之，为了追求速度就会损失一定的报道深度，而报道深度受损后，自然会带来影响力的衰弱。所以，今天我要跟大家讲什么是深度节目，深度节目应该怎么做，以及做深度节目有多么令人愉快。

我离开《焦点访谈》那一年，我们组里有一个获得了2011年"中国新闻奖"的节目，叫《假酒真相》。这个节目讲的是市面上的红酒一瓶只要5元钱，而且是在北京的终端市场出售。这种不正常现象的背后是什么？我们追根溯源做了这一期节目，把整个假酒行业的黑幕、链条揭示得一清二楚。

在舆论监督节目里，揭黑（即揭露一个行业的黑幕）是一种很重要的节目类型。在全世界任何国家，揭黑节目都可以说是新闻报道中非常重要的一种节目类型，因为行业黑幕往往不为人们所了解。《假酒真相》这期节目就是典型的行业揭黑节目，并且已经达到了一定的深度。在节目中，假酒现象，假酒厂在哪儿，酒精和水是怎么勾兑的，假酒的配方从哪儿来的，假酒的配料从哪儿来的，假的印刷品从哪儿来的，全都说得一清二楚。但其实这期节目并没有揭示另外一个问题，昌黎是国家级红酒生产基地，为什么在这个地方会形成这么一个假酒生产链条？当地政府到底有什么责任？于是在第一期节目播出的当天晚上，我和十几个同事又到昌黎进行进一步的调查，做了第二期节目。行业的黑幕揭起来很困难，行业黑幕背后一定存在监管问题，但是以记者的一己之力去揭黑对于很多人来说是不可能完成的任务，因为对于记者来说，在采访的过程中可能面对人脉的劣势、信息不对称的劣势，不知道事件背后到底是什么。所以，调查时间短则一个星期，长则一两个月，甚至连续一两年一直关注一个问题直到把它揭露出来的情况也有，这要求记者具有一定的定力。在现在这种新闻环境中，如果不加区别地要求记者采取碎片化的传播模式进行节目采编制作就会存在很大问题。

那么，我们到底要做什么样的记者？即使在20年前，《焦点访谈》栏目也就30个记者，央视新闻评论部调查类记者可能不超过100人，整个中央电视台新闻中心有3000人，真正做调查的记者也就100人左右。到底要做什么样的记者是值得大家思考的问题。大家一定要对自己进行定位，对制作的节目有所把握。

对于很多人提到的"新闻无学"的观点，我也部分认同。在《焦点访谈》工作多年，我有了更深的感受。《焦点访谈》最锻炼记者以下几方面能力。第一，是抓重点的能力。新闻现场纷繁复杂，记者在现场要面对各种各样的信息，哪些信息是重点或者有可能是重点，这就需要记者具备敏锐的洞察力，这种洞察力不可能靠天生，必须得靠大量后天的训练，有时候甚至就靠一种感觉。第二，是学习的能力。做深度报道，特别是调查类报道时，你会感觉知识越来越不够用，要迅速补充相关知识，成为某一方面的专家，这就是学习的能力。比如做与粮食有关的节目就必须了解我国的粮食政策，做与红酒有关的节目就必须了解这个行业的大概情况，所以记者要学的知识是很庞杂的，必须结合新闻第一落脚点迅速地抓住重点学习。第三，是归纳和分析的能力。报道重点从何而来？学习得来的这些知识应该如何运用？这就要求记者具备归纳和分析的能力。在材料的组织方面，如何组织资料至关重要，这将直接引导节目的走向。

除了以上这三种能力，其实，记者还需要具备质疑的能力。质疑的能力包含两个方面，一方面是"站着说话不腰疼"，质疑别人，而更为重要的一方面是为了使节目更中立、更中肯、更客观而质疑自己。没有谁不经训练就会主动质疑自己，这是我的体会，也是我在《焦点访谈》工作了这么多年以后的一个体会。任何一个人干一件事儿或者看一个问题的时候，首先想到的是对自己有利的一方面，没有谁或者说很少有人会主动地质疑自己，所以我把它当作一种能力提出来。在新闻实践的过程中，记者光质疑别人而不质疑自己往往是做不成节目的，因为你只想着对自己有利的一面，从来不想困难和问题。现在网络上的很多言论是经不起质疑的，它更多的是一种情绪的宣泄，而不是对事实的陈述。所谓的观点夹杂着很多情绪，而不是基于事实的理性的思考。真正的调查类节目或者记者，提出问题就希望能够解决问题，希望事情朝好的方向发展，而不是越来越乱。我们现在大量的东西都在为骂而骂，骂完了又能怎么样？你的建设意义在哪儿？以前《焦点访谈》就提出：我们不是要破坏，而是要建设。

记者不是简单的为了提问题而提出问题，而是提的问题能提到要点上，提的问题要尽量能想办法解决，这是我们的初衷。要做到这一点，一个很重要的基础就是尊重事实和注重平衡。不考虑地方的实际情况，不考虑行业的实际情况，过高地提出一些标准，站到道德的制高点想怎么说就怎么说，解决不了任何问题。《焦点访谈》在过去那么多年能够解决问题，是因为它以事实为基础，逐步推动事情发展。所以，质疑的能力是非常重要的。质疑不是谩骂，不是站着说话不腰疼，而是要肩负责任去说一些话，要承受压力去说一些话，同时，要学会先质疑自己说得对不对，想明白了再去说。

我把以上几点归结为调查类节目对记者的几方面训练，缺乏以上的任何一方面都做不好调查类节目，但是做好了确实是一件特别有意思的事情。

在过去这么多年里，《焦点访谈》有很多非常成功的案例。比如《西安宝马彩票案调查》，《焦点访谈》是在事发之后快一个月才开始调查这个事件的，我们进入新闻现场的时候已经不占优势了。西安宝马彩票案起因于一个叫刘亮的16岁保安抽中了一辆宝马，结果被告知是假的，然后又说是真的，后来又说是假的。一开始真假难辨的时候《焦点访谈》并没有介入，后来《华商报》的一个记者做了很大的贡献，他查了另外几个获奖者，发现所有人的身份证全是假的。《焦点访谈》正是在这个时候介入此事件做了一系列节目，总共8期，围绕同一新闻事件持续报道这么多期，这在《焦点访谈》历史上是没有过的，但是调查结果是刚开始采访时我们都没有想到的。

有关此事件的第一个节目我们比别的媒体做得好的一点就是我们把这个案件背后的监管问题揭露出来了，而且我们采访到的所有的人都没接受过任何媒体的采访，有几个问题能非常清楚地揭示他们监管的缺失。接下来我们又做了一期节目，这期节目对于整个西安宝马彩票案进展的推动是非常大的，它改变了整个案件的走向。这期节目最终导致以下几个结果：第一，体育彩票的即开型抽奖从此以后取消了，中国体育彩票的发行制度有了极大改变；第二，负责当时调研的司法部领导也曾说，《焦点访谈》这期节目直接推动了《公证法》的出台。这就是一个好节目和一个有影响力的节目对于社会真正的推动，它会帮助解决一些问题，不光是为了揭露问题，而是为了解决问题。

作为一个记者其价值在哪里？是每天发些新闻通稿，还是一年做几个像这样的节目。我觉得比较欣慰的是自己这些年做了几个像这样的节目。那么，这样的节目是通过电视播出，还是通过网络推送，难道还存在什么问题吗？这样的节目放在网上也绝对是很好的节目，10 年前这样的节目是好节目，现在同样也是。所以传播手段在影响我们的生活，也在影响新闻业态，但是好的内容是永远需要的，好的记者是永远需要的，关键是记者对自己的要求，这一点最重要。我做这些节目不仅仅是走过了很多地方，更重要的是节目起到的作用，体育彩票的监管方式因为我们的节目发生了改变，《公证法》的出台有我们的一份力量，出入境管理部门对于进口冻肉的监管模式因为我们的节目进行了两次修改。今天时间比较紧，没有给大家看《走私冻肉调查》，这两个节目是全国出入境检验检疫官员的行业教育片和警示片。我拍到了走私的全过程，拍到了出入境检验检疫人员不作为的全过程。我们连续做了两期节目，对于地方的这些行政行为予以有力的监督。

好的节目绝不是为了哗众取宠，好的记者也一样。好的节目一定要对社会有推动，好的记者一定要有社会责任感。我经常听到性价比高不高的讨论，当记者性价比不高，而且特别低。但是，话说回来，记者的性价比又特别高，这得看这个性价比的"价"是指什么，如果仅仅是金钱，那么记者的性价比很低，如果是荣誉和别人无法复制的影响力，那么记者的性价比是非常高的。关键这个"价"你得自己评估，谁也帮不了你。你把目标定在 100 分，你尽己所能一般可以达到 80 分，如果你把你的目标定在 60 分，那么即使你完全达到，你也就只拿了 60 分。但你定了 100 分，自己的确会很累，可年轻的时候不就是为了累吗？等到我这把年纪再去累，那就累不动了。年轻的时候不累，到了 40 岁更累。年轻的时候应该是神采飞扬的时候，年轻的时候是最应该讲究理想的时候，所以强烈建议大家回去看看《点燃理想的日子》。

理想不是挂在嘴上的，理想是要有一个助燃剂把它点燃的，去燃烧自己。我上大学的时候，跟很多人说过我脾气不是特别好，可能很多人就说我，但我的整体状况就这样。我可能是一块棱角分明的石头，你把我捏在手里觉得特硌手，但是我特别不愿意被砂纸打磨，我不喜欢，因为那是人工的。如果你把我扔到岁月的河流里面让我去磕磕碰碰，我可能磕成几块了，但是最终一定是相对比较圆滑的。磕碰完，被梳理完之后，那个核心还是我自己，而不是谁把我改造的，我至今还是这样。我特别强调保持一颗比较年轻的心或者年轻的心态。人要有理想，特别做新闻的人一定要有。有人会有抱怨，或者说是大多数人会有，包括我也有，所有人都会有抱怨，只是看让抱怨更多地占据你的全部，还是让抱怨在你的理想面前让步。你能不能坚持一下？我比较欣慰的是我现在比较坚持，以我这个年纪说起节目来还能神采飞扬的不多，但是你要真正坚持下来了它会是一件很好玩的事。

嘉宾：老师您好，请问：为什么《焦点访谈》的创造性能力变弱了，没有前瞻性了？另外，之前老师讲到"追新"，请问：可不可以创造新闻点而不是追求新闻点？

刘庆生：你的问题质量比较高，要回答这个问题不是一两句话可以说清楚的。为什么没有前瞻性了？因为人没有前瞻性了，节目是靠人做出来的，人没有前瞻性的时候，栏目自然也就缺乏前瞻性。那么，人为什么没有前瞻性了？这跟人员结构有关，再往下说跟我们用工有关系，我们现在已经很难去想方设法或者无所顾忌地选人了。这些年来媒体行业已经不是最吸引高端人才的一个行业了，很多好的人才都走了，根本不会往媒体特别是传统媒体里面汇集。我们现在还在用理想来激励大家，这是非常需要的，但人也是很现实的，你的资金也好，你的人才也好，都一定是往最活跃的地方流动。

你说很前瞻的时候，当年最前卫的就是评论部，整个中央电视台最权威的也是评论部，评论部可以说是当年中国新闻的一面旗帜，而不仅仅是中央电视台的一面旗帜。为什么现在评论部显得这么老气横秋呢？因为随着时代的变化整个媒体已经不再吸引人了。评论部是怎么构成的，大家去看看孙玉胜的那本书，评论部吸引的全是一帮熟手，全是一帮业内的精英。白岩松是《中国广播报》的，崔永元是中央人民广播电台的，水均益是新华社的，我们《焦点访谈》四个人是中央人民广播电台《新闻纵横》的记者。在当年那种环境下，它有一个内容生产上的高地，吸引了一帮很牛的人来，当然还有一点非常重要，就是那时的财务制度非常灵活。孙玉胜的书也写道：让你自己拉广告，自己办这个节目。它突然就变成了中央电视台最有钱的地方，变成全国新闻界经费最充足、待遇最好的地方。有好的平台，又有好的收入，当然你来了以后就得好好做事，否则对不起这份工作。所以在这样一种生活上没有后顾之忧的情况下来干这个事，来的都是最牛的人，而且淘汰率很高。

我进中央电视台的时候是1999年，进去的时候是25岁，我之前提到的人在30岁以下的几乎没有，因为像刚才这些节目，没有足够的社会经验基本干不了。我们办公室每天都有新人出现，每天都有人走，轮换得非常快，三个节目干不下来，走人，三个节目干下来，行，留下再看一看。所以，选拔人才的机制非常灵活。用现在的眼光来看是不规范的，用工制度不规范，财务制度不规范，各种不规范，但是这种不规范里面它的机制又非常灵活。为什么我们找不出一种既规范又灵活的机制来解决这些问题呢？现在中央电视台非常规范了，但的确就出现了你所说的没有前瞻性的问题。当然这只是一方面原因，另一方面，纵观我们中国媒体，这10年来是一个什么样的态势？这个背后又是怎样的情况？改革开放以后，全中国都在讨论"实践是检验真理的唯一标准"，那是一个全社会思想开放的年代。大家会讨论各种社会问题，但不像现在以骂为主地讨论各种社会问题，骂是不能够推动社会进步的，发自内心地唯愿其好才能够推动社会进步。所以我在很多讲座上说我不知道为什么，也特别不理解，难道网络就代表着谩骂，为什么传播方式转变以后就以骂为主，这背后到底是什么原因？当年民众之间的争论也很厉害，特别有名的如关于北大墙、西单的民主墙的争论，这里面也有政见不同者，但是整体上大家是愿意去讨论这些问题的，经过改革开放大家是愿意思想得到解放的，所以那个时候的电视节目能够大踏步地往前走，其实是有这样的一个思想背景的。

大家回想一下 20 年前，那时候的舆论环境应该是收紧的，但是我们有这样一批节目出来，现在网络上什么话都敢说了，但是我们好像越来越缺乏这种很新鲜的节目，为什么？原因是非常多的。为什么没有前瞻性？我觉得有社会的原因，有我们现在体制的原因，当然最终社会就这样了，体制就这样了，关键是我们的从业人员对自己有没有要求，有没有追求，我们能不能天天想着节目，心无旁骛，能不能多想一下社会问题，能不能保持这样一种初衷继续秉承自己的理想。其实，现在我们这么说很苍白，说这个话一年比一年更苍白。我不知道大家现在在寝室都谈些什么，我们当年的卧谈会就是谈理想。我不知道现在大学里面的气氛是什么样的，毕竟 20 年过去了，肯定跟我们当时有很大的不同。

嘉宾：老师您好，现在整个新闻行业调查记者的发展现状并不是特别好。国外的模式是给一笔基金做新闻报道，国内是否可以借鉴，或者有其他好的方法？

刘庆生：我一直把自己当作一名新闻调查类记者，我觉得自己生存状态挺好的。《焦点访谈》现在还有 100 多人，新闻栏目 40 多人，加起来有 140 多人了。我们还有一个栏目叫《每周质量报告》，它的记者算调查类，有三四十个人。另外还有个栏目叫《法治在线》，也有三四十个人。这些加起来已经 200 多人了。还有经济部，包括评论部其他的栏目，以及你们看到的很多节目，包括中央电视台上海记者站，我手下的记者都是调查记者。调查记者不是一个专门的职业，大家一定要搞清楚，就像我说的相对于调查记者之外的记者是指拿通稿的记者。我只是说不要做拿通稿的记者，而要多做调查类记者。调查是记者必须掌握的一个基本技能，只是看你调查什么而已，调查一个经济现象也叫调查。正面节目也需要用调查的方式，比如说这家医院好，你夸它好也要调查下它怎么好，是不是真的好，我得质疑它。你说好，那我给挑挑刺儿，这也是一种调查方法。调查只是一种方法。

每个人会有每个人的新闻观，有些人的新闻观我不认为完全是好的，我们就不说好坏对错了，或者说有些人的新闻观我是不欣赏的。我坚持的一点是我们做节目要遵循几个原则，这是《焦点访谈》一直秉承的几个原则。

第一，推动的原则。推动意味着要建设，不要破坏，要帮忙，不要添乱，推动意味着不是为了骂而做节目，而是为了解决问题去实施你的职业行为，不是为了哗众取宠去做节目，不是为了博眼球去做节目，而是真的为了推动事情进展，而且这种推动再深一步，可以说不是为了解决个别人的利益问题，而是为了推动问题的解决。这就存在个体和行业的区别，不是说他是我朋友，我就帮他把事儿给解决了，而是我要通过这个节目推动行业的进步，推动法制的进步，推动社会的进步，这是第一个原则。

第二个原则，我们在批评人的时候，有十分说八分，这是我们一直秉承的原则。有十分说八分是指什么呢？不是说有一丁点儿错，这个人就完全不好了。有十分说八分代表着你的一份善意，代表着你不是为了挑刺儿而调查，代表着你做调查节目的时候心理一定不是阴暗的。大家一定要记住我这句话，成天跟阴暗打交道的人，自己本身心理就特别阴暗。这个道理非常好理解，不需要我解释，做节目时间长了，几乎所有人在你眼里都是坏人，你要是本着挑刺儿的心态去做调查，最终你自己心理是阴暗的。为什么我一直在强调有十分说八分，其实只是要自己秉承一个态度，你是善意的，我们这种批评是善意的，而不是要搞垮谁，不是批斗式地去做节目。我们所有节目背后有一个更深层次的观点是，我们所有的节目对事儿不对人，只是用这个例子来揭示一类问题，这类问题要引起大家的关注，要大家共同努力解决这类问题，而不是针对人。现在的报道也都秉承着这些原则吗？我不认为它们秉承了，但是《焦点访谈》在尽量秉承着这样的原则来做调查类报道。

还有一点，就是我刚才提到的，调查是每一个记者必须掌握的技能，记者的一个最基本技能就是调查。你不调查，把信息梳理出重点，融会贯通，你凭什么拿出新闻通稿来？所以调查报道狭义来说可能理解为舆论监督报道，广义来说所有的报道都是调查报道，所有的报道都要经过你的手，经过你的过滤才传给别人，一个不过滤信息的记者是假记者。我经常说假记者有两种，一种是没有记者证的记者，一种是拿着记者证的假记者，这样的人也不在少数。

厘清这几个原则，你这个问题就好办了，每个人都有每个人的生存状态，生存状态在于自己如何运作。什么叫运作？你要非常清楚地认清我们的国情和社会状况。当年，在一个体制内的一个单位，能够有这样一个节目，能够现在还活着，不论它好不好，我们还有一句话叫"先生存后发展"，这是你生存的地方，生存的现状就是这样。第一步，你得生存下去，第二步你还得推动它。这就存在几种情况，一种是在这样一种现状下我要生存，我随波逐流，不惹麻烦，看不惯就忍着，这是一种状态。还有一种状态，什么都看不惯，讨厌现状，不知道为什么活着，但是你讨厌了、你烦了，它就因你而改变了吗？其实你做节目时间越长你就越会知道，不管到哪儿，只要有人、有社会存在就不可能是完美的，美国就完美吗？不可能，美国也有新闻管制。先适应下来，不是让你百分之百地接受，人云亦云，全盘接受，你要带着脑子去看，但是至少知道我要先生存下来。遇到一件事，尽量解决一件事，抓住一个点，尽量往前推，尽量往前走。当你回头看的时候，在有些事情上还真有自己的一点点贡献，那我对这个社会就是有贡献的。我们要先生存再发展，从一点一滴往前推，从一个个具体的节目往前推，一个个节目真正有价值却又在夹缝中，人活着肯定都在夹缝中，这么多夹缝，这么多限制，这么多不公，你就要寻找这些夹缝，把它撬开，一次不行两次，两次不行三次，三次不行若干次，撬动一点是一点，我们的社会本来就是这样进步的。新中国的建立也不是一朝一夕。一个文明、富强、先进的国家也会遇到一大堆问题，大到国家，小到个体，不都是这样吗？不可能有所谓的理想状态，所以我特别不赞成的是谩骂。先把自己灭了或者说让自己越来越没有生存空间，让自己特别格格不入，其实最后你什么作用都起不了，这是我对你的问题的回答。

传媒人的自我修养

时　　间：2014 年 7 月 19 日
地　　点：上海交通大学闵行校区陈瑞球楼 100 号
主讲人：杨晖

杨晖

　　杨晖，博士，上海唯众影视传播有限公司创始人、总裁，资深媒体人，TV2.0 电视新思维理念倡导者，多家电视台媒体战略管理顾问，曾先后成功创办《波士堂》《开讲啦》《爱拼才会赢》等知名电视节目以及《互联网的百万富翁》《中国婴童产业创富大赛》等网络真人秀节目，合作伙伴包括 CCTV、东方卫视、第一财经、湖南卫视等媒体，荣获"中国广播电视奖""金童奖"等国家级、省级政府专业大奖 60 余项，获得"年度成功女性""潮流先锋人物""世博城市之星""中国十佳电视栏目制片人"等称号，两次入选"中国商界女性经营价值榜"。

　　杨晖：今天我演讲的题目是《传媒人的自我修养》。我想当我们在选择大学专业的那一刻，我们心中一定都有一个向往，就是对未来你想从事什么样的工作的向往。今天大家坐在这里，一定仍然对未来的职业充满了向往，对自己的梦想充满了向往。那么对于我，一个在传媒大海里游了21年泳的人来说，会有什么样的感受呢？我觉得有三点可以跟大家分享。

　　第一点要跟大家讲的就是四个字"市场红利"。其实在中国，"红利"两个字在相当长的时间里可能跟市场都不太有关系，直到改革开放以后，当市场被逐渐放开以后我们才渐渐有了"市场"这个概念，市场意识在若干年后才在中国人心目中有点儿位置。对于媒体行业来讲，我们的电视台几乎都是由政府操办的，在这种情况下我觉得媒体更多地享受到的是政策的红利、体制的红利，而那些制播分离的公司，也就是民营的媒体公司，它们能够获取到的一定是市场红利。什么是制播分离？你们知道哪些比较有名的制播分离的公司或者栏目吗？灿星传媒，与之相对应的是《中国好声音》《出彩中国人》等节目。我想之前大家肯定不知道《开讲啦》也是制播分离的。所以，这种通过制播分离模式生产出来的节目已经在悄然地渗透到大家的生活中，非常多的好的电视节目都是通过制播分离的模式，由民营媒体公司制作的。

2014 年 6 月 18 日，《人民日报》发表了一篇报道，文章中提到光线传媒、灿星传媒和唯众传媒是今天民营媒体公司中所谓的"三巨头"。其实我觉得谈巨头还为时过早，在中国制播分离的道路上，这些实行制播分离的公司的规模都还非常小，灿星传媒成立不过 3 年时间，唯众传媒也不过是 8 年的时间，光线传媒时间更长一些，已经是一家上市公司了，但是光线传媒目前最好的表现应该是在《泰囧》这部电影上。目前在电视这一领域，大家可以看到，灿星传媒应该是制作电视节目的民营媒体公司中单体规模最大的一家。比如，一个《中国好声音》可能要上亿的投资，而换回来的可能是十几个亿或是几十个亿的收入，我指的单体是这个意思。

唯众传媒的特点在于它是国内最注重原创的一家民营媒体公司。到目前为止，只有一个《Are You Normal》（即《你正常吗》）是以电视节目的模式引进的，但是是由我们做的互联网节目的改造，之前所有的节目都是由唯众传媒自己原创的。它成立 8 年了，也因为它比较勤奋努力，所以目前唯众传媒是中国生产节目规模最大的民营媒体公司之一，2013 年生产的电视节目达到了 12 档，2014 年也有 12～14 档节目。我想唯众传媒之所以被列为三巨头之一，可能是从生产节目的量上来说的。而光线传媒可能是因为它的市值是最高的，灿星传媒和唯众传媒目前都还没有上市。

制播分离，顾名思义就是节目制作和播出相分离。最早引入"制播分离"这个概念的是英国，英国有 BBC、ITV、CHANNEL 4。英国通过了两部《广播电视法》，不断地鼓励和保护制播分离的公司。首先，它们规定每一家电视台拿到制播分离公司提供的内容要不少于 50%，也就是说你的 10 档节目里要有 5 档是由制播分离公司提供的，是由民营媒体公司来提供的。目前，中国还没有这么明确的法律来规定和保护或者说促进民营媒体公司的发展。英国的第二部《广播电视法》规定，只要这个节目的 idea 是来自独立制片公司，那么节目的版权就属于独立制作公司。我们看到，在中国，欧美的节目制作模式满天飞，其实是因为它们版权保护做得比较好，如果没有自己独立的 idea，就不能拥有自己的知识产权，也就不可能把节目卖到世界各地。从这个意义上来讲，中国的制播分离和欧美的制播分离相比，还有相当大的差距。不过我们已经在路上了，虽然脚步有些跟跟跄跄，但是我们星星点点的节目已经证明"星星之火，可以燎原"，这就是我想说的市场红利的基础。在传媒这个领域，要发展制播分离模式，就一定要形成市场竞争这么一个环境，只有引入充分的市场竞争，才可以让众多传媒公司在市场竞争中证明自己的实力。

在这个市场红利当中一定有一个词叫作"实力作证"，你要尊重市场的话就一定要拿出自己的实力去硬拼。在中国所有的电视台当中，一流的节目制作人和知名的导演其实是非常多的。但是，我跟湖南卫视现在的吕焕斌台长、跟 SMG 的黎瑞刚总裁沟通的时候，他们会很认同一个观点，就是说把现在中国顶级的 1000 个制片人拿出来放到市场上，如果你没有市场意识的话很可能 980 个都得"在水里淹死"。就是说，在这个行业中，制播分离不是说把节目做好就可以了，一定是你要懂得市场的规律，一定是你有这样的勇气能够参与到市场的竞争中，这一点是非常重要的。当你在一个大的广电集团的时候，其实有很多事情可能领导都替你挡掉了，你只要做好你的节目就可以了。但是，当你成立了自己的公司，你变成人家的一棵树的时候，你就要想清楚：第一，你的根基要比较牢固；第二，你的树干要比较有力量；第三，你真的是要枝繁叶茂，不然你怎么能够为你的手下员工遮风挡雨？在这种情况下，我觉得，面对市场竞争的实力和勇气是我们必备的条件，这是我们一定要想清楚的事情。所以，我在说市场红利的同时，其实不是为了把大家都哄出来跟我一样去创业，我可能要善意地提醒你，你不一定行的。但是，在体制内工作和在民营媒体公司工作，学到的东西、得到的机会一定是不一样的。大家都知道，在体制内工作，可能你就得经历"多年媳妇熬成婆"这样一个过程，而民营媒体公司可能会更加开放。《开讲啦》就是一群跟你们一样的"90 后"制作的节目，我们有很多导演其实都是刚从学校里出来没多久的，可能从这个意义上来讲，我是比较敢于和勇于给他们机会的，其实我给他们更多机会也是给自己更多的机会，给公司更多的机会。市场的红利可能不仅给民营媒体公司带来良好的财务状况，带来很好的发展机遇，同时，也能给我们每一位有梦想的年轻人提供更多的机遇和更大的舞台。这是我想跟大家分享的第一点。

另外我想补充一下，就是在市场当中也有政策，不是你有了勇气、有了你所谓的实力就可以的了。如果在市场竞争当中，你不审时度势，不能够找到自己的定位的话，其实你很容易就被不知道从哪里来的一把刀，从哪里来的一阵风，或者一颗子弹给干掉了。因此我觉得在市场竞争中，在策略上最重要的可能是你要善于去做差异化竞争。唯众传媒从创立的第一天就没有想过要去做娱乐节目，我们做了一档很难做的节目，就是从财经节目入手，做了一档《波士堂》。当江南春的那档节目作为《波士堂》第一期节目播出的时候，它真的是颠覆了所有人对财经节目的看法。我觉得可能这就是差异化的竞争，我们没有选择娱乐节目，我们选择财经这个题材，我们用了非常具有娱乐精神的表达方式来制作节目，用我的话讲就是我希望这个节目说人话、接地气。事实上我们做到了。其实在这种情况之下，我们就打了一张差异牌。后来我们做了很多职场类的节目，比如《上班这点事》《职场好榜样》等。我们也做了很多创业类的节目，比如《我为创业狂》《爱拼才会赢》等。把这些节目合在一起就形成了我们做的财经节目矩阵，我称它为"大财经"。

接下来，我们开始开发"大文化"，包括你们看到的《开讲啦》，五四青年节的时候，我们给中央电视台提供的一套特别节目叫《青年中国说》，还有 2014 年第四季度中央一套黄金 8 点档推出的《青年中国说》第四季的季播节目。我们也做了易中天老师在中央一套的《一起聊聊》节目，2013 年我们制作了窦文涛在中央二套的《滔滔不绝》节目，也做了像《大声说》《大驾光临》等一系列人物类的脱口秀、话题类节目，这样就把我们"大文化"的产品矩阵充实了起来。可以这么讲，在中国，实际上"大财经"和"大文化"的节目，我们非常有底气地讲，我们唯众传媒是做得最好的，只有我们在真的用心地经营这两个领域。

从 2013 年到 2014 年，我们开始做"大生活"和"大综艺"。之前还做了一档时尚的设计师真人秀综合节目叫《中国爱美丽》，未来可能旅行、养生、健康、情感、时尚、生活乃至理财等都会成为我们"大生活"板块的内容。到目前为止，"大财经""大文化""大生活"是其他的制播分离公司、中国电视台没有着力去设计制作的领域，而这就是我们的市场。

并不是说做差异化竞争我们就不去抢别人的蛋糕了。我们为什么要开"大综艺"板块？唯众传媒进入"大综艺"板块是以《你正常吗》为代表，这实际上是一个社会调查类节目，一个利用互联网大数据做的节目，最后怎么收缩成了一档娱乐节目？我在前几天接受了一个访问，当时的题目叫作《互联网时代的大综艺需要大情怀》，我觉得所有的娱乐节目制作都是需要用心的。对于唯众传媒来说，做过了财经、文化、生活类节目，我们对综艺节目的看法是不一样的，我们会从另外一个角度切入。大家看到节目中有很多搞笑的提问，表面上这档娱乐节目是挺欢乐的，但实际上，除了人口调查之外，目前中国还没有任何一个有上千万人参加的调查活动。我们的节目原创了大概 500 道题目，一季总共有 10 集，以 3.3 亿人次的点击率收官，腾讯给我们的考核是 1.5 亿人次，我们已经超过它们 1 倍还要多。在这种情况下，我们的节目给大家带来的可能不仅仅是娱乐，更多的是我们用这样的一种方式向受众提供了一个关于其生活习惯、行为方式乃至价值观念的一项调查。这种调查我认为是为当下的中国描摹了一副年轻人的面孔，让大家更了解自己，也让不了解我们的其他人来了解我们，应该来讲是一个很有趣的东西。我觉得其实这些节目对于价值观或是对于情怀的理解是骨子里的东西，所以我希望未来我们参与这个市场竞争，希望我们能够做得更好。这就是我刚刚讲到的我对于这个市场的感悟，这 8 年我在市场当中的一些体会。

第二点，我想跟大家讲四个字，这四个字非常重要，叫作"极客精神"。我想大家都知道黑客，就是互联网里面的技术高手。极客，顾名思义，就是追求极致的人。我们都不是做互联网的，为什么我们要提倡极客精神？在我看来，极客精神，其实换一个当下比较时髦的词表达就是

"手艺人"，就是说你要有一种手艺人的态度或是手艺人的心态。我们常常自嘲说我们电视人都是电视农民工，其实这种自嘲也不无道理，因为就真的是抱着一种刀耕火种的态度，你特别有头脑也离不开手脚，节目还得自己编，嘉宾还得自己找，现场还得自己 hold 住。从这个意义上来讲，大家没有手艺人的心态可能真的很难把东西做到极致。

我可能不太了解"90 后"的一些想法，我就跟大家分享一下我自己的成长故事。我当时进湖南台的时候，湖南台那个时候其实是非常落后的。而我被招聘进去之后做的这档节目很有意思，这个节目是两个礼拜播一次，一次 15 分钟，所以我当时就想，两个礼拜播一次，一次 15 分钟，那我要多长时间才能学会编辑呢？因为一个月只有两次进机房的机会，每次只有 15 分钟的节目，真的没有什么机会。我们现在的画面在电脑上是可以随便拖来拖去的，但是我们那个时候是节目剪掉了就没有了，要改的话你就得重新再来一遍。还有一个问题是什么呢？我没有编辑思路，所以老师在编辑的时候我看着头晕。那我怎么办呢？我就得趁老师去吃饭的时候在机房里狂编。但更多的时候是老师不断地在倒带，而我又看不懂他的编辑意图，所以就觉得很困，就在旁边要睡着了，我就用手使劲儿地掐上眼皮，不断地掐，因为那个时候很恨自己，自己怎么能在老师编辑的时候、在学习的时候睡觉呢？我不知道大家现在对编辑有多大的兴趣，我们的一个感觉就是都没法儿把"90 后"和我们的新导演赶进编辑机房，他觉得他的舞台在现场，他觉得那个明星、那个重量级主持人太帅了，他看得都入迷了，都不清楚下一环节是什么了。这些都是最浅显的东西，让你看灯光、看导播的话就更加不懂了。所以从这个意义上来讲，我觉得如果没有手艺人的心态，你不知道一个萝卜一个坑，不把所有的基本功都学扎实了，那么你大概更愿意做一个"评论家"，而不会实干，这就是说我们应尽可能地用更多的时间去把自己的手艺练好。我现在对自己的定位，我觉得最重要的是这个公司的首席产品经理。大家知道乔布斯、马化腾，《你正常吗》这样的一个小节目，马化腾居然在他们的群里说，他觉得后面的观众还可以长得更漂亮一点，那个灯还可以打得更亮一点。其实我想他不是电视的专业人士，但他作为一个拥有千亿市值公司的人会对这么小的一个节目发表意见，那么你们想一想，他平时都在干什么？如果他没有一个首席产品经理的心态，没有首席体验官的心态，我想他可能很难去做这样细微的事情，所以我认为拥有手艺人的心态是极客精神当中最核心的一点。

接着，我想讲的是"极简主义"加"极致主义"。我们经常在做的时候想法特别多，但其实有的时候大家明白大道至简的道理。以《开讲啦》为例，它就是一个很简单的东西，就是一个人上来讲讲，然后接受大家的提问，仅此而已。但是为什么它会这么吸引你，你会这么喜欢它呢？我想中国有一句古话叫作"功夫在诗外"，就是我做了这档节目，接下来每一个人，只要你们有一个平台，你们能说服电视台，你们完全可以这样做。事实上也是有的，中央三套有《文化视点》，北京卫视也推出了《财富公开梦》，然后各种类似的节目都出来了。但是为什么大家还是喜欢《开讲啦》？我想如果你以后有幸去《开讲啦》实习或未来成为《开讲啦》的导演，你可能会更加清楚什么叫"极简主义"加"极致主义"。也就是说你的形式是极为简单的，但是有一句俗语叫作"螺蛳壳里做道场"，你怎么把极简在操作和执行的时候做到极致，也就是把它执行到极致，这是非常重要的一件事情。

那么从深层次来讲是什么呢？深层次是我真的没有把这个节目当成一个演讲节目，我觉得这个节目是一个自媒体发生器。我把它转换成一个互联网的场景，它特别像一个微博或者是微信的版主、主人，自己发表了一通意见以后，下面会有很多人去跟帖、去抢沙发、去拍砖，其实这些跟帖的、抢沙发的、拍砖的就是我们的青年代表。从电视的角度来讲，这个节目颠覆了以往的一些传统意义上的访谈节目，把第二人称变成了第一人称，在这个过程当中我们把一个看似极简的形式琢磨到、操作到、执行到极致。大家想，那些演员可以在《快乐大本营》《天天向上》，在一些选秀节目里做评委，来表演他们的一些才艺，但是，为什么我们更喜欢看他们在《开讲啦》里的样子，听听他们讲什么？实际上这也是一个差异化的竞争。大家刚刚看到我们所邀请的嘉宾，你们会发现这样一档节目几乎是不太可能跟娱乐节目去比肩的，我们请一个嘉宾上一个演讲类比赛或者演讲类真人秀节目，他可能上四期节目就可获得千万级的劳务费或者是佣金，对于我们来讲几乎是没有花太大的代价就把嘉宾请上来了，甚至带有公益性质。即便如此，我们在放宣传片的时候，我们节目打出的牌都大过其他的综艺节目。所以我相信当你找到了一条差异化竞争的路，找到了核心竞争力，很多事情是很好办的，你可以顺势而为，从这个角度上来讲，我认为如果我们能把一件事情做到极致就是一种极客精神。

还有一点在极客精神中是很重要的，就是创新与坚持。其实唯众传媒在8年当中做了大概40档节目是一件很不容易的事情，因为每天都要想破脑袋，我们的导演非常痛苦。在我们公司成立的前3年，那个时候的模式已经开始有一点小小的苗头，我现在都记得在我的办公室至今还锁着很多DVD，就是有很多国外的节目模式都被我锁在了办公室里头。但在任何人进公司的最初3年时间里，也包括我自己是绝对不可以看这些模式的，一看这些模式你就觉得有依靠了，可以不用自己动脑筋了，那么你的脑子就退化了。所以当3年之后我们能够看这些模式的时候，能够就这些模式进行讨论的时候，模式里的东西就变了，就像人和衣服一样，就不再是衣服来穿你，而是你来hold住这件衣服了。从这个意义上来讲，我们是把那些模式熬成粉、熬成浆、变成营养液自己喝下去了，而不是说这些模式是方形的，我们就赶快把自己的脚切成方形的放进去，这个模式是圆形的，我们就又把我自己的脚切成圆形的放进去。这种削足适履的做法我觉得是最低档的。正因为如此，我们也很成功地培养了这家公司一个原创的DNA。

但是，唯众传媒的核心竞争力不在于你是否有原创的基因，而在于你是否有持续创新的能力，在于你是不是能够坚持，是不是可以死磕，最重要的一个检验标准就是你是不是能够不断地让市场看到惊喜，让观众觉得有新的作品问世。如果说8年前我们只有一个《波士堂》，8年后还是只有一个《波士堂》的话，那么我想这家公司早就玩儿完了，最多是一个活得比较好的拿到一笔现金的小公司。今天唯众传媒要在江湖上安身立命并以领跑者的姿态出现，就必须不断地让自己的产品枝繁叶茂。我想这是我要讲的第二点，就是怎么能够让自己成为一个极客。成为极客可能是一件很痛苦的事情，但是当你从一个最杰出的导演到一个最杰出的制作人，最后可能拥有一家自己的公司的时候，你就会觉得做极客可能是一件很美妙的事情。

第三点，我想讲的是"企业家思维"。这五个字你们可能觉得跟你们离得有点儿远，因为你们都还在学校里，讲这个就是想让你们变成一个个非常独立的个体，甚至是用一种类似于自杀的方式去做自己的工作。其实不是的，我想说的是能够把一个传媒梦想先种在大家的心里。很多人说做一个电视人，好好地做电视不就行了吗？为什么要讲企业家思维？在我看来，在我 21 年的职业生涯里面，讲求企业家思维对于我的成长可能是最有帮助的。当我不断地进行实践之后再到市场中来，特别是有两年境外媒体管理经验之后，我就觉得我终于可以成立自己的公司了，为了这一天我准备了很多年。所以我说企业家思维不是让大家在没走出校门或一走出校门就藏了一个企业家的梦，而是说这件事情是要提早做准备的。但是如果说你有更远大的梦想，我希望大家每个人的心里都住着一个"企业家"，这样，你自己的格局，你对未来的思考，还有你对你所从事的工作会有不同的思考。

首先你要有企业家思维，不仅仅是一个手艺人的思维，刚刚我强调极客精神，大家说是前后矛盾吗？对，我说你要有手艺人的心态，但不仅仅是一个手艺人，如果说你已经满足于做一个手艺人，那你未来可能只是匠人，当然做一个螺丝钉也很好，并不是每个人都有这么大的野心、这么大的雄心，对自己有这么大的一个考量。但是我觉得大家不妨用"取法其上"的原则，就是取其上者才可能得其中，取其中者就可能得其下了。所以大家对自己的要求高一点一定会比我们对自己要求低一点更好，这是我希望给大家传递的一种理念。如果你不仅仅局限于做一个手艺人，那么要怎么去建立自己的格局呢？我觉得我跟大家讲战略可能大家会觉得太遥远了，但是如果你真的想要成为一个有企业家思维的人，你就必须懂战略，会经营，会管理。昨天我非常喜欢的一位导演来跟我辞行，他要出去创业，他说我告诉他要有梦想，要成为一个企业家。我同事说，照这样说的话，人人都要去成为企业家，人人都要去创业，那怎么办？我想，任何一个企业如果要做大做强，员工没有这样的格局，没有这样的事业心，没有这样的胸怀，其实是不行的，首先他就不是一个企业家。从这个角度来讲，我今天可以把一颗小小的种子种在大家的心里，是因为我觉得这个产业还太弱小了，只有我们大家共同努力，才能让这个行业风生水起，也只有让这个行业风生水起才能让我们在这个行业的每一个企业、每一个市场主体、每一个个体、每一个人才都有希望获得更大的翱翔空间。

另外，在企业家思维上我还有一些想法想跟大家分享，就是作为一个内容供应商，"内容为王"可能是经常挂在嘴边的事情，那么为什么我要在企业家思维里提这点呢？因为仅仅是"内容为王"是不够的，只有"内容为王"加可以实现盈利的商业模式才是无敌的。我们现在以为做出一个好的作品可能就可以了，其实你要让好的作品永续下去，就得要有人养着。其实电视节目也是讲求"包养"的。为什么这么说呢？如果电视节目没有市场前景，只是你个人证明你的才华，那么我觉得它是没有生命力的。我们说TV2.0，我自己的博士论文就是用10万字写的TV2.0，可能是在2006年左右，在中国电视领域最早提出用互联网的特征和互联网的思维来做传统电视节目。从另外一个意义上来讲，盈利模式和商业模式确实是不同的。商业模式从目前来讲是非常重要的，大家看《中国好声音》，可能你仅仅是知道它有很高的收视率，但是你不知道它一个亿撬动的是几十个亿的广告收入，包括它的数字音乐在互联网上的下载量，它这个品牌授权给加多宝印在那个罐子上，这些都是要授权费的。也就是说，做好了一个品牌，这个品牌的价值相当于当年迪士尼做了一只米老鼠，而这只米老鼠活跃了几十年，它养活了太多人，成为一只含金量极高的金老鼠，可能不仅仅是金老鼠，甚至是白金老鼠。我们打造一个产品就是想让它成为品牌，成为品牌才会有社会价值和经济价值，而经济价值是社会价值的基础，就像我们在哲学课说经济基础是上层建筑的一个基础，其实在这点上面也是一样。未来大家可能要去电视台、去报社、去网站，或者去一个公司，我想在这个问题上大家再去想的时候就会清楚了，为什么我的领导不让我做这个、不让我做那个，因为这个东西很好，但它的性价比不高，大家不能做这个决策。有时候我们想得很单一，但是今天我特别希望我简短的一些提醒可以让大家在未来在你所在的单位或团队中做事情时能够考虑得更全面一些。

最后就是责任与担当，大家可能会觉得特别土，但是我觉得特别实在，企业家思维中最重要的核心是企业家精神，企业家精神就是责任与担当。在《波士堂》的 8 年时间里，跟 400 多位企业家打交道，我觉得在这个过程当中我其实是最大的受益者。因为当你贴近地去看王石，贴近地去看这些企业家的时候，你会发现他们身上会有很多你没有发现的经营企业那些岁月积累下来的魅力。从这个角度来讲，我觉得作为一个成功的企业家最重要的一种品质，就是责任与担当。作为传媒来讲，我觉得这个属性会离得更近，因为你生产的是一个精神产品，不是物质产品。我想一个国家也好，每一代人的成长也好，真的需要正能量，需要你的每一个节目里有正确的价值观念的输入。如果你没有价值观念，其实你这档节目是没有灵魂的，只要是一档没有灵魂的节目，哪怕是无害的，只要它是无益的，那就是没有价值的节目。

从这个角度上来讲，你要问我唯众传媒的理想是什么，杨晖的理想是什么，我会告诉你，不是做中国最大的公司，也不是做中国最强的公司，我非常想做的是最受人尊重的一家媒体公司。我们这么多年一直努力在这么做，唯众传媒的节目都会有一种气质，大家一看就觉得可能应该就是唯众传媒做的节目。一家好的公司，或者是一个好的内容提供机构，其实最重要的还是应该考虑你的观众在想什么，他想要什么，你能帮他实现什么，我想这可能是最重要的。在你满足他的需求的同时你也在引导他的需求，在创造他的需求，但是这些被创造的需求一定是要有价值的。我不是说所有的娱乐节目都没有价值，我是说要做有价值的娱乐节目和非娱乐节目，这是我的一个正确的表达。那么，怎么去做一家令人尊敬的公司，怎么去做一个令人尊敬的人？其实只有 8 个字：脚踏实地，仰望星空。

嘉宾：杨老师您好，请问如何保证《你正常吗》这个节目大数据来源的真实性和节目的趣味性相平衡？

杨晖：刚刚提到《你正常吗》这个节目本身的魅力，换句话说，我们的出发点就是想知道大家真实的想法是什么，我们不是为了娱乐，不是为了自己的一个目的。我就说一句特别简单的话：如果你要撒谎的话，一定是用一个更大的谎言去覆盖这个谎言，然后用另外一个更大的谎言去覆盖第二个谎言。从这个意义上来讲，我觉得在互联网时代，这个机会成本太高了，而且互联网最大的魅力就在于它的生态环境。所以，从我们的操作上来讲，我们是唯恐数据有问题，好在现在互联网上的这个调查不太像今天电视台的数据已经被污染得一塌糊涂。我觉得《你正常吗》的数据调查有一点好处，就是当你填写正常或者不正常的时候面对的是你的电脑、你的手机、你的 iPad，从这个角度来讲，你其实没有必要对自己撒谎，因为你不需要。当面采访和背对背地做一个测试是完全不同的，所以我能很负责任地说这里的数据都是比较客观的。

嘉宾：您刚才讲到差异化竞争、极客精神等，体现出您作为决策者的一种思维方式，那么如何去培养这样一种思维方式？谢谢。

杨晖：要去建立创新性的思维，其实人是很有惰性的，平平淡淡没有问题，但我觉得应该要有一个自我要求。我还有一个感觉是，去抄人家的东西，或者哪怕是说做模式的引进，我觉得花的时间、成本和你自己去创造花的时间、成本是一样的，有的时候前者花的时间、成本甚至更多。因为如果是你自己想出来的东西，那是从你心里流出来的，逻辑是很顺的，你猜度自己的心思一定是比你猜度人家的心思更简单，一定是你对于自己、对于中国这个市场、对于中国所有的观众更了解。那么，你把你的员工和你自己的心结打开的时候，你就会发现其实两点之间直线最近，你不会觉得创新是那么难的一件事情。我一直讲一个七巧板理论，就是小朋友玩的七巧板，只有七块板子，形状也都是不变的，但它有 3200 多种拼法，能想象吗？所谓的创新就是不同的排列组合、核心要素的放大和腾挪，就是这些情况。所以当你掌握这些核心要素之后，基本上就是游刃有余的，没有什么可以难倒你的。大家千万不要把创新这件事情想得过于可怕和恐怖。如果有这样的心态，打开心扉，你的创意就会像打开水龙头之后的水流一样汩汩而来，希望我的回答能让你满意，谢谢。

附一："中国传媒领袖大讲堂"成长历程

一　首届"中国传媒领袖大讲堂"：打破传媒学子与业界交流的瓶颈

2010年7月19日至25日，首届"中国传媒领袖大讲堂"（"中国传媒领袖远东大讲堂"）成功举办，来自传媒业界、学界的23位嘉宾和来自全国60多所高校的本科生、硕士生、博士生、青年教师200名学员参加了本次活动。该届"中国传媒领袖大讲堂"重在打破传媒学子与业界交流的瓶颈，所以受邀嘉宾以业界人士为主，共有20人，并且多为传媒单位的中高层领导，他们分别是：《纽约时报》副总裁Gloria Anderson，中国新华新闻电视网总编辑陆小华，《环球时报》英文版执行主编张勇，《南方周末》执行总编向熹，解放日报报业集团社长尹明华，上海文化广播影视集团副总裁何建华，上海广播电视台副台长、上海世博会开闭幕式总导演滕俊杰，文汇新民联合报业集团副社长高韵斐，《文汇报》总编辑徐炯，《新民晚报》总编辑陈保平，《第一财经日报》总编辑秦朔，南京日报社总编辑卜宇，深圳广播电影电视集团总裁王茂亮，传媒杂志社常务副社长周志懿，新浪网副总编辑孟波，搜狐媒体副总裁于威，航美传媒董事长郭曼，上海唯众影视传播有限公司总裁杨晖，中央电视台著名节目主持人敬一丹，远东控股集团高级副总裁徐浩然。另有知名学者3人，他们是：上海交通大学人文艺术研究院院长、美国杜克大学中国传媒中心主任刘康，上海交通大学人文艺术研究院副院长谢耘耕，上海交通大学媒体与设计学院副院长李本乾。这些嘉宾讲授了传媒业改革创新的经验和教训，帮助学员了解传媒业界的最新发展动态，并围绕新媒体时代的特征展开讨论：一方面，探讨中国传统媒体在面对新媒体的挑战与冲击时应当如何适时地做出改变；另一方面，也探讨传统媒体如何借助新媒体来扩张媒介影响力以及走出困境。

在首届"中国传媒领袖大讲堂"举办前后，全国 20 多家媒体进行了相关报道，人民网传媒频道还制作了专题页面进行集中报道。鉴于"中国传媒领袖大讲堂"所产生的广泛的社会影响，2010 年 11 月，上海市教委将其列为 2011 年上海市研究生教育创新计划，成为 2011 年上海市教委研究生暑期学校。

二 第二届"中国传媒领袖大讲堂"：打造沟通传媒业界与学界的思想盛宴

2011 年 7 月 18 日至 31 日，第二届"中国传媒领袖大讲堂"成功举办，来自全国 80 多所高校的近 300 名传媒学子、青年教师和来自业界、学界 40 位嘉宾参加了此次活动。较之首届"中国传媒领袖大讲堂"，第二届新增嘉宾 23 位，并且改变了首届以业界居多的局面，增加了新闻传播研究者的比重，同时嘉宾所在地区也从大陆扩展到了港台及海外。特别值得一提的是，政界领袖为此届大讲堂增添了许多光彩。此届嘉宾具体包括：全国政协外事委员会主任、国务院新闻办公室原主任赵启正，中国外交部新闻司参赞邹建华，《环球时报》总编辑胡锡进，人民网总裁兼总编辑廖玒，SMG 上海东方娱乐传媒集团副总裁杨文红，《焦点访谈》制片人刘庆生，《中国青年报》《冰点周刊》主编徐百柯，南方日报报业集团副总编辑兼南方日报社社长邱克军，上海市网宣办副主任谢海光，湖北日报传媒集团董事长江作苏，台湾中国文化大学新闻研究所教授郑贞铭，加拿大西蒙雷泽大学传播学院副院长赵月枝，香港城市大学媒体与传播系教授祝建华，中国社科院新闻所所长尹韵公，复旦大学资深特聘教授童兵，中国人民大学新闻学院副院长喻国明，北京大学中文系教授张颐武，北京大学新闻与传播学院教授陆地，中国传媒大学电视与新闻学院院长高晓红，中国传媒大学教授胡智锋，上海交通大学人文艺术研究院致远讲席教授王宁，上海大学影视学院副院长张敏，上海交通大学人文艺术研究院教授葛岩。

第二届"中国传媒领袖大讲堂"嘉宾演讲内容更为丰富，既有传媒业界发展的最新动态，又有新闻传播学研究的前沿问题，同时因为这些嘉宾学科背景各异，如涉及经营管理、政治外交、新闻传播、会展学、文学文化、心理学等多个学科，所以此届"中国传媒领袖大讲堂"精彩纷呈，可谓上海交通大学再次面向全国而打造的沟通传媒业界和学界的思想盛宴。

三 第三届"中国传媒领袖大讲堂"：构建聚合三方资源的新型传媒教育平台

2012 年 7 月 16 日至 7 月 29 日，第三届"中国传媒领袖大讲堂"成功举办，来自海内外新闻传播领域的 50 余位学界精英、业界领袖受邀参加，来自中国大陆、台湾、香港以及欧洲和北美 110 所高校的 350 多名学员经过层层选拔被录取为正式学员，来自世界各地的 650 余名博士、硕士研究生向组委会提出旁听申请，另有 100 余名研究生提交了 100 多篇学术论文。

经过第一届的尝试和第二届的探索，第三届"中国传媒领袖大讲堂"的影响已经辐射到了宾夕法尼亚大学、莫斯科大学、莱斯特大学、香港浸会大学、北京大学、清华大学、复旦大学、浙江大学、中国人民大学等百余所世界著名院校，这对于我们既是肯定也是激励。在我们的努力下，第三届"中国传媒领袖大讲堂"成功聚合了传媒学界、业界以及政府三方资源，来到第三届"中国传媒领袖大讲堂"的嘉宾，既有业界精英，如中国新华新闻电视网总编辑陆小华、《环球时报》总编辑胡锡进、《第一财经日报》总编辑秦朔、《文汇报》总编辑徐炯等；也有知名学者，如香港中文大学新闻与传播学院院长苏钥机，"长江学者"、香港城市大学祝建华，美国纽约州立大学洪俊浩，"长江学者"、香港中文大学陈韬文，台湾"传播学之父"郑贞铭等；还有政府官员，如中国外交部新闻司参赞邹建华等。这些嘉宾的演讲内容丰富、路径开放，不仅多元地折射出人类社会生活的方方面面，而且也将经济学、管理学、社会学、心理学、文化学等诸多学科的研究方法带入了新闻传播领域。除此之外，第三届"中国传媒领袖大讲堂"还竭力构建一个新型的传媒教育平台，在延续前两届以讲座为主要活动形式的同时，新设了"传媒论坛"栏目，借以增强学员参与的主动性、嘉宾与学员的互动性、嘉宾答疑释惑的针对性。

四 第四届"中国传媒领袖大讲堂"：隆重推出升级版"中国大学生传媒节"

2013 年 7 月 11 日至 7 月 24 日，第四届"中国传媒领袖大讲堂"成功举办，海内外 50 余位新闻传播领域的领军人物和 130 余所高校的 350 余名学生参加了本次活动。经过第一届的尝试、第二届的探索、第三届的创新，第四届"中国传媒领袖大讲堂"进行了全面升级，在继续邀请传媒领军人物——中国新华新闻电视网总编辑陆小华，上海报业集团党委副书记、总经理、副社长高韵斐等传媒业界领袖，"长江学者"、香港中文大学陈韬文，中国传媒大学副校长胡正荣、冯建三，美国纽约州立大学洪俊浩等知名学者，国务院新闻办公室原主任、全国政协外事委员会主任赵启正等政界领袖——做高品质演讲的同时，我们进一步隆重推出"中国传媒领袖大讲堂"的升级版——首届"中国大学生传媒节"。

"中国大学生传媒节"旨在最大限度地聚合高校、媒体、政府、企业四方资源，打造面向全球的新闻传播学研究高地和交流平台。围绕着"中国梦·传媒梦"这一主题，首届"中国大学生传媒节"开展了这样四大活动：一个大讲堂——上海研究生暑期学校"中国传媒领袖大讲堂"；四大传媒论坛——新媒体与社会发展全球论坛、新媒体与社会发展研究生学术论坛、区域媒体高峰论坛、媒企互动论坛；三大调查——中国大学生眼中最佳传媒雇主调查、大学生最喜爱的媒体调查、大学生品牌认知调查；两场晚会——"中国梦·传媒梦"开幕式、闭幕式晚会。

经过三年的努力和积淀，升级后的第四届"中国传媒领袖大讲堂"获得了圆满的成功，如实时跟踪"中国传媒领袖大讲堂"动态的官方微博和官方网站得到了社会各界的积极响应和高度评价，再如三大调查报告发布后，中区广播电视台、凤凰网、《南风窗》杂志等媒体纷纷进行了报道，人民网、新浪网各设两个关于第四届"中国传媒领袖大讲堂"的新闻专题，详细报道日程安排、嘉宾阵容、演讲内容、学员活动等。

五 第五届"中国传媒领袖大讲堂"：成功树立传媒研究高端品牌

2013 年 7 月 5 日至 7 月 19 日，第五届"中国传媒领袖大讲堂"成功举办。海内外 50 多位传媒领军人物、知名专家学者来到上海交通大学，积极授业解惑，热情分享经验感悟。与此同时，来自北京大学、清华大学、中国人民大学、上海交通大学、复旦大学、浙江大学、南京大学、武汉大学、中国专媒大学、四川大学、西安交通大学、兰州大学、中山大学、香港浸会二学等 160 多所高校的 350 余名传媒学子也齐聚上海交通大学，共享思想盛宴，汲取智慧力量。如在第五届"中国传媒领袖大讲堂"的讲坛上，中国新华新闻电视网总编辑陆小华讲述了移动互联网时代媒体变革的十大趋势，《文汇报》党委副书记谢海光预测了媒体创新与变革的动力来源，新浪网副总编辑孟波阐释了传统媒体转型的十个方向性思考，上海文化广播影视集团副总裁何建华以上海实践为例梳理了精神制造与现代文化市场体系，传媒杂志社主编杨驰原分析了媒体融合的现状与发展态势，中华全国新闻工作者协会党组书记翟惠生演绎了"以人民为中心"的工作导向，中国人民大学新闻学院教授郑保卫指出了当前我国新闻学研究的现状与特点，复旦大学新闻学院教授童兵勾画了新媒体时代舆论表达和舆论引导的新格局，加拿大国家特聘教授赵月枝解读了中国追求软实力的迫切性、障碍以及不可调和的矛盾。综观这些嘉宾的演讲，既进行微观解读，也进行宏观扫描，既有学理认知，也有感性体悟，既关涉时代语境，也探讨专业追求，总之，收放自如，抛出一根线，绕成一个团，将传媒带到了相当广阔的疆域，让传媒学子深受教益，不仅拓宽了知识视野，也提升了思想境界。

总体上来说，第五届"中国传媒领袖大讲堂"承继了前四届的优点，实施了新的设想，使得这方传媒舞台更加开放、更为多元：一个大讲堂——上海市研究生暑期学校"中国传媒领袖大讲堂"；五大传媒论坛——新媒体与社会发展全球论坛、中国品牌传播高峰论坛、新闻期刊主编与传媒学子面对面、新媒体与社会发展研究生学术论坛、青年传播学者论坛；两大调查——传媒学子心目中的最佳传媒雇主调查、传媒学子最喜爱的媒体调查；两场晚会——"中国大学生传媒节"开幕式、闭幕式晚会。最终，这四大项目不仅按照预定计划顺利举办，而且取得了圆满的成功。可以说，经过第一届的尝试、第二届的探索、第三届的创新、第四届的融合，第五届"中国传媒领袖大讲堂"精彩胜过以往，不但创造了一个崭新的辉煌，更成功树立了一个传媒研究高端品牌——学界、业界翘首以盼的年度传媒盛宴。

此外，在第五届"中国传媒领袖大讲堂"举办前后，海内外青年教师、博士研究生、硕士研究生投递了400余篇学术论文，其中的优秀篇目已被组委会遴选收入社会科学文献出版社出版的《新媒体与社会》集刊。

附二："中国传媒领袖大讲堂"学员寄语

一 彭小东：现供职于《21世纪经济报道》

一群有着共同爱好的年轻人，在最美的年龄相遇在最美的校园，是件多么让人欣喜旳事。

感谢交大旳包容，让我这个学农业的本科生，有幸旁听那个盛夏的传媒盛宴。在半个月的时间，我遇见了影响自己深远的师友，也让交大成为我的一份眷恋。

参加大讲堂后一年，我正式进入媒体工作，结合前辈们的经验，慢慢地摸索实践。虽然有时候会怀疑、会动摇，但想起那年夏天的诺言，就会给自己一些力量。

二 刘芬：现任网络公司产品运营经理

作为仍在校园苦读的新闻学子，绝大多数都是第一次近距离接触业界精英。每一堂课都犹如一次新闻发布会，台上的老师是新闻发言人，台下的我们犹如记者们在争取宝贵的提问机会。

三年了，具本说过的话我忘了，她却一直记得。大讲堂结业分别后，我们一直保持联系，每次的祝福语特让人感动，说我是她的贵人，曾帮她解开心结。人生往往是这样，一个人不经意的行动却能成他人终生铭记的恩德。

传媒领袖或讧是我学习新闻传播生涯中学习采访提问的最后演练。无论从事职业，传媒领袖大讲堂的学习经历都是人生的一笔宝贵财富；无论人在何方，我们都要为心中的梦想之光燃起熊熊火焰。

三 刘祎：现供职于江西省高速公路投资集团有限责任公司

人生斗转，还会有多少个这样的五年，让我们偶遇时光，就像去赴一场盛宴。

传媒领袖们妙语连珠，用他们丰富的阅历、独到的见解，向我们呈现一幅幅生动而恢宏的传媒地图。

那年盛夏，微博刚刚兴起，微信还杳无踪迹；那年盛夏，我们恰同学少年，在上海交通大学闵行校区里收获知识、领悟人生、畅想未来；那年盛夏，黄浦江畔，传媒领袖们言语之间勾勒传媒地图指引航标。

传媒领袖大讲堂上大师们的真知灼见、连珠妙语也必将伴随我，犹如一条河流的水声般陪伴我一生。

四 董浩烨：中南民族大学

短短十多天，意犹未尽。愿"做一位传媒业的温和理性建设者"能激励我们不断前行，愿十年抑或二十年后，第五届传媒领袖大讲堂的诸位学员能成为真正的传媒领袖，到时我们再回到大讲堂相聚，再见！

五 王雪莹：东北师范大学新闻系硕士研究生

学界大咖——童兵老师，72岁高龄，精瘦干练，腰板笔挺，才思敏捷，完全没有老一辈人的古板，反而他的幽默、亲和、略有些"八卦"，给我留下了深刻的印象，童兵老师的报告，由浅及深，哪怕你是门外汉，你也绝对听得懂老师的演讲，两个多小时，全程站立，这就是大家，值得每一位新闻人学习和敬仰。

六 杨琇涵：东北师范大学新闻与传播学硕士研究生

还好，我偶尔疲惫的心和身体还是有着大部分的热血激励我每天都充满对未知的期待，也做好了面对一切未知的心态。

七 谭凌宇：广西大学新闻传播学院

沿着南宁到上海曲曲折折的铁路线，
踏遍爱的交大爱的徐汇和闵行，
喜迎专家教授业界精英的演讲，
珍惜传媒大讲堂赐给我美好的时光。
来自五湖四海，学员慕名而来，
追梦不变年复一年。
求学先苦后甜，师生畅所欲言，
都为传媒的明天。
看多元并存，回顾四强相争，
我站在巨人肩膀眺望着研海无限。
愿传媒领袖，育得桃李万千，
我真的还想再学十五天！

八 冯雅楟：西安

魅力魔都，明珠璀璨。——致上海
巍巍交大，佼佼学子。——致交大
公益讲堂，大咖汇集。——致讲堂
整装待发，砥砺前行。——致自己

九 王妍

请允许我假设
如果没有你——传媒大讲堂
你还是你
我还是我
可不会有如此这般
于你的了解和喜欢

与我的这段

彼此相伴

难忘的不是结果

是你让我经历并看到

你的一颦一笑

和共呼吸的欢乐

图书在版编目（CIP）数据

传媒领袖大讲堂. 第 5 辑/谢耘耕，徐浩然主编. 一
北京：社会科学文献出版社，2015.7
ISBN 978 - 7 - 5097 - 7699 - 5

Ⅰ.①传…　Ⅱ.①谢…②徐…　Ⅲ.①传播媒介 - 研
究 - 中国　Ⅳ.①G219.2

中国版本图书馆 CIP 数据核字（2015）第 147273 号

传媒领袖大讲堂(第五辑)

主　　编／谢耘耕　徐浩然

出 版 人／谢寿光
项目统筹／王　绯
责任编辑／单远举

出　　版／社会科学文献出版社·社会政法分社（010）59367156
　　　　　　地址：北京市北三环中路甲 29 号院华龙大厦　邮编：100029
　　　　　　网址：www. shekebu@ssap. cn
发　　行／市场营销中心（010）59367081　59367090
　　　　　　读者服务中心（010）59367028
印　　装／北京季蜂印刷有限公司

规　　格／开　本：787mm × 1092mm　1/16
　　　　　　印　张：29.25　字　数：431 千字
版　　次／2015 年 7 月第 1 版　2015 年 7 月第 1 次印刷
书　　号／ISBN 978 - 7 - 5097 - 7699 - 5
定　　价／98.00 元